Institut für Informationswirtschaft
Wirtschaftsuniversität Wien
1090 Wien, Augasse 2-6

Business Engineering

Herausgegeben von H. Österle, R. Winter, W. Brenner

Business Engineering

V. Bach, H. Österle (Hrsg.)
Customer Relationship Management in der Praxis
2000. ISBN 3-540-67309-1

H. Österle, R. Winter (Hrsg.)
Business Engineering, 2. Auflage
2003. ISBN 3-540-00049-6

R. Jung, R. Winter (Hrsg.)
Data-Warehousing-Strategie
2000. ISBN 3-540-67308-3

E. Fleisch
Das Netzwerkunternehmen
2001. ISBN 3-540-41154-2

H. Österle, E. Fleisch, R. Alt
Business Networking in der Praxis
2002. ISBN 3-540-42776-7

S. Leist, R. Winter (Hrsg.)
Retail Banking im Informationszeitalter
2002. ISBN 3-540-42776-7

C. Reichmayr
Collaboration und WebServices
2003. ISBN 3-540-44291-X

O. Christ
Content-Management in der Praxis
2003. ISBN 3-540-00103-4

E. von Maur, R. Winter (Hrsg.)
Data Warehouse Management
2003. ISBN 3-540-00585-4

L. Kolbe, H. Österle, W. Brenner (Hrsg.)
Customer Knowledge Management
2003. ISBN 3-540-00541-2

R. Alt, H. Österle
Real-time Business
2003. ISBN 3-540-44099-2

G. Riempp
Integrierte Wissensmanagement-Systeme
2003. ISBN 3-540-20495-4

T. Puschmann
Prozessportale
2004. ISBN 3-540-20715-5

H. Österle, A. Back, R. Winter, W. Brenner
Business Engineering – Die ersten 15 Jahre
2004. ISBN 3-540-22051-8

R. Zarnekow, W. Brenner, U. Pilgram
Integriertes Informationsmanagement
2005. ISBN 3-540-23303-2

U. Baumöl, H. Österle, R. Winter
Business Engineering in der Praxis
2005. ISBN 3-540-20517-9

Rüdiger Zarnekow · Axel Hochstein
Walter Brenner

Serviceorientiertes IT-Management

ITIL-Best-Practices und -Fallstudien

Mit 64 Abbildungen

Dr. Rüdiger Zarnekow
Axel Hochstein
Professor Dr. Walter Brenner
Universität St. Gallen
Müller-Friedberg-Straße 8
9000 St. Gallen
Schweiz
ruediger.zarnekow@unisg.ch
axel.hochstein@unisg.ch
walter.brenner@unisg.ch

ISSN 1616-0002
ISBN-10　3-540-20532-2 Springer Berlin Heidelberg New York
ISBN-13　978-3-540-20532-6 Springer Berlin Heidelberg New York

Bibliografische Information Der Deutschen Bibliothek
Die Deutsche Bibliothek verzeichnet diese Publikation in der Deutschen Nationalbibliografie; detaillierte bibliografische Daten sind im Internet über <http://dnb.ddb.de> abrufbar.

Dieses Werk ist urheberrechtlich geschützt. Die dadurch begründeten Rechte, insbesondere die der Übersetzung, des Nachdrucks, des Vortrags, der Entnahme von Abbildungen und Tabellen, der Funksendung, der Mikroverfilmung oder der Vervielfältigung auf anderen Wegen und der Speicherung in Datenverarbeitungsanlagen, bleiben, auch bei nur auszugsweiser Verwertung, vorbehalten. Eine Vervielfältigung dieses Werkes oder von Teilen dieses Werkes ist auch im Einzelfall nur in den Grenzen der gesetzlichen Bestimmungen des Urheberrechtsgesetzes der Bundesrepublik Deutschland vom 9. September 1965 in der jeweils geltenden Fassung zulässig. Sie ist grundsätzlich vergütungspflichtig. Zuwiderhandlungen unterliegen den Strafbestimmungen des Urheberrechtsgesetzes.

Springer ist ein Unternehmen von Springer Science+Business Media

springer.de

© Springer-Verlag Berlin Heidelberg 2005
Printed in Germany

Die Wiedergabe von Gebrauchsnamen, Handelsnamen, Warenbezeichnungen usw. in diesem Werk berechtigt auch ohne besondere Kennzeichnung nicht zu der Annahme, dass solche Namen im Sinne der Warenzeichen- und Markenschutz-Gesetzgebung als frei zu betrachten wären und daher von jedermann benutzt werden dürften.

SPIN 10971789　　　42/3153-5 4 3 2 1 0 – Gedruckt auf säurefreiem Papier

Vorwort

Im Rahmen des strategischen IT-Managements stellt die Kundenorientierung als eine der wichtigsten strategischen Stoßrichtungen einen zentralen Bestandteil dar. Insbesondere nach dem Platzen der E-Business-Blase stehen statt Innovation, neue Technologien und neue Geschäftsmodelle die Themen Konsolidierung, Komplexitätsreduktion, Geschäftsorientierung Performanz- und Nutzenmessung auf der Agenda der CIOs. Die IT-Ressourcen sollen primär für die effiziente und effektive Bedürfnisbefriedigung der IT-Kunden eingesetzt werden.

Die Transformation von einer technologieorientierten IT-Abteilung zu einem kundenorientierten IT-Dienstleister mit einer methodischen Gestaltung der internen IT-Prozesse kann nur durch ein serviceorientiertes IT-Management gewährleistet werden. In den letzten 4 Jahren zeigt sich ein zunehmendes Interesse an Initiativen zur Umsetzung und Erreichung eines serviceorientierten IT-Managements. Dementsprechend wurden von den unterschiedlichsten Organisationen eine Fülle von Modellen, Methoden, Konzepten etc. entwickelt, die dabei helfen sollen, ein serviceorientiertes IT-Management zu gewährleisten. Dabei erhält insbesondere das Best-Practice Framework ITIL (IT Infrastructure Library) die Aufmerksamkeit des IT-Managements. Ursprünglich von dem internen IT-Dienstleister der britischen Regierung „OGC" (Office of Government Commerce) entwickelt, wurde das ITIL-Framework kontinuierlich weiterentwickelt und hat sich unter dem Einfluss des international tätigen IT-Service-Management-Forums (itSMF) zu einem de-facto Standard für ein serviceorientiertes IT-Management entwickelt.

Obwohl in der ITIL serviceorientierte IT-Managementprozesse beschrieben werden, gibt es in der unternehmerischen Praxis so gut wie kein Unternehmen, welches die ITIL-Prinzipien gesamthaft umgesetzt hat. Neben organisatorischen und technischen Barrieren fehlen nicht zuletzt auch eine strukturierte Beschreibung des serviceorientierten IT-Managements sowie Erfahrungswerte aus der praktischen Umsetzung des serviceorientierten IT-Managements. Das vorliegende Buch versucht die letzten beiden Punkte aufzugreifen und liefert sowohl eine umfassende, strukturierte Beschreibung des serviceorientierten IT-Managements als auch sechs Fallbeispiele für die Umsetzung in der Praxis.

Die Inhalte wurden mit der Unterstützung vieler Personen erarbeitet. Wir danken den Partnerunternehmen des Kompetenzzentrums „Integriertes Informationsmanagement", namentlich der Altana Pharma, Deutschen

Bahn, Deutschen Bank, Deutschen Telekom und dem Eidgenössischen Justiz- und Polizeidepartement. Ein Buchprojekt stellt immer auch einen hohen organisatorischen Aufwand dar. Nicht zuletzt gilt aus diesem Grund der Dank vor allem Samuel Jonas Poletti, der mit großem Einsatz die Fertigstellung des Buches ermöglicht hat.

Wir hoffen, mit diesem Buch die Diskussion und Auseinandersetzung mit dem Thema serviceorientiertes IT-Management in der Praxis ein Stück vorantreiben zu können, und freuen uns auf vielfältiges Feedback.

St. Gallen, im Mai 2005   Die Autoren

Inhaltsübersicht

Teil A: Grundlagen 1

1 Serviceorientierung im Bereich des IT-Managements 3

2 Initiativen im Bereich des serviceorientierten IT-Managements 13

3 Die IT-Infrastructure-Library (ITIL) 19

Teil B: Service-Delivery 23

4 Service-Level-Management 25

5 Capacity-Management 49

6 Availability-Management 75

7 IT-Service-Continuity-Management 103

8 Financial-Management 123

Teil C: Service-Support 141

9 Incident-Management 143

10 Problem-Management 159

Anhang A: Beispiele für Methoden zur Problemanalyse 178

11 Change-Management 181

12 Release-Management 201

13 Configuration-Management 215

Teil D: Application- und ICT-Infrastructure-Management 239

14 Application-Management 241

15 ICT-Infrastructure-Management 251

Teil E: Serviceorientiertes IT-Management in der Praxis 257

16 Einleitung 259

17 Umsetzung eines ITIL-konformen IT-Service-Supports
   bei der KfW Bankengruppe 263

18 Change-Management bei DaimlerChrysler 281

19 Fallstudie: ITIL-konformes Service-Desk bei
   T-Mobile Deutschland 299

20 Von der internen EDV zum externen European Service-
   Provider – Die Rolle des Service-Level-Managements
   bei der BASF IT Services 315

21 Integration von ITIL-Prinzipien in die IT-Organisation der 3M
   Deutschland GmbH als Pilot für 3M in Europa 329

22 Fallstudie über die Ausrichtung der Stadt Köln an dem
   Best-Practice „IT-Infrastructure-Library" (ITIL) 343

Teil F: Bewertung und Fazit 359

23 Bewertung des serviceorientierten IT-Managements nach ITIL
   auf Basis der Fallstudien 361

24 Fazit und Ausblick 367

Inhaltsverzeichnis

Teil A: Grundlagen 1

1 Serviceorientierung im Bereich des IT-Managements 3

    1.1 Traditionelle Aufgaben des IT-Managements 4

    1.2 Anforderungen von IT-Leistungsempfängern 6

    1.3 Serviceorientiertes IT-Management 8

    1.4 Ziel und Aufbau dieses Buches 10

2 Initiativen im Bereich des serviceorientierten IT-Managements 13

    2.1 „Best-Practices" (OGC/itSMF) 13

    2.2 IT-Revision (ISACA) 14

    2.3 Zertifizierung (British Standard Institute) 15

    2.4 Referenzprozessmodelle (Unternehmungsberatungen, IT-Dienstleister) 15

    2.5 Tools (Hersteller) 16

    2.6 Schulungen (EXIN/ISEB) 16

    2.7 Methoden für Qualitätsmanagement (Anwender) 16

    2.8 Methodik (Universitäten) 17

3 Die IT-Infrastructure-Library (ITIL) 19

Teil B: Service-Delivery 23

4 Service-Level-Management 25

    4.1 Überblick 25

    4.2 Aktivitäten des Service-Level-Managements 27
        4.2.1 Schaffung von Rahmenbedingungen 27
        4.2.2 Erhebung der aktuellen Beurteilung der Servicequalität 28
        4.2.3 Planung der Absicherungsverträge innerhalb der IT-Organisation und mit den externen Lieferanten 28
        4.2.4 Erstellung des Servicekataloges 29

4.2.5 Bestimmung der SLA-Struktur 30
4.2.6 Entwurf von SLAs 33
4.2.7 Verhandlung und Vereinbarung 34
4.2.8 Etablierung von Überwachungsprozeduren und
-kompetenzen 35
4.2.9 Prüfung der Absicherungsverträge innerhalb der IT-
Organisation und mit den externen Lieferanten 36
4.2.10 Definition von Berichterstattungs- und
Prüfungsprozeduren 37
4.2.11 Publikation der SLAs 37
4.2.12 Erwartungsmanagement 38
4.2.13 Überwachung und Berichterstattung 38
4.2.14 SLA-Besprechungen 39
4.2.15 Service-Optimierungsprogramm 39
4.2.16 Aufrechterhaltung der SLAs und der
Absicherungsverträge 40

4.3 Beziehungen zu anderen Bereichen der IT-Organisation 40
4.3.1 Schnittstellen innerhalb des Service-Deliverys 40
4.3.2 Schnittstellen zum Service-Support 42
4.3.3 Schnittstelle zum Application-Management 43
4.3.4 Schnittstelle zum ICT-Infrastructure-Management 43

4.4 Steuerung des Service-Level-Managements 44
4.4.1 Ziel des Service-Level-Managements 44
4.4.2 Rollen/Verantwortlichkeiten/Fähigkeiten 44
4.4.3 Betriebliche Kenngrößen des Service-Level-
Managements 46
4.4.4 Erfolgsfaktoren 47
4.4.5 Mögliche Probleme 47

5 Capacity-Management 49

5.1 Überblick 49

5.2 Ebenen des Capacity-Managements 51
5.2.1 Business-Capacity-Management 51
5.2.2 Service-Capacity-Management 52
5.2.3 Resource-Capacity-Management 52

5.3 Aktivitäten des Capacity-Managements 53
5.3.1 Planung des Capacity-Managements 53
5.3.2 Implementierung des CM-Prozesses 56

5.3.3 Überwachung, Analyse, Initiierung von
    Verbesserungsmaßahmen und Implementierung.................. 56
5.3.4 Speichern von Daten des Kapazitätsmanagements 58
5.3.5 Nachfragemanagement 61
5.3.6 Modellierung 62
5.3.7 Applikationsdimensionierung.. 63
5.3.8 Erstellung des Kapazitätsplans 64
5.4 Beziehungen zu anderen Bereichen der IT-Organisation 66
    5.4.1 Schnittstellen innerhalb des Service-Delivery 66
    5.4.2 Schnittstellen zum Service-Support................................... 68
    5.4.3 Schnittstelle zum Application-Management 69
    5.4.4 Schnittstelle zum ICT-Infrastructure-Management............ 70
5.5 Steuerung des Capacity-Managements 70
    5.5.1 Ziel des Capacity-Managements 70
    5.5.2 Rollen/Verantwortlichkeiten 70
    5.5.3 Betriebliche Kenngrößen des Capacity-Managements........ 71
    5.5.4 Erfolgsfaktoren 72
    5.5.5 Kosten/Nutzen 72
    5.5.6 Mögliche Probleme 73

6 Availability-Management... 75

6.1 Überblick... 75
6.2 Aktivitäten des Availability-Managements 76
    6.2.1 Planung und Implementierung des Availability-
        Managements... 76
    6.2.2 Verfügbarkeitsplanung 77
    6.2.3 Verbesserung der Verfügbarkeit....................................... 85
    6.2.4 Verfügbarkeitsmessung und -berichterstattung 88
6.3 Beziehungen zu anderen Bereichen der IT-Organisation 89
    6.3.1 Schnittstellen innerhalb des Service-Delivery 90
    6.3.2 Schnittstellen zum Service-Support................................... 91
    6.3.3 Schnittstellen zum Application-Management 92
    6.3.4 Schnittstellen zum ICT-Infrastructure-Management........... 92
6.4 Steuerung des Availability-Managements 93
    6.4.1 Ziel des Availability-Managements................................... 93
    6.4.2 Rollen/Verantwortlichkeiten/Fähigkeiten 93
    6.4.3 Betriebliche Kenngrößen des Availability-
        Managements... 94
    6.4.4 Erfolgsfaktoren 95

6.4.5 Kosten/Nutzen 95
6.4.6 Mögliche Probleme 96

Anhang A: Methoden des Availability-Managements 97

Anhang B: Werkzeuge des Availability-Managements 102

7 IT-Service-Continuity-Management 103

7.1 Überblick 103

7.2 Aktivitäten des IT-Service-Continuity-Managements 105
    7.2.1 Initiierung 105
    7.2.2 Anforderungsanalyse und Strategiedefinition 105
    7.2.3 Organisatorische Planung 109
    7.2.4 Implementierungsvorbereitungen 111
    7.2.5 Implementierung von Wiederherstellungsmaßnahmen
         und Maßnahmen zur Reduktion des Risikos 112
    7.2.6 Entwicklung von IT-Service-Continuity-Plänen und
         -Prozeduren 113
    7.2.7 Durchführung von Tests 114
    7.2.8 Operatives Management 114
    7.2.9 Inanspruchnahme der Wiederherstellungsmaßnahmen 115

7.3 Beziehungen zu anderen Bereichen der IT-Organisation 116
    7.3.1 Schnittstellen innerhalb des Service-Deliverys 116
    7.3.2 Schnittstellen zum Service-Support 117
    7.3.3 Schnittstelle zum Application-Management 118
    7.3.4 Schnittstelle zum ICT-Infrastructure-Management 118

7.4 Steuerung des IT-Service-Continuity-Managements 119
    7.4.1 Ziel des IT-Service-Continuity-Managements 119
    7.4.2 Rollen/Verantwortlichkeiten/Fähigkeiten 119
    7.4.3 Betriebliche Kenngrößen des IT-Service-Continuity-
         Managements 120
    7.4.4 Erfolgsfaktoren 120
    7.4.5 Kosten/Nutzen 121
    7.4.6 Probleme 122

8 Financial-Management 123

8.1 Überblick 123

8.2 Aktivitäten des Financial-Managements 124
    8.2.1 Budgetierung 125
    8.2.2 Entwicklung des IT-Kostenrechnungssystems 126

8.2.3 Entwicklung des Verrechnungssystems 129
8.2.4 Planung der Einführung und Umsetzung von
Kostenrechnungssystemen 130
8.2.5 Einführung von Kostenrechnungssystemen 131
8.2.6 Betrieb des Kostenrechnungssystems 132

8.3 Beziehungen zu anderen Bereichen der IT-Organisation 134
8.3.1 Schnittstellen innerhalb des Service-Deliverys 134
8.3.2 Schnittstellen zum Service-Support 135
8.3.3 Schnittstelle zum Application-Management 136
8.3.4 Schnittstelle zum ICT-Infrastructure-Management 136

8.4 Steuerung des Financial-Managements 136
8.4.1 Ziel des Financial-Managements 136
8.4.2 Rollen/Verantwortlichkeiten/Fähigkeiten 137
8.4.3 Betriebliche Kenngrößen des Financial-Managements 138
8.4.4 Erfolgsfaktoren 139
8.4.5 Kosten/Nutzen 139
8.4.6 Mögliche Probleme 140

Teil C: Service-Support 141

9 Incident-Management 143

9.1 Überblick 143

9.2 Aktivitäten des Incident-Managements 144
9.2.1 Planung und Implementierung des Incident-
Managements 144
9.2.2 Störungsentdeckung und -aufnahme 145
9.2.3 Klassifikation und erste Hilfestellung 146
9.2.4 Untersuchung und Diagnose 147
9.2.5 Lösung und Behebung der Störung 148
9.2.6 Schließen des Störungsdatensatzes 149
9.2.7 Koordination, Überwachung und Kommunikation 149

9.3 Beziehungen zu anderen Bereichen der IT-Organisation 150
9.3.1 Schnittstellen zum Service-Delivery 150
9.3.2 Schnittstellen innerhalb des Service-Supports 151
9.3.3 Schnittstelle zum Application-Management 152
9.3.4 Schnittstelle zum ICT-Infrastructure-Management 153

9.4 Steuerung des Incident-Managements 154
9.4.1 Ziel des Incident-Managements 154
9.4.2 Rollen/Verantwortlichkeiten 154

9.4.3 Betriebliche Kenngrößen des Incident-Managements 155
9.4.4 Erfolgsfaktoren 156
9.4.5 Kosten/Nutzen 156
9.4.6 Mögliche Probleme 157

10 Problem-Management 159

10.1 Überblick 159

10.2 Aktivitäten des Problem-Managements 161
    10.2.1 Planung und Implementierung des Problem-
             Managements 161
    10.2.2 Identifizierung und Aufnahme von Problemen 161
    10.2.3 Klassifikation 162
    10.2.4 Analyse 163
    10.2.5 Fehlerkontrolle 164
    10.2.6 Identifizierung von Fehlern 165
    10.2.7 Fehleruntersuchung 165
    10.2.8 Aufzeichnung, Überwachung und Fortschreibung 166
    10.2.9 Abschluss 166
    10.2.10 Proaktives Problem-Management 167
    10.2.11 Bereitstellen von Informationen 169

10.3 Beziehungen zu anderen Bereichen der IT-Organisation 170
    10.3.1 Schnittstellen zum Service-Delivery 170
    10.3.2 Schnittstellen innerhalb des Service-Supports 171
    10.3.3 Schnittstelle zum Application-Management 172
    10.3.4 Schnittstelle zum ICT-Infrastructure-Management 173

10.4 Steuerung des Problem-Managements 173
    10.4.1 Ziel des Problem-Managements 173
    10.4.2 Rollen/Verantwortlichkeiten 173
    10.4.3 Betriebliche Kenngrößen des Problem-
             Managements 174
    10.4.4 Erfolgsfaktoren 175
    10.4.5 Kosten/Nutzen 176
    10.4.6 Mögliche Probleme 177

Anhang A: Beispiele für Methoden zur Problemanalyse 178

11 Change-Management 181

11.1 Überblick 181
11.2 Aktivitäten des Change-Managements 183

11.2.1 Planung und Implementierung des Change-
Managements 183
11.2.2 Erfassung und Filterung von Änderungsanträgen 184
11.2.3 Priorisierung 186
11.2.4 Kategorisierung 186
11.2.5 Änderungskomitee 187
11.2.6 Auswirkungsanalyse und Aufwandsbestimmung 188
11.2.7 Genehmigung 189
11.2.8 Planung und Terminierung 189
11.2.9 Entwicklung, Test und Implementierung von
Änderungen 190
11.2.10 Revision 191
11.3 Beziehungen zu anderen Bereichen der IT-Organisation 192
11.3.1 Schnittstellen zum Service-Delivery 192
11.3.2 Schnittstellen innerhalb des Service-Supports 193
11.3.3 Schnittstelle zum Application-Management 195
11.3.4 Schnittstelle zum ICT-Infrastructure-Management 195
11.4 Steuerung des Change-Managements 195
11.4.1 Ziel des Change-Managements 195
11.4.2 Rollen/Verantwortlichkeiten 196
11.4.3 Betriebliche Kenngrößen des Change-Managements ... 197
11.4.4 Erfolgsfaktoren 197
11.4.5 Kosten/Nutzen 198
11.4.6 Mögliche Probleme 199

12 Release-Management 201
12.1 Überblick 201
12.2 Aktivitäten des Release-Managements 202
12.2.1 Planung und Implementierung 202
12.2.2 Versionsplanung 204
12.2.3 Versionsdesign, -entwicklung und -konfiguration 205
12.2.4 Genehmigung 206
12.2.5 Planung der Versionseinführung 206
12.2.6 Kommunikation, Vorbereitung und Schulung 207
12.2.7 Einführung und Installation 207
12.3 Beziehungen zu anderen Bereichen der IT-Organisation 208
12.3.1 Schnittstellen zum Service-Delivery 208
12.3.2 Schnittstellen innerhalb des Service-Supports 208
12.3.3 Schnittstelle zum Application-Management 209

12.3.4 Schnittstelle zum ICT-Infrastructure-Management 209

12.4 Steuerung des Release-Managements 210
    12.4.1 Ziel des Release-Managements 210
    12.4.2 Rollen/Verantwortlichkeiten 210
    12.4.3 Betriebliche Kenngrößen des Release-Managements 211
    12.4.4 Erfolgsfaktoren 212
    12.4.5 Mögliche Probleme 214

13 Configuration-Management 215

13.1 Überblick 215

13.2 Aktivitäten des Configuration-Managements 217
    13.2.1 Vereinbarung von Rahmenbedingungen 217
    13.2.2 Erstellung Rollenkonzept für das Configuration-Management 218
    13.2.3 Analyse der bestehenden Systeme 218
    13.2.4 Erstellung des Konfigurationsplans 219
    13.2.5 Vorbereitung des Configuration-Managements 219
    13.2.6 Einrichten der Konfigurationsdatenbank und der Softwarebibliothek 220
    13.2.7 Inbetriebnahme der neuen Prozesse 221
    13.2.8 Aktualisierung des Konfigurationsplans 222
    13.2.9 Identifikation der IT-Komponenten 222
    13.2.10 Kontrolle der IT-Komponenten 228
    13.2.11 Configuration-Management-Services und -Berichte 230

13.3 Beziehungen zu anderen Bereichen der IT-Organisation 230
    13.3.1 Schnittstellen zum Service-Delivery 230
    13.3.2 Schnittstellen innerhalb des Service-Supports 232
    13.3.3 Schnittstelle zum Application-Management 233
    13.3.4 Schnittstelle zum ICT-Infrastruktur-Management 233

13.4 Steuerung des Configuration-Managements 234
    13.4.1 Ziel des Configuration-Managements 234
    13.4.2 Rollen/Verantwortlichkeiten 234
    13.4.3 Betriebliche Kenngrößen des Configuration-Managements 236
    13.4.4 Erfolgsfaktoren 236
    13.4.5 Kosten/Nutzen 237
    13.4.6 Mögliche Probleme 238

Teil D: Application- und ICT-Infrastructure-Management 239

14 Application-Management 241

14.1 Überblick 241

14.2 Aktivitäten des Application-Managements 241
14.2.1 IT-Alignment 241
14.2.2 Applikationsportfolio 242
14.2.3 Fähigkeitsanalyse und Lieferstrategie 243
14.2.4 Applikationslebenszyklus 243

14.3 Schnittstellen zu den Bereichen des serviceorientierten IT-Managements 246
14.3.1 Service-Level-Management 246
14.3.2 Capacity-Management 246
14.3.3 Availability-Management 246
14.3.4 IT-Service-Continuity-Management 247
14.3.5 Financial-Management 247
14.3.6 Incident-Management 247
14.3.7 Problem-Management 248
14.3.8 Change-Management 248
14.3.9 Release-Management 249
14.3.10 Configuration-Management 249

15 ICT-Infrastructure-Management 251

15.1 Überblick 251

15.2 Aktivitäten des ICT-Infrastructure-Managements 251
15.2.1 Design & Planning 251
15.2.2 Deployment 252
15.2.3 Operations 252
15.2.4 Technischer Support 253

15.3 Schnittstellen zu den Bereichen des serviceorientierten IT-Managements 253
15.3.1 Service-Level-Management 253
15.3.2 Capacity-Management 254
15.3.3 Availability-Management 254
15.3.4 IT-Service-Continuity-Management 254
15.3.5 Financial-Management 254
15.3.6 Incident-Management 255
15.3.7 Problem-Management 255
15.3.8 Change-Management 255
15.3.9 Release-Management 256
15.3.10 Configuration-Management 256

Teil E: Serviceorientiertes IT-Management in der Praxis 257

16 Einleitung 259

17 Umsetzung eines ITIL-konformen IT-Service-Supports bei der KfW Bankengruppe 263

    17.1 Unternehmen 263
        17.1.1 Überblick 263
        17.1.2 Herausforderung im Wettbewerb 264

    17.2 Ausgangssituation 265
        17.2.1 Strategie 265
        17.2.2 Prozesse 266
        17.2.3 Systeme 267
        17.2.4 Leidensdruck 267

    17.3 Projekt 267
        17.3.1 Ziele 267
        17.3.2 Durchführung 268

    17.4 Neue Lösung 269
        17.4.1 Strategie 270
        17.4.2 Prozesse 270
        17.4.3 Systeme 273
        17.4.4 Geplante Weiterentwicklungen 273

    17.5 Erkenntnisse 274
        17.5.1 Kritische Erfolgsfaktoren 274
        17.5.2 Kosten und Nutzen 277

18 Change-Management bei DaimlerChrysler 281

    18.1 Unternehmen 281
        18.1.1 Überblick 281
        18.1.2 Herausforderung im Wettbewerb 282

    18.2 Ausgangssituation 282
        18.2.1 Strategie 283
        18.2.2 Prozesse 283
        18.2.3 Systeme 284
        18.2.4 Handlungsbedarf 284

    18.3 Projekt 2824
        18.3.1 Ziele 284
        18.3.2 Durchführung 285

18.4 Neue Lösung 287
    18.4.1 Strategie 287
    18.4.2 Prozesse 287
    18.4.3 System 289
    18.4.4 Geplante Weiterentwicklungen 291

18.5 Erkenntnisse 292
    18.5.1 Kritische Erfolgsfaktoren 293
    18.5.2 Kosten und Nutzen 295

19 Fallstudie: ITIL-konformes Service-Desk bei T-Mobile Deutschland 299

19.1 Das Unternehmen T-Mobile Deutschland 299
    19.1.1 Überblick 299
    19.1.2 Herausforderung im Wettbewerb 300

19.2 Ausgangssituation der T-Mobile Deutschland 301
    19.2.1 Strategie 301
    19.2.2 Prozesse 302
    19.2.3 Systeme 302
    19.2.4 Leidensdruck 303

19.3 Projekt zur Umsetzung eines ITIL-konformen Service-Desks 305
    19.3.1 Ziele 305
    19.3.2 Durchführung 305

19.4 Neue Lösung der T-Mobile Deutschland 306
    19.4.1 Strategie 306
    19.4.2 Prozesse 308
    19.4.3 Systeme 309

19.5 Erkenntnisse nach Durchführung des Transitionsprojektes 310
    19.5.1 Kritische Erfolgsfaktoren 311
    19.5.2 Vor- und Nachteile des Transitionsprojektes 312

20 Von der internen EDV zum externen European Service-Provider – Die Rolle des Service-Level-Managements bei der BASF IT Services 315

20.1 Das Unternehmen BASF IT Services 315
    20.1.1 Überblick 315
    20.1.2 Herausforderung im Wettbewerb 315

20.2 Ausgangssituation der BASF IT Services 316

20.2.1 Strategie 317
20.2.2 Prozesse 317
20.2.3 Systeme 318
20.2.4 Leidensdruck 318

20.3 Projekt zur Reorganisation der IT-Organisation im Sinne des serviceorientierten IT-Managements nach ITIL 318
20.3.1 Ziele 318
20.3.2 Durchführung 319

20.4 Neue Lösung der BASF IT Services 320
20.4.1 Strategie 321
20.4.2 Prozesse 321
20.4.3 Systeme 323
20.4.4 Geplante Weiterentwicklung 323

20.5 Erkenntnisse im Rahmen der IT-Service-Management-Initiative 324
20.5.1 Kritische Erfolgsfaktoren 324
20.5.2 Vor- und Nachteile der Ausrichtung an den ITIL-Prinzipien 326

21 Integration von ITIL-Prinzipien in die IT-Organisation der 3M Deutschland GmbH als Pilot für 3M in Europa 329

21.1 Das Unternehmen 3M Deutschland GmbH 329
21.1.1 Überblick 329
21.1.2 Herausforderung im Wettbewerb 330

21.2 Ausgangssituation der 3M Deutschland GmbH 331
21.2.1 Strategie 331
21.2.2 Prozesse 331
21.2.3 Systeme 332
21.2.4 Leidensdruck 332

21.3 Projekt zur Reorganisation der IT-Organisation im Sinne des IT-Service-Managements nach ITIL 333
21.3.1 Ziele 333
21.3.2 Durchführung 334

21.4 Neue Lösung der 3M Deutschland GmbH 335
21.4.1 Strategie 335
21.4.2 Prozesse 336
21.4.3 Systeme 337
21.4.4 Geplante Weiterentwicklung 339

21.5 Erkenntnisse im Rahmen der serviceorientierten IT-Management-Initiative 340
    21.5.1 Kritische Erfolgsfaktoren 340
    21.5.2 Vor- und Nachteile der Ausrichtung an ITIL 341

22 Fallstudie über die Ausrichtung der Stadt Köln an dem Best-Practice „IT-Infrastructure-Library" (ITIL) 343

22.1 Die Stadt Köln 343

22.2 Ausgangssituation vor der ITIL-Initiative im Jahre 1998 344
    22.2.1 IT-Strategie der Stadt Köln 344
    22.2.2 IT-Prozesse der Stadt Köln 345
    22.2.3 IT-Systeme der Stadt Köln 345
    22.2.4 Leidensdruck 345

22.3 Transformationsprojekt 346
    22.3.1 Ziele des Projektes 346
    22.3.2 Durchführung des Projektes 347

22.4 Neue Lösung 348
    22.4.1 Strategie 348
    22.4.2 Prozesse 349
    22.4.3 Systeme 353
    22.4.4 Geplante Weiterentwicklungen 353

22.5 Erkenntnisse 353
    22.5.1 Kritische Erfolgsfaktoren 353
    22.5.2 Kosten und Nutzen 355

Teil F: Bewertung und Fazit 359

23 Bewertung des serviceorientierten IT-Managements nach ITIL auf Basis der Fallstudien 361

24 Fazit und Ausblick 367

Teil A: Grundlagen

1 Serviceorientierung im Bereich des IT-Managements

Die Bedeutung von IT-Leistungen für den Unternehmenserfolg nimmt kontinuierlich zu. Viele Geschäftsprozesse sind heute nicht mehr ohne den Einsatz von IT-Leistungen durchführbar oder werden bereits komplett durch IT-Leistungen abgewickelt. Mit der wachsenden Bedeutung ändern sich auch die Anforderungen der Empfänger von IT-Leistungen in den Geschäftsbereichen an die IT-Leistungserbringer, d. h. an die internen IT-Bereiche und externen IT-Dienstleister.

Das Management der IT-Leistungserbringer (IT-Management) muss sich dieser Herausforderung stellen und nach neuen Ideen, Konzepten und Methoden suchen. Für das IT-Management ist dies kein neues Phänomen. Historisch betrachtet lassen sich mehrere Veränderungswellen erkennen (*s. Abb. 1.1.*). In den 1980er-Jahren konzentrierte sich das IT-Management vor allem darauf, Datenmodelle zu gestalten und das IT-Management als unternehmerische Funktion zu etablieren. In den 1990er-Jahren änderten sich die Anforderungen der Anwender an die IT-Bereiche. Das IT-Management entwickelte sich weiter und setzte Konzepte und Methoden zur Planung, Entwicklung und zum Betrieb von Informationssystemen um. Diese ersten beiden Entwicklungsphasen des IT-Managements werden im Folgenden als traditionelles IT-Management bezeichnet.

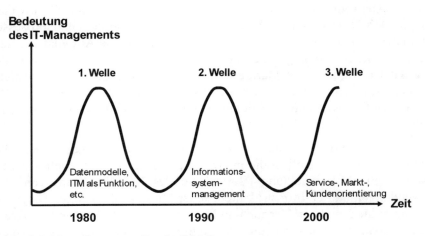

Abb. 1.1. Veränderungswellen im IT-Management

In den letzten Jahren haben sich die Rahmenbedingungen für das IT-Management im Unternehmen erneut gewandelt. Forderungen der Kunden nach einer stärkeren Service-, Markt- und Kundenorientierung der IT-Bereiche zwingen das IT-Management dazu, seine Konzepte und Prozesse zu überdenken. Im Mittelpunkt steht dabei die Umsetzung eines serviceorientierten IT-Managements.

In diesem einleitenden Kapitel möchten wir das Grundkonzept eines serviceorientierten IT-Managements anhand dreier Frage verdeutlichen: Was sind die traditionellen Aufgaben des IT-Managements? Was sind die heutigen Anforderungen von IT-Leistungsempfängern an die IT-Leistungen? Und wie können diese Anforderungen in einer wirtschaftlichen Art und Weise innerhalb des IT-Managements umgesetzt werden?

1.1 Traditionelle Aufgaben des IT-Managements

Das IT-Management arbeitet traditionell stark technologieorientiert und projektbezogen. Hauptaufgabe des IT-Managements im traditionellen Sinne ist es, durch den Einsatz von Informationstechnologien die Prozesse der Kunden effizienter und letztendlich das Geschäft der Kunden profitabler zu gestalten. Dazu ist es vonnöten, die Prozesse der Kunden zu kennen und zu analysieren. Verbesserungspotenziale können so identifiziert und durch die Initiierung von IT-Projekten umgesetzt werden. Im Mittelpunkt der IT-Projekte steht die Entwicklung und Implementierung von IT-Anwendungen. Mit Hilfe dieser IT-Anwendungen werden die Geschäftsprozesse automatisiert und effizienter gestaltet (z. B. durch die Automatisierung buchhalterischer Vorgänge oder das automatische Einlesen von Lagerhaltungsdaten), werden neue Märkte erschlossen (z. B. durch einen globalen internetgestützten Vertrieb) oder werden neue Produkte angeboten (z. B. digitale Güter, wie Online-Zeitungen, Online-Banking oder Online-Tickets).

In der betrieblichen Praxis untergliedern sich die Aufgaben des IT-Managements traditionell in die in Abb. 1.2 dargestellten Kernphasen der Planung (Plan), Entwicklung (Build) und des Betriebs (Run) von IT-Anwendungen und IT-Infrastrukturen. Jeder Phase sind konkrete Tätigkeiten zugeordnet, zu deren Verrichtung Managementmethoden herangezogen werden können. Neben den drei Kernaufgaben umfasst das IT-Management auch eine Reihe von Querschnittsaufgaben, wie z. B. Controlling, Qualitätsmanagement, Personalmanagement oder Sicherheitsmanagement.

Traditionelle Aufgaben des IT-Managements

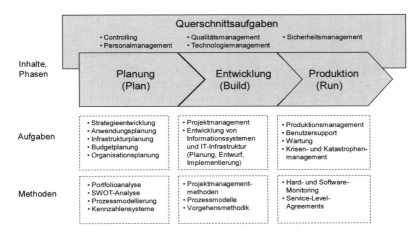

Abb. 1.2. Phasen, Aufgaben und Methoden des IT-Managements

Für die praktische Umsetzung des IT-Managements existieren seit vielen Jahren Vorgehens- und Prozessmodelle. Bereits in den 1980er-Jahren wurde mit dem Information-Systems-Management(ISM)-Modell der IBM erstmals der Versuch unternommen, ein umfassendes Prozessmodell des Informationsmanagements zu entwickeln. Das ISM-Modell unterteilte das IT-Management-System in 42 Prozesse, die in 11 Prozessgruppen zusammengefasst waren. Das St. Galler Informationssystem-Management (SG ISM)-Modell definierte eine fünfstufige Managementmethodik für das Management von Informationssystemen. Diese Modelle bilden die Vorläufer der serviceorientierten Modelle, wie sie im Mittelpunkt dieses Buches stehen.

Obwohl das IT-Management traditionell sowohl die Planung und Entwicklung von IT-Anwendungen als auch den Betrieb der IT-Infrastrukturen umfasste, galt das Augenmerk in erster Linie der Planungs- und Entwicklungsphase. Vor allem gegen Ende der 1990er-Jahre, auf dem Höhepunkt des E-Business-Hype, war es die primäre Aufgabe des IT-Managements, Nutzenpotenziale der IT frühzeitig zu identifizieren, neue IT-Anwendungen zu planen und IT-Entwicklungsprojekte termingerecht durchzuführen. Wirtschaftlichkeits- und Kostenaspekte spielten eher eine untergeordnete Rolle. Dies galt auch für Fragen der Architektur oder der Standardisierung. Und nicht zuletzt wurde dem Betrieb der erforderlichen IT-Infrastrukturen nur eine untergeordnete Bedeutung innerhalb des IT-Managements zugeordnet.

1.2 Anforderungen von IT-Leistungsempfängern

Unumstritten ist, dass die Bedeutung und die Verbreitung von IT sowohl in den Unternehmen als auch in den privaten Haushalten zunehmen. Der Bezug von IT-Leistungen ist heute größtenteils zur Selbstverständlichkeit geworden. Noch vor 20 bis 30 Jahren hatten nur wenige Fachleute Zugriff auf IT-Leistungen, z. B. zur elektronischen Datenverarbeitung. Heute hingegen nutzt nahezu jeder Mitarbeiter eines Unternehmes einen PC an seinem Arbeitsplatz, kommuniziert via E-Mail und Internet und hat Zugriff auf eine Vielzahl von IT-Anwendungen. In allen geschäftlichen Kernprozessen und administrativen Prozessen kommen IT-Leistungen zum Einsatz.

Im Zuge dieser Entwicklung verändern sich die Anforderungen, die durch die Anwender an die IT-Leistungen gestellt werden. Die Erwartungshaltung hinsichtlich Kosten und Qualität der gelieferten IT-Leistungen steigt. Dies ist kein IT-spezifisches Syndrom, wie beispielsweise der Vergleich zum Kauf eines Autos zeigt. Vor 50 Jahren war es nur sehr wenigen Personen vorbehalten, ein Auto zu besitzen. In diesem Auto ein Radio, einen Airbag oder eine Klimaanlage vorzufinden, war nicht vorstellbar. Heute besitzt ein Großteil der Bevölkerung ein Auto und Ausstattungen wie Autoradios, Airbags oder Klimaanlagen gehören mittlerweile zur Serienausstattung. Die Anforderungen an die Grundausstattung eines Autos haben sich über die Jahre stark verändert und die Erwartungshaltung der Kunden ist gestiegen, z. B. erwartet heute ein Autokäufer in der Schweiz, dass er einen drei Jahre währenden bzw. 100.000 km kostenlosen Service erhält.

Ähnlich verhält es sich mit der Entwicklung der Erwartungshaltung gegenüber IT-Leistungen. IT-Leistungsempfänger erwarten heute eine bestimmte Funktionalität und eine bestimmte Qualität zu einem bestimmten Preis. Gegenüber den Anfängen der elektronischen Daten-verarbeitung im Unternehmen sind Anforderungen an Funktionalität, Qualität und Preis enorm gestiegen. IT-Anwendungen und IT-Leistungen sind heute vielfach selbsterklärend, d. h., Expertenwissen ist für die Nutzung nicht mehr zwingend notwendig. Die Erwartungshaltung hat sich dahingehend angepasst. Der Nutzer einer IT-Leistung geht in der Regel davon aus, dass er die gekaufte Leistung ohne das Studium einer mehrerer hundert Seiten umfassenden Dokumentation sofort nutzen kann. Ist dies nicht der Fall, wird sich die IT-Leistung am Markt aller Voraussicht nach nur schwer absetzen lassen, da es andere Anbieter gibt, die es verstanden haben, ihre IT-Leistungen an den Bedürfnissen der Kunden auszurichten.

Ähnlich verhält es sich mit anderen Qualitätsparametern, wie z. B. der Verfügbarkeit einer IT-Leistung. Wenn eine IT-Leistung des Öfteren zu dem Zeitpunkt, zu dem der Kunde die Leistung beispielsweise über das Internet beanspruchen möchte, nicht verfügbar ist (z. B. weil der Webserver beim IT-Dienstleister ausgefallen ist), dann wird der Kunde das Angebot eines alternativen IT-Dienstleisters in Erwägung ziehen. Der Verfügbarkeitsgrad der IT-Leistung stellt für IT-Dienstleister demnach eine entscheidende Größe dar, die bei der Ausrichtung der Managementaktivitäten unbedingt berücksichtigt werden sollte. Und auch diesbezüglich steigen die Anforderungen der Kunden kontinuierlich. Der am Markt akzeptierte Grad an Nicht-Verfügbarkeit sinkt. Entsprechend sollten IT-Dienstleister die Verfügbarkeitsgrade ihrer IT-Leistungen kennen, diese überwachen und proaktiv steuern.

Für viele Unternehmen ist es mittlerweile entscheidend, ihre IT-Leistungen so günstig wie möglich zu beziehen. Ein strategischer Wettbewerbsvorteil durch den Einsatz neuester Technologien steht nicht mehr in allen Fällen im Vordergrund, sondern die Sicherung der kosteneffizienten Produktion der Geschäftsprodukte, wobei die IT-Leistungen Mittel zum Zweck darstellen. Entsprechend können sich IT-Dienstleister mit ähnlichem Leistungsportfolio und vergleichbaren Qualitätseigenschaften immer häufiger nur durch den Preis von anderen Wettbewerbern differenzieren. Um hierbei dennoch rentabel zu arbeiten, ist es notwendig, die Stückkosten der Herstellung der IT-Leistungen zu minimieren. Ein entsprechendes IT-Controlling sollte in den Managementaktivitäten verankert sein, so dass unprofitable IT-Leistungen entweder aus dem Angebotsportfolio eines IT-Dienstleisters entfernt werden oder die Erstellung der IT-Leistungen effizienter gestaltet wird. Die Rentabilität einer jeden Leistung im Angebotsportfolio eines IT-Dienstleisters sollte für das IT-Management transparent sein.

Nicht mehr die Technologien stehen für den heutigen IT-Leistungsempfänger im Vordergrund, sondern der durch die Technologien beim Kunden geschaffene konkrete Nutzen. Aus diesem Grund ist für heutige IT-Leistungsempfänger nicht die Art und Weise der Herstellung von IT-Leistungen interessant (z. B. ein Projekt zur Anwendungsentwicklung oder der Betrieb von IT-Infrastrukturen). Sie interessiert lediglich der Output des IT-Dienstleisters, d. h. die IT-Leistungen an sich. Die beschriebenen Qualitätsparameter der IT-Leistungen, wie Funktionalität, Verfügbarkeit oder Kosten, und nicht die technischen Elemente, wie IT-Anwendungen, Server oder Netzwerke, die zur Herstellung von IT-Leistungen erforderlich sind, spielen aus Sicht der Kunden die zentrale Rolle.

Aufgrund der zunehmenden Homogenität von IT-Leistungen sind diese leichter austauschbar geworden. Entsprechend sind auch IT-Dienstleister zunehmend austauschbar geworden. Aktuelle Trends, wie die Entwicklung weg vom Single-Sourcing, bei dem alle IT-Leistungen von einem IT-Dienstleister bezogen werden, hin zum Multisourced Environment, bei dem die IT-Leistungen, je nach Kernkompetenz, von mehreren IT-Dienstleistern bezogen werden, belegen dies. Es werden diejenigen IT-Dienstleister ausgewählt, die eine spezifische IT-Leistung mit der gewünschten Funktionalität zum günstigsten Preis und mit der besten Qualität anbieten.

1.3 Serviceorientiertes IT-Management

Die traditionellen Aufgabenbereiche des IT-Managements reichen nicht aus, um den beschriebenen neuen Anforderungen der IT-Leistungsempfänger gerecht zu werden. Vielmehr sind neue Managementaufgaben wahrzunehmen und neue Managementmethoden einzusetzen.

Das primäre Ziel eines serviceorientierten IT-Managements ist es, die IT-Services (= IT-Leistungen) konsequent an den Anforderungen der Kunden auszurichten und für eine kontinuierliche Überwachung und Steuerung der IT-Services im Sinne der Kundenanforderungen zu sorgen. Die traditionellen, eher reaktiven, Aufgaben werden durch proaktive Aufgaben ergänzt und an den Bedürfnissen der Kunden bzw. der Anwender ausgerichtet. Innerhalb eines serviceorientierten IT-Managements werden traditionelle technologieorientierte Managementprozesse durch serviceorientierte Prozesse ersetzt und die reaktiven Prozesse durch proaktive Komponenten ergänzt. *Abbildung 1.2.* zeigt den Zusammenhang zwischen traditionellem und serviceorientiertem IT-Management.

Serviceorientiertes IT-Management

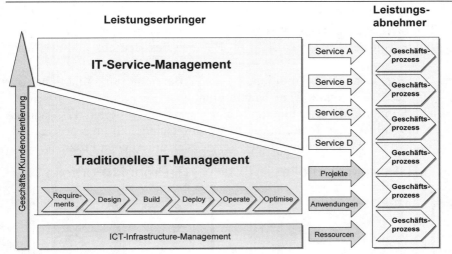

Abb. 1.3. Zusammenhang zwischen traditionellem und serviceorientiertem IT-Management

Ein serviceorientiertes IT-Management zeichnet sich durch vier Merkmale aus:

- *Marktorientierung*: Die traditionelle Aufgaben- und Rollenverteilung zwischen IT-Bereichen und Geschäftsbereichen ändert sich im Rahmen eines serviceorientierten IT-Managements. Aus den ehemaligen Projektpartnern werden Kunden und Lieferanten. Die Zusammenarbeit basiert auf marktorientierten Vertragsbeziehungen, denen Wettbewerbsmechanismen zugrunde liegen.
- *Serviceorientierung*: Grundlage der Zusammenarbeit zwischen IT-Lieferanten und Kunden bilden IT-Services. Die Geschäftsbereiche nehmen die Rolle der Kunden ein und kaufen IT-Services bei internen und externen IT-Dienstleistern ein. Die IT-Dienstleister verfügen über ein Angebotsportfolio, in dem alle angebotenen IT-Services enthalten sind. Aus dem traditionellen Projektportfolio eines IT-Bereiches wird innerhalb eines serviceorientierten IT-Managements somit ein Leistungsportfolio (s. *Abb. 1.3*).
- *Lebenszyklusorientierung*: Das Management der IT-Services erfolgt auf der Basis von Lebenszykluskonzepten. So spielen beispielsweise die Lebenszykluskosten eines IT-Service eine zentrale Rolle. Traditionell konzentrierte sich die Kostenbetrachtung innerhalb des IT-Managements vor allem auf die Entwicklungskosten von IT-Anwendungen. Studien zeigen, dass die Entwicklungskosten jedoch nur einen kleinen

Teil der Lebenszykluskosten eines IT-Service ausmachen. Der überwiegende Teil der Kosten entsteht im Rahmen des Betriebs und der Wartung.

- *Prozessorientierung*: Traditionell sind IT-Bereiche stark funktional organisiert, z. B. durch eine Unterteilung von Entwicklungs-, Betriebs- und Supporteinheiten. Innerhalb eines serviceorientierten IT-Managements stehen nicht funktionale Organisationseinheiten im Vordergrund, sondern die zur Erstellung der IT-Services erforderlichen Prozesse.

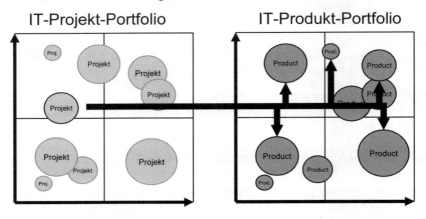

Abb. 1.4. Zusammenhang zwischen traditionellem und serviceorientiertem IT-Management

1.4 Ziel und Aufbau dieses Buches

Das primäre Ziel dieses Buches ist es, dem Leser einen umfassenden Überblick über den Gegenstand und die Inhalte eines serviceorientierten IT-Managements zu vermitteln. Das Buch soll einerseits die konkreten Aufgaben, Methoden und Instrumente des serviceorientierten IT-Managements vorstellen. Andererseits soll es die Einsatzmöglichkeiten eines serviceorientierten IT-Managements in der Praxis aufzeigen. Auch Probleme und Grenzen eines serviceorientierten IT-Managements sowie zukünftige Entwicklungen werden diskutiert. Ausgangspunkt des Buches ist in Teil A eine Einführung in das serviceorientierte IT-Management.

Ziel und Aufbau

Nach der Einführung wird zu diesem Zweck in Kapitel 2 auf unterschiedliche Initiativen und Gruppen, welche in der Praxis das Thema des serviceorientierten IT-Managements geprägt und verbreitet haben, eingegangen. Hierdurch wird ein Überblick des State-of-the-Art im Bereich serviceorientierten IT-Managements vermittelt.

In den Teilen B und C werden mit den Themenbereichen „Service Delivery" und „Service Support" die zwei zentralen Aspekte des serviceorientierten IT-Managements vorgestellt und auf der Basis etablierter „ITIL Best Practices" beschrieben. Die Inhalte sind dabei bewusst in einheitlicher und strukturierter Art und Weise dargestellt.

Diese Bereiche werden im Folgenden detailliert beschrieben. Dabei wurden im Wesentlichen auf Inhalte der ITIL zurückgegriffen, da hiermit bereits ein etablierter und in der Praxis bewährter Standard für die Bereiche Service-Delivery und Service-Support vorliegt. Im Folgenden werden die Begriffe ITIL und serviceorientiertes IT-Management daher auch häufig synonym verwendet. Im Gegensatz zu den ITIL-Bänden wurde auf eine strukturierte und einheitliche Beschreibung der Inhalte geachtet. Nach einer Übersicht zu dem jeweiligen Kapitel wird zunächst detailliert auf die Aktivitäten des betrachteten Bereiches eingegangen. Dabei wird zwischen Planung, Umsetzung und Betrieb unterschieden. Im Bereich Planung wird auf die Aktivitäten eingegangen, die dazu notwendig sind, die Prozeduren für den betrachteten serviceorientierten IT-Management-Bereich vorzubereiten und zu initiieren. In ähnlicher Art und Weise werden im Bereich Umsetzung die Aktivitäten beschrieben, die dazu notwendig sind, die Prozeduren für den serviceorientierten IT-Management-Bereich zu implementieren. Im Kapitel zum Betrieb werden schließlich die laufenden Aktivitäten des betrachteten serviceorientierten IT-Management-Bereiches geschildert. Zudem wird auf Beziehungen zu anderen Bereichen sowohl des serviceorientierten als auch des traditionellen IT-Managements eingegangen. Abschließend werden Steuerungsaspekte bezüglich des Bereiches aufgelistet. Hierzu zählen Ziele, Rollen/Verantwortlichkeiten, betriebliche Kenngrößen, Erfolgsfaktoren, Kosten/Nutzen, Probleme/Herausforderungen sowie Methoden, Dokumente und Instrumente.

Die Bereiche des serviceorientierten IT-Managements sind mit den bestehenden Aufgaben des traditionellen IT-Managements verknüpft, weshalb in diesem Buch auf die Schnittstellen zu traditionellen IT-Management-Bereichen wie das Application-Management oder das ICT-Infrastructure-Management eingegangen wird. Auf eine detaillierte Beschreibung der Bereiche des traditionellen IT-Managements wird hingegen verzichtet. Auf die Schnittstellen zu traditionellen Bereichen des IT-Managements geht Teil D mit einer Beschreibung des „Application Managements" und des „ICT Infrastructure Managements" innerhalb eines serviceorientierten IT-Managements ein.

In Teil E werden sechs Fallstudien vorgestellt, die einen Einblick in den Einsatz des serviceorientierten IT-Managements in der Praxis vermitteln. Die Fallstudien wurden auf der Grundlage einer etablierten Methode einheitlich erhoben und strukturiert. Unter anderem wird im Rahmen der Fallstudien auf Probleme bei der Umsetzung und auf Erfolgspotenziale des serviceorientierten IT-Managements eingegangen.

Auf der Grundlage der Erkenntnisse aus den Fallstudien nimmt Teil F eine abschließende Bewertung des serviceorientierten IT-Managements vor und stellt einige zukünftige Entwicklung dar.

2 Initiativen im Bereich des serviceorientierten IT-Managements

Wie in *Kapitel 1* beschrieben, verbirgt sich hinter dem serviceorientierten IT-Management zunächst eine Philosophie, welche eine Markt-, Service-, Lebenszyklus- und Prozessorientierung des IT-Managements fordert. Zur Einführung, Verankerung und Etablierung dieser Gedanken innerhalb der IT-Organisationen bedarf es jedoch der Entwicklung konkreter Aufgaben, Methoden und Konzepte. Verschiedenste Initiativen haben sich dieser Entwicklungsarbeit verschrieben und Frameworks für ein serviceorientiertes IT-Management erarbeitet. Im Folgenden soll eine Einordnung helfen, sich einen Überblick über die Gesamtheit der verschiedenen Initiativen zu verschaffen und die Unterschiede der einzelnen Ansätze zu verstehen. Nach einer kurzen Vorstellung der wichtigsten Initiativen, wird in *Kapitel 3* auf die in der Praxis am weitesten verbreitete Initiative, die IT-Infrastructure-Library (ITIL), vertieft eingegangen, da diese als Basis für die Entwicklung der anderen Initiativen diente und sich im Bereich des serviceorientierten IT-Managements als De-facto-Standard etabliert hat. Auch die Ausführungen in diesem Buch basieren auf den in der ITIL enthaltenen „Best Practices".

2.1 „Best-Practices" (OGC/itSMF)

Die „Best-Practices" für ein serviceorientiertes IT-Management werden durch die IT-Infrastructure-Library (ITIL) beschrieben. Ursprünglich vom internen IT-Dienstleister der britischen Regierung „OGC" (Office of Government Commerce) entwickelt, wurde das ITIL-Framework kontinuierlich weiterentwickelt und hat sich unter dem Einfluss des international tätigen IT-Service-Management-Forums (itSMF) zu einem De-facto-Standard entwickelt. Wie häufig missverstanden wird, ist ITIL kein Referenzprozessmodell, sondern lediglich eine Beschreibung der Aufgaben, Dokumente, Rollen, Erfolgsfaktoren, Kennzahlen etc., die in einem „idealen" IT-Management berücksichtigt werden sollten. Dabei wird unter „ideal" die – aus Sicht der 2.000 am itSMF beteiligten Organisationen – beste Lösung für ein serviceorientiertes IT-Management verstanden. ITIL gilt heute als De-facto-Standard für serviceorientiertes IT-Management. „Best-Practice"-Ansätze wie ITIL können z. B. im Rahmen eines Benchmarkings dazu dienen, die eigene Organisation mit dem Idealzustand zu vergleichen.

Zudem können die ITIL-„Best Practices" zur Aufdeckung von Schwachstellen und als Ideenlieferant für Verbesserungen dienen. Wie bereits erwähnt, wird am Ende dieses Kapitels vertieft auf die ITIL eingegangen. Die folgenden Initiativen basieren zum großen Teil auf den Ideen der ITIL.

2.2 IT-Revision (ISACA)

Zur internen IT-Revision wird das CobiT-Framework benutzt. Initiiert wurde CobiT (Control Objectives for Information and related Technology) von der Information Systems Audit and Control Association (ISACA). Die Initiative richtet sich an interne IT-Verantwortliche und Revisionshäuser, welchen mit CobiT ein unabhängiges Instrument zur Überprüfung der Qualität der IT-Management-Prozesse zur Verfügung steht. Im Gegenteil zum ITIL-Framework wird im CobiT-Framework nicht ein ideales IT-Management beschrieben, sondern es werden Kontrollziele definiert, deren Erreichen eine Mindestqualität des IT-Managements sicherstellt. Aus diesem bescheideneren Ansatz ergibt sich trotz einer Vielzahl an Kontrollzielen eine geringere Konkretisierung als im ITIL. Während z. B. im CobiT-Framework lediglich gesagt wird, dass für die Erreichung eines gewissen Qualitätsstandards ein Problemlösungswesen eingerichtet werden sollte, wird im ITIL konkret beschrieben, wie ein solches Problemlösungswesen idealerweise auszusehen hat.

Unabhängige Revisionsinstrumente können zum einen dazu dienen, internen Stakeholdern die Erfüllung von Mindeststandards – also des otwendigen – darzulegen. Zudem verlangen z. B. externe Stakeholder den Nachweis einer gewissen Mindestqualität bei der Erstellung von IT-Services. So verlangt die Börsenaufsicht SEC beispielsweise, dass die IT-unterstützte Erstellung von Geschäftsbilanzen gewissen Qualitätsanforderungen entspricht, damit IT-Fehler nicht als Aufhänger für fehlerhafte Bilanzen gelten können. Diese Forderung ist durch den im Juni 2002 von der US-Regierung erlassenen Sarbanes-Oxley-Act in den amerikanischen Gesetzen verankert.

2.3 Zertifizierung (British Standard Institute)

Das British Standard Institute verfolgt die Absicht, ähnlich wie bei dem Standard BS 7799 für IT-Sicherheit, die Richtlinie BS 15000 als offizielle ISO-9000-Norm für serviceorientiertes IT-Management zu etablieren. Dabei orientiert sich das BSI stark an den im ITIL-Framework formulierten „Best-Practices". Im Gegensatz zu CobiT werden die konkreten Hinweise der ITIL im BS 15000 verankert. Allerdings deckt die Richtlinie BS 15000 nur die Bereiche Service-Delivery und Service-Support ab, wohingegen CobiT und ITIL weitere Bereiche wie z. B. Application-Management berücksichtigen. Die Publikationen des BSI zum Thema serviceorientiertes IT-Management umfassen eine Zusammenfassung für Manager (PD 0005), eine konkrete Beschreibung der Richtlinie (BS 15000-2) und Checklisten (BS 15000-1). Mit Hilfe der letzteren kann sich ein Unternehmen nach der BS-15000-Richtlinie zertifizieren lassen, wobei erwartet wird, dass bis zum Jahr 2006 die BS-15000-Richtlinie zu einer offiziellen ISO-9000-Norm erhoben wird. Eine derartige offizielle Zertifizierung, welche das Gedankengut bzw. die „Best-Practices" nach ITIL widerspiegeln, kann für IT-Dienstleister bei Bewerbungen um Ausschreibungen sehr hilfreich sein.

2.4 Referenzprozessmodelle (Unternehmungsberatungen, IT-Dienstleister)

Auf Basis des ITIL-Frameworks haben Unternehmungsberatungen und IT-Anbieter Prozessmodelle entwickelt, welche die einzelnen Prozessbeziehungen mit Hilfe von konkreten Input-/Output-Schemata verdeutlichen sollen. Diese Referenzprozessmodelle dienen im Wesentlichen der internen Nutzung im Rahmen von Beratungs- bzw. Umsetzungsprojekten. Sie müssen zu diesem Zweck den unternehmensspezifischen Gegebenheiten angepasst werden. Obwohl die entwickelten Modelle mehr oder weniger auf der ITIL basieren, stellen sie ausnahmslos eigene Interpretationen der Modellersteller dar. Anhand der von der OGC veröffentlichten ITIL-Publikationen lässt sich ein eindeutiges und allgemein gültiges Prozessmodell nicht ableiten. Der Hauptvorteil der Prozessmodelle ist, dass typische Prozessbeziehungen schnell und einfach nachvollzogen werden können.

2.5 Tools (Hersteller)

Hersteller wie Hewlett Packard oder Peregrine bieten „out of the box" Softwaresysteme zur Unterstützung der serviceorientierten IT-Management-Prozesse an. Dabei werden insbesondere die Bereiche Service-Support und Service-Level-Management abgedeckt.

Obwohl die Softwaresysteme helfen, den Prozessablauf im Unternehmen zu verankern, und die Mitarbeiter durch die im System definierten Workflows dazu veranlasst werden, die Prozesse auch entsprechend zu „leben", gibt es bei der Einführung eines serviceorientierten IT-Managements konzeptionelle und menschliche Barrieren, welche auch mit Hilfe von Tools nicht überwunden werden können. So stellen das Roll-out eines Problem-Management-Prozesses, die Erstellung eines Servicekataloges aus Sicht des Kunden oder die Einführung einer ITIL-konformen Configuration-Management-Datenbank (CMDB) große Herausforderungen dar. Fragestellungen der Granularität und des Beziehungsgeflechts der einzelnen Komponenten sind nur schwer zu beantworten. Menschliche Barrieren sind im Wesentlichen Akzeptanz- und Verständnisprobleme.

2.6 Schulungen (EXIN/ISEB)

Bei der Einführung eines serviceorientierten IT-Managements sind Mitarbeiterschulungen empfehlenswert. Das European Examination Institute for Information Science (EXIN) und das Information System Examination Board (ISEB) bieten im Bereich des serviceorientierten IT-Managements offizielle Zertifizierungsstandards und Examen an. Dabei zertifizieren die beiden Organisationen andere Schulungsanbieter, wie z. B. den TÜV, nach ihrer ITIL-Konformität und bieten für diese gleichzeitig standardisierte Examen zur Verwendung an. Es existiert ein ausgereiftes Schulungssystem über mehrere Stufen, von der Foundation-Schulung über die Practitioner-Schulung bis hin zur Service-Manager-Schulung.

2.7 Methoden für Qualitätsmanagement (Anwender)

Mit Hilfe bekannter und bewährter Methoden des Qualitätsmanagements nähern sich Anwender dem Thema serviceorientiertes IT-Management. Dabei versuchen die Projektleiter, die in der Regel in den Qualitäts-und/

oder Prozessmanagement-Abteilungen angesiedelt sind, z. B. durch Benchmarkings, Gap-Analysen, Self-Assessments oder im Rahmen von umfassenderen Konzepten wie z. B. Six-Sigma, relevante und notwendige Prozessverbesserungen zu identifizieren und umzusetzen. Es ist zu beachten, dass nicht unbedingt die Gesamtheit der im ITIL-Framework beschriebenen Hinweise berücksichtigt werden muss, sondern dass je nach Bedarf und Problemstellung Prozessverbesserungen partiell und modular durchgeführt werden können.

Des Weiteren bieten sich generelle Führungsinstrumente, wie z. B. die Balanced-Scorecard, auch für die Steuerung der Bereiche des serviceorientierten IT-Managements an.

2.8 Methodik (Universitäten)

Der Wissenschaft kommt die Aufgabe einer bedarfsorientierten Integration der einzelnen Initiativen im Sinne einer situativen Methodik zu. Unternehmen, die eine Umsetzung oder Verbesserung eines serviceorientierten IT-Managements anstreben, sind mit der Vielfalt der angebotenen Initiativen zu diesem Thema häufig überfordert. Es gibt bereits eine große Anzahl an „schwarzen Schafen", die ihre Leistungen unter dem Namen ITIL-konform verkaufen, sich jedoch nicht an dem „Best-Practice"-Framework orientieren. Auch sind nicht alle Initiativen und Konzepte für jeden Anwender geeignet. Die Wahl der geeigneten Initiativen-Kombination ist abhängig von dem zu verfolgenden Zweck bzw. der Problemstellung des Unternehmens und dem spezifischen Umfeld. Eine sinnvolle Kombination der serviceorientierten IT-Management-Initiativen kann zu einer erhöhten Kundenorientierung und zu erhöhter Kosteneffektivität führen.

Ein Beispiel stellen die in diesem Buch beschriebenen Fallstudien über Projekte, in denen serviceorientierte IT-Managementkonzepte umgesetzt wurden, dar (siehe Teil E). Aus den Fallstudien können Erfahrungen und Erfolgsfaktoren abgeleitet werden, die sowohl branchenübergreifende Geltung haben, aber auch Besonderheiten spezifischer Unternehmenssituationen aufgreifen. Weitere Erkenntnisse und Schwachstellen, die im Zusammenhang mit einem serviceorientierten IT-Management und entsprechenden Initiativen aus wissenschaftlicher Sicht identifiziert wurden, finden sich in Teil F.

Abbildung 2.1. zeigt die unterschiedlichen Initiativen zum serviceorientierten IT-Management in einer Übersicht.

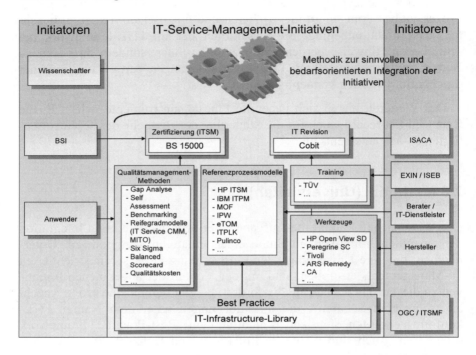

Abb. 2.1. Initiativen des serviceorientierten IT-Managements

3 Die IT-Infrastructure-Library (ITIL)

Bei der Beschreibung der Initiativen des serviceorientierten IT-Managements wurde in den vorigen Teilkapiteln immer wieder das ITIL-Framework erwähnt. Aufgrund seiner zentralen Bedeutung wird im Folgenden vertieft auf dieses Framework eingegangen. Mitte der 80er-Jahre wurden die Effizienz und die Effektivität der IT-Leistungen in englischen Behörden seitens der Regierung angezweifelt, so dass eine Initiative zur Dokumentation und Vereinheitlichung der IT-Service-Prozesse gestartet wurde. Daraus entwickelte Ende der 80er-Jahre die Central Computer and Telecommunications Agency (CCTA) der britischen Regierung (mittlerweile Bestandteil des OGC – Office of Government Commerce) in Zusammenarbeit mit IT-Spezialisten, Rechenzentrumsbetreibern und Beratern aus England ein generisches Referenzmodell für die Planung, Überwachung und Steuerung von IT-Leistungen. Kern dieses Referenzmodells war eine verstärkte Serviceorientierung der IT-Abteilung. Ausgehend von den Kundenanforderungen sollten die zu liefernden IT-Leistungen konkret definiert werden und anschließend die internen Prozesse der IT-Abteilung danach ausgerichtet werden. Das ITIL-Framework wurde bzw. wird durch Vertreter aus der Praxis, insbesondere durch Anwender (z. B. Deutsche Post, DaimlerChrysler, Bayer etc.), Hersteller (z. B. Microsoft, Hewlett-Packard, T-Systems etc.) und Berater (z. B. Siemens Business Services, exagon consulting, Kess DV-Beratung etc.), kontinuierlich weiterentwickelt und aktualisiert. Mittlerweile hat sich ITIL zum internationalen De-facto-Standard für IT-Dienstleister entwickelt und bildet als Hersteller unabhängiger Sammlungen von „Best Practices" die Grundlage für das international tätige IT-Service Management Forum (itSMF) mit mittlerweile über 2.000 Partnerorganisationen.

ITIL besteht im Wesentlichen aus den fünf in *Abbildung 2.2.* dargestellten Prozessbereichen. Jeder der fünf Prozessbereiche ist durch die OGC in einem Buchband publiziert: Die „Business Perspective" umfasst die strategischen Prozesse des IT-Service-Managements, wie IT-Alignment oder Relationship-Management. „Service Delivery" beschäftigt sich mit der Planung, Überwachung und Steuerung von IT-Leistungen, während der Bereich des „Service Supports" die Umsetzung der Serviceprozesse und den User-Support im Rahmen der Leistungslieferung sicherstellt. Das Management von Applikationen über den gesamten Lebenszyklus hinweg ist Betrachtungsgegenstand des „Application Managements". Das „ICT-Infrastructure-Management" behandelt sämtliche

Aspekte der Überwachung und Steuerung der IT-Infrastruktur, von der Design- und Planungsphase über die Umsetzung bis hin zum Betrieb und technischen Support. Weitere Bände der ITIL sind „Software Asset Management", „Security Management" und „Planning to Implement Service Management", wobei diese Bände nur thematische Ergänzungen darstellen und die Serviceausrichtung des IT-Managements in diesen Publikationen nicht im Vordergrund steht.

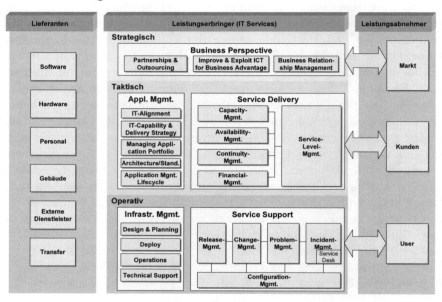

Abb. 3.1. Übersicht der IT-Infrastructure-Library

ITIL ist in der Praxis weitverbreitet. Es gibt ITIL-Schulungen für Mitarbeiter und ITIL-Zertifizierungen für Unternehmen. Die Ausschreibungen großer Konzerne, wie beispielsweise Allianz oder BASF, fordern heute die IT-Leistungserbringung nach ITIL. Typische Nutzenkategorien einer Ausrichtung nach ITIL können einer im Jahr 2004 erstellten Studie der Detecon Deutschland entnommen werden, in welcher 188 deutsche Unternehmen nach den realisierten Verbesserungen durch Einsatz von ITIL befragt wurden (siehe *Abbildung 3.2.*).

Prozessqualität zu belegen. „ITIL-Konformität" ist jedoch ein weitreichender Begriff und kann unterschiedlich aufgefasst werden. Die bloße Bezeichnung von IT-Prozessen mit den ITIL-Begriffen wird derzeit häufig als ITIL-Konformität ausgelegt. Die Interpretationsvielfalt der ITIL-Proze-

Die IT-Infrastructure-Library (ITIL)

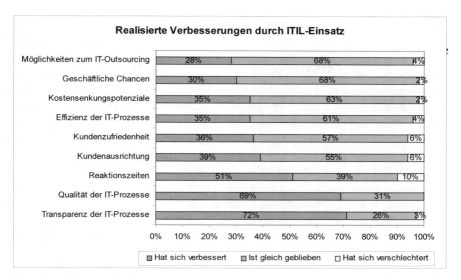

Abb. 3.2. Nutzenkategorien der ITIL

duren ist jedoch groß. Grund hierfür sind die formalen Schwächen des ITIL-Frameworks.

Obwohl die einzelnen ITIL-Bereiche teilweise sehr detailliert beschrieben werden und im Rahmen einer End-to-End-Betrachtung sogar Rollen und Ziele definiert werden, fehlt ein eindeutiges und umfassendes Input/Output-Schema, so dass die Beziehungen zwischen den einzelnen Bereichen und Prozeduren unklar sind. Insbesondere diese spielen jedoch innerhalb des IT-Managements eine wichtige Rolle und sollten Gegenstand von Verbesserungsbemühungen sein.

Des Weiteren fördert ein Mangel an Konsistenz den Eindruck formaler Schwächen des ITIL-Frameworks. Sowohl in Bezug auf die Struktur als auch auf den Detaillierungsgrad herrschen zwischen den Bereichen teilweise stark ausgeprägte Unterschiede. Ferner lassen sich Inkonsistenzen bezüglich der Angabe von Erfolgsfaktoren und Kennzahlen feststellen und auch die Granularität, in welcher die einzelnen Aktivitäten und Methoden beschrieben werden, variiert stark. Diese Schwächen bezüglich formaler Anforderungen an Referenzmodelle erschweren die Anwendung und Übertragung der beschriebenen Referenzprozeduren.

Als Fazit lässt sich festhalten, dass ITIL im Bereich serviceorientierten IT-Managements der sicherlich am weitesten verbreitete Standard ist und sich mittlerweile zu einem De-facto-Standard entwickelt hat. Dies ist allerdings eher darauf zurückzuführen, dass ITIL als erstes Modell den Service-Gedanken aufgegriffen und für das IT-Management verwendet hat. Dadurch ist die Relevanz in der Praxis hoch und pragmatische Anforderungen, wie z. B. die kontinuierliche Weiterentwicklung durch ein kompetentes Gremium oder nützliche Hinweise zur Umsetzung von ITIL-Konzepten, können zu einem großen Teil erfüllt werden. Bei der Erfüllung der formalen Anforderungen, die an Referenzmodelle gestellt werden, weist ITIL jedoch signifikante Schwächen auf, was zu Interpretationsbedarf und zu Missverständnissen führen kann. ITIL kann daher mehr als umfangreiche und prozessbasierte Palette von „Best Practices" für das IT-Management verstanden werden und weniger als vollständiges Referenzmodell für ein gesamthaftes serviceorientiertes IT-Management.

Bei der Beschreibung der Bereiche des serviceorientierten IT-Managements im folgenden Kapitel wird im Wesentlichen auf die Inhalte der ITIL zurückgegriffen, da mit der ITIL ein Framework vorliegt, welches den derzeitigen Stand des serviceorientierten IT-Managements widerspiegelt. In Teil F erfolgt dann eine kritische Bewertung der ITIL- „Best-Practices" auf Basis der in *Teil E* vorgestellten Fallstudien.

Teil B:

Service-Delivery

Das Service-Delivery umfasst die taktischen Aufgaben des serviceorientierten IT-Managements. Im Rahmen des Service-Delivery werden in Zusammenarbeit mit den Kunden Funktionalität, Qualität und Preis der zu liefernden IT-Leistungen verhandelt und bestimmt. Diese werden in Form von Service-Level-Agreements (SLA) festgehalten, deren Einhaltung kontinuierlich überwacht werden sollte. Entsprechend ist im Rahmen des Service-Delivery die interne IT-Organisation gemäß der vereinbarten SLAs auszurichten. Die internen Prozesse und Ressourcen müssen so gestaltet werden, dass die mit den Kunden vereinbarten SLAs eingehalten und gewährleistet werden können. Hierzu sollten, ähnlich wie mit den Kunden SLAs vereinbart wurden, auch interne Leistungsverträge und Verträge mit externen Lieferanten abgeschlossen werden. Dabei sind folgende Aspekte zu berücksichtigen: Zum einen sollten die Kapazitäten und die Verfügbarkeiten des IT-Service sowie der den IT-Service konstituierenden IT-Ressourcen entsprechend den mit den Kunden vereinbarten SLAs geplant und überwacht werden. Zum anderen sind Sicherheits- und Wiederherstellungsmaßnahmen zu planen und zu implementieren sowie ein den Geschäftsanforderungen entsprechendes Kosten- und Preissystem zu etablieren. Das Service-Delivery kann in fünf Bereiche eingeteilt werden:

- Service-Level-Management,
- Capacity-Management,
- Availability-Management,
- IT-Service-Continuity-Management und
- Financial-Management.

Diese fünf Bereiche werden im Folgenden detailliert beschrieben.

4 Service-Level-Management

4.1 Überblick

Das Service-Level-Management stellt die Schnittstelle zwischen dem IT-Leistungsabnehmer und dem IT-Dienstleister dar. Wesentliche Aufgabe des Service-Level-Managements ist die Vereinbarung und Überwachung von Serviceverträgen (SLAs). Inhalte der Service-Level-Agreements sind neben der zu liefernden Funktionalität auch die zu erfüllenden Leistungsgrade, vereinbarte Strafen bei Nichterfüllung der Leistungsgrade und variable Preise in Abhängigkeit vom Mengengerüst. Im Idealfall bestehen für jeden IT-Service konkrete SLAs, deren Einhaltung durch Absicherungsverträge innerhalb der IT-Organisation und mit den Lieferanten garantiert wird. Für Absicherungsverträge innerhalb der IT-Organisation wird im ITIL-Framework die Abkürzung OLA (Operative-Level-Agreement) verwendet. Hingegen werden Absicherungsverträge mit externen Lieferanten in der ITIL als UC (Underpinning-Contract) bezeichnet. Im Rahmen anderer Prozessbereiche, z. B. des Availability-Managements (*s. Kap. 6*) oder des Capacity-Managements (*s. Kap. 5*), sind die Zusammenhänge zwischen dem jeweiligen Service und den konstituierenden Komponenten (z. B. Hardware-, Software oder Netzwerkkomponenten) herzustellen und zu berücksichtigen. *Abbildung 4.1.* zeigt eine Übersicht über das Service-Level-Management und gleichzeitig die Gliederung dieses Kapitels.

Abb. 4.1. Übersicht über das Service-Level-Management

4.2 Aktivitäten des Service-Level-Managements

IT-Organisationen, die für ihre IT-Services noch keine SLAs vereinbart haben, müssen zunächst eine Reihe planerischer Aktivitäten durchführen. Hierzu gehören:
- Die Schaffung von Rahmenbedingungen,
- die Planung der SLA-Überwachung,
- die Erhebung der aktuellen Auffassung über die Servicequalität und
- die Planung der Absicherungsverträge innerhalb der IT-Organisation und mit den externen Lieferanten.

4.2.1 Schaffung von Rahmenbedingungen

Bevor ein ITIL-konformes Service-Level-Management in der IT-Organisation etabliert werden kann, sollten zunächst die notwendigen Rahmenbedingungen dafür geschaffen werden. Hierzu gehören:

- Die Benennung des Service-Level-Managements und unterstützender Mitarbeiter,
- die Erstellung eines Leitbildes,
- die Definition der Ziele und des Geltungsbereiches des Service-Level-Management-Prozesses,
- die Schaffung von Akzeptanz,
- die Definition der Rollen, Aufgaben und Verantwortlichkeiten,
- die Quantifizierung der Aktivitäten, Ressourcen, Finanzierung und Qualitätsparameter,
- die Identifikation der Risiken,
- die Planung des Servicekatalogs (*s. Kap. 4.2.4*) und der SLA-Struktur (*s. Kap. 4.2.5*),
- der Entwurf des SLA-Formats,
- die Identifikation der Support-Tools, insbesondere für die SLA-Überwachung und
- die Bestimmung der Prioritätsgrade und Eskalationsprozeduren (in Zusammenarbeit mit Kunden, internen und externen Lieferanten, Service-Desk und Problem-Management).

Des Weiteren sind bestehende Überwachungsinstrumente zu evaluieren und gegebenenfalls Maßnahmen zur Verbesserung der Überwachungsfähigkeiten der IT-Organisation zu treffen. Die Wichtigkeit dieses Themas wird im ITIL-Framework deutlich hervorgehoben. Weitere Ausführungen zum Thema Überwachung von SLAs sind in *Kapitel 4.2.4* zu finden.

4.2.2 Erhebung der aktuellen Beurteilung der Servicequalität

Für jeden im Servicekatalog definierten IT-Service sind die Leistungsempfänger nach ihrer Einschätzung der derzeitigen und der gewünschten Servicequalität zu befragen. Aus dieser Beurteilung kann die Dringlichkeit der SLA-Einführung für die einzelnen Services abgeleitet werden. Die Kundenerwartungen können besser abgeschätzt und – falls nötig – gesteuert werden (*zum Erwartungsmanagement s. Kap. 4.2.12*). Zudem besteht die Möglichkeit, nach der Einführung des Service-Level-Managements eine erneute Befragung durchzuführen und eventuelle Erfolge bzw. Verbesserungen aufzuzeigen.

> **Hinweis: Messung der Servicequalität**
>
> Die Wahrnehmung der Servicequalität sollte auf jeder Hierachiestufe der Kundenorganisation gemessen werden, da sowohl Führungskräfte als auch Anwender Ansprüche an die Services stellen und teilweise sehr unterschiedliche Auffassungen eines guten Service besitzen. Eine Kombination aus persönlichen Gesprächen und Fragebögen eignet sich zur Messung der wahrgenommenen Servicequalität. Zur Relativierung und Gewinnung eines objektiven Eindrucks sind die Services auch aus Sicht der IT-Organisation zu bewerten.

4.2.3 Planung der Absicherungsverträge innerhalb der IT-Organisation und mit den externen Lieferanten

Zur Absicherung der SLAs sind vorbereitende Planungsmaßnahmen für die Implementierung und Prüfung der internen und externen Absicherungsverträge durchzuführen. Weitere Ausführungen zu dem Thema sind in den Kapiteln *4.2.11* und *4.2.16* zu finden.

Zur Umsetzung des Service-Level-Managements werden folgende Aktivitäten im ITIL-Framework vorgeschlagen:

- Erstellung des Servicekataloges,
- Bestimmung der SLA-Struktur,
- Entwurf von SLAs,
- Verhandlung und Vereinbarung von SLAs,
- Etablierung von Überwachungsprozeduren und -gremien,
- Prüfung der Absicherungsverträge innerhalb der IT-Organisation und mit den externen Lieferanten,
- Definition von Berichterstattungs- und Prüfungsprozeduren,

- Publikation der SLAs,
- Erwartungsmanagement.

4.2.4 Erstellung des Servicekataloges

Aufgrund von historisch gewachsenen IT-Infrastrukturen besteht in vielen IT-Organisationen keine Übersicht über die derzeit angebotenen Services und die entsprechenden Kunden. In diesem Fall muss im Zuge der Einführung von SLAs zunächst ein genaues Abbild der derzeitigen Situation in Form eines Servicekataloges erstellt werden. Ein solcher Katalog sollte jeden angebotenen IT-Service mit den entsprechenden Charakteristiken und Details über Kunden und verantwortliche Personen, z. B. den zuständigen Servicemanager (s. Hinweis zum Servicemanager), enthalten. Zur Generierung der benötigten Informationen können alte Dokumente, Programmbibliotheken, Mitarbeiter, Kunden, Lieferanten, Beschaffungsbelege, Konfigurationsdatenbanken und Fehlertickets aus dem Service-Desk herangezogen werden.

Hinweis: Servicemanager

Für jeden IT-Service sollte ein Servicemanager benannt werden, der gegenüber den Kundenmanagern und innerhalb der IT-Organisation die Ansprüche, die an den IT-Service gestellt werden, koordiniert, kommuniziert, steuert und überwacht. Der Servicemanager sollte nicht mit einem typischen Kundenmanager (Key-Account-Manager) verwechselt werden. Der Zusammenhang wird in *Abbildung 4.2.* verdeutlicht.

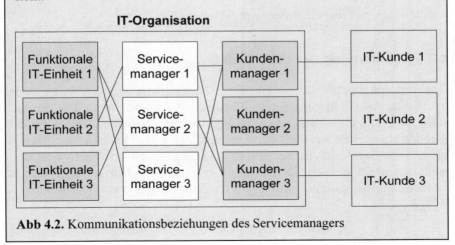

Abb 4.2. Kommunikationsbeziehungen des Servicemanagers

Im Rahmen der Erstellung des Servicekataloges ist zunächst zu klären, was eigentlich ein Service ist und welche Leistungen in den Katalog aufgenommen werden sollten. Gemäß ITIL besteht ein IT-Service aus einem oder mehreren Sub-Services, die zusammen einen Geschäftsprozess unterstützen oder automatisieren. IT-Services können sowohl komplexe, hochindividualisierte Produktionsprozesse als auch einfache, standardisierte Buchungsprozesse unterstützen. Auch Kommunikationsprozesse können, z. B. durch elektronische Mail, unterstützt werden. Ein IT-Service sollte nicht aus Sicht der IT-Organisation definiert werden, sondern aus Sicht des Serviceempfängers, also des Kunden. Ausgehend von der Geschäftsprozessunterstützung sollte in dem Servicekatalog für jeden Service eine Architektur der darunterliegenden Services und Komponenten verankert werden. *Abbildung 4.3.* verdeutlicht den Zusammenhang.

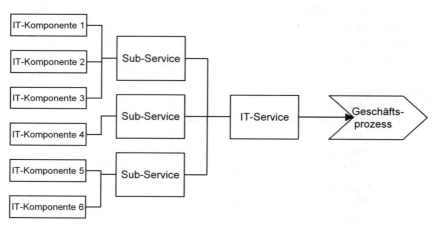

Abb. 4.3. Beispiel für eine Servicearchitektur

4.2.5 Bestimmung der SLA-Struktur

Der Servicekatalog dient als Basis zur Planung der SLA-Struktur, wobei damit eine Art Gliederung der vereinbarten SLAs gemeint ist. Die Struktur sollte so gestaltet werden, dass alle Services und Kunden in einer für den Kunden geeigneten Art und Weise erfasst sind. Dabei können die SLAs für spezifische Services, für bestimmte Kundengruppen oder unternehmensweit vereinbart werden. Dementsprechend ist zwischen servicebasierten, kundenbasierten und mehrstufigen SLA-Strukturen zu unterscheiden.

> **Hinweis: Nutzen des Servicekataloges**
>
> Mit Hilfe des Servicekataloges und der entsprechenden Servicearchitekturen können die Auswirkungen von Ausfällen bzw. Änderungen von IT-Komponenten oder Sub-Services auf die einzelnen IT-Services jederzeit problemlos nachvollzogen werden. Bei einem Ausfall einer Netzwerkkomponente oder eines spezifischen Web-Service können auf der Basis der betroffenen Servicearchitekturen beispielsweise die Auswirkungen auf die Services, die an die Endkunden geliefert werden (z. B. eine Datenbankabfrage), bestimmt werden. Zudem wird durch einen Servicekatalog die Basis für eine automatisierte Serviceüberwachung via eines integrierten Tools bereitgestellt. Dabei müssen die einzelnen Services, inklusive der entsprechenden Servicearchitektur, als Konfigurationselemente in der Konfigurationsdatenbank (*s. Kap. 13.2.6*) definiert sein und gepflegt werden. Des Weiteren kann der Servicekatalog z. B. für Business-Impact-Analysen (*s. Kap. 7.2.2*) als Teil des IT-Service-Continuity-Managements oder für die Auslastungsplanung als Teil des Capacity-Managements (*s. Kap. 5*) verwendet werden.

Bei Anwendung der **servicebasierten SLA-Struktur** werden für jeden Service individuell und unabhängig vom Kunden SLAs definiert, d. h., für jeden Abnehmer des betrachteten Services gelten dieselben Serviceverträge. Problematisch ist in diesem Fall die Berücksichtigung der kundenspezifischen Besonderheiten bei der Abnahme des gleichen Services (z. B. wenn unterschiedliche Abteilungen Netzanbindungen mit unterschiedlicher Bandbreite besitzen). Außerdem stellt sich die Frage nach der Bestimmung der zu unterschreibenden Person auf der Kundenseite.

Die **kundenbasierte SLA-Struktur** definiert für eine individuelle Kundengruppe einen Servicevertrag, der für alle Services gilt, die von dieser Kundengruppe abgenommen werden. Mit der Finanzabteilung wird z. B. ein Servicevertrag abgeschlossen, welcher das Finanz-, Controlling-, Gehaltsabrechnungs-, Rechnungs- und Beschaffungssystem abdeckt. Diese Form der SLA-Struktur wird von den Kunden bevorzugt, da nur ein Dokument zur Abdeckung der Gesamtheit der Services vorliegt.

Abbildung 4.4. verdeutlicht den Zusammenhang zwischen service- und kundenspezifischen SLAs.

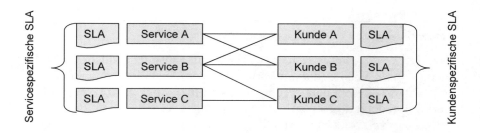

Abb. 4.4. Service- vs. kundenspezifischer SLA-Struktur

Als Beispiel für eine **mehrstufige SLA-Struktur** dient der folgende drei-stufige SLA-Vertrag:

1. *Unternehmensebene*: Hier werden alle generischen, für jeden Kunden und für jeden Service geltenden Inhalte vertraglich abgedeckt. Diese Vereinbarungen sind relativ stabil und müssen nur selten aktualisiert werden.
2. *Kundenebene*: Unabhängig vom abgenommenen Service werden alle kundenspezifischen Servicevereinbarungen getroffen.
3. *Serviceebene*: In einem letzten Schritt werden die servicespezifischen SLAs für die betrachtete Kundengruppe abgeschlossen.

Wie in *Abbildung 4.5.* zu erkennen ist, können durch den mehrstufigen Ansatz die Vereinbarungen auf eine handhabbare Anzahl reduziert werden, da Redundanzen und häufige Aktualisierungen durch die Zusammenfassung allgemein gültiger SLAs vermieden werden können.

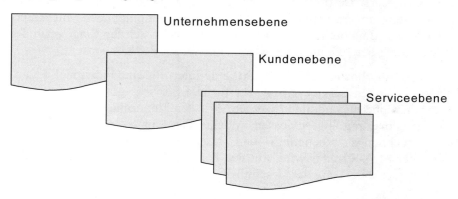

Abb. 4.5. Mehrstufige SLA-Struktur

4.2.6 Entwurf von SLAs

Nach der Festlegung der SLA-Struktur ist ein erster Entwurf der zu vereinbarenden SLAs zu erstellen. Es empfiehlt sich, einen solchen Entwurf bereits vor den Verhandlungen mit dem Kunden zu erstellen, damit vorbereitende und unterstützende Dokumente bereits für die Verhandlungen verfügbar sind. Generell ist darauf zu achten, die Kunden früh in die Planung der Services bzw. der Servicegrade mit einzubeziehen. Eine angemessene Vorbereitung ist jedoch Voraussetzung für eine detaillierte und effiziente Diskussion. Oftmals treten sowohl auf Seiten des IT-Dienstleisters als auch auf Seiten des Kunden Schwierigkeiten bei der Definition der Serviceanforderungen auf. Deshalb kann eine Vielzahl an Verhandlungsrunden notwendig sein, bevor für alle Beteiligten zufrieden stellende Verträge vereinbart werden. In diesem Zusammenhang hat sich ein Pro-forma-SLA-Dokument für den Verhandlungsstart bewährt. Typischerweise decken die SLAs folgende Aspekte ab:

- Beschreibung des Service,
- Erreichbarkeit des Service (zu welchen Zeiten sollte der Service offiziell verfügbar sein, z. B. 7 x 24 x 365 zwischen 07:00 und 20:00 Uhr),
- Verfügbarkeit des Services (z. B. zu 99,9 %),
- Zuverlässigkeit (z. B. nur vier Ausfälle innerhalb eines Monates sind akzeptierbar),
- Supportregelungen (z. B. wie ist das Service-Desk zu kontaktieren oder wie schnell sind Störungen zu bearbeiten etc.),
- Performanz des Service (z. B. Antwortzeiten bei Online-Abfragen),
- Funktionalität des Service,
- Änderungsprozeduren,
- Wiederherstellungsmaßnahmen (für Katastrophenfälle),
- Sicherheitsmaßnahmen (z. B. Backup, Virenschutz etc.),
- Regelungen bezüglich der Druckaufträge,
- Abrechnung der Services,
- Prüfungsmaßnahmen,
- Glossar,
- Nachträge,
- Unterschrift.

> **Hinweis: Formulierung der SLAs**
>
> Bei der Formulierung der SLAs ist darauf zu achten, dass dies in einer genauen, unmissverständlichen Art und Weise geschieht. Des Weiteren sind internationale Aspekte (auch Unterschiede z. B. zwischen britischem und amerikanischem Englisch) zu berücksichtigen.

4.2.7 Verhandlung und Vereinbarung

Nach Erstellung des SLA-Entwurfes werden Verhandlungen mit Kunden und IT-Dienstleistern geführt. Ziel ist es, die Inhalte der SLAs zu bestimmen und erste Zielwerte festzulegen, wobei aus Sicht des IT-Dienstleisters eine realistische Zielerreichbarkeit der vorgeschlagenen Servicegrade sichergestellt werden muss (hierbei wirken die anderen Bereiche des Service-Delivery unterstützend). Solange die angedachten Servicegrade innerhalb der IT-Organisation nicht gewährleistet werden können, müssen erneute Verhandlungen geführt werden, bis ein Kompromiss zwischen IT-Dienstleister und Kunde geschlossen werden kann. Im Falle fehlender historischer Daten ist es ratsam, SLAs zunächst in Form von Entwürfen zu veröffentlichen und anschließend deren Erreichbarkeit zu verifizieren bzw. gegebenenfalls Anpassungen durchzuführen.

Die Identifikation eines geeigneten Verhandlungspartners auf Seiten der Geschäftseinheiten kann unter Umständen ein Problem bei den Verhandlungsvorbereitungen darstellen. Der Grund hierfür ist, dass nicht immer eindeutig ist, wem der gelieferte Service gehört bzw. wer die Verantwortung trägt. Typischerweise obliegt dies dem jeweiligen Geschäftsprozessverantwortlichen.

> **Hinweis: Pilotierung zur Schaffung von Akzeptanz**
>
> Insbesondere im Falle von mangelnder Erfahrung im Bereich des Service-Level-Managements ist eine anfängliche Pilotierung mit der Aussicht auf schnelle Erfolge hilfreich. Hierdurch können für zukünftige Projekte zum einen die Akzeptanz gesteigert und zum anderen Erfahrungen, die während der Pilotierung gesammelt wurden, genutzt werden. Im Falle von mehrstufigen SLA-Strukturen können bereits unternehmensweite SLAs definiert und in der Pilotierungsphase erprobt werden.

> **Hinweis: Berücksichtigung von Kunden auf allen Hierarchiestufen**
>
> Wie bereits oben erwähnt, haben Mitarbeiter auf unterschiedlichen Unternehmensebenen häufig auch unterschiedliche Auffassungen über den bezogenen Service. Beispiel: Typischerweise sind Führungskräfte eher an dem Wertbeitrag des gelieferten Service interessiert, wobei die eigentlichen Nutzer mehr Wert auf Bedienerfreundlichkeit und Zuverlässigkeit legen. Einige IT-Organisationen definieren für die spezifischen Kundensegmente Fokusgruppen, welche die Berücksichtigung der jeweiligen Kundeninteressen sicherstellen sollen.

Abschließend sind die Serviceverträge von beiden Seiten – IT-Dienstleister und Kunde – zu unterzeichnen. Je höherrangig der Unterzeichnende auf beiden Seiten ist, desto stärker ist die Bindung und Akzeptanz der Verträge.

4.2.8 Etablierung von Überwachungsprozeduren und -kompetenzen

Nur Servicegrade, die auch gemessen und überwacht werden können, sollten in den SLAs definiert werden. Andernfalls sinken das Vertrauen in die Serviceverträge und die Glaubwürdigkeit der IT-Organisation. Bestehende Überwachungsprozeduren sollten zunächst überprüft und gegebenenfalls verbessert werden. Idealerweise sollte diese Aktivität schon vor dem Erstellen eines SLA-Entwurfes durchgeführt werden, um die Validierung von SLA-Vorschlägen zu unterstützen.

Eine wesentliche Voraussetzung für den Erfolg des Service-Level-Managements ist die Messung der Serviceverfügbarkeit, so wie sie vom Kunden wahrgenommen wird. Die Messung der Verfügbarkeit einzelner Komponenten (z. B. Netzwerke, Server etc.) gibt noch keine Auskunft darüber, ob der Service – bestehend aus einer Vielzahl an Komponenten – für den Kunden tatsächlich in ausreichendem Maße verfügbar war. Nur wenn die Gesamtheit aller Servicekomponenten in einer integrierten und durchgehenden Sichtweise berücksichtigt und gemessen wird, kann der Verfügbarkeitsgrad des Service bestimmt werden. Hierzu ist die Verknüpfung des Servicekataloges und der Servicehierarchien mit einer umfassenden Konfigurationsdatenbank (*s. Kap. 13*) vonnöten.

Ein anderer Ansatz ist die Messung der Serviceverfügbarkeit beim Kunden. Das heißt, die Verfügbarkeit wird nicht innerhalb der IT-Organisation gemessen, sondern beim Leistungsabnehmer. Sind also beispielsweise mehrere Services nicht verfügbar und der Kunde ruft zu diesem Zeitpunkt nur einen bestimmten Service ab, so wird nur die Nichtverfügbarkeit des vom Kunden abgerufenen Service gemessen, nicht aber der Ausfall der anderen Services. Durch Verknüpfung des Service-Desks mit einer umfassenden Konfigurationsdatenbank kann die Serviceperformanz aus Sicht des Kunden überwacht werden. Allerdings werden mit diesen Methoden nur die tatsächlich von den Anwendern gemeldeten Ausfälle erfasst.

Weitere zu überwachende Servicekriterien sind Antwortzeiten bei Fehlermeldungen, Antwortzeiten bei Online-Transaktionen, Ziele im Bereich des Change-Managements (z. B. durchschnittliche Durchlaufzeiten von Änderungsanträgen) und weiche Faktoren, wie z. B. die Kundenzufriedenheit (Erhebung z. B. mit Hilfe eines Fragebogens).

4.2.9 Prüfung der Absicherungsverträge innerhalb der IT-Organisation und mit den externen Lieferanten

Vor Unterzeichnung der SLAs sollte geprüft werden, ob die Verträge mit den externen Lieferanten so ausgelegt sind, dass der IT-Dienstleister die SLAs erfüllen kann. Gegebenenfalls müssen die Verträge zwischen IT-Dienstleister und dessen Lieferanten (in der ITIL wird hierfür der Begriff „Underpinning Contract" oder UC verwendet) gemäß den SLAs angepasst werden. Zudem sollte die IT-Organisation interne Verträge (in der ITIL wird hierfür der Begriff „Operative-Level-Agreements" oder OLA verwendet) abschließen, mit welchen sichergestellt wird, dass auch die internen Leistungsbeziehungen entsprechend der mit den Kunden vereinbarten SLAs gestaltet sind. *Abbildung 4.6.* veranschaulicht den Zusammenhang zwischen SLA und den Absicherungsverträgen innerhalb der IT-Organisation und der Absicherungsverträge mit den Lieferanten.

Die im Falle von Anpassungen der internen Leistungsbeziehungen oder der Lieferantenverträge entstehenden Kosten sind über höhere Budgets oder höhere Preise zu absorbieren. Falls beispielsweise vom Kunden ein höherer Verfügbarkeitsgrad gewünscht wird und dies die Beschaffung zusätzlicher Hardware auf Seiten der IT-Organisation voraussetzt, sollten die dafür entstehenden Kosten idealerweise auf den Preis der IT-Serviceleistung aufgeschlagen werden (Prinzip der Verursachungsgerechtigkeit). Ähnlich wie die SLAs sind auch die Absicherungsverträge innerhalb der Organisation und die Absicherungsverträge mit den Lieferanten zu überwachen und zu kontrollieren.

Aktivitäten des Service-Level-Managements

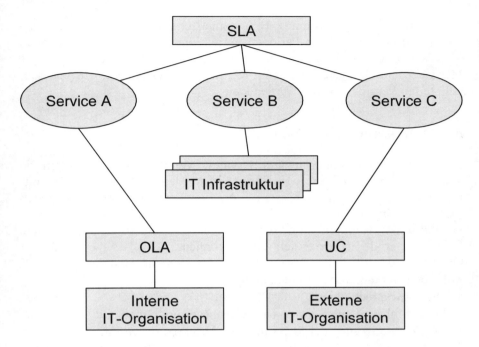

Abb. 4.6. Zusammenhang zwischen SLAs und internen bzw. externen Absicherungsverträgen

4.2.10 Definition von Berichterstattungs- und Prüfungsprozeduren

Die Berichterstattungsmechanismen, -intervalle und -formate sollten definiert und mit dem Kunden abgestimmt werden (*s. Kap. 4.2.13*). Regelmäßige Treffen mit dem Kunden werden empfohlen. Die SLAs sollten periodisch (z. B. gleichzeitig zum bilanziellen Abschluss in jährlichen Intervallen) auf Aktualität und Relevanz geprüft werden. Unter Kontrolle des Change-Managements (*s. Kap. 11*) sollten Veränderungen und deren Auswirkungen auf SLAs kontinuierlich nachvollzogen werden und gegebenenfalls in einer Aktualisierung des Servicekataloges (z. B. im Falle von Änderungen am Serviceportfolio) resultieren.

4.2.11 Publikation der SLAs

Es sollten Schritte unternommen werden, um neue SLAs innerhalb der IT-Organisation zu kommunizieren. Die Verknüpfung der SLAs mit bestehenden Support-Tools kann z. B. automatische Benachrichtigungen ermöglichen und in späteren Perioden Eskalationen im Falle von drohenden SLA-Verstößen auslösen. Auch die Anwender sollten über vereinbarte SLAs benachrichtigt werden, damit Klarheit darüber besteht, was von dem gelieferten Service erwartet werden kann.

4.2.12 Erwartungsmanagement

Parallel zur Implementierung des Service-Level-Managements sollten die Kundenerwartungen erhoben und gesteuert werden. SLAs sind kein unmittelbares Instrument zur Verbesserung der Servicequalität. Vielmehr stellen SLAs ein mittelbares Konzept für die Sicherung einer angemessenen Servicekultur dar, wodurch langfristig auch Qualitätssteigerungen und weitere nutzensteigernde Effekte erzielt werden können.
Operative Aktivitäten des Service-Level-Managements sind die
- Überwachung und Berichterstattung,
- SLA-Besprechungen,
- Durchführung von Service-Optimierungsprogrammen und
- Aufrechterhaltung der SLAs und der Absicherungsverträge.

4.2.13 Überwachung und Berichterstattung

Wichtigste Aufgabe des Service-Level-Managements ist nach Vereinbarung der SLAs die Durchführung der Überwachungs- und Berichterstattungsaktivitäten. Operative Berichte sind regelmäßig zu erstellen und im Falle einer drohenden Nichteinhaltung eines SLAs sind Ausnahmeberichte zu verfassen. Vor den SLA-Besprechungen sind Berichte an Kunden bzw. deren Repräsentanten und an geeignete IT-Manager zu verteilen, so dass Problemfelder vor dem Treffen identifiziert und anschließend in der Besprechung diskutiert werden können. Bei der Erstellung der Berichte ist darauf zu achten, dass sämtliche, über SLAs abgedeckte Serviceziele insofern berücksichtigt werden, als dass auf die derzeitige Servicequalität, kurz- und langfristige Trends und spezifische Maßnahmen zur Verbesserung der Servicequalität eingegangen wird. Ein hoher Automatisierungsgrad von Überwachungs- und Berichterstattungsprozeduren kann zum einen die Qualität dieser Prozesse steigern und zum anderen den Aufwand für die Durchführung der Prozesse senken.

4.2.14 SLA-Besprechungen

Mit den Kunden sind regelmäßige Sitzungen zu vereinbaren, bei welchen die erreichten Servicegrade geprüft und zukünftige Themen diskutiert werden. Im ITIL-Framework werden monatliche bis vierteljährliche Intervalle für die Treffen vorgeschlagen. Insbesondere im Falle nicht eingehaltener SLAs ist die genaue Ursache für die nicht zufrieden stellende Servicequalität zu analysieren. Hierfür kann es zwei Gründe geben. Entweder war der vereinbarte Servicegrad für die IT-Organisation nicht erreichbar oder die Fehlerursache liegt bei einer dritten Person bzw. den internen Leistungslieferanten. Im ersten Fall sind die SLAs anzupassen, so dass eine realistische Basis für die Servicevereinbarung vorliegt. Im zweiten Fall sind die Absicherungsverträge innerhalb der IT-Organisation bzw. mit den externen Lieferanten zu überprüfen und anzupassen.

4.2.15 Service-Optimierungsprogramm

Bei Identifizierung von grundlegenden, die Servicequalität beeinträchtigenden Problemen ist vom Service-Level-Management in Verbindung mit dem Problem-Management und dem Availability-Management ein Service-Optimierungsprogramm zu initiieren, so dass die Probleme beseitigt werden können und die Servicequalität verbessert wird.

> **Hinweis: Budgets für Service-Optimierungsprogramme**
>
> In vielen Organisationen werden für Service-Optimierungsprogramme eigene Budgets z.B. auf jährlicher Basis eingerichtet, so dass eine gewisse Flexibilität und Schnelligkeit bei der Ausführung eines solchen Programms gewährleistet ist. Dadurch wird dem Service-Level-Management eine proaktive und prädiktive Komponente hinzugefügt.

> **Hinweis: Outsourcing-Überlegungen**
>
> Im Rahmen der Gestaltung von Outsourcing-Verträgen sind Service-Optimierungsprogramme als Vertragsbestandteil zu berücksichtigen. Ansonsten besteht für den IT-Dienstleister kein Anlass, die Servicequalität ohne zusätzlichen, auf den Kunden übertragbaren Aufwand zu verbessern.

4.2.16 Aufrechterhaltung der SLAs und der Absicherungsverträge

Unter Kontrolle des Change-Managements sollten sowohl SLAs als auch die Absicherungsverträge innerhalb der Organisation bzw. mit den externen Lieferanten kontinuierlich aktualisiert werden. Auf periodischer Basis (mindestens jährlich) sollte ein Prüfungsprozess initiiert werden, in welchem festgestellt wird, ob die Serviceverträge bzw. die Absicherungsverträge nach wie vor vollständig und aktuell sind. Zudem sollte überprüft werden, ob die SLAs den derzeitigen Geschäftsanforderungen noch immer gerecht werden. Ist dies nicht der Fall, sollten die Verträge unter Kontrolle des Change-Managements angepasst werden.

4.3 Beziehungen zu anderen Bereichen der IT-Organisation

Neben den bereits im Text beschriebenen Schnittstellen und Informationsbeziehungen, werden in der ITIL folgende wesentliche Beziehungen zwischen dem Service-Level-Management und anderen Bereichen der IT-Organisation angesprochen.

4.3.1 Schnittstellen innerhalb des Service-Deliverys

Availability-Management

Input für das Service-Level-Management sind Verfügbarkeitsinformationen des Availability-Managements, anhand deren die Möglichkeiten und Grenzen von neuen Services ermittelt werden können und die als Basis für die Vereinbarung von SLAs dienen können. Details über die vereinbarten SLAs bilden den Input für das Availability-Management, um ein Ziel orientiertes Mess- und Berichtswesen aufbauen zu können.

Capacity-Management

Im Rahmen der Verhandlungen über Servicegrade benötigt das Service-Level-Management Informationen über erforderliche Kapazitäten. Diese sind abhängig von den derzeitigen Auslastungsgraden, den Servicespezifika und der erwünschten Servicequalität. Unterschiedliche Szenarien sollten vor den Verhandlungen durchdacht werden und entsprechende Informationen durch das Capacity-Management bereitgestellt werden. Zu dem leistet das Capacity-Management Hilfestellung bei der Formulierung und Überprüfung der notwendigen Absicherungsverträge innerhalb der IT-Organisation und mit den externen Lieferanten.

Überwachung und Berichterstattung der aktuellen Qualitätsdaten, Auslastungsgrade und Durchlaufzeiten liegen ebenfalls in der Verantwortung des Capacity-Managements. Die entsprechenden Informationen werden direkt an das Service-Level-Management geliefert und dort zum Abgleich mit den in den SLAs vereinbarten Zielen verwendet. Im Falle von identifizierten Performanz- oder Kapazitätsproblemen unterstützt das Capacity-Management das Service-Level-Management bei der Durchführung eines Service-Optimierungsprogramms. Insbesondere das benötigte technische Know-how wird dabei zur Verfügung gestellt.

IT-Service-Continuity-Management

Die Vereinbarungen bezüglich der Wiederherstellung von IT-Services nach Notfällen sind Bestandteil der SLAs. Um diese erreichen zu können, sind insbesondere bei der Verhandlung von Absicherungsverträgen die Kontinuitätspläne der internen und externen IT-Lieferanten aufeinander abzustimmen.

Financial-Management

In Verbindung mit dem Financial-Management werden die Kosten für die Erbringung der Services und die Erfüllung der Servicevereinbarung kalkuliert. Dazu werden die Inputfaktoren mit Kostensätzen versehen und auf den IT-Service verrechnet. So werden beispielsweise für die zur Erfüllung der Kundenwünsche benötigte Hardware jährliche Abschreibungskosten kalkuliert und auf den entsprechenden Service verrechnet.

Informationen über mögliche Abrechnungsmethoden und über deren Konsequenzen für die Kunden werden bereitgestellt. Je mehr Variationsmöglichkeiten dem Kunden bei der Festlegung des zu liefernden Service eingeräumt werden, desto anspruchsvoller und aufwändiger wird die Rechnungserstellung, da zusätzliche Wünsche des Kunden individuell abgerechnet werden müssen.

4.3.2 Schnittstellen zum Service-Support

Incident-Management

Die Prozesse des Incident-Managements sollten Bestandteil der im Service-Level-Management definierten SLAs sein. Zum Beispiel sollten die mit dem Kunden vereinbarten Antwortzeiten für Nutzeranfragen in den SLAs dokumentiert und überwacht werden. Weitere Beispiele sind die Dauer für das Bereitstellen einer Lösung für eine Störung oder die Qualität der Hilfestellung. Absichernde, interne Verträge könnten in diesem Fall z. B. die Zeit für die Weiterleitung der Fehlermeldungen an den Second-Level-Support sein. Das Incident-Management versorgt das Service-Level-Management mit den entsprechenden Informationen über das Erreichen der Verfügbarkeitsgrade. Daraufhin können vom Service-Level-Management Maßnahmen zur Verbesserung der Dienste getroffen werden. Zudem können, aufgrund der Kanalisierung aller Nutzeranfragen, Informationen über bestehende Probleme aufgedeckt und an das Service-Level-Management zur Berücksichtigung in den Verhandlungen und Vereinbarungen berichtet werden.

Problem-Management

Das Service-Level-Management erhebt und verhandelt Kundenanforderungen und hält diese in Form von SLAs fest. Diese bilden die Basis für die Definition und die Priorisierung von Problemen.

Das Problem-Management ist dazu da, die Einhaltung der vereinbarten Servicegrade zu garantieren und Probleme, die Ursache für eine drohende Verletzung der SLAs sein können, zu beheben.

Change-Management

Durch SLAs kann sowohl festgelegt werden, welche Änderungen die Kunden einreichen können, als auch wie die Änderungsanträge abgewickelt werden, d. h., wo diese eingereicht werden, wie lang die Durchlaufzeiten sind, wie hoch die Kosten für Änderungen sind und welche Informationen geliefert werden. Im Falle von Änderungen an bestehenden SLAs geschieht dies in Form von Änderungsanträgen über das Change-Management, da sowohl SLAs als auch die Absicherungsverträge idealerweise als Komponentenelemente in der Konfigurationsdatenbank (*s. Kap. 13*) verwaltet werden. Bei der Bestimmung der Auswirkungen von Änderungen auf die Kunden unterstützt das Service-Level-Management das

Change-Management. Service-Level-Manager können je nach Situation auch im Änderungskomitee (*s. Kap 11.2.5*) vertreten sein. Zur besseren Abschätzung der Auswirkungen stellt das Change-Management dem Service-Level-Management entsprechende Berichte zur Verfügung, aus welchen die geplanten Änderungen, Änderungstermine und Auswirkungen auf die SLAs hervorgehen.

Configuration-Management

Sowohl SLAs als auch die Absicherungsverträge innerhalb der IT-Organisation bzw. mit den Lieferanten können in der Konfigurationsdatenbank als Konfigurationselemente gespeichert und verwaltet werden, so dass sämtliche Beziehungen zwischen diesen und anderen Komponenten der IT-Organisation (z. B. Hardware, Applikationen etc.) bei Bedarf abgerufen werden können. Dadurch können z. B. drohende Verletzungen von SLAs bei einem Ausfall von Subkomponenten, die für die Lieferung des entsprechenden Service notwendig sind, prognostiziert und Vorkehrungen getroffen werden.

Auf der anderen Seite benötigt das Service-Level-Management für die Kundenverhandlungen Informationen über Komponenten und Serviceattribute aus der Konfigurationsdatenbank.

4.3.3 Schnittstelle zum Application-Management

Die im Service-Level-Management mit den Kunden vereinbarten Anforderungen an neue Services sind Ausgangsbasis für die Planung und Entwicklung der Anwendungen durch das Application-Management.

Das Application-Management stellt das notwendige Know-how bezüglich der Umsetzung der Services zur Verfügung und gibt im Rahmen der Verhandlungen Hinweise auf Möglichkeiten und Einschränkungen der Anwendungsplanung, der Anwendungsentwicklung und des Anwendungsbetriebes.

4.3.4 Schnittstelle zum ICT-Infrastructure-Management

Im Rahmen der Verhandlungen, die das Service-Level-Management mit den Kunden führt, werden die Qualitätskriterien der neu zu erstellenden und der bestehenden Services definiert. Im Rahmen des ICT-Infrastructure-Managements sind die Qualitätskriterien zu berücksichtigen und die Infrastruktur entsprechend zu planen.

Das ICT-Infrastructure-Management hingegen liefert das technische Know-how, welches das Service-Level-Management im Rahmen der Definition, Überwachung und Steuerung der Serviceverträge benötigt.

4.4 Steuerung des Service-Level-Managements

4.4.1 Ziel des Service-Level-Managements

Ein stetig steigender Wettbewerb im Bereich der IT-Leistungserstellung zwingt sowohl interne als auch externe IT-Dienstleister dazu, eine für den Kunden zufrieden stellende IT-Leistung zu liefern und die Kundenorientierung zu steigern. Genau diese Ziele verfolgt das Service-Level-Management. Durch einen kontinuierlichen Verhandlungs-, Überwachungs- und Berichterstattungsprozess soll die Qualität der IT-Services erhalten bzw. verbessert werden. Auch die Initiierung von Verbesserungsmaßnahmen bei drohenden SLA-Verletzungen trägt zu einer besseren Beziehung zwischen Kunde und IT-Organisation bei. Die Subjektivität der Leistungsbeziehung zwischen IT-Dienstleister und IT-Kunde soll durch objektiv messbare Leistungskriterien ersetzt werden.

4.4.2 Rollen/Verantwortlichkeiten/Fähigkeiten

Rollen

Die Rolle des Service-Level-Managers umfasst die Implementierung und Umsetzung des Service-Level-Managements entsprechend den in der Planung vorgegebenen Rahmenbedingungen. Die Anzahl der dafür notwendigen Führungskräfte kann je nach Organisation variieren. Die Rolle des Service-Level-Managers sollte sich auf einer Hierarchieebene befinden, auf welcher Verhandlungen mit dem Kunden möglich sind.

Steuerung des Service-Level-Managements 45

Ebenso sollte innerhalb der IT-Organisation eine adäquate, disziplinarische Weisungsbefugnis vorhanden und/oder das erforderliche Maß an Unterstützung durch das Management gegeben sein.

Verantwortlichkeiten

- Erstellung und Aufrechterhaltung des Servicekataloges,
- Formulierung, Vereinbarung und Aufrechterhaltung einer geeigneten Service-Level-Management-Struktur inklusive,
  - SLA-Struktur (d. h. servicebasiert, kundenbasiert oder mehrstufig),
  - Absicherungsverträgen innerhalb der IT-Organisation bzw. mit externen Lieferanten und
  - Service-Optimierungsprogramme,
- Abstimmung und Aufrechterhaltung der SLAs mit dem Kunden,
- Abstimmung und Aufrechterhaltung der Absicherungsverträge mit den Servicelieferanten,
- Im Falle von neu zu entwickelnden Services die Abstimmung der Serviceanforderungen mit Kunden und Lieferanten,
- Analyse und Vergleich der tatsächlichen Serviceperformanz mit den vereinbarten SLAs und den Absicherungsverträgen,
- Erstellung von geeigneten Berichten über die Servicequalität für Kunden und Servicelieferanten,
- Organisation der regelmäßigen SLA-Besprechung,
- Initiierung von Maßnahmen zur Erreichung und Verbesserung von Servicegraden,
- Analyse des Service-Level-Managements und gegebenenfalls Durchführung von Verbesserungsmaßnahmen,
- Koordinationspunkt für temporäre Änderungen an SLAs (z. B. zusätzlich benötigter Supportbedarf beim Kunden).

Benötigte Fähigkeiten

- Fähigkeiten im Bereich des Beziehungsmanagements,
- Know-how über die angebotenen Services und die Auswirkungen unterschiedlicher Kundenanforderungen auf die Leistungserbringung,
- Verständnis der zu unterstützenden Geschäftsprozesse und über den Nutzen der IT,
- Exzellente Kommunikations- und Verhandlungsfähigkeiten,
- Geduld, Toleranz und Belastbarkeit,
- Fähigkeiten in den Bereichen Vertrags- und Lieferantenmanagement,
- Führungserfahrung,
- Statistische und analytische Fähigkeiten,
- Präsentationsfähigkeiten,
- Nummerische Fähigkeiten,
- Sowohl technische als auch betriebswirtschaftliche Kenntnisse,
- Innovativität, Zuhörerqualitäten und Fairness.

4.4.3 Betriebliche Kenngrößen des Service-Level-Managements

- Anteil der Services, für welche SLAs definiert sind,
- Anteil der SLAs, für welche Absicherungsverträge bestehen,
- Überwachung der SLAs und regelmäßige Berichterstattung über den erreichten Servicegrad,
- Häufigkeit der SLA-Besprechungen,
- Anzahl und Überzeugungskraft der Nachweise, dass identifizierte Probleme gelöst werden (z. B. mittels Service-Optimierungspro-gramm),
- Anteil der aktuellen SLAs und Absicherungsverträge,
- Anteil der eingehaltenen SLAs,
- Steigende Serviceerreichungsgrade,
- Steigende Kundenzufriedenheit,
- Niedrigere IT-Kosten für gleich bleibende Servicegrade.

4.4.4 Erfolgsfaktoren

- Kompetentes Service-Level-Management mit Know-how sowohl über die IT als auch über das Geschäft,
- Eindeutig definiertes Prozessziel,
- Bewusstsein und Akzeptanz für die Service-Level-Management-Prozeduren,
- Verantwortungen und Aufgaben eindeutig definiert.

4.4.5 Mögliche Probleme

- Schwierigkeiten bei der Bestimmung der gewünschten Serviceperformanz aufgrund fehlender historischer Daten,
- Unzureichende Bereitstellung von Ressourcen für das Service-Level-Management,
- Unzureichende Einräumung von Kompetenzen und Autorität für das Service-Level-Management,
- Keine Absicherungsverträge für SLAs,
- Keine klare Aufteilung der Rollen bzw. Verantwortlichkeiten,
- Fehlende Geschäftsorientierung,
- Fehlende Fokussierung,
- Keine ausreichende Kommunikation der SLAs,
- Betrachtung des Service-Level-Managements als zusätzlichen Gemeinkostenblock und nicht als zu berechnenden Service,
- Reduzierung des Zweckes des Service-Level-Managements auf das Beziehungsmanagement.

Es lohnt sich, die oben angesprochenen Probleme vor Einrichtung des Service-Level-Managements zu berücksichtigen, da diese zu einem Scheitern der Service-Level-Management-Initiative führen können. In diesem Falle ist ein Wiederbeleben der Initiative nur sehr schwer zu erreichen.

5 Capacity-Management

5.1 Überblick

Im Rahmen des Capacity-Managements wird eine den Anforderungen gerecht werdende Bereitstellung und Überwachung der IT-Kapazitäten sichergestellt. Das Capacity-Management ist auf drei Ebenen tätig:

- Geschäftsebene (Business-Capacity-Management),
- Serviceebene (Service-Capacity-Management) und
- Ressourcenebene (Resource-Capacity-Management).

Aufgabe des Business-Capacity-Managements ist es, die zukünftigen Geschäftsanforderungen an IT-Services zu berücksichtigen, zu planen und in einer zeitgerechten Weise umzusetzen. Die zukünftigen IT-Anforderungen können anhand von Geschäftsplänen bezüglich neuer Services, Serviceverbesserungen oder Wachstum im Bereich von bestehenden Services abgeleitet und prognostiziert werden. Durch die Analyse der bestehenden Auslastungsgrade können dann kapazitätserweiternde bzw. -verringernde Maßnahmen getroffen werden. Im Rahmen des Service-Capacity-Managements erfolgt eine kapazitätsbezogene Überwachung der vereinbarten Servicegrade. Dabei wird überprüft, inwiefern z. B. zusätzliche Netzwerkkapazitäten angeschafft werden müssen, um beispielsweise die mit dem Kunden vereinbarten Antwortzeiten eines Online-Service zu garantieren. Schließlich müssen im Sinne des Resource-Capacity-Managements auch auf der operativen Ebene die Auslastungsgrade der einzelnen Komponenten (z. B. Server, Netzwerke etc.) überwacht und ausgewertet weren.

Innerhalb der drei Sub-Bereiche Business-, Service- und Resource-Capacity-Management läuft in etwa der gleiche iterative Prozess der Kapazitätsüberwachung, -analyse und -steuerung ab. Einzig der Fokus der drei Sub-Bereiche ist unterschiedlich. *Abbildung 5.1.* zeigt eine Übersicht über das Capacity-Management und gleichzeitig die Gliederung dieses Kapitels.

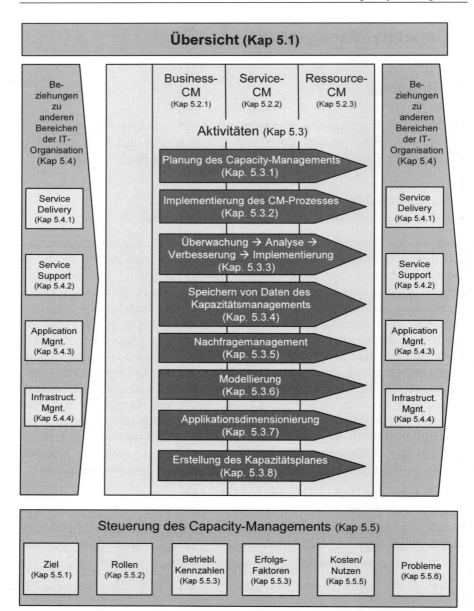

Abb. 5.1. Übersicht über das Capacity-Management

5.2 Ebenen des Capacity-Managements

5.2.1 Business-Capacity-Management

Primäres Ziel des Business-Capacity-Managements ist die Sicherung der Bereitstellung einer nachhaltig ausreichenden Kapazität zur Lieferung der geforderten IT-Services unter gleichzeitiger Berücksichtigung der Kosteneffizienz. Dabei fokussiert sich der Geltungsbereich auf neue Geschäftsanforderungen – konkretisiert durch neue Services, neue Funktionalitäten oder verändertes Absatzvolumen.

Aufgabe des Business-Capacity-Managements ist es, zum einen die neuen Anforderungen aus einer geschäftlichen Perspektive vorherzusagen und zum anderen entsprechende Maßnahmen zu initiieren. Beim Design und der Umsetzung von Applikationen sollten beispielsweise zukünftige geschäftliche Entwicklungen bereits berücksichtigt werden, um spätere Qualitäts- und Kapazitätsprobleme zu vermeiden. Das Zusammenspiel der Gesamtheit aller Komponenten – welches durch das Applikationsdesign bestimmt wird – ist z. B. nur für eine begrenzte Zahl an Nutzern ausgelegt. Eine Verdopplung der Nutzerzahl, beispielsweise aufgrund von Übernahmeaktivitäten des Geschäftes, führt zu Performanzproblemen, die in einem für diese Geschäftsanforderung unangemessenen Applikationsdesign begründet sind.

Das Business-Capacity-Management ist dafür verantwortlich, dass die Kapazitätsanforderungen hinsichtlich Antwortzeiten, erwartetem Durchsatz, Struktur der Nutzung und Nutzerzahlen verstanden und berücksichtigt werden. Hierbei ist insbesondere dem Service-Level-Management Hilfestellung zu leisten. So sollten bei den Kundenverhandlungen Lösungen zu verschiedenen Szenarien vorliegen, wie z. B. die notwendige Netzbandbreite in Abhängigkeit von der Nutzerzahl bei einer vereinbarten Antwortzeit von X Sekunden. Prozeduren bzw. Methoden, wie die Applikationsdimensionierung (*s. Kap. 5.3.7*) oder Modellierung (*s. Kap. 5.3.6*), können zur Erstellung der verschiedenen Szenarien helfen. Auf Basis dessen werden anschließend kosten- und kapazitätsoptimierende Vorschläge zum Design des neuen Service gemacht und Empfehlungen für die Beschaffung von Hardware und Software gegeben.

Jegliche Änderung an der Infrastruktur sollte im Rahmen des Change-Managements verwaltet und das entsprechende Konfigurationselement in der Konfigurationsdatenbank aktualisiert werden. In der Kapazitätsdatenbank (*s. Kap. 5.3.4*) sollten die kapazitätsbezogenen Attribute der neuen bzw. aktualisierten Konfigurationselemente hinterlegt werden.

5.2.2 Service-Capacity-Management

Das Service-Capacity-Management hat die Überwachung und Steuerung der servicespezifischen Kapazitäten zur Aufgabe. Dabei dienen die für bestehende und für neue Services festgelegten Leistungsziele (SLAs und Anforderungen an neue Services) als Vorgabe. Während das Business-Capacity-Management die Festlegung von SLAs und die Bestimmung von Anforderungen an neue Services unterstützt, ist das Service-Capacity-Management eher darauf ausgelegt, dass die Serviceverträge tatsächlich eingehalten werden und dementsprechende Kapazitäten vorhanden sind. Durch kontinuierliche Überwachung der Servicegrade können Trends ermittelt und Abweichungen frühzeitig erkannt werden. Eskalationsverfahren oder die Disposition frei werdender Kapazitäten können initiiert und dadurch entweder Verletzungen von SLAs verhindert oder Leerkosten (Ineffizienzen aufgrund nicht genutzter Kapazitäten) gesenkt werden. Des Weiteren wird im Rahmen des Service-Capacity-Managements eine kontinuierliche, servicespezifische Berichterstattung für Kunden und Management ermöglicht und gefördert.

Servicespezifische Kapazitätsprobleme basieren nicht unbedingt auf Engpässen vereinzelter Teilkomponenten, die zur Erbringung des IT-Service verwendet werden. So kann beispielsweise ein Ausweichserver Kapazitätsprobleme auf einem anderen Server kompensieren. Treten jedoch Kapazitätsprobleme auf beiden Rechnern gleichzeitig auf, so ist die Verfügbarkeit des IT-Service tangiert. Das heißt, die Beziehungen zwischen den einzelnen Komponenten, die einen IT-Service konstituieren, sollten im Rahmen des Service-Capacity-Managements berücksichtigt werden. Durch eine komponentenübergreifende Betrachtungsweise können Aussagen über die Gesamtauswirkungen von Änderungen einzelner oder mehrerer Komponenten auf den entsprechenden IT-Service und die dahinter liegenden SLAs gemacht werden.

5.2.3 Resource-Capacity-Management

Aufgabe des Resource-Capacity-Managements ist es, die Auslastungen der einzelnen Komponenten der IT-Infrastruktur zu überwachen und zu steuern. Dies sichert die Optimierung des IT-Betriebes bezüglich der effizienten Nutzung von Hardware und Software. Zudem sollte die Planung der Infrastrukturkomponenten an den vereinbarten SLAs ausgerichtet sein, wodurch Qualitätsprobleme mit Auswirkungen auf den Anwender verringert werden können.

Im Fokus des Resource-Capacity-Managements stehen Prozessoren, Netzwerkbandbreiten, Speicherplatz etc. Hierfür sollten Überwachungs-Tools eingerichtet werden, welche kontinuierlich relevante Informationen über die Auslastungsgrade der einzelnen Komponenten generieren. Ähnlich wie bei den anderen Capacity-Management-Bereichen sind auch beim Resource-Capacity-Management, auf Basis der vorhandenen Informationen, proaktive Prozesse zu etablieren. Das heißt, das Capacity-Management greift nicht erst nach Auftreten von Kapazitätsproblemen ein, sondern es werden Trends und Prognosen erstellt, um proaktiv Performanzprobleme zu vermeiden. Durch eine proaktive Betrachtung können beispielsweise geplante Änderungen an Komponenten zeitlich zusammengelegt und für diese Zeitspanne Ersatzkapazitäten bereitgestellt werden. Dadurch können Kapazitätsprobleme bei Durchführung von Änderungen verringert bzw. vermieden werden.

In das Aufgabenspektrum des Resource-Capacity-Managements fällt auch die Evaluation der Möglichkeiten zur Nutzung neuer Technologien. Dabei können Fachliteratur, Herstellerseminare und Konferenzen wertvolle Informationen liefern. Zu beachten ist, dass der Einsatz von neuen Technologien auch aus Kosten-Nutzen-Sicht gerechtfertigt sein sollte.

Fragen der Ausfallsicherheit liegen ebenfalls in der Verantwortung des Resource-Capacity-Managements. Dabei ist in Zusammenarbeit mit dem Availability-Management zu bestimmen, wie anfällig die aktuelle Konfiguration in Bezug auf den Ausfall einzelner Komponenten ist und welche Auswirkungen entstehen würden. Zudem sollten kosteneffektive Lösungen zur Senkung der Fehleranfälligkeit vorgeschlagen werden.

5.3 Aktivitäten des Capacity-Managements

5.3.1 Planung des Capacity-Managements

Vor Beginn des eigentlichen Planungsprozesses sollte eine Gap-Analyse durchgeführt werden. Hierbei werden zunächst die in der IT-Organisation bereits vorhandenen Capacity-Management-Prozeduren bestimmt; d. h., welche Aufgaben werden im Bereich Capacity-Management bereits durchgeführt, wer trägt die Verantwortung, welche Tools werden benutzt und wie kosteneffektiv wird gearbeitet. Des Weiteren sind die Anforderungen an das Capacity-Management zu erheben, d. h., insbesondere welche Informationen werden von anderen Bereichen, wie Service-Level-Management, Availability-Management und Financial-Management benötigt. Anschließend sind Handlungsfelder zu definieren, der Bedarf hierfür aufzuzeigen und ein Umsetzungsplan zu erstellen.

In der Planungsphase sollten folgende Aspekte berücksichtigt werden:

- Struktur des Capacity-Managements,
- Überwachung der Kapazitäten und des Capacity-Managements,
- Kapazitätsdatenbank,
- Kapazitätsplan.

Struktur

Es stellt sich zunächst die Frage, wie das Capacity-Management in der IT-Organisation verankert ist. Dabei können die Aufgaben entweder zentral oder dezentral wahrgenommen werden. Es empfiehlt sich, das Resource-Capacity-Management dezentral in den einzelnen technischen Silos anzusiedeln, da die Mitarbeiter das notwendige technische Know-how zur Überwachung und Steuerung der spezifischen technologischen Komponenten besitzen. Die Verantwortlichen der funktionalen Bereiche sind dafür zuständig, dass entsprechende Überwachungs-Tools eingeführt werden, dass kapazitätsbezogene Berichte erstellt werden und dass proaktive Maßnahmen auf Komponentenebene getroffen werden.

Das Service- und Business-Capacity-Management sollte von Mitarbeitern durchgeführt werden, die eine plattformübergreifende Sicht besitzen. Dadurch können die Auswirkungen der einzelnen Ressourcen auf die Servicequalität eingeschätzt werden. Auch die Auswirkungen von neuen Geschäftsanforderungen auf die Kapazitätsplanung kann nur durch Mitarbeiter eingeschätzt werden, die eine ganzheitliche und durchgängige Kenntnis der Prozesse haben.

Überwachung

Überwachungs-Tools sollten sowohl für Hardware und Netzwerke als auch für Peripheriegeräte und Software eingerichtet werden. Allerdings sollten auch die einzelnen Überwachungs-Instrumente Kosten-Nutzen-Analysen unterzogen werden. Unter Umständen kann die Überwachung von bestimmten Komponenten sehr kostenintensiv werden, so dass der Nutzen, der aus der Bestimmung des Auslastungsgrades der spezifischen Komponente entsteht, die damit assoziierten Kosten nicht rechtfertigt. Eine Fokussierung auf die Komponenten, welche geschäftskritische Services unterstützen, kann sinnvoll sein.

Aktivitäten des Capacity-Managements

Die benötigten Informationen bezüglich der drei Ebenen des Capacity-Managements sind zu identifizieren und es sollte sichergestellt werden, dass die Überwachungs-Instrumente die identifizierten Daten auch messen können. Das Resource-Capacity-Management benötigt z. B. Informationen über die Auslastungsgrade der einzelnen Komponenten der IT-Infrastruktur. Das Service-Capacity-Management ist beispielsweise auf Informationen bezüglich der Durchsatzleistung von Anwendungen und bezüglich Online-Antwortzeiten angewiesen. Das Business-Capacity-Management benötigt z. B. Kennzahlen zum aktuellen und zukünftigen Geschäftsvolumen. Je nach Anforderung, sind die Informationen in unterschiedlicher zeitlicher Frequenz zu messen. Die zu messenden Informationen sollten entsprechend des Bedarfes und des vertretbaren Aufwandes operationalisiert werden.

Kapazitätsdatenbank

Bei der Gestaltung der Kapazitätsdatenbank gibt es drei Alternativen:

- Die Rohdaten (Messdaten) und die analysierten Daten (aggregierten Daten) werden auf einer einzigen Plattform gespeichert.
- Die Rohdaten und ein großer Teil der analysierten Daten werden auf der jeweiligen Host-Plattform gespeichert und nur wenige analysierte Daten werden auf eine zentrale Datenbank transferiert.
- Beide Alternativen werden kombiniert.

Neben den Auslastungsgraden werden für das Capacity-Management Servicedaten, wie z. B. SLAs oder Geschäftsdaten, benötigt. Zudem sind finanzielle Daten und Informationen aus der Konfigurationsdatenbank für die Kapazitätsplanung relevant. Diese Informationen sind teilweise in sehr unterschiedlichen Formaten gespeichert und müssen miteinander kombiniert werden, so dass in den meisten Fällen eine konzeptionelle Kapazitätsdatenbank mit mehreren physischen Standorten entsteht. Die personellen Zuständigkeiten, die Integration in die Change-Management-Prozedur und die regelmäßige Prüfung sind für die konzeptionelle Kapazitätsdatenbank zu definieren und umzusetzen.

Kapazitätsplan

Die Erstellung des Kapazitätsplanes (*s. Kap. 5.3.8*) kann in jährlichen bis hin zu monatlichen Zeitabständen erfolgen. Die Wahl des Zeitabstandes sollte von der Budgetplanung, von der Genauigkeit und Beständigkeit der Geschäftspläne sowie von der Beständigkeit der Serviceerbringung und der IT-Infrastruktur abhängig gemacht werden.

5.3.2 Implementierung des CM-Prozesses

Zunächst sind die in der Planungsphase definierten Überwachungs-Instrumente zu installieren. Hierfür ist umfassendes technisches Know-how vonnöten, da zur Unterstützung des Geschäfts meist eine breite Palette an unterschiedlichen Plattformen, Betriebssystemen, Programmiersprachen etc. verwendet wird. Des Weiteren erfolgt die Umsetzung der Kapazitätsdatenbank – sei es nun an einem zentralen Standort oder verteilt über die einzelnen Plattformen. Die drei Ebenen des Business-, Service- und Resource-Capacity-Managements sind entsprechend den nachfolgend beschriebenen Aktivitäten umzusetzen bzw. zu initiieren.

5.3.3 Überwachung, Analyse, Initiierung von Verbesserungsmaßahmen und Implementierung

Die im Folgenden beschriebenen Aktivitäten gelten für alle drei Ebenen des Capacity-Managements (Business-, Service- und Resource-Capacity-Management).

Überwachung

Ziel dieser Phase ist die kontinuierliche Überwachung der Auslastung der IT-Ressourcen, um eine optimale Nutzung der Hard- und Software zu erreichen, die Einhaltung der Servicegrade zu garantieren und Veränderungen beim Geschäftsvolumen zu antizipieren.

Die vom Capacity-Management benötigten Daten können entweder durch die in die Hardware- bzw. Softwareprodukte integrierten Messfunktionen erhoben oder durch unabhängige System-Management-Tools gemessen werden. Typische Kennzahlen sind z. B. die CPU-Auslastung, die Speicherauslastung, Input/Output-Raten, Anzahl der Transaktionen, Antwortzeiten, Anzahl der Abfragen oder Anzahl der angemeldeten Benutzer. Es sind nicht nur kapazitätsbezogene Kennzahlen zu messen, sondern auch Qualitätskennzahlen, die durch ungenügende Kapazitäten beeinflusst werden und damit Hinweise auf Kapazitätsprobleme liefern können.

Die Kennzahlen sollten sowohl für die einzelnen Komponenten isoliert, als auch im Kontext der einzelnen Services gemessen werden, d. h., inwiefern war beispielsweise Server X ausgelastet und inwiefern wurde Server X von Service Y beansprucht. Nur so ist der Zusammenhang zwischen Komponenten und Services nachzuvollziehen. Anhand von bereits erhobenen Daten sollten Grenzwerte definiert werden, deren Überschreitung zu einem Auslösen einer Eskalationsprozedur führt. Dadurch kann gewährleistet werden, dass SLAs eingehalten werden, Ressourcen nicht überlastet sind und als Konsequenz eine gute Servicequalität erreicht wird.

Analyse

In der Analysephase werden die im Rahmen der Überwachung gewonnenen Informationen genutzt, um Trends hinsichtlich der „normalen" Auslastungsgrade und Servicegrade zu erstellen und bei Abweichungen entsprechende Eskalationsverfahren zu initiieren. Demnach sollten zunächst historische Daten generiert werden, anhand deren „normale" Kenngrößen definiert werden können. Durch Kombination der Kenngrößen mit aktuellen Trends und Geschäftsplänen können Prognosen der zukünftig zu erwartenden Auslastungsgrade erstellt werden. Anschließend werden Grenzwerte definiert, bei deren Überschreitung geeignete Maßnahmen zu initiieren sind. Im Rahmen der Analysephase sind die Gründe für das Überschreiten der Grenzwerte zu identifizieren. Dabei können

- Konflikte zwischen einzelnen Komponenten,
- eine unverhältnismäßige Verteilung der Arbeitslast auf die zur Verfügung stehenden Ressourcen,
- eine unangemessene Sicherungsstrategie,
- ein ineffizientes Applikationsdesign,
- ein unerwarteter Anstieg der Transaktionen und
- die ineffiziente Nutzung des verfügbaren Speichers,

Ursachen für Probleme und Eskalationen sein.

Beispiel

Die Analyse servicespezifischer Informationen ergibt, dass sich in Zukunft die Nachfrage nach Service X verdoppeln wird. Eine notwendige Ressource für Service X ist Server Y, welcher zu 75 % ausgelastet ist. Durch Analyse der servicespezifischen Daten ist nun herauszufinden, inwiefern Server Y durch Service X beansprucht wird. Werden durch den Service nur 5 % des Servers beansprucht, so reichen die Kapazitäten bei Verdopplung der Nachfrage nach wie vor aus.

Initiierung von Verbesserungsmaßnahmen

Durch die Analyse der zur Verfügung stehenden Informationen können Schwachstellen oder Verbesserungspotenziale aufgedeckt bzw. initiiert werden. Anschließend können durch geeignete Maßnahmen entweder Ressourcen eingespart oder die Servicequalität verbessert werden. Typische Verbesserungsmaßnahmen sind z. B. das Ausbalancieren von Nutzlasten oder die effiziente Nutzung von Speicherplatz. In diesem Bereich ist ein tiefes technisches Verständnis notwendig.

Implementierung

Die initiierten Verbesserungsmaßnahmen werden unter Berücksichtigung der formalen Change-Management-Prozeduren umgesetzt. Verbesserungsmaßnahmen resultieren im Allgemeinen in

- erhöhter Nutzerproduktivität,
- erhöhter Mitarbeiterproduktivität und
- besserer Kontrolle über geschäftskritische IT-Services.

Nach Durchführung der Verbesserungsmaßnahme ist deren Erfolg zu überwachen und zu bestätigen.

5.3.4 Speichern von Daten des Kapazitätsmanagements

Die Kapazitätsdatenbank stellt die Basis eines erfolgreichen Capacity-Managements dar. Die Kapazitätsdatenbank enthält sämtliche relevanten Kapazitätsinformationen und dient damit als Datenquelle für die anderen Teilprozesse des Capacity-Managements. Dabei kann die Kapazitätsdatenbank, wie bereits in *Kapitel 5.3.1* erwähnt, physisch an mehreren Standorten verteilt und Bestandteil verschiedenster Plattformen sein. Eingangsgrößen für die Kapazitätsdatenbank können Geschäftsdaten, Servicedaten, technische Daten, finanzielle Daten und Nutzungsdaten sein.

Geschäftsdaten

Treiber für veränderte Kapazitäts- und Performanzanforderungen ist das Geschäft. Daher sind Geschäftspläne und -trends wesentliche Eingangsgrößen für die Kapazitätsplanung. Typische und für die IT relevante Geschäftskennzahlen sind:

- Anzahl der Serviceanfragen,
- Anzahl der Niederlassungen,
- Anzahl der registrierten Nutzer eines Systems,
- Anzahl der PCs und
- die antizipierte Transaktionszahl inklusive saisonaler Unterschiede.

Servicedaten

Die Überwachung und Analyse servicebezogener Daten hilft, den Einfluss der IT-Infrastruktur auf die Anwender zu bestimmen. Typische Servicedaten sind z. B. Antwort- oder Ausfallzeiten. Die im Service-Level-Management mit den Kunden vereinbarten SLAs liefern die zu überwachenden Serviceziele. Auf Basis dieser sollten die Grenzwerte definiert werden, deren Überschreitung zu Eskalationsprozessen führen. Dadurch kann die Verletzung der definierten Servicegrade verhindert werden. Durch die Kombination der Servicedaten mit Geschäftsdaten und technischen Daten können Prognosen erstellt und die Verletzung von SLAs antizipiert werden.

Technische Daten

Die technischen Spezifikationen der einzelnen Komponenten sind Eingangsgrößen zur Bestimmung der maximal verfügbaren Kapazität. Dabei sind Größen wie Speicherkapazität, Netzwerkbandbreite, Prozessorgeschwindigkeit etc. zu berücksichtigen.

Finanzielle Daten

Zur Bestimmung der Kosten von Kapazitätserweiterungen oder der kalkulatorischen Kosten von Leerkapazitäten sind finanzielle Daten notwendig. Typische Quellen hierfür sind

- Finanzpläne, aus welchen langfristige Ziele, wie z. B. eine Senkung der IT-Kosten, hervorgehen,
- IT-Budgets,
- Preisinformationen der Hersteller bzw. Lieferanten und
- die Konfigurationsdatenbank zur Bestimmung der Einstandskosten und der bestehenden Hard- und Softwarekomponenten.

Die meisten der genannten Informationen werden durch das Financial-Management bereitgestellt. Das Capacity-Management benötigt die Daten, um die zukünftigen Kapazitätsanforderungen unter Berücksichtigung von Kostenaspekten zu bestimmen.

Nutzungsdaten

Entsprechend des Informationsbedarfes sind die Nutzungsgrade der einzelnen Komponenten zu überwachen und zu konsolidieren. Beispiele für Komponenten und entsprechende Metriken sind:

- Mainframe (Messung von Inputs/Outputs pro Sekunde),
- Applikation (Messung der Anzahl der Transaktionen),
- UNIX Server (Messung der Anzahl der Prozesse),
- Middleware (Messung der Anzahl der Transaktionen),
- Netzwerk (Messung der genutzten Bandbreite),
- Datenbank (Messung der Anzahl der Anfragen pro Sekunde),
- PC (Messung der Prozessorauslastung).

Neben der Versorgung der Teilprozesse des Capacity-Managements mit kapazitätsbezogenen Informationen können mit Hilfe der Kapazitätsdatenbank

- service- und komponentenspezifische Berichte,
- Ausnahmeberichte und
- Kapazitätsprognosen

erstellt werden.

Service- und komponentenspezifische Berichte

Sowohl die Verantwortlichen für die Infrastrukturkomponenten als auch die Serviceverantwortlichen sollten Berichte erstellen, aus welchen hervorgeht, wie sich die Performanz und die Auslastungsgrade der einzelnen Komponenten und Services entwickelt. Dabei kann im Wesentlichen auf Informationen aus der Kapazitätsdatenbank zurückgegriffen werden.

Ausnahmeberichte

Anhand der in der Kapazitätsdatenbank gespeicherten Daten lassen sich Berichte erstellen, aus welchen hervorgeht, bei welchen Komponenten bzw. Services die Performanz oder der Auslastungsgrad nicht akzeptabel ist. Adressat eines solchen Berichtes ist das Service-Level-Management, welches entsprechende Informationen im Rahmen der Analyse von Servicegraden benötigt. Auch für das Incident- und Problem-Management können Ausnahmeberichte zur Lösung von Störungen und Problemen hilfreich sein.

Kapazitätsprognosen

Zur nachhaltigen Sicherung ausreichender Kapazitäten sind Prognosen und Vorhersagen bezüglich zukünftiger Kapazitätsbedarfe notwendig. Änderungen durch neue Funktionalitäten oder Veränderungen im Geschäftswachstum können z. B. Treiber für neue Kapazitätsanforderungen sein. Werden zusätzliche Kapazitäten benötigt, so wird dieser Aspekt im nächsten Budgetplanungszyklus berücksichtigt. Entsprechende Daten zur Erstellung von Kapazitätsprognosen, sei es auf Geschäfts-, Service- oder Komponentenebene, können in der Kapazitätsdatenbank gefunden werden.

5.3.5 Nachfragemanagement

Wesentliche Aufgabe des Nachfragemanagements ist es, die Nachfrage nach IT-Services zu beeinflussen und dadurch Engpässe zu vermeiden oder Kapazitäten einzusparen. Es kann zwischen kurzfristigem und langfristigem Nachfragemanagement unterschieden werden.

Kurzfristiges Nachfragemanagement kommt z. B. im Zusammenhang mit Ausfällen kritischer IT-Infrastrukturkomponenten zur Anwendung. In solch einem Fall sollte im Rahmen des Nachfragemanagements dafür gesorgt werden, dass die Services mit der höchsten Geschäftspriorität weiter betrieben werden können. Dazu müssen die Geschäftsprioritäten und die zur Verfügung stehenden Alternativen bekannt sein.

Das langfristige Nachfragemanagement hat die Aufgabe, die Nachfrage nach IT-Services dahingehend zu beeinflussen, dass Hochlastzeiten vermieden werden und dadurch die Anschaffung zusätzlicher Kapazitäten unnötig wird. Es kann beispielsweise vorkommen, dass die Prozessorkapazitäten eines Servers aufgrund hoher Nachfrage in der Zeit zwischen 10:00 und 12:00 Uhr nicht ausreichen, aber in den restlichen Zeiten nicht ausgelastet sind und dadurch Leerkosten verursachen. Durch Verlagerung der Nachfrage nach rechenintensiven IT-Services auf frühere oder spätere Zeiten könnte die Anschaffung zusätzlicher Prozessoren vermieden werden. Typische Steuerungsinstrumente sind z. B. zeitabhängige Preise für IT-Leistungen. Im obigen Beispiel könnte z. B. für den Abruf der IT-Leistung in der Zeit von 10:00 bis 12:00 Uhr ein höherer Preis verlangt werden als für den Abruf der gleichen Leistung zu anderen Zeiten.

Zur Ausführung des Nachfragemanagements muss der Zusammenhang zwischen Services und Ressourcen bekannt sein. Welche Ressourcen werden wie stark, durch welchen Service, zu welcher Zeit beansprucht? Mit Hilfe dieser Informationen können nachvollziehbare Entscheidungen getroffen und die Servicequalität bzw. die Kosteneffektivität der verfügbaren Kapazitäten optimiert werden.

5.3.6 Modellierung

Durch die Modellbildung kann die Kapazitätsplanung insofern unterstützt werden, dass für bestimmte Szenarien, wie z. B. für variierende Transaktionsmengen, jeweils die benötigten Kapazitäten vorhergesagt werden können. Dabei gibt es eine ganze Reihe an Modellierungstypen, angefangen von simplen, auf Erfahrung basierenden Schätzungen über Pilotstudien und Prototypen bis hin zu aufwändigen Benchmarks. Während sich die simplen Methoden für operative Entscheidungen anbieten, ist es sinnvoll, bei strategischen Entscheidungen mehr Aufwand in die Modellierungsmethode zu stecken. Im ITIL-Framework werden die vier Modellierungsmethoden

- Trendanalyse,
- analytische Modellierung,
- Simulation und
- Basismodellierung

angesprochen.

Trendanalyse

Die im Rahmen des Resource- und Service-Capacity-Managements generierten Informationen über Auslastungsgrade und Servicequalität können für Trendanalysen genutzt werden. Dabei sollten grafische Mittel zur Verdeutlichung der Trends genutzt werden. Trendanalysen können insbesondere für Schätzungen von Auslastungsgraden verwendet werden und eignen sich weniger für die Vorhersage von Antwortzeiten. Hierzu können aber analytische Modellierungen oder Simulationen verwendet werden.

Analytische Modellierung

Analytische Modelle repräsentieren das Verhalten von IT-Systemen mit Hilfe von mathematischen Methoden. Die analytische Modellierung benötigt weniger Zeit und Aufwand als Simulationen, liefert aber auch typischerweise weniger genaue Ergebnisse.

Simulationen

Simulationen liefern insbesondere bei der Dimensionierung von Applikationen oder bei Änderungen an bestehenden Applikationen sehr genaue Ergebnisse. Allerdings können Simulationen sehr aufwändig und teuer werden.

Basismodellierung

Im Rahmen der Basismodellierung wird zunächst die bestehende IT-Landschaft mit der erreichten Performanz modelliert. Ausgehend davon können Modelle erstellt werden, die Antworten auf Fragen wie „Was passiert wenn?" liefern. Was passiert beispielsweise, wenn Veränderungen an bestimmten Hardwarekomponenten vorgenommen werden oder sich das Transaktionsvolumen ändert? Wenn das Basismodell korrekt erstellt wurde, sind mit großer Wahrscheinlichkeit auch die Ergebnisse der darauf aufbauenden Modelle korrekt und genau.

5.3.7 Applikationsdimensionierung

Bei der Planung einer neuen Applikation oder bei umfangreichen Änderungen an bestehenden Applikationen sollte bereits in der Phase der Projektinitiierung die umzusetzende Applikation hinsichtlich der Kapazitätsaspekte richtig dimensioniert werden. Kernaufgabe im Rahmen der Applikationsdimensionierung ist es, die notwendigen Ressourcen abzuschätzen, die zur Erstellung und zum Betrieb einer den vereinbarten Servicegraden gerecht werdenden Applikation benötigt werden. Das Capacity-Management sollte daher integraler Bestandteil des Applikationslebenszyklus sein.

Je früher die SLAs im Applikationslebenszyklus berücksichtigt werden und das Design der Applikation an den SLAs ausgerichtet wird, desto niedriger sind typischerweise die Lebenszykluskosten der Applikation.

Zudem werden dem Availability-Management bei der Planung der Ausfallsicherheit einer Applikation relevante Informationen über Kapazitätsaspekte durch das Capacity-Management bereitgestellt.

Beim Kauf von Standardsoftware werden Informationen über benötigte Ressourcen zum Betrieb der Software vom Hersteller häufig nicht angegeben oder variieren stark mit dem Transaktionsvolumen. Daher kann es ratsam sein, Benchmarks bei ähnlichen Kunden mit ähnlichen Anforderungen durchzuführen.

5.3.8 Erstellung des Kapazitätsplans

Der Kapazitätsplan sollte im Zusammenhang mit der Budgetplanung auf jährlicher Basis erstellt werden. Idealerweise sollte dieser vierteljährlich aktualisiert werden. Folgende Gliederung wird im ITIL-Framework für den Kapazitätsplan vorgeschlagen:

Einleitung

In der Einleitung sollte zunächst kurz der Hintergrund des Kapazitätsplans erläutert werden. Hierzu zählen z. B.

- der aktuelle Auslastungsgrad,
- Probleme aufgrund von Über- oder Unterkapazitäten,
- erreichte Servicegrade und
- was sich nach dem letzten Kapazitätsplan geändert hat.

Des Weiteren sollte auf den Geltungsbereich und die in dem Plan berücksichtigten Infrastrukturelemente eingegangen werden. Die Methoden, die zur Beschaffung, Analyse und Aufarbeitung der in dem Plan veröffentlichten Daten verwendet wurden, sollten erläutert werden.

Annahmen

Die Annahmen, die zur Erstellung des Kapazitätsplanes und insbesondere zur Erstellung der Zukunftsprognosen getroffen wurden, sollten klar und deutlich herausgestellt werden, um Missverständnisse zu vermeiden.

Management-Übersicht

Die Management-Übersicht stellt eine Zusammenfassung der wesentlichen Aussagen, Empfehlungen, Kosten etc. dar. Technische Details sollten hier nicht erläutert werden.

Geschäftsszenarien

Die vorliegenden Geschäftspläne und -prognosen sind in den Kontext der Kapazitätsplanung zu bringen. Dabei ist das Capacity-Management dafür zuständig, die konkreten Auswirkungen der zukünftigen Geschäftsentwicklungen auf die Kapazitätsanforderungen zu bestimmen.

Serviceübersicht

Servicespezifische Berichte sollten Auskunft sowohl über die derzeit erreichte Servicequalität als auch über zukünftige Entwicklungen der einzelnen Services geben.

Ressourcenübersicht

Entsprechend der servicespezifischen Berichte sollten für die einzelnen Hardwareplattformen Berichte über die aktuellen Auslastungsgrade erstellt werden. Abgeleitet aus Geschäfts- bzw. Serviceinformationen sollten Prognosen über zukünftige Ressourcenauslastungen erstellt werden.

Vorschläge für Verbesserungen

Auf Basis der Ergebnisse der letzten Abschnitte sind in diesem Abschnitt Vorschläge zu machen, wie die Serviceperformanz und die Kosteneffektivität verbessert werden können. Als Beispiele für Verbesserungsmaßnahmen werden im ITIL-Framework

- die Zusammenführung von verschiedenen Services auf einen einzigen Prozessor,
- die Anschaffung von Netzwerken mit größerer Bandbreite, um die Vorteile neuer technologischer Möglichkeiten zu nutzen,
- der Kauf neuer Hard- bzw. Software und
- die Ablösung von Legacy-Systemen

genannt.

Kostenmodell

Die mit den Verbesserungsvorschlägen einhergehenden Kosten sollten in diesem Abschnitt dokumentiert sein. Zudem sollten die derzeitigen und zukünftigen Kosten zur Lieferung der IT-Leistungen aufgelistet werden. Die Informationen werden im Wesentlichen durch das Financial-Management generiert.

Empfehlungen

Dieser Abschnitt sollte Aufschluss über die Empfehlungen der letzten Berichtsperiode geben. Dabei ist insbesondere der Status der angedachten Verbesserungsmaßnahmen (abgelehnt, geplant, implementiert) von Interesse. Neue Empfehlungen sollten hinsichtlich

- Geschäftsnutzen,
- potenzieller Auswirkungen,
- Risiko,
- benötigter Ressourcen und
- Kosten zur Umsetzung bzw. des laufenden Betriebes

quantifiziert werden.

5.4 Beziehungen zu anderen Bereichen der IT-Organisation

Neben den im Text beschriebenen Schnittstellen und Informationsbeziehungen werden in der ITIL folgende wesentliche Beziehungen zwischen Capacity-Management und anderen Bereichen der IT-Organisation angesprochen.

5.4.1 Schnittstellen innerhalb des Service-Delivery

Service-Level-Management

Im Rahmen der Verhandlungen über Servicegrade benötigt das Service-Level-Management Informationen über erforderliche Kapazitäten. Diese sind abhängig von den derzeitigen Auslastungsgraden, den Servicespezifika und der erwünschten Servicequalität. Unterschiedliche Szenarien sollten vor den Verhandlungen durchdacht und entsprechende Informationen durch das Capacity-Management bereitgestellt werden. Zudem leistet das Capacity-Management Hilfestellung bei der Formulierung und Überprüfung der entsprechenden Absicherungsverträge innerhalb der IT-Organisation sowie mit den externen Lieferanten.

Die Überwachung und Berichterstattung der aktuellen Verfügbarkeitsgrade, Auslastungsgrade und Durchlaufzeiten liegen ebenfalls in der Verantwortung des Capacity-Managements. Die entsprechenden Informationen werden direkt an das Service-Level-Management geliefert und werden dort zum Abgleich mit den in den SLAs vereinbarten Zielen verwendet. Im Falle von identifizierten Qualitäts- oder Kapazitätsproblemen unterstützt das Capacity-Management das Service-Level-Management bei der Durchführung eines Service-Optimierungsprogramms. Insbesondere das benötigte technische Know-how wird dabei zur Verfügung gestellt.

Financial-Management

Das Financial-Management unterstützt das Capacity-Management bei der Durchführung von Investitionsrechnungen für kapazitätserweiternde Maßnahmen und stellt finanzielle Daten bereit, die z. B. bei der Erstellung des Kapazitätsplanes benötigt werden.

Im Falle einer verursachungsgerechten Abrechnung dient die Kapazitätsbeanspruchung u. a. als Basis für die Erstellung der Rechnungen. Hierfür stellt das Capacity-Management dem Financial-Management entsprechende Informationen bereit. Ausgehend von dem Geschäftsbedarf liefert das Capacity-Management Informationen über bereitzustellende Kapazitäten. Diese dienen dem Financial-Management u. a. als Basis zur Berechnung der Plankosten für die kommende Periode.

IT-Service-Continuity-Management

Durch das Capacity-Management wird sichergestellt, dass genügend Kapazitäten für die Aufrechterhaltung bzw. die zeitnahe Wiederherstellung ausgeallenen Services zur Verfügung stehen. Dabei sind insbesondere die Kapazitäten der Noteinrichtungen zu berücksichtigen. Das Capacity-Management liefert sämtliche kapazitätsbezogenen Informationen, die bei der Planung von Wiederherstellungs- und Sicherheitsaspekten relevant sind.

Availability-Management

Das Availability-Management und das Capacity-Management sind sehr eng miteinander verzahnt. Sowohl Qualitäts- als auch Kapazitätsprobleme resultieren in Nichtverfügbarkeit, so dass die beiden Bereiche Availability- und Capacity-Management dieselben Ziele verfolgen und einander ergänzen. Soll z. B. zusätzliche Ausfallsicherheit garantiert werden, so müssen eventuell zusätzliche Kapazitäten angeschafft werden.

Durch das Availability-Management erhält das Capacity-Management Informationen über veränderte Verfügbarkeitsanforderungen, woraus veränderte Kapazitätsanforderungen abgeleitet werden können. Aus dem Kapazitätsplan können im Gegenzug Auswirkungen auf Verfügbarkeiten und Ausfallsicherheiten durch geplante Kapazitätsveränderungen abgeleitet werden.

5.4.2 Schnittstellen zum Service-Support

Incident-Management

Das Incident-Management versorgt das Capacity-Management mit Informationen über Störungen, die aufgrund von Kapazitätsproblemen enstanden sind (z. B. Mangel an Speicherplatz). Das Capacity-Manage-ment hingegen hilft dem Incident- bzw. Problem-Management bei der Lösung von kapazitätsbezogenen Störungen. Zudem wird im Capacity-Management proaktiv versucht, Kapazitätsengpässe zu antizipieren und dem Incident-Management bereits vorbeugende Informationen und Lösungen zur Verfügung zu stellen.

Problem-Management

Ähnlich wie bei der Beziehung zum Incident-Management versorgt das Capacity-Management das Problem-Management mit kapazitätsbezogenen Informationen, welche bei der Lösung von Problemen hilfreich sein können. Das Capacity-Management unterstützt die proaktiven Aufgaben des Problem-Managements durch die Analyse von Performanz- und Kapazitätsinformationen und darauf basierend der Erstellung von Trends und Prognosen.

Auf der anderen Seite liefert das Problem-Management Informationen über die Probleme und Fehler, die aufgrund von Kapazitätsengpässen entstanden sind. Das Problem-Management unterstützt das Capacity-Management bei der Identifizierung und der Behebung von kapazitätsbezogenen Problemen.

Change-Management

Das Capacity-Management ist im Änderungskomitee vertreten, um die kapazitätsbezogenen Auswirkungen von Änderungen zu untersuchen und zusätzliche Kapazitätsbedarfe abzuschätzen. Dabei sind die Änderungen kumulativ zu berücksichtigen und insbesondere die langfristigen kapazitätsbezogenen Effekte der Änderungen abzuschätzen. Auf der anderen Seite sind für jegliche kapazitätsbezogenen Änderungen Anträge zu erstellen und durch formalisierte Change-Management-Prozeduren qualitativ abzusichern.

Release-Management

Insbesondere bei der Entwicklung einer Einführungsstrategie für Releases sind Kapazitätsaspekte zu berücksichtigen. Faktoren wie Netzwerkbandbreite, Host- und Clientkapazitäten, Anzahl der Kunden etc. müssen bei der Einführung beachtet werden. Das Capacity-Management hilft bei der Planung der Release-Einführung.

Configuration-Management

Die Kapazitätsdatenbank kann einen Teil der Konfigurationsdatenbank bilden. Durch das Capacity-Management generierte kapazitätsbezogene Informationen können als Attribute der Konfigurationselemente in der Konfigurationsdatenbank hinterlegt werden und damit den anderen Bereichen der IT-Organisation zugänglich gemacht werden.

Für das Capacity-Management stehen relevante Informationen, wie technische, finanzielle sowie Service- und Geschäftsdaten als Konfigurationselemente, bzw. als deren Attribute, in der Konfigurationsdatenbank zur Verfügung.

5.4.3 Schnittstelle zum Application-Management

Wie bereits in *Kapitel 5.3.7* erwähnt, sollte das Capacity-Management integraler Bestandteil bei der Planung von Applikationen sein. Insbesondere die richtige Dimensionierung der Applikation ist Aufgabe des Capacity-Managements. Dazu sind Informationen zum einen über die derzeit verfügbaren Kapazitäten und zum anderen über die für die Applikation benötigten Kapazitäten erforderlich. Auch kapazitätsbezogene Aspekte der Einführungsphase und des späteren Betriebes der Applikationen sollten in einer frühen Phase des Applikationslebenszyklus berücksichtigt werden.

5.4.4 Schnittstelle zum ICT-Infrastructure-Management

Das Capacity-Management legt die kapazitätsbezogenen Ziele für die IT-Infrastruktur fest und überwacht diese. Die im Capacity-Management erstellten Pläne und kapazitätsbezogenen Informationen über IT-Komponenten dienen beim Infrastrukturdesign als Panungshilfe.

5.5 Steuerung des Capacity-Managements

5.5.1 Ziel des Capacity-Managements

Ziel des Capacity-Managements ist die Sicherstellung der Existenz kosteneffektiver IT-Kapazitäten, welche den derzeitigen und zukünftigen Geschäftsanforderungen entsprechen. Dabei sind auch technologische Entwicklungen und sonstige Trends zu berücksichtigen.

5.5.2 Rollen/Verantwortlichkeiten

Aufgabenbereiche des Capacity-Managements

- Aktualisierung der Kapazitätsdatenbank,
- Erstellung des Kapazitätsplans und regelmäßiger, kapazitätsbezogener Berichte,
- Evaluation neuer Technologien,
- Unterstützung bei der Planung und Konfiguration neuer Systeme,
- Erstellung von Prognosen und Trends bezüglich zukünftiger Kapazitätsanforderungen,
- Unterstützung bei kapazitätsbezogenen Störungen oder Problemen sowohl auf reaktiver als auch auf proaktiver Basis,
- Nachfragemanagement,
- Teilnahme am Änderungskomitee,
- Durchführung von Prozessprüfungen.

5.5.3 Betriebliche Kenngrößen des Capacity-Managements

Kenngrößen bzgl. Prognosen und Trends

- Zeitgerechte Erstellung der Prognosen,
- Genauigkeit der Prognosen,
- Einbeziehung der Geschäftspläne.

Kenngrößen bzgl. Technologie

- Angemessene Überwachung der Qualität und der Service- bzw. Komponentenauslastung,
- Implementierung neuer Technologien in Abstimmung mit den Geschäftsanforderungen,
- Vermeidung von Qualitätsproblemen aufgrund der Verwendung veralteter Technologien.

Kenngrößen bzgl. Kosteneffektivität

- Reduktion von Panikkäufen,
- Keine signifikanten Überkapazitäten,
- Genauigkeit der Prognosen bezüglich geplanter Ausgaben.

Kenngrößen bzgl. Konformität mit den Geschäftsanforderungen

- Reduktion der Störungen aufgrund von schlechter Performanz,
- Reduktion von entgangenen Umsätzen aufgrund von unzulänglichen Kapazitäten,
- Konformität neuer Services mit den vereinbarten Serviceanforderungen,
- Sinnvolle Empfehlungen des Capacity-Managements.

5.5.4 Erfolgsfaktoren

Folgende kritische Erfolgsfaktoren werden im ITIL-Framework genannt:

- Präzise Geschäftsprognosen,
- Vorliegen einer konkreten IT-Strategie,
- Kenntnis der aktuellen und zukünftigen Technologien,
- Fähigkeit, Kosteneffektivität zu demonstrieren,
- Interaktion mit anderen Service-Management-Bereichen,
- Fähigkeit, IT-Kapazitäten entsprechend den Geschäftsanforderungen zu planen und umzusetzen.

5.5.5 Kosten/Nutzen

Kostenarten

Bei der Umsetzung des Capacity-Managements können Kosten entstehen für
- Beschaffung von Hard- und Software,
- Projektmanagement zur Umsetzung des Capacity-Managements,
- Personal (inklusive Beratung, Personalbeschaffung, -ausbildung etc.) und
- Räumlichkeiten bzw. eine geeignete Arbeitsumgebung.

Kosten für den Betrieb des Capacity-Managements entstehen durch
- jährliche Wartung und Aufrüstung der Hard- und Software-Tools,
- Personal (Gehälter, Weiterbildung und Beratung) und
- sonstigen, laufenden Aufwand, wie Miete, Energie etc.

Zusätzlich können Kosten zur zentralen Koordination von Kapazitätsinformationen entstehen.

Steuerung des Capacity-Managements

Nutzenkategorien

Folgende Nutzenkategorien werden im ITIL-Framework erwähnt:
- Effizienzsteigerung und niedrigere Kosten durch geplante, kosteneffektive und den Geschäftsanforderungen entsprechende Bereitstellung von IT-Kapazitäten.
- Reduziertes Risiko durch angemessen dimensionierte Applikationen.
- Übergreifende Betrachtung der kapazitätsbezogenen Auswirkungen von Änderungen.
- Proaktive Planung und Steuerung von Kapazitäten und dadurch Vermeidung von kapazitätsbasierten Störungen und Problemen.
- Zuverlässigere Prognosen aufgrund von detaillierteren Informationen und Auswertungen.
- Früher Einbezug von kapazitätsbezogenen Überlegungen in den Applikationslebenszyklus und damit effizientere Nutzung von Ressourcen.

5.5.6 Mögliche Probleme

Zu hohe Erwartungen

Kunden erwarten, dass durch das Capacity-Management Kapazitäten keine Rolle mehr spielen und nutzlos sind.
Durch das Capacity-Management werden die bestehenden Kapazitäten lediglich optimiert. Die Grenzen des Capacity-Managements sollten dem Kunden verdeutlicht und aufgezeigt werden. Ebenso sollte vermittelt werden, dass höhere Kapazitätsanforderungen Kosten verursachen und zu höheren Preisen führen. Auch die Erwartungen an Qualitätsverbesserungen durch entsprechende Maßnahmen und durch das Nachfragemanagement dürfen nicht zu hoch angelegt werden. So kann in bestimmten Fällen eine erhöhte Nachfrage nicht vermieden werden. In der ITIL wird das Beispiel eines Internet-Blumenhändlers genannt, welcher die erhöhte Nachfrage zum Valentinstag nur bedingt beeinflussen kann.

Einfluss der Lieferanten

Externe Lieferanten versuchen Kunden dahingehend zu bewegen, zusätzliche Kapazitäten anzuschaffen. Dabei werden kaum erreichbare Qualitätskennzahlen kommuniziert, die nur bei idealen Voraussetzungen erreicht werden können und kaum der Realität entsprechen. Auch vermeintliche „Schnäppchen" können sich bei genauerer Betrachtung als zu teuer entpuppen. Insbesondere aufgrund des rasanten technologischen Fortschrittes kann es vorkommen, dass Technologien schon nach kurzer Zeit veraltet sind und ersetzt werden müssen.

Fehlende Informationen

Die geschäftliche Entwicklung ist nicht immer sehr genau bestimm- und prognostizierbar, so dass es trotz eines proaktiven Capacity-Managements zu Ausfällen und entgangenen Umsätzen aufgrund von Kapazitätsproblemen kommen kann.

Kapazitätsmanagement in verteilten Systemen

Häufig wird Capacity-Management zwar im Mainframe-Bereich eingesetzt, aber der Netzwerkbereich und Client-Server-Betrieb außen vor gelassen. Dabei wird ein wichtiger Bereich für eine potenzielle Kapazitätsoptimierung vernachlässigt.

Grad der Überwachung

Kosten und Nutzen der Überwachungsinstrumente sollten sorgfältig evaluiert werden. Der Aufwand zur Umsetzung der Überwachungs-Tools und der Aufwand der kontinuierlichen Generierung und Speicherung von Daten sollten in einem angemessenen Verhältnis zum Nutzen der gewonnenen Informationen stehen.

6 Availability-Management

6.1 Überblick

Das Availability-Management stellt sicher, dass die Verfügbarkeit der IT-Infrastruktur, der IT-Services und der Support-Organisation den Kundenanforderungen gerecht werden und der IT-Dienstleister in der Lage ist, einen kosteneffektiven und nachhaltigen Verfügbarkeitsgrad zu garantieren. Der Verfügbarkeitsgrad ist abhängig sowohl von der Zuverlässigkeit und Wartbarkeit der IT-Infrastruktur als auch von der Effektivität der IT-Support-Organisation. Ausgehend von den im Service-Level-Management definierten Service-Level-Vereinbarungen werden die Verfügbarkeitsanforderungen an die internen Prozesse abgeleitet und Maßnahmen zur Erhöhung der Verfügbarkeit vorgeschlagen. Weitere Aufgaben des Availability-Managements sind ein kontinuierliches Überwachen der erreichten Verfügbarkeitsgrade und die Erstellung von Berichten.

So wie das Capacity-Management für die kapazitätsbezogenen Belange des IT-Dienstleisters zuständig ist, ist das Availability-Management für die verfügbarkeitsbezogenen Belange des IT-Dienstleisters zuständig. *Abbildung 6.1.* zeigt eine Übersicht über das Availability-Management und gleichzeitig die Gliederung dieses Kapitels.

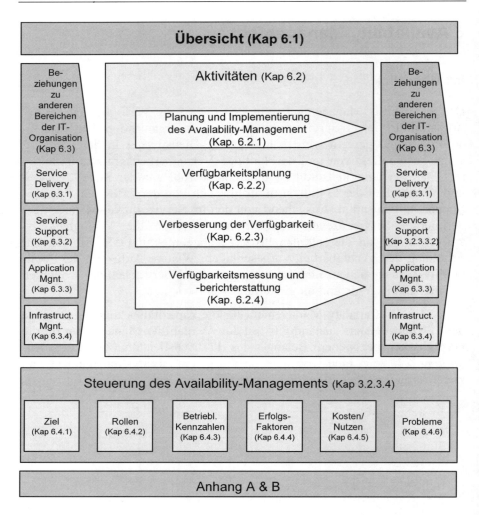

Abb. 6.1. Übersicht über das Availabilty-Management

6.2 Aktivitäten des Availability-Managements

6.2.1 Planung und Implementierung des Availability-Managements

Das Availability-Management ist für die Definition und die Einführung der Availability-Management-Prozesse verantwortlich. Diese sind an den für den Betrieb (*s. Kap. 6.2.2*) erforderlichen Aktivitäten auszurichten. In der

Planungsphase sind neben den Prozessen auch unterstützende Methoden/Techniken (s. Anhang A dieses Kapitels) und Tools (s. Anhang B dieses Kapitels) zu berücksichtigen. Zudem sind Überwachungs- und Berichterstattungsprozeduren zu entwickeln und zu etablieren.

6.2.2 Verfügbarkeitsplanung

Im Rahmen der Verfübarkeitsplanung sind folgende Aspekte zu berücksichtigen:

- Erhebung der Verfügbarkeitsanforderungen,
- proaktives und reaktives Verfügbarkeitsdesign,
- Sicherheitsaspekte und
- Steuerung geplanter Ausfallzeiten.

Erhebung der Verfügbarkeitsanforderungen

Im Rahmen der Verfügbarkeitsplanung müssen zunächst die vom Geschäft geforderten Verfügbarkeitsbedarfe erhoben werden. Dabei sollten sowohl die Anforderungen an neue als auch an bestehende IT-Services berücksichtigt werden. Bei neuen Services sollten Verfügbarkeitsaspekte so früh wie möglich in die Planungsphase einfließen, um spätere Änderungen, Verzögerungen oder Fehler zu vermeiden und die Kostenintensität der neuen Services frühzeitig bestimmen zu können. Ändern sich die Anforderungen an bereits angebotene IT-Services, sind diese im Rahmen des Change-Managements oder im Rahmen einer periodischen Planungs- bzw. Prüfungsphase innerhalb des Service-Level-Managements (*s. Kap. 4*) zu behandeln.

> **Hinweis: Berücksichtigung der Kosten der (Nicht-)Verfügbarkeit**
>
> Die Kosten für die Erhöhung der Verfügbarkeit steigen nicht nur aufgrund zusätzlicher Infrastruktur-Komponenten an. Geeignete Service-Management-Prozesse müssen umgesetzt, System-Management-Tools implementiert und Hochverfügbarkeitssysteme beschafft werden. Folgende Übersicht verdeutlicht das Verhältnis von Kosten und Verfügbarkeitsmaßnahmen.
>
>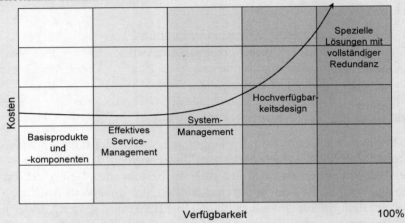
>
> **Abb. 6.2.** Verhältnis von Kosten und Verfügbarkeitsmaßnahmen (in Anlehnung an ITIL)
>
> Bei der Bestimmung der Anforderungen des Geschäftes sind die Kosten und der Nutzen von zusätzlicher Verfügbarkeit gegeneinander abzuwägen. Als Nutzenkategorien (also Kostenkategorien der Nicht-Verfügbarkeit) werden im ITIL-Framework
>
> - Produktivität der Nutzer (Umsatzsteigerung),
> - Produktivität der IT-Mitarbeiter,
> - Vermeidung von Strafzahlungen und
> - effizienter Einsatz der Ressourcen
>
> genannt.

Aktivitäten des Availability-Managements 79

Fortsetzung: Berücksichtigung der Kosten der (Nicht-) Verfügbarkeit

Hinzu kommen qualitative Nutzenkategorien, wie z. B. geschäftliche Reputation, Kundenzufriedenheit, Motivation der Mitarbeiter etc. Eine einfach zu bestimmende Kennzahl zum Einfluss der Nicht-Verfügbarkeit auf das Geschäft ist das Verhältnis der Anzahl fehlerhafter Transaktionen zu der Anzahl aller Transaktionen. Nachteil ist, dass hiermit keine monetäre Kennzahl vorliegt.

Sobald die Kosten zur weiteren Erhöhung der Verfügbarkeit den monetär bewerteten Nutzen übersteigen, sollte auf weitere Maßnahmen zur Verfügbarkeitssteigerung verzichtet werden und Ineffizienzen bestehender Prozesse ausgemerzt werden. Folgende *Abbildung 6.3.* zeigt den Zusammenhang zwischen Kosten der Verfügbarkeit und Kosten der Nicht-Verfügbarkeit.

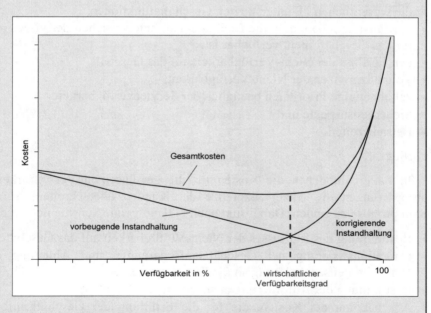

Abb. 6.3. Zusammenhang zwischen Kosten der Verfügbarkeit und Kosten der Nicht-Verfügbarkeit (in Anlehnung an ITIL)

Das Service-Level-Management stellt in der Phase der Anforderungserhebung die Schnittstelle zwischen Kunden und IT-Dienstleister dar. Das Availability-Management stellt dabei verfügbarkeitsbezogene Informationen und Know-how bereit und unterstützt das Service-Level-Management bei den Kundenverhandlungen. Das bedeutet, dass die Verfügbarkeitsanforderungen zunächst aus Sicht der Kunden formuliert werden und anschließend in die Begriffswelt des IT-Dienstleisters übersetzt werden. Aus den Kundenwünschen lassen sich konkrete Anforderungen sowohl an die IT-Infrastruktur als auch an die IT-Organisation, inklusive Prozesse und Mitarbeiter, ableiten. Die Operationalisierung und Konkretisierung der Kundenbedürfnisse ist Aufgabe des Availability-Managements. Voraussetzung hierfür ist, dass die verwendeten Begriffe eindeutig und allgemein gültig definiert sind, d.h., dass jeder der Beteiligten unter Ausfallzeiten, Verfügbarkeit, Betriebssicherheit etc. das Gleiche versteht. Gemäß ITIL sollten nach der Phase der Anforderungserhebung mindestens Informationen über

- die wesentlichen IT-unterstützten Geschäftsfunktionen,
- Ausfallsituationen, d. h. die Bedingungen, unter welchen der IT-Service für das Geschäft nicht verfügbar ist,
- den Einfluss der Nicht-Verfügbarkeit auf das Geschäft,
- Toleranzgrenzen der Nicht-Verfügbarkeit,
- zeitabhängige Prioritäten bezüglich der Serviceverfügbarkeit,
- Sicherheitsaspekte und
- Betriebszeiten

vorliegen.

In Fällen, in denen die Kosten für die gewünschten Verfügbarkeitsanforderungen die Akzeptanzgrenze der Kunden überschreiten, ist ein Kompromiss zu finden. Dabei sind nach ITIL folgende Schritte notwendig:

- Bestimmung des Einflusses der Nicht-Verfügbarkeit auf das Geschäft,
- Operationalisierung der Geschäftsanforderungen und Ableitung der Verfügbarkeitsanforderung an die IT-Komponenten,
- Bestimmung der Anforderungen an externe Lieferanten,
- Abschätzung der Kosten, die für die Erfüllung der Geschäftsanforderungen entstehen,
- Entscheidung des Geschäftes, ob die Kosten gerechtfertigt sind,
- Identifizierung der Kosten des Geschäftes aufgrund geringerer Verfügbarkeit und nach Bestimmung eines gerechtfertigten Kosten-/Nutzen-Verhältnisses, die vertragliche Fixierung des entsprechenden Verfügbarkeitsgrades in Form eines SLAs.

Proaktives und reaktives Verfügbarkeitsdesign

Das Verfügbarkeitsdesign lässt sich in zwei Bereiche unterteilen. Zum einen gibt es die proaktive Perspektive, bei der die Vermeidung von Nicht-Verfügbarkeit im Vordergrund steht. Hier wird versucht, die IT-Infrastruktur und die IT-Systeme so zu gestalten, dass die mit dem Kunden vereinbarten Verfügbarkeitsgrade eingehalten werden können. Zum anderen steht die reaktive Perspektive, bei welcher die rechtzeitige Wiederherstellung eines nicht verfügbaren Services in den Fokus rückt. Dabei wird versucht, die IT-Organisation so auszurichten, dass im Falle eines Systemausfalles oder eines Fehlers des Service in der mit dem Kunden vereinbarten Zeit wieder zur Verfügung steht. Im Folgenden wird aufgrund der besonderen Bedeutung sowohl auf das proaktive als auch auf das reaktive Verfügbarkeitsdesign vertieft eingegangen, wobei zunächst mit dem proaktiven Teil begonnen wird.

Abbildung 6.4. zeigt die durchzuführenden Schritte des proaktiven Verfügbarkeitsdesigns nach der Erhebung der Geschäftsanforderungen, wobei darauf zu achten ist, dass diese Folge von Aktivitäten sowohl für neue als auch für bestehende IT-Services verwendet werden kann.

Gemäß ITIL leistet das Availability-Management im Rahmen des proaktiven Verfügbarkeitsdesign Unterstützung hinsichtlich der

- Spezifikation der Verfügbarkeitsanforderungen an Hard- und Software,
- Anforderungen an Messpunkte zur Bestimmung der erreichten Verfügbarkeit,
- Anforderungen an neue/verbesserte System-Management-Lösungen,
- Teilnahme am IT-Infrastrukturdesign,
- Spezifikation der Anforderungen an interne und externe Lieferanten bezüglich der Beständigkeit, Brauchbarkeit und Wartbarkeit der gelieferten Komponenten und
- Validierung der Angemessenheit der Verfügbarkeitseigenschaften.

In einem ersten Schritt erfolgt die Analyse der aktuellen IT-Infrastruktur hinsichtlich der Fehleranfälligkeit. Dabei werden sogenannte Single-Points-of-Failure (SPOF) identifiziert. Dahinter verbergen sich Komponenten, für die keine Ersatzlösung bereitsteht und deren Ausfall somit direkte Auswirkungen auf den Nutzer eines Services haben könnte.

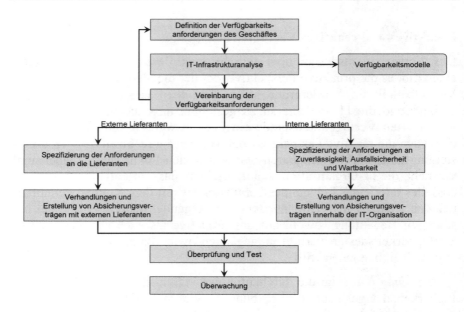

Abb. 6.4. Schritte des proaktiven Verfügbarkeitsdesign (in Anlehnung an ITIL)

Mit Hilfe der Methode „Component-Failure-Impact-Assessment" (CFIA) können SPOFs identifiziert, deren Auswirkungen auf den Nutzer bei einem Ausfall bestimmt und Alternativen evaluiert werden (s. auch Anhang A dieses Kapitels). Die Methode CRAMM (*s. Anhang A dieses Kapitels*) kann zur Durchführung von Risikoanalysen für IT-Infrastrukturen, Servicekonfigurationen, Servicedesigns und Supportorganisationen (intern und extern) verwendet werden (s. auch Anhang A dieses Kapitels). Zudem können Simulationen Aufschluss über das Verhalten der Servicearchitektur unter Berücksichtigung verschiedener Absatzvolumina geben. Falls die Verfügbarkeitseigenschaften nicht den Erwartungen entsprechen, können zur Verbesserung der Verfügbarkeit nach ITIL Maßnahmen wie die

- Verwendung fehlertoleranter Technologien,
- Installation zusätzlicher Backup-Lösungen,
- Verbesserung der Testverfahren für IT-Komponenten,
- Verbesserung des Release- und Change-Managements,
- Verbesserung der Software-Entwicklung,
- Verbesserung der operativen Prozesse und Prozeduren und
- Verbesserung bzw. Ausnützung von Systems-Management-Verfahren

durchgeführt werden.

Verschiedene Stufen von verfügbarkeitsfördernden Maßnahmen lassen sich unterscheiden. Dabei bildet die Verwendung von qualitativ hochwertigen Produkten und Komponenten die erste Stufe. Effektive Service-Management- bzw. System-Management-Prozeduren bilden die zweite bzw. dritte Stufe. Hochverfügbare Systeme und spezielle, vollredundante Lösungen stellen die vierte und fünfte Stufe des proaktiven Verfügbarkeitsmanagements dar. Dabei gehen, wie in *Abbildung 6.3.* zu sehen ist, mit steigender Proaktivität auch höhere Kosten zur Umsetzung der entsprechenden Maßnahmen einher. Andererseits werden die Kosten zur nachträglichen Verbesserung der Verfügbarkeit, also die Kosten für das reaktive Verfügbarkeitsmanagement, gesenkt. So wird z. B. durch die Einführung eines Hochverfügbarkeitssystems nachträglicher Aufwand zur reaktiven Verbesserung der Verfügbarkeit vermieden.

Obwohl durch ein proaktives Verfügbarkeitsdesign versucht wird, Fehler und Ausfälle zu vermeiden, kann und soll dies in den meisten Fällen nicht zu 100 % erreicht werden. Durch ein reaktives Verfügbarkeitsdesign können die Auswirkungen der Fehler minimiert werden. Die Kundenzufriedenheit und der Ruf der IT-Organisation kann dadurch enorm verbessert werden. Allerdings sind auch hier die Kosten für zusätzliche reaktive Verfügbarkeitsmaßnahmen zu berücksichtigen und das Kosten-/Nutzenverhältnis zu evaluieren.

Das Service-Desk- bzw. Incident-Management spielt bei der reaktiven Perspektive eine wichtige Rolle, da hier die Störungen vom Nutzer gemeldet werden. Je früher die Störungen durch die richtigen Fachleute bearbeitet und gelöst werden können, desto geringer sind die Auswirkungen auf das Geschäft. Aus diesem Grunde ist eine effektive Bearbeitung der Störungsmeldungen durch das Incident-Management ein zentraler Erfolgsfaktor. Hierbei helfen stringente Eskalationsprozeduren und eindeutig definierte Rollen und Verantwortungen bezüglich der Bearbeitung von schwer wiegenden Störungen. Für diese sollte ein Kommunikationsplan erstellt werden, welcher sicherstellt, dass zum einen die benötigten Informationen zeitnah beschafft und zum anderen die Betroffenen rechtzeitig über Einzelheiten in Kenntnis gesetzt werden. Letzteres ermöglicht es dem Kunden, die Fehlerauswirkungen zu managen bzw. zu minimieren. Insbesondere der Zeitpunkt der Wiederherstellung der IT-Services ist für das Geschäft von Interesse. Um diese Information liefern zu können, werden Kenngrößen über die Dauer der Wiederherstellung verschiedener IT-Komponenten unter verschiedenen Voraussetzungen benötigt. Solche Informationen können auch zur Erstellung von Berichten über die geleistete Servicequalität dienen. So kann beispielsweise durch historische Daten und Erfahrungen die Dauer der Behebung eines Serverausfalles geschätzt bzw. bestimmt werden. Fällt ein Server aus, kann auf Basis der bereitgestellten Daten die Dauer der Störung umgehend prognostiziert werden. Der Störungs-Lebenszyklus (s. hierzu Anhang A dieses Kapitels) spielt beim reaktiven Verfügbarkeitsdesign eine wichtige Rolle. Durch die Berücksichtigung von Verfügbarkeitsaspekten über die einzelnen Phasen des Störungs-Lebenszyklus hinweg kann ein effektiveres Incident-Management erreicht werden. Dabei sollte versucht werden, jede der einzelnen Lebenszyklusphasen zu beschleunigen und auf diese Weise die Gesamtzeit der Störungsbearbeitung und damit auch die Dauer der Nicht-Verfügbarkeit zu minimieren.

Mit Hilfe geeigneter Tools (s. Anhang B dieses Kapitels) können z. B. eine automatische Fehleridentifizierung oder eine beschleunigte Fehlerdiagnose bzw. -behebung erreicht werden. Diese Maßnahmen tragen zur Verbesserung des reaktiven Verfügbarkeitsmanagements bei. Des Weiteren sollten Informationen, die Hinweise auf Problemursachen liefern könnten, kontinuierlich gesammelt und verwertet werden. Auch wenn eine Störung behoben wurde, sollte nach der Störungsursache gesucht werden, damit ein wiederholter Serviceausfall vermieden werden kann. Datensicherungs- und Wiederherstellungsmaßnahmen können dazu beitragen, dass Services, z. B. in Katastrophenfällen, schnell wieder verfügbar sind und die Gesamtverfügbarkeit erhöht wird. Deshalb sollte im Rahmen des Availability-Managements dafür gesorgt werden, dass Verfügbarkeitsaspekte bei der Planung, Entwicklung und Einführung neuer IT-Services bzw. der dazugehörigen Wiederherstellungsmaßnahmen frühzeitig berücksichtigt werden.

Sicherheitsaspekte

IT-Sicherheit ist durch drei Grundsätze bestimmt: Vertraulichkeit, Integrität und Verfügbarkeit. Letzteres ist der Grund für die enge Verbindung von Availability-Management und IT-Sicherheits-Management. Die fehlerhafte Löschung von Daten kann beispielsweise zu einer Nicht-Verfügbarkeit eines IT-Service führen. Im Rahmen der Erhebung von Verfügbarkeitsanforderungen sind Sicherheitsaspekte demnach zu berücksichtigen und zu definieren. Entsprechend sind diese Anforderungen anschließend, z. B. beim Design eines neuen Service, zu beachten, wobei auch hier gilt, je früher die Sicherheitsaspekte berücksichtigt werden, desto optimaler kann der neue Service gestaltet werden. Bei der Definition von generellen

Aktivitäten des Availability-Managements 85

Sicherheitsgrundsätzen sollte das Availability-Management unterstützend hinzugezogen werden.

Steuerung geplanter Ausfallzeiten

Im Rahmen von Wartungsstrategien werden für IT-Komponenten Ausfallzeiten eingeplant. Der regelmäßige Ersatz der Lüfter von Servern kann beispielsweise dazu führen, dass die Ausfälle aufgrund von Überhitzung minimiert werden. Während der Wartungsarbeiten stehen die IT-Komponenten jedoch in der Regel nicht zur Verfügung, so dass Verfügbarkeitsprobleme entstehen können. Solche Aspekte sollten vom Availability-Management berücksichtigt werden und im Rahmen des Verfügbarkeitsdesigns eingeplant werden. Dazu sollten für jeden Service die Zeitpunkte identifiziert werden, in denen die Nachfrage nach dem Service am niedrigsten ist, um so Wartungsarbeiten zu unkritischen Zeitpunkten einplanen zu können. Auf diese Weise lassen sich die bestmöglichen Wartungstermine bestimmen, welche dann in den SLAs, den Absicherungsverträgen und dem Change- bzw. Release-Management berücksichtigt und dokumentiert werden sollten. Durch die zeitliche Zusammenlegung von Wartungsarbeiten wird eine Verringerung der Serviceunterbrechungen ermöglicht, wobei die zur Verfügung stehenden Kapazitäten für parallele Wartungsarbeiten berücksichtigt werden müssen. Zu Beginn der Wartungsarbeiten sollten konkrete Ziele, insbesondere zeitliche Vorgaben, vereinbart werden.

6.2.3 Verbesserung der Verfügbarkeit

Die IT-Verfügbarkeit sollte unter Berücksichtigung der Budgetvorgaben proaktiv verbessert werden. Hierzu sollte ein langfristiger Plan erstellt werden, aus welchem die Maßnahmen zur kontinuierlichen Steigerung der Verfügbarkeit hervorgehen. Folgende Ereignisse erfordern eine Verbesserung der Verfügbarkeit:

- Ein IT-Service verfehlt kontinuierlich die in den SLAs vereinbarten Verfügbarkeitsgrade (im Rahmen des Service-Level-Managements kann die Initiierung eines Service-Optimierungsprogramms ausgelöst werden).
- Trendanalysen zeigen eine Verschlechterung der Verfügbarkeit.
- Die Service-Wiederherstellung dauert zu lange.
- Das Geschäft erfordert eine höhere Verfügbarkeit.

Das Availability-Management sollte kontinuierlich versuchen, Potenziale für Verbesserungen zu identifizieren. Hierbei ist ein umfassendes Erfassungs- und Berichterstattungswesen unverzichtbar. Werden Potenziale für Verbesserungen identifiziert, ist ähnlich wie in der Phase der Verfügbarkeitsplanung (*s. Kap. 6.2.2*) eine Kosten-Nutzen-Analyse für die angedachten Maßnahmen durchzuführen.

Zur Identifizierung von Verbesserungsmaßnahmen können nach ITIL die Methoden

- Component-Failure-Impact-Analysis (CFIA),
- Fault-Tree-Analysis (FTA),
- CRAMM,
- Systems-Outage-Analysis (SOA),
- Expanded-Incident-Lifecycle,
- Continuous-Improvement und
- Technical-Observation-Post

angewendet werden. Eine detaillierte Beschreibung der einzelnen Methoden ist in Anhang A dieses Kapitels nachzulesen. Eine Übersicht der in den nächsten ein bis zwei Jahren durchzuführenden Initiativen zur Verbesserung der Verfügbarkeit sollte in Form eines Verfügbarkeitsplans erstellt werden. In diesem Plan sind Personalaspekte, Prozessaspekte, Tools und Methoden sowie Technologien zu berücksichtigen, wobei für die ersten sechs Monate detailliertere Informationen bereitgestellt werden sollten als für die nachfolgenden Perioden. Der Verfügbarkeitsplan sollte regelmäßig aktualisiert und zusammen mit Kapazitätsplan und Budgetplan veröffentlicht werden.

Hinweis: Inhalte des Verfügbarkeitsplans

In einem Verfügbarkeitsplan sollte nach ITIL auf folgende Aspekte eingegangen werden:

- Gegenüberstellung der aktuellen und der vereinbarten Verfügbarkeitsgrade (optimalerweise erfolgt die Messung aus Sicht des Kunden),
- Aktivitäten zur Behebung von verfügbarkeitsbezogenen Defiziten (im Falle von Investitionsentscheidungen sollten Alternativen mit entsprechenden Kosten-Nutzen-Analysen beigefügt werden).

Fortsetzung Hinweis: Inhalte des Verfügbarkeitsplans

- Details bezüglich geänderter Verfügbarkeitsanforderungen von bestehenden IT-Services (im Falle von Investitionsentscheidungen sollten Alternativen mit entsprechenden Kosten-Nutzen-Analysen beigefügt werden),
- Details bezüglich der Verfügbarkeitsanforderungen neuer IT-Services,
- Termine von geplanten Service-Outage-Analysen (s. hierzu *Anhang A* dieses Kapitels) und Resultate bereits durchgeführter Service-Outage-Analysen,
- Einsatzmöglichkeiten neuer Technologien und der damit verbundene Aufwand bzw. Nutzen.

Hinweis: Benötigte Informationen zur Erstellung des Verfügbarkeitsplans

Bei der Erstellung des Verfügbarkeitsplans ist das Availability-Management auf Informationen und die Mithilfe anderer Bereiche angewiesen:

- Service-Level-Management – veränderte Anforderungen des Geschäfts an bestehende IT-Services.
- IT-Service-Continuity-Management – Auswirkungen von Ausfällen.
- Geschäftsbeziehungsmanagement – Kundenanliegen besser verstehen und zukünftige Verfügbarkeitsanforderungen antizipieren.
- Capacity-Management – Informationen über Up- oder Downgrades der IT-Infrastruktur.
- Financial-Management – Auswirkungen von Verbesserungsmaßnahmen auf Kosten und Budget.
- Application-Management – Verfügbarkeitsanforderungen neuer IT-Services.
- Lieferantenmanagement – Lieferanteninformationen.
- Technischen Supportgruppen – Informationen über Tests und Wartungsmaßnahmen.

6.2.4 Verfügbarkeitsmessung und -berichterstattung

Bei der Berichterstattung lassen sich drei Perspektiven unterscheiden, zum einen die Geschäftsperspektive, zum anderen die Nutzerperspektive und zum dritten die Perspektive der IT-Organisation. Je nach Berichtsempfänger (Geschäft, Nutzer oder IT-Organisation) sind unterschiedliche Inhalte relevant. Dementsprechend werden auch unterschiedliche Kenngrößen benötigt. Die traditionellen Kenngrößen des Availability-Managements sind komponentenbasiert. Das heißt, Kenngrößen wie z. B. die Verfügbarkeit in Prozent oder die Dauer der Nicht-Verfügbarkeit werden für einzelne IT-Komponenten gemessen. Für die IT-Organisation können solche Informationen hilfreich sein, da Schwachstellen identifiziert und Probleme antizipiert werden können. Für die Nutzer und das Geschäft sind komponentenbasierte Kennzahlen jedoch weniger interessant, da aus diesen die Gesamtverfügbarkeit des bezogenen IT-Service, welcher sich zumeist aus einer Vielzahl an IT-Komponenten zusammensetzt, nicht hervorgeht. Aus diesem Grund sollten zusätzlich zu den traditionellen Kenngrößen auch solche gemessen werden, die Aufschluss über die Verfügbarkeit aus Sicht des Nutzers geben. Diese wird durch drei Faktoren beeinflusst – die Häufigkeit der Ausfälle, die Dauer der Ausfälle und die damit einhergehenden Auswirkungen. Diese drei Faktoren sollten bei der Messung berücksichtigt werden. Zwei Methoden können angewendet werden, um der Nutzerperspektive Rechnung zu tragen. Zum einen kann die Arbeitszeit, die durch Ausfälle verloren gegangen ist, z. B. durch die Multiplikation der Ausfallzeiten mit der betroffenen Nutzerzahl, ermittelt werden. Zum anderen können die während der Ausfallzeit nicht durchführbaren Geschäftstransaktionen als Kenngröße für die Aus-wirkungen auf das Geschäft dienen. Welche Methode geeignet ist, hängt von den Geschäftsprozessen ab. Dateneingabeprozesse lassen sich beispielsweise eher durch die verloren gegangene Arbeitszeit erfassen, wohingegen z. B. der Ausfall von Bankautomaten eher durch die Anzahl der nicht durchführbaren Geschäftstransaktionen abzudecken ist. Die Messung der Verfügbarkeit mittels der Anzahl der nicht durchgeführten Geschäftsfunktionen spiegelt die Auswirkungen auf das Geschäft am ehesten wider. Probleme, die bei der Ermittlung der Informationen auftreten können, sind folgende:

- Inwiefern können die fehlgeschlagenen Geschäftsfunktionen auf Fehler in der IT zurückgeführt werden? (Waren die Nutzer eventuell nicht in der Lage, das System zu bedienen, da keine Schulungen durchgeführt wurden?)

- Die absolute Zahl der fehlgeschlagenen Geschäftsfunktionen kann aufgrund einer erhöhten Servicenachfrage steigen, obwohl die Verfügbarkeit der IT gestiegen ist.
- Wer erhebt die Informationen (Geschäft oder IT)?

Um aussagekräftige Kenngrößen für die verschiedenen Perspektiven – IT-Organisation, Nutzer und Geschäft – zu identifizieren, sollten für jeden IT-Service die wesentlichen Geschäftsfunktionen, Applikationen, Daten, Netzwerke, Schlüsselkomponenten und Plattformen in Betracht gezogen werden und nach geeigneten Messpunkten gesucht werden. Die Messung und Berichterstattung sollte vier Dimensionen berücksichtigen, um ein aussagekräftiges Bild der erreichten Verfügbarkeit des IT-Services bzw. der betrachteten IT-Komponente vermitteln zu können: Zuverlässigkeit (Häufigkeit von Fehlern), Verfügbarkeit (gemessen an den definierten SLAs bzw. externen oder internen Absicherungsverträgen), Dauer der Störungsbehebung und Antwortzeiten. Neben IT-Management und Kunden können auch andere Bereiche des IT-Service-Managements von den Verfügbarkeitsberichten profitieren:

- Das Capacity-Management nutzt die Berichte, um aus den Verfügbarkeitstrends Auswirkungen auf veränderte Kapazitätsbedürfnisse ableiten zu können.
- Das Financial-Management nutzt die Berichte, um die Kosten der Verfügbarkeit bzw. der Nicht-Verfügbarkeit bestimmen zu können.
- Das Service-Level-Management nutzt die Informationen, um Berichte über SLAs und interne bzw. externe Absicherungsverträge erstellen zu können.
- Incident- und Problem-Management nutzen die Berichte, um Auswirkungen von Problemen auf die Verfügbarkeit abschätzen und proaktive Maßnahmen vorschlagen zu können.
- Das Change-Management nutzt die Informationen, um die Auswirkungen geplanter Änderungen auf die Verfügbarkeit abschätzen zu können.

6.3 Beziehungen zu anderen Bereichen der IT-Organisation

Neben den teilweise im obigen Text beschriebenen Schnittstellen und Informationsbeziehungen werden in der ITIL folgende wesentliche Beziehungen zwischen Availability-Management und anderen Bereichender IT-Organisation angesprochen.

6.3.1 Schnittstellen innerhalb des Service-Delivery

Service-Level-Management

Ein Input für das Service-Level-Management sind Verfügbarkeitsinformationen des Availability-Managements, anhand deren die Möglichkeiten und Grenzen von neuen Services ermittelt werden und die als Basis für die Verhandlungen von SLAs dienen können. Details über die vereinbarten SLAs bilden einen Input für das Availability-Management, um ein zielorientiertes Mess- und Berichtswesen aufbauen zu können.

Capacity-Management

Das Availability-Management und das Capacity-Management sind sehr eng miteinander verzahnt. Sowohl Qualitäts- als auch Kapazitätsprobleme resultieren in Nicht-Verfügbarkeit, so dass Availability- und Capacity-Management dieselben Ziele verfolgen und einander ergänzen. Soll z. B. zusätzliche Ausfallsicherheit garantiert werden, so müssen eventuell zusätzliche Kapazitäten angeschafft werden.

Durch das Availability-Management erhält das Capacity-Management Informationen über veränderte Verfügbarkeitsanforderungen, woraus veränderte Kapazitätsanforderungen abgeleitet werden können. Aus dem Kapazitätsplan können im Gegenzug Auswirkungen auf Verfügbarkeiten und Ausfallsicherheiten durch geplante Kapazitätsveränderungen abgeleitet werden.

IT-Service-Continuity-Management

Da die Verfügbarkeit der IT-Services unmittelbar mit der Dauer der Wiederherstellung eines ausgefallenen Services zusammenhängt, arbeiten Availability-Management und IT-Service-Continuity-Management eng zusammen. Das Availability-Management liefert Informationen über Verfügbarkeits- und Wiederherstellungsanforderungen, inklusive Vorschlägen für Maßnahmen zur Risikoreduzierung, an das IT-Service-Continuity-Management.

Das IT-Service-Continuity-Management stellt Analysen bereit, inwiefern sich die Verfügbarkeit der IT-Infrastruktur auf das Geschäft und entsprechende Geschäftsfunktionen auswirkt.

Financial-Management

Das Availability-Management versorgt das Financial-Management mit Informationen über Kosten, die aufgrund von nicht verfügbaren Services entstehen, während das Financial-Management die Kosten für Maßnahmen zur Steigerung der Verfügbarkeit kalkuliert.

6.3.2 Schnittstellen zum Service-Support

Incident-Management

Das Incident-Management liefert Daten über realisierte Verfügbarkeiten. Als erste Anlaufstelle für Störungen und als direkte Schnittstelle zum Nutzer können im Incident-Management bzw. Service-Desk Kennzahlen, wie z. B. die Dauer des Ausfalles eines Service, am einfachsten gemessen werden. Auf solche Informationen greift das Availability-Management bei der Bestimmung der Verfügbarkeitsgrade zurück.

Problem-Management

Durch die Planung, Überwachung und Steuerung der Verfügbarkeit kann das Availability-Management Probleme vermeiden und Störungen vorbeugen (proaktives Availability-Management).

Das Problem-Management identifiziert und behebt die Ursachen für die Nicht-Verfügbarkeit von IT-Services (reaktives Availability-Management).

Change-Management

Das Availability-Management liefert als Input für das Change-Management Vorgaben zu geplanten Wartungsmaßnahmen für IT-Komponenten. Relevant sind hierbei Häufigkeit, Dauer und Auswirkungen der Maßnahmen. Das Change-Management stellt dem Availability-Management wiederum Informationen über die konkreten Wartungstermine und die betroffenen IT-Services zur Verfügung.

Zudem werden vom Availability-Management Änderungen, z. B. zur Erhöhung der Service-Verfügbarkeit, initiiert. Bei der Einschätzung der Auswirkungen von Änderungen auf die Verfügbarkeit der Services kann das Availability-Management das Change-Management unterstützen.

Configuration-Management

Das Availability-Management nutzt Informationen aus der Konfigurationsdatenbank zur Identifizierung von Abhängigkeiten zwischen Komponenten und IT-Services. Auf Basis dieser Informationen können Schwachstellen identifiziert und die Verfügbarkeit besser geplant werden. So können beispielsweise die Auswirkungen der Verfügbarkeit eines Servers auf die Verfügbarkeit eines IT-Service anhand der Beziehungsdaten der Konfigurationsdatenbank einfach nachverfolgt werden.

6.3.3 Schnittstellen zum Application-Management

Das Availability-Management sollte unterstützend in die Planung und Entwicklung neuer Applikationen integriert werden. Dies stellt sicher, dass Verfügbarkeitsaspekte frühzeitig berücksichtigt werden und die Applikation entsprechend der mit dem Kunden vereinbarten Verfügbarkeitsanforderungen ausgerichtet wird. Beim Betrieb der Applikation müssen Verfügbarkeitsmessungen eingerichtet werden, mittels derer dem Availability-Management relevante Verfügbarkeitsdaten zur Verfügung gestellt werden.

6.3.4 Schnittstellen zum ICT-Infrastructure-Management

Das Availability-Management stellt für die Planungs- und Designphase des ICT-Infrastruktur-Managements verfügbarkeitsbezogene Informationen in Form des Verfügbarkeitsplanes, in Form von Verfügbarkeitsberichten, CFIA-Analysen (s. hierzu Anhang A in diesem Kapitel), Verfügbarkeitsrichtlinien und Messvorgaben zur Verfügung. Hauptanliegen sollte es sein, bereits in der frühen Planungsphase die Infrastruktur so auszurichten, dass die mit den Kunden vereinbarten Verfügbarkeitsgrade eingehalten werden können. Im Rahmen des Infrastrukturberiebs sollten komponentenbasierte Berichte über Verfügbarkeiten an das Availability-Management geliefert werden.

6.4 Steuerung des Availability-Managements

6.4.1 Ziel des Availability-Managements

Das Availability-Management verfolgt das Ziel, die IT-Infrastruktur, die IT-Services und die IT-Organisation so auszurichten, dass kosteneffektive, nachhaltige Verfügbarkeitsgrade den mit den Kunden vereinbarten Verträgen entsprechend gewährleistet werden.

6.4.2 Rollen/Verantwortlichkeiten/Fähigkeiten

Gemäß ITIL liegt beim Availability-Management die Verantwortung für die
- Gestaltung, Umsetzung und kontinuierliche Überwachung bzw. Verbesserung der Availability-Management-Prozeduren, inklusive notwendiger Methoden und Techniken,
- Bestimmung der Verfügbarkeitsanforderungen des Geschäftes,
- Definition der Verfügbarkeitsanforderungen an Infrastruktur und andere Servicekomponenten zur Festlegung von internen und externen Absicherungsverträgen, welche das Erreichen der SLAs sicherstellen,
- Entwicklung eines Verfügbarkeitsdesigns unter Berücksichtigung von Kosten-Nutzen-Aspekten,
- Einführung von Messprozeduren bzw. -instrumenten und die Etablierung des Berichtswesens, inklusive verfügbarkeitsbezogener Soll-Ist-Vergleiche,
- Erstellung und Pflege des Verfügbarkeitsplanes,
- Schaffung eines Bewusstseins und Verständnisses für das Availability-Management innerhalb der IT-Organisation und
- Schaffung eines Bewusstseins für technologische Fortschritte und optimierte Verfahren, wie z. B. die Ausrichtung der IT-Organisation nach ITIL.

Gemäß ITIL sollte das Availability-Management über folgende Fähigkeiten verfügen:
- Praktische Erfahrung mit Prozessmanagement und kontinuierlicher Verbesserung, inklusive entsprechender Methoden und Techniken,
- ITIL-Know-how,
- Verständnis für und Kenntnis von statistischen und analytischen Prinzipien und Prozessen,
- soziale Kompetenz, Durchsetzungskraft und Verhandlungsgeschick,
- nummerische Fähigkeiten,
- Kenntnis verfügbarer und neuer Technologien,
- Verständnis der Schnittstelle zwischen IT und Geschäft und
- Verständnis für und Kenntnis von Kostenrechnungsprinzipien.

6.4.3 Betriebliche Kenngrößen des Availability-Managements

Als Leistungsindikatoren für das Availability-Management können
- die Häufigkeit der Nicht-Verfügbarkeit,
- die Dauer der Nicht-Verfügbarkeit,
- der Prozentsatz der Verfügbarkeit pro Service oder Anwendergruppe und
- die Auswirkungen der IT-Ausfälle auf das Geschäft (idealerweise in monetären Größen bestimmt)

verwendet werden.

6.4.4 Erfolgsfaktoren

Für ein erfolgreiches Availability-Management sollten
- Bewusstsein und Akzeptanz für das Availability-Management sowohl auf Seiten des Geschäftes als auch auf Seiten der IT-Organisation bestehen und
- die Verfügbarkeitsanforderungen des Geschäftes klar und eindeutig formuliert sein.

6.4.5 Kosten/Nutzen

Kostenarten

Im ITIL-Framework werden als Kostenkategorien für die Implementierung und die Ausführung des Availability-Managements
- Personalkosten für die Availability-Manager,
- gegebenenfalls initiale Beratungskosten,
- Kosten für Räumlichkeiten,
- Kosten für die Definition und Einführung der notwendigen Prozesse, Prozeduren und Techniken und
- Kosten für Support-Tools (insbesondere für Überwachung und Berichterstattung) genannt.

Nutzenkategorien

Potenzielle Nutzenkategorien des Availability-Managements sind folgende:
- Die IT-Services sind so gestaltet, dass die Verfügbarkeitsanforderungen erfüllt werden.
- Die vereinbarten Verfügbarkeitsgrade werden auf kosteneffektive Art und Weise gemessen und überwacht.
- Die Häufigkeit und Dauer der IT-Service-Ausfälle wird im Laufe der Zeit reduziert.
- Die Kundenzufriedenheit steigt aufgrund der Serviceorientierung der IT-Organisation.

6.4.6 Mögliche Probleme

Insbesondere organisatorische Schwierigkeiten können bei der Einführung eines Availability-Managements entstehen. Auf folgende Probleme wird im ITIL-Framework hingewiesen:
- Das Availability-Management wird als Aufgabe der IT-Manager angesehen und auf die Einstellung eines speziellen Availability-Managers wird verzichtet.
- Der Sinn und Zweck des Availability-Managements wird nicht verstanden und der Zusatznutzen zu bestehenden Bereichen, wie Incident-, Problem- und Change-Management, wird nicht gesehen.
- Der Verantwortliche für das Availability-Management verfügt nicht über ausreichende Weisungsbefugnisse, um Einfluss auf andere Bereiche der IT-Organisation nehmen zu können.

Anhang A: Methoden des Availability-Managements

Verschiedene Methoden können zur Umsetzung und Verbesserung der einzelnen Aktivitäten des Availability-Managements eingesetzt werden. *Tabelle A.1.* zeigt die im ITIL-Framework diskutierten Methoden im Kontext ihrer Einsatzmöglichkeiten.

Methode	Verfügbarkeitsplanung	Verbesserung der Verfügbarkeit	Messung und Berichterstattung
CFIA	X	X	X
FTA	X	X	
CRAMM	X	X	
SOA		X	
Erweiterter Störungslebenszyklus	X	X	X
Kontinuierliche Verbesserung		X	
TOP		X	

Tabelle A.1. Methoden des Availability-Managements

Component-Failure-Impact-Analysis (CFIA)

Bei der CFIA wird eine Matrix erstellt, in die die IT-Komponenten auf der einen und die IT-Services auf der anderen Achse eingetragen werden. Anschließend wird für jedes Feld in der Matrix eine der folgenden Alternativen eingetragen:

„X" = der Ausfall der Komponente führt zu einem Ausfall des entsprechenden IT-Service.

„A" = es existiert eine alternative Komponente, welche einen fehlerfreien Betrieb gewährleistet.

„B" = es existiert eine alternative Komponente, aber der Service muss zunächst wieder hergestellt werden.

Leer = die Komponente hat keine Auswirkungen auf den IT-Service.
Tabelle A.2. zeigt ein Beispiel für eine CFIA-Matrix:

Komponente	Service 1	Service 2
Router # 1	X	A
Router # 2		A
Server # 1	X	
Server # 2		X
Applikation XY		X

Tabelle A.2. Beispiel für eine CFIA-Matrix

Die obige Beschreibung stellt die traditionelle CFIA dar. Alternativ können andere Felder und Dimensionen für die Analyse definiert werden. So können z. B. statt der IT-Services auch die wesentlichen Geschäftsfunktionen auf der einen Achse eingetragen werden. Es kann auch eine Spalte mit der Anzahl der von einem Ausfall betroffenen Nutzer hinzugefügt werden. Des Weiteren lassen sich mit einer CFIA die Beziehungen zwischen den Komponenten, die Wiederherstellungsprozeduren oder die Fehleranfälligkeit der Komponenten analysieren.

Fault-Tree-Analyse (FTA)

Bei der FTA wird eine Zusammenhangskette erstellt, mittels derer auf der Grundlage einer Bool'schen Notation Abhängigkeiten dargestellt werden können. Dabei werden Ereignisse (Basis-, Ergebnis-, Bedingungs- und Anstoßereignisse) durch Operatoren (AND, OR, XOR, NEG) verknüpft. *Abbildung A.1.* zeigt ein Beispiel für einen Fehlerbaum.

Anhang A: Methoden des Availability-Managements 99

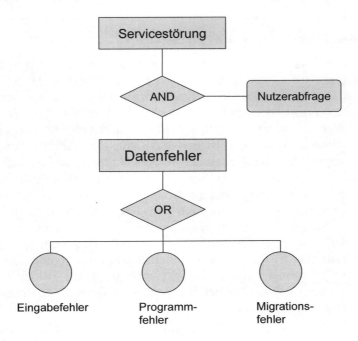

Abb. A.1. Beispiel für einen Fehlerbaum

Mit Hilfe solcher Fehlerbäume können z. B. Ursachen für Servicestörungen leicht nachvollzogen und ergründet werden.

CCTA Risiko-Analyse und Management-Methode (CRAMM)

CRAMM ist eine Methode zur Risikoanalyse und zur Identifizierung von risikoreduzierenden Maßnahmen. Diejenigen Komponenten, deren Ausfall sich direkt auf die Verfügbarkeit der IT-Services auswirkt, sind zu identifizieren und die entsprechenden Konsequenzen der Nicht-Verfügbarkeit für das Geschäft zu bestimmen. Des Weiteren sind die Bedrohungen für den Ausfall jener Komponenten zu identifizieren und, entsprechend der Eintrittswahrscheinlichkeit der Bedrohungen, das Risiko einzuschätzen. Schließlich ist die Schadensanfälligkeit der Komponenten hinsichtlich der Bedrohungen abzuschätzen und relativierend in die Risikobestimmung einfließen zu lassen. Im Rahmen des Risikomanagements sollten dann Gegenmaßnahmen für die in der Analyse identifizierten Risiken gefunden, evaluiert und umgesetzt werden.

> **Beispiel: Risikomanagement für Service Y**
>
> Der Ausfall des Servers X kann beispielsweise direkt zur Nicht-Verfügbarkeit des Service Y (z. B. Nicht-Verfügbarkeit des SAP R/3 Moduls CO) führen. Die Konsequenzen für das Geschäft wären Produktivitätsverluste der Mitarbeiter der Controlling-Abteilung (z. B. 20 Mitarbeiter mit einem Tarifsatz von 20 € verlieren eine Stunde, so dass ein Arbeitszeitverlust im Wert von 400 € entsteht). Anschließend sind Bedrohungen, die zum Ausfall des Servers X führen können, zu identifizieren (z. B. Versagen der Server-Lüftung oder Brandgefahren im Server-Raum). Diese Bedrohungen sind mit Eintrittswahrscheinlichkeiten zu versehen. So ist die Eintrittswahrscheinlichkeit für das Versagen der Server-Lüftung für einen älteren Server bzw. eine ältere Lüftung relativ zu einer neueren Lüftung höher (z.B. 20 %). Aus diesen Daten kann das Risiko für den Ausfall des Servers X und damit des Service Y berechnet werden. Eine geeignete Gegenmaßnahme zur Reduzierung des Risikos wäre bei dem genannten Beispiel das frühzeitige Auswechseln der Lüftungen.

Service-Outage-Analyse (SOA)

Im Rahmen der SOA werden Serviceausfälle detailliert analysiert und Vorschläge für eine Verbesserung der Verfügbarkeitsgrade abgeleitet. Dabei wird ein strukturiertes Vorgehen vorgeschlagen. Zunächst werden Objekt und Geltungsbereich der Analyse definiert, d. h., es wird festgelegt, welcher IT-Service analysiert wird und welche IT-Bereiche betroffen sind. Anschließend findet eine Planungsphase statt, in welcher z. B. Start- und Endzeitpunkt der Analyse festgelegt, benötigte Datenquellen identifiziert, Meilensteine bestimmt und Rollen sowie Verantwortlichkeiten definiert werden.

Mit Hilfe beispielsweise der Brainstorming-Methode können erste Hypothesen aufgestellt werden, die dem SOA-Team helfen, sich in der folgenden Analysephase frühzeitig auf bestimmte Schlussfolgerungen zu konzentrieren. Durch Interviews können schnell erzielbare Verbesserungspotenziale (Quick Wins) identifiziert werden. Dabei sollten sowohl Vertreter des Geschäftes als auch Mitarbeiter der IT-Organisation befragt werden, da die Auffassungen von IT-Dienstleister und Kunde, z. B. hinsichtlich Auswirkungen von Problemen und Aufwand zur Problemlösung, stark variieren können. Durch Fakten belegbare Erkenntnisse sollte dokumentiert und Empfehlungen in Form eines Berichtes abgegeben werden.

Anhang A: Methoden des Availability-Managements 101

Um die Implementierung der Empfehlungen sicherzustellen, sollten diese z. B. in den Verfügbarkeitsplan oder in ein Service-Optimierungsprogramm (*s. Kap. 6.2.2*) aufgenommen werden. Vor und nach Umsetzung der Empfehlungen sollten Kennzahlen zur Validierung der Verbesserung gemessen werden.

Das SOA-Team sollte aus erfahrenen IT-Experten bestehen. Dabei sichert die Zusammenstellung eines bereichsübergreifenden Teams innovative und für alle Bereiche zufrieden stellende Lösungen. So sollten beispielsweise Mitarbeiter aus den Bereichen Availability-Management, Capacity-Management, Problem-Management, Change-Management, Service-Desk, Service-Level-Management, Nutzer, Lieferanten, technischer Support und Betrieb in das Team integriert werden.

Erweiterter Störungs-Lebenszyklus

Der Störungs-Lebenszyklus beschreibt den typischen Ablauf einer Störung, vom Auftreten der Störung, der Entdeckung der Störung über die Diagnose und Störungsbehebung bis hin zur Wiederherstellung und dem Zeitpunkt, zu dem der normale Betrieb wieder hergestellt ist. Ziel der Methode des erweiterten Störungs-Lebenszyklus ist es, die Zeit von der Störung bis zum wieder hergestellten Service zu minimieren und dadurch die Gesamtverfügbarkeit zu erhöhen und die Kundenzufriedenheit zu steigern. Zu diesem Zweck wird die Zeit der einzelnen Phasen des Störungs-Lebenszyklus gemessen. Je nach Dauer der einzelnen Phasen können in den Phasen Ineffizienzen vermutet werden, die es zu eliminieren gilt, um so die Zeit der Nicht-Verfügbarkeit zu verkürzen.

Kontinuierliche Verbesserung

Aufgabe des Availability-Managements sollte es nicht nur sein, die mit den Kunden vereinbarten Verfügbarkeitsgrade zu erreichen, sondern auf einer konstanten Basis nach Verbesserungsmöglichkeiten zu suchen, um entweder die Verfügbarkeitsgrade zu verbessern, oder aber die Kosten der bereit gestellten Infrastruktur zu senken, indem z. B. Ineffizienzen behoben werden. Dabei werden die Mitarbeiter (teilweise mit Hilfe spezifischer Anreizsysteme) dazu angehalten, Verbesserungen zu identifizieren und diese entweder direkt umzusetzen oder zu melden.

Technical-Observation-Post (TOP)

Im Rahmen des TOP treffen sich Spezialisten der IT-Support-Organisation (meist Second- und Third-Level-Support), um bestimmte Verfügbarkeitsaspekte der IT-Infrastruktur zu beleuchten. Es sollen Ereignisse in Echtzeit beobachtet werden, um Schwachstellen und/oder Verbesserungspotenziale zu identifizieren. Diese Methode ist gekennzeichnet durch Informalität und Pragmatik. Mit wenig Aufwand können einfache Verbesserungsmaßnahmen abgeleitet werden.

Anhang B: Werkzeuge des Availability-Managements

Zur Unterstützung der einzelnen Aktivitäten des Availability-Managements können Werkzeuge sehr hilfreich sein; insbesondere zur Durchführung von Aufgaben wie

- Entdeckung und Erfassung von Ausfallzeiten,
- Erfassung und Speicherung von geeigneten Verfügbarkeitsinformationen (unter Berücksichtigung bestehender Datenbanken wie die Konfigurations- oder Kapazitätsdatenbank),
- Erstellung von verfügbarkeitsbezogenen Berichten,
- statistische Analysen,
- Verfügbarkeitsmodellierung und
- System-Management

sollten Tools unterstützend eingesetzt werden.

7 IT-Service-Continuity-Management

7.1 Überblick

Mit dem immer größer werdenden Einfluss der IT auf die Arbeitswelt nehmen die Bedeutung einer kontinuierlichen Verfügbarkeit der IT-Services und die schnellstmögliche Behebung störungsbedingter Ausfälle (z. B. im Katastrophenfall) zu.

Der Bereich IT-Service-Continuity-Management stellt sicher, dass bei einem Systemausfall (z. B. aufgrund einer Katastrophe) die betroffenen Services in einer vorher mit dem Kunden vereinbarten Zeit wieder hergestellt werden und Maßnahmen zur Überbrückung des Ausfalles (z. B. durch Ausweichrechenzentren) vorhanden sind. Insbesondere für die geschäftskritischen Prozesse sollten strikte Regelungen vorliegen. Durch geeignete Analysen werden die Auswirkungen eines Systemausfalles auf die finanziellen Einbußen und den Ruf des Unternehmens gemessen und somit Voraussetzungen für die Bestimmung der minimalen Anforderungen geschaffen. Anschließend ist eine Risikoanalyse durchzuführen und eine IT-Service-Continuity-Strategie abzuleiten bzw. umzusetzen. Des Weiteren ist darauf zu achten, dass die IT-Service-Continuity-Prozeduren durch ein operatives Management kontinuierlich überwacht und verbessert werden.

Das IT-Service-Continuity-Management kann von geschäftsentscheidender Bedeutung sein, wenn man sich überlegt, welche Konsequenzen ein Totalausfall der IT-Systeme hätte, beispielsweise bei einer Bank oder einem Telekommunikationsunternehmen, deren Geschäftsprozesse zu einem großen Teil durch IT abgewickelt werden.

Abbildung 7.1. zeigt eine Übersicht über das IT-Service-Continutiy-Management und den Aufbau des Kapitels.

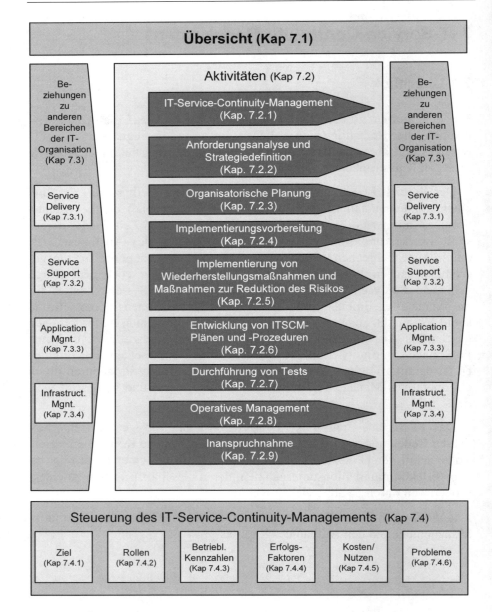

Abb. 7.1. Übersicht über das IT-Service-Continuity-Management

7.2 Aktivitäten des IT-Service-Continuity-Managements

Das IT-Service-Continuity-Management ist Bestandteil des Business-Continuity-Managements. Im Rahmen der Steuerung der Geschäftskontinuität wird auch die IT berücksichtigt. Aus diesem Grund wird im Folgenden der Prozess des Business-Continuity-Managements mit Fokus auf die IT beschrieben.

Die Planung im Rahmen des IT-Service-Continuity-Managements umfasst neben einer Initiierungsphase insbesondere die Anforderungsanalyse und Strategiedefinition.

7.2.1 Initiierung

Die durchzuführenden Aktivitäten hängen von den in der Organisation bereits bestehenden Kontinuitätsprozeduren ab.

Aufgabe des Business-Continuity-Managements ist die Formulierung der Grundsätze, die bei der Ausrichtung der Geschäftskontinuität, inklusive der IT-Servicekontinuität, zu beachten sind. Dazu gehören die Definition der Managementvorhaben und -ziele sowie der Geltungsbereich und die Verantwortung des Continuity-Managements. Es sind nicht nur Aufgaben zu bestimmen wie die Durchführung von Risikoanalysen oder Analysen zur Bestimmung der Ausfallauswirkungen auf das Geschäft, sondern auch die geltenden Weisungsbefugnisse im Falle eines Geschäftsausfalles. Strategische Fragen, wie z. B. die Zertifizierung nach dem Standard BS 7799 (British Standard zu IT-Security), sind zu klären und die benötigten Ressourcen zur Durchführung des Business-Continuity-Managements sind zu allokieren.

Zusätzlich sollten projektspezifische Aspekte in der Initiierungsphase bestimmt werden. So sollten z. B. Projektorganisation, Kontrollstrukturen, Planungsmethoden und -Tools, Projektpläne etc. bei der Definition von Projekten berücksichtigt werden.

7.2.2 Anforderungsanalyse und Strategiedefinition

Zur Erhebung der Kontinuitätsanforderungen sollten zwei Analysen durchgeführt werden. Zum einen sind die Auswirkungen auf das Geschäft zu analysieren und zum anderen sollten Risikoanalysen durchgeführt werden. Die Ergebnisse der Analysen dienen als Eingangsgrößen für die IT-Service-Continuity-Strategie.

Analyse der Auswirkungen auf das Geschäft

Um die IT-Service-Continuity-Anforderungen zu erheben, sind zunächst die kritischen Geschäftsprozesse zu identifizieren. Für diese sollte der potenzielle Schaden bzw. Verlust aufgrund eines Ausfalles der entsprechenden Prozesse bestimmt werden. Dabei kann der Schaden verschiedene Formen annehmen. Neben finanziellen Verlusten und der Verletzung der SLAs sollten u. a. auch Imageverluste und eine sinkende Motivation der Mitarbeiter berücksichtigt werden.

Dem potenziellen Schaden, den das Geschäft aufgrund eines Serviceausfalles erleidet, sind sowohl der Aufwand zur Wiederherstellung des Service in Abhängigkeit von der Zeit als auch der Aufwand für den Betrieb von Alternativlösungen gegenüberzustellen. Diese Informationen können für eine Kosten-Nutzen-Analyse verwendet werden, auf Basis derer das Geschäft die gewünschten Zeiten festlegen kann, zu denen ein Service nach einem Ausfall wieder zur Verfügung stehen muss.

Risikoanalyse

Neben der Bestimmung der Ausfallauswirkungen ist die Wahrscheinlichkeit eines Serviceausfalles zu ermitteln. Hierzu ist zunächst eine Bestimmung der kritischen Komponenten, deren Ausfall zu Serviceunterbrechungen führen kann, notwendig. Anschließend sind die Gefahren, die zu einem Ausfall der Komponenten führen können, zu identifizieren und die Eintrittswahrscheinlichkeiten zu schätzen. Alternative Komponenten sind dabei zu berücksichtigen, d. h., inwiefern kann bei einem Ausfall einer IT-Komponente auf alternative IT-Komponenten zurückgegriffen werden, so dass der IT-Service verfügbar bleibt. Die Verfügbarkeit der Daten wird dadurch abgesichert. Hohes Risiko bergen sogenannte Single-Points-of-Failure, bei denen der Ausfall einer einzigen Komponente direkt zur Nicht-Verfügbarkeit eines Service führt. Durch eine Konsolidierung der in der Risikoanalyse generierten Informationen ergibt sich dann das Gesamtrisiko für den Ausfall einer IT-Komponente bzw. eines IT-Service. Optimalerweise kann eine quantitative Angabe des Risikos gemacht werden. Dies setzt allerdings voraus, dass auch die vorherigen Informationen auf quantitativer Ebene erhoben wurden. Lohnt sich der Aufwand für eine quantitative Erhebung nicht, sollten zumindest qualitative Aussagen gemacht werden, z. B. in Form eines niedrigen, mittleren oder hohen Risikos. Eine Reihe von Methoden können bei einer Risikoanalyse unterstützend eingesetzt werden. Dabei kann insbesondere die Methode CRAMM (*s. auch Kap. 6: Anhang A*) empfohlen werden.

Die Ergebnisse der beschriebenen Analysen dienen als Eingangsgröße zur Entwicklung der IT-Service-Continuity-Strategie. Dabei sollte das aus Kosten- und Qualitätsgesichtspunkten optimale Verhältnis zwischen präventiver Risikoreduktion und reaktiver Wiederherstellungsmaßnahmen gewählt werden. Während Organisationen mit geringen kurzfristigen Auswirkungen vermehrt auf reaktive Wiederherstellungsmaßnahmen zurückgreifen können, sollten Organisationen, bei denen die kurzfristigen Auswirkungen eines Serviceausfalles eher hoch sind, das Risiko präventiv reduzieren. Als Maßnahmen zur proaktiven Risikoreduzierung werden im ITIL-Framework die folgenden Aktivitäten genannt:

- Umfassende Backup- und Wiederherstellungsstrategie,
- Eliminierung von Single-Points-of-Failure,
- Multisourcing (Outsourcing an mehrere Lieferanten),
- Stabile IT-Systeme und Netzwerke, welche konstanten Change-Management-Prozeduren unterliegen,
- Sicherheitsmaßnahmen, wie z. B. Zugangskontrollen,
- Verbesserung der Kontrollen zur Fehlerentdeckung und
- Verbesserung der Prozeduren z. B. des Change-Managements.

Bei der Umsetzung solcher Maßnahmen darf nicht vergessen werden, dass andere Risiken entstehen können. So kann z. B. beim Outsourcing von IT-Leistungen das Risiko eines Know-how-Verlustes entstehen.

Betrachtungsobjekte für Wiederherstellungsmaßnahmen und Ausweichlösungen können z. B. IT-Systeme, Netzwerke, Personal, Referenzmaterial und Räumlichkeiten, Elektrizität und Telekommunikation sein. Des Weiteren sollten unterschiedliche Maßnahmen für kurz- und für langfristige Serviceausfälle in Betracht gezogen werden.

Die Wiederherstellungsalternativen sollten hinsichtlich Kosten und Nutzen bewertet werden. Folgende Aspekte sind dabei u. a. zu berücksichtigen:

- Erfüllung der Geschäftsanforderungen bezüglich Wiederherstellung eines ausgefallenen IT-Services,
- Reduktion der potenziellen Auswirkungen eines ausgefallenen Service,
- Kosten der Einführung der Maßnahmen,
- Kosten des Aufrufes, der Wartung und des Testens der Maßnahme,

- technische, organisatorische, kulturelle und administrative Implikationen und
- Entstehung anderer Risiken durch Einführung der Wiederherstellungsmaßnahmen.

> **Hinweis: Typische Wiederherstellungsmaßnahmen**
>
> *Manuelle Umgehungslösungen:* Bei manuellen Umgehungslösungen werden dem Nutzer Hilfestellungen an die Hand gegeben, so dass dieser seine Arbeit fortsetzen kann. Dabei handelt es sich nicht um technische Lösungen, sondern um simple Handlungsanweisungen. Bei aufwändigen Kalkulationen, wie sie beispielsweise bei Finanzapplikationen oder in der Versicherungsbranche vorkommen, ist diese Methode weniger geeignet, da ohne technische Unterstützung solche Kalkulationen nicht durchführbar sind.
>
> *Reziproke Maßnahmen:* Im Rahmen reziproker Lösungen werden Vereinbarungen mit anderen Organisationen, die ähnliche Technologien verwenden, eingegangen, um bei Ausfällen auf die Ressourcen der anderen Organisation zugreifen zu können. Diese Methode eignet sich bei verteilten Systemen weniger, da die Individualität der Organisationen meist sehr hoch ist und Hochverfügbarkeit gefordert wird. Für Batchprozesse kann eine solche Methode jedoch Vorteile haben.
>
> *Graduelle Wiederherstellung (Cold-Standby):* Bei graduellen Lösungen werden Räumlichkeiten bereitgestellt, inklusive Strom, Netzwerk und Telekommunikation. Bei einem Ausfall kann die IT-Organisation die Ressourcen nutzen und eigene IT-Komponenten installieren. Diese Option eignet sich für Services, bei denen die Wiederherstellung weniger zeitkritisch ist. In der ITIL wird ein Zeitraum von 72 Stunden oder mehr für die Wiederherstellung des Service angegeben. Die Räumlichkeiten können entweder von Drittanbietern genutzt oder durch die IT-Organisation selbst bereitgestellt werden.
>
> *Intermediäre Lösung (Warm-Standby):* Bei intermediären Lösungen werden zusätzlich zu Räumlichkeiten auch weitere IT-Komponenten, wie Hardware, System-Management-Tools und technischer Support bereitgehalten. Solche Lösungen eignen sich nach ITIL für Services, die innerhalb von 24 bis 72 Stunden nach Ausfall wieder zur Verfügung stehen sollen. Dabei kann auch hier auf externe Dienstleister zurückgegriffen werden.

> **Hinweis: Typische Wiederherstellungsmaßnahmen (Fortsetzung)**
>
> *Sofortige Wiederherstellung (Hot-Standby):* Mit sofortiger Wiederherstellung ist ein Zeitraum von bis zu 24 Stunden gemeint. Optimalerweise wird eine Spiegelung des Services in Echtzeit vorgenommen. Das heißt, es existiert ein exaktes Duplikat der benötigten IT-Komponenten zur Lieferung der IT-Services. Die Methode eignet sich besonders für kritische Geschäftsprozesse.

7.2.3 Organisatorische Planung

Im Rahmen der Wiederherstellungsplanung müssen organisatorische Aspekte wie Weisungsbefugnisse, Überwachungsmechanismen und Kommunikationsstrukturen, berücksichtigt werden. Dabei kann die IT-Service-Continuity-Organisation – eingebettet in die Business-Continuity-Organisation – grob in drei Ebenen aufgeteilt werden. Das obere Management trägt die Gesamtverantwortung für das Krisenmanagement und koordiniert die Beziehungen zu Externen. Für die Koordination der Wiederherstellungsmaßnahmen innerhalb der Organisation sind Mitarbeiter des mittleren Managements zuständig. Auf der untersten Ebene werden für die Ausführung der Wiederherstellungspläne Teams gebildet, sowohl in der IT-Organisation als auch auf der Kundenseite. Auf Kundenseite werden die Teams nach kritischen Geschäftsfunktionen unterteilt. Innerhalb der IT-Organisation werden die Teams nach IT-Services bzw. Applikationen gruppiert. Die Supportteams, die im Falle einer Krisensituation benötigt werden, sind nach Plattformen, Betriebssystemen oder Applikationen aufgeteilt. Wichtig für den Erfolg der IT-Service-Continuity-Organisation ist die vollständige Integration in die bestehenden Managementstrukturen und die Unterstützung durch die Geschäftsführung. Folgende *Abbildung 7.2.* zeigt eine nach dem ITIL-Framework typische Organisation für Business- und IT-Service-Continuity-Management.

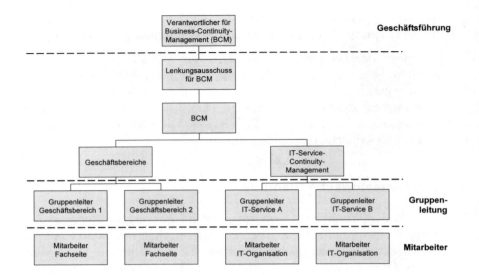

Abb. 7.2. Typische Organisation für Business- und IT-Service-Continuity-Management

Tabelle 7.1. zeigt die Verantwortlichkeiten im Normalbetrieb und bei einem Krisenfall gemäß dem ITIL-Framework.

Position	Normalbetrieb	Krisenfall
Geschäftsführung	• Initiierung des Continuity-Managements (inklusive IT-Service-Continuity-Management) • Ressourcenverteilung • Festlegung von Grundsätzen • Führen und Autorisieren	• Krisenmanagement • Geschäftsentscheidungen • Externe Beziehungen

Bereichsleitung	• Prüfen und Steuern des IT-Service-Continuity-Managements • Kommunikation und Schaffung von Akzeptanz • Integration des Business-Continuity-Managements quer durch die Organisation	• Koordination • Führung und Entscheidungen • Autorisierung der Ressourcen
Gruppenleitung	• Analyse des IT-Service-Continuity-Managements • Definition der Ergebnisse des IT-Service-Continuity-Managements • Serviceverträge • Steuern und Überwachen der Tests und Prüfungen	• Inanspruchnahme der Wiederherstellungsmaßnahmen • Gruppenleitung • Überwachen und Steuern der Noteinrichtungen • Berichterstattung
Mitarbeiter	• Erstellung der Ergebnisse des IT-Service-Continuity-Managements • Verhandlungen • Durchführen der Tests und Prüfungen • Entwicklung und Betrieb der Prozeduren	• Ausführung der Aufgaben • Mitarbeit im Team und Betrieb der Noteinrichtungen

Tabelle 7.1. Typische Verantwortlichkeiten des Continuity-Managements während des Normalbetriebes und des Krisenfalles

7.2.4 Implementierungsvorbereitungen

Bei der Implementierung spielt die Entwicklung von IT-Service-Continuity-Konzepten und -Plänen eine wesentliche Rolle. Dabei sollte auf oberster Ebene ein Koordinationskonzept erstellt werden, das Aspekte wie

- das Antwortverhalten im Notfall,
- die Schadensbeurteilung,
- die Wiederherstellung,
- zentrale Datensätze bzw. Unterlagen,
- das Krisenmanagement und
- Public-Relations berücksichtigt.

Anhand der erstellten Konzepte kann entschieden werden, welche Wiederherstellungsmaßnahmen und -prozeduren implementiert und umgesetzt werden sollten. Auf einer darunter liegenden Ebene sind dann Konzepte für unterstützende Funktionen zu entwickeln. Dazu gehören Konzepte für

- Räumlichkeiten und Services,
- Computersysteme und Netzwerke,
- Telekommunikation,
- Sicherheit,
- Personal und
- Finanzierung und Administration.

Letztlich ist für jeden kritischen Geschäftsbereich ein Plan zu erstellen, aus welchem hervorgeht, welche Mitarbeiter ein Team zur Wiederherstellung bilden und welche Aufgaben durchzuführen sind.

Der IT-Service-Continuity-Plan enthält sämtliche Informationen, die benötigt werden, um das Geschäft wieder in den gewöhnlichen Betrieb zu bringen. Bei der Erstellung des IT-Service-Continuity-Plans sollten die Mindestanforderungen, welche aus der Analyse der Auswirkungen auf das Geschäft, den SLAs, den internen bzw. externen Absicherungsverträgen und sonstigen Sicherheitsanforderungen hervorgehen, berücksichtigt werden. Zusätzlich wird der IT-Service-Continuity-Plan um die oben erwähnten Pläne ergänzt.

Abschließend sollten im Rahmen der Planung der Implementierung sämtliche kritischen Serviceverträge abermals untersucht werden und auf die Absicherung mittels Wiederherstellungsmaßnahmen bzw. -regelungen überprüft werden.

7.2.5 Implementierung von Wiederherstellungsmaßnahmen und Maßnahmen zur Reduktion des Risikos

Mögliche Wiederherstellungsmaßnahmen, wie manuelle Umgehungslösungen, reziproke Maßnahmen, Cold-, Warm- und Hot-Standby, wurden in *Kapitel 7.2.2* bereits beschrieben. Hierfür müssen Noteinrichtungen, wie Räumlichkeiten, Systeme und Telekommunikation, bereitstehen. Folgende Aktivitäten sind zur Implementierung der Noteinrichtungen durchzuführen:

- Verhandlungen mit Lieferanten bzw. das Abschließen von Verträgen,

- Vorbereitung und Einrichtung der Räumlichkeiten,
- Beschaffung und Installation der benötigten Systeme,
- Verhandlungen mit externen Dienstleistern bezüglich deren IT-Service-Continuity-Konzepten und eventuell Durchführung einer Lieferantenprüfung (Due-Diligence).

Gegebenenfalls sind Schulungen durchzuführen und neue Prozeduren für Test und Betrieb der Noteinrichtungen zu etablieren.

Schließlich sind die oben bereits erwähnten Maßnahmen zur Risikoreduktion, wie z. B. Zugangskontrollen, Eliminierung von Single-Points-of-Failure oder Verbesserung der Kontrollen zur Fehlerentdeckung zu implementieren. Diese werden häufig in Zusammenarbeit mit dem Availability-Management durchgeführt, da sich eine Reduktion der Fehler direkt auf die Verfügbarkeit der Services auswirkt.

7.2.6 Entwicklung von IT-Service-Continuity-Plänen und -Prozeduren

Die IT-Service-Continuity-Pläne sollten sämtliche Informationen enthalten, die zur Durchführung der Wiederherstellungsprozeduren notwendig sind. Hierzu gehören u. a. Informationen über Noteinrichtungen, notwendige Testprozeduren und die Validierung der Datenintegrität bzw. -konsistenz. Die IT-Service-Continuity-Pläne sind eng verknüpft mit den Business-Continuity-Plänen. Dadurch wird gewährleistet, dass die Prioritäten der einzelnen Services, Systeme und Einrichtungen mit den Geschäftsanforderungen konform sind.

Die Aktualisierung und Verteilung der IT-Service-Continuity-Pläne sollte kontrollierten Prozeduren unterliegen. Durch eine formalisierte Dokumentenkontrolle und Change-Management-Prozeduren wird sichergestellt, dass die aktuellste Version der Continuity-Pläne im Umlauf ist und jeder der Schlüsselpersonen Zugriff darauf hat. Zudem sollte dafür gesorgt sein, dass

- genügend Detailinformationen zur Verfügung stehen, so dass auch eine mit dem System nicht vertraute Person in der Lage ist, den Prozeduren zu folgen und die Wiederherstellung des Systems zu bewirken,
- Informationen über abhängige Systeme, die Art der Abhängigkeiten, Schnittstellen, Hard- und Softwareanforderungen sowie Informationen über Konfigurationsdetails und Referenzen zu weiteren Informationen bereitgestellt sind und

- eine Checkliste mit den durchzuführenden Aktivitäten in jeder Phase der Wiederherstellung verfügbar ist.

Neben den IT-Service-Continuity-Plänen sollten IT-Service-Continuity-Prozeduren definiert werden. Dabei sind nach dem ITIL-Framework Aspekte wie

- der Test und die Installation von Ersatz-Hardware und Netzwerken,
- die Wiederherstellung von Software und Daten,
- unterschiedliche Zeitzonen in multinationalen Unternehmen und
- unterschiedliche Geschäftszeiten

zu berücksichtigen.

7.2.7 Durchführung von Tests

Durch Tests kann sichergestellt werden, dass die IT-Service-Continuity-Strategie, die Noteinrichtungen, die Logistik und die Konzepte der Wiederherstellung den Geschäftsanforderungen gerecht werden. Aus diesem Grund sollte insbesondere den anfänglichen Tests besondere Aufmerksamkeit gewidmet werden. Bei späteren Tests sollten auch die Fachseiten hinzugezogen werden, um Verständnis und Vertrauen für die Aktivitäten des IT-Service-Continuity-Managements zu schaffen. Soweit möglich, sollten die Tests so realistisch und umfassend wie möglich gestaltet werden. Dabei ist darauf zu achten, dass auch externe Dienstleister berücksichtigt werden. Durch umfassende und realistische Tests kann überprüft werden, ob im Ernstfall die zeitlichen Vereinbarungen eingehalten werden können, die Mitarbeiter vorbereitet sind und die externen Dienstleister die vereinbarten Leistungskriterien erfüllen. Dabei können nach Abstimmung mit der Geschäftsführung auch unangekündigte Tests durchgeführt werden, um realistischere Verhältnisse zu schaffen. Der Betrieb des IT-Service-Continuity-Managements kann unterteilt werden in das operative Management und die Inanspruchnahme der Wiederherstellungsmaßnahmen.

7.2.8 Operatives Management

Folgende Aufgaben werden im ITIL-Framework für das operative IT-Service-Continuity-Management empfohlen:

- Durch die Schaffung von Verständnis und Akzeptanz werden den Mitarbeitern die Implikationen eines IT-Service-Continuity-Managements bewusst gemacht. Ziel ist es, dass die Mitarbeiter das Continuity-Management als Teil ihrer täglichen Arbeit verstehen und entsprechende Ressourcen hierfür reserviert werden. Die Aufmerksamkeit der Bereichsleitung kann am besten erlangt werden, indem die potenziellen Risiken und die entsprechenden Auswirkungen auf das Geschäft aufgezeigt werden. Methoden zur Schaffung von Akzeptanz sind Informationsgespräche, Schulungen, Demonstrationen, Newsletter, Intranet, schwarzes Brett und regelmäßige Berichterstattung über Fortschritte und weitere Maßnahmen.
- Mitarbeiter der IT-Organisation haben die Aufgabe, die Mitarbeiter des Wiederherstellungsteams der Fachseite zu schulen. Dadurch wird sichergestellt, dass im Ernstfall die notwendigen Kompetenzen auf der Seite des Kunden verfügbar sind.
- Sämtliche Ergebnisse des IT-Service-Continuity-Managements sind regelmäßig auf ihre Richtigkeit bzw. Aktualität zu überprüfen. Dies sollte insbesondere im Falle von schwer wiegenden Änderungen an der IT-Infrastruktur, den IT-Systemen und Netzwerken, aber auch beim Wechsel von Lieferanten oder Änderungen der Geschäfts- bzw. IT-Strategie geschehen. Da Organisationen in der Regel einem rapiden Wandel ausgesetzt sind, sollten laufende Prüfungen etabliert werden. Dabei kann das Change-Management behilflich sein.
- Durch regelmäßige Tests sollte sichergestellt werden, dass die Geschäftsanforderungen nach wie vor erfüllt werden können. Dabei sollten kritische Komponenten mindestens jährlich getestet werden. Änderungen an der Infrastruktur sollten vor der Implementierung ebenfalls getestet werden.
- Die IT-Service-Continuity-Pläne sollten in der Obhut des Change-Managements liegen, so dass Änderungen an den Konzepten auch in den physischen Noteinrichtungen reflektiert werden.
- Die Hauptaufgabe des operativen Managements ist schließlich die Absicherung eines aus geschäftlicher Sicht zufrieden stellenden IT-Service-Continuity-Managements.

7.2.9 Inanspruchnahme der Wiederherstellungsmaßnahmen

Die Entscheidung über eine Inanspruchnahme der IT-Service-Continuity-Maßnahmen hängt von einer Reihe von Faktoren ab und bedarf einer Vielzahl von Informationen. Bei der Entscheidung für oder gegen eine Inanspruchnahme sind das Ausmaß des Schadens für das Geschäft, der Geltungsbereich der potenziellen Inanspruchnahme und die wahrscheinliche Dauer des Serviceausfalles zu berücksichtigen. Die Entscheidung für oder gegen eine Inanspruchnahme des Continuity-Services wird von einem Krisenmanagement-Team getroffen, bestehend aus Geschäftsführern der Fachseite und den entsprechenden Zuständigen innerhalb der IT-Organisation. Informationen, die für die Entscheidung benötigt werden, sollten so weit wie möglich im Voraus bereitgestellt werden, damit im Ernstfall keine Verzögerungen entstehen. In vielen Organisationen werden z. B. externe Dienstleister schon vor dem Entscheid kontaktiert, damit bereits Vorbereitungen für den Fall einer Beanspruchung der Wiederherstellungsleistungen getroffen werden können. Sobald entschieden wurde, dass auf Continuity-Leistungen zurückgegriffen wird, sind unverzüglich die nachfolgenden Prozesse einzuleiten. Hierbei ist es wichtig, dass die zuständigen Schlüsselpersonen des Wiederherstellungsteams so schnell wie möglich informiert werden. Dazu müssen die Kommunikationspläne und Pläne, aus denen die durchzuführenden Aktivitäten hervorgehen, den relevanten Personen zeitnah zur Verfügung gestellt werden. Um spätere Verbesserungen an den IT-Service-Continuity-Prozeduren vornehmen zu können, sollten die durchgeführten Aktivitäten dokumentiert und analysiert werden werden.

7.3 Beziehungen zu anderen Bereichen der IT-Organisation

Neben den teilweise im obigen Text beschriebenen Schnittstellen und Informationsbeziehungen werden in der ITIL folgende wesentliche Beziehungen zwischen dem IT-Service-Continuity-Management und anderen Bereichen der IT-Organisation angesprochen.

7.3.1 Schnittstellen innerhalb des Service-Deliverys

Service-Level-Management

Die Vereinbarungen bezüglich der Wiederherstellung von IT-Services nach Notfällen sind Bestandteil der SLAs. Um diese einhalten zu können, sind insbesondere bei der Verhandlung von Absicherungsverträgen die Kontinuitätspläne der internen und externen IT-Lieferanten aufeinander abzustimmen.

Capacity-Management

Durch das Capacity-Management wird sichergestellt, dass genügend Kapazitäten für die Aufrechterhaltung bzw. die zeitnahe Wiederherstellung von ausgefallenen Services zur Verfügung stehen. Dabei sind insbesondere die Kapazitäten der Noteinrichtungen zu berücksichtigen. Das Capacity-Management liefert sämtliche kapazitätsbezogenen Informationen, die bei der Planung von Wiederherstellungs- und Sicherheitsaspekten relevant sind.

Availability-Management

Da die Verfügbarkeit der Services unmittelbar mit der Dauer der Wiederherstellung eines ausgefallenen Service zusammenhängt, arbeiten die beiden Bereiche Availability-Management und IT-Service-Continuity-Management eng zusammen. Das Availability-Management liefert Informationen über Verfügbarkeits- und Wiederherstellungsanforderungen, inklusive Vorschlägen für Maßnahmen zur Risikoreduzierung, an das IT-Service-Continuity-Management.

Das IT-Service-Continuity-Management stellt Analysen bereit, inwiefern sich die Verfügbarkeit der IT-Infrastruktur auf das Geschäft und entsprechende Geschäftsfunktionen auswirkt.

7.3.2 Schnittstellen zum Service-Support

Problem-Management

Das IT-Service-Continuity-Management liefert dem Problem-Management die Anforderungen an Wiederherstellungs- und Kontinuitätsmaßnahmen.

Auf Basis dieser Informationen identifiziert und behebt das Problem-Management kontinuitätsbezogene Problemursachen, so dass eine fehlerfreie Inanspruchnahme der Wiederherstellungsmaßnahmen gefördert wird.

Change-Management

Das Change-Management sichert durch etablierte Prozesse und regelmäßige Prüfungen die Richtigkeit und die Aktualität der Continuity-Pläne und der Continuity-Einrichtungen. Jegliche Änderungen, die im Rahmen des IT-Service-Continuity-Managements vorgenommen werden, geschehen unter der Kontrolle des Change-Managements. Ebenso sollten Änderungen, z. B. an der Infrastruktur, hinsichtlich der Auswirkungen auf die Continuity-Pläne und die Continuity-Einrichtungen überprüft werden.

Configuration-Management

Das IT-Service-Continuity-Management nutzt Informationen aus der Konfigurationsdatenbank für die Planung der Konfiguration am Alternativstandort. Nach einem Katastrophenfall dienen die Ausgangskonfigurationen des Configuration-Managements als Basis für die Wiederherstellung der Originalkonfiguration.

Auf der anderen Seite sind Backup- und Wiederherstellungsmaßnahmen für die Konfigurationsdatenbank selbst im Rahmen des IT-Service-Continuity-Managements zu planen und umzusetzen.

7.3.3 Schnittstelle zum Application-Management

Das Application-Management ist dafür verantwortlich, die zu erstellenden Applikationen so auszurichten, dass die mit den Kunden vereinbarten Kontinuitätskriterien erfüllt werden können. Aus diesem Grund sind zunächst die Geschäftsanforderungen, welche an die IT-Servicekontinuität gestellt werden, zu bestimmen. Dementsprechend ist das Design der Applikation zu gestalten und umzusetzen. Werden die Geschäftsanforderungen bezüglich der IT-Servicekontinuität nicht erfüllt, sind im Rahmen der Optimierung geeignete Verbesserungsmaßnahmen zu initiieren.

7.3.4 Schnittstelle zum ICT-Infrastructure-Management

Das ICT-Infrastruktur-Management trägt die Verantwortung dafür, dass die zur Verfügung gestellte Infrastruktur für die mit den Kunden vereinbarten IT-Service-Continuity-Maßnahmen ausreicht. Dabei liefert das ICT-Infrastructure-Management regelmäßig Informationen über die durch Wiederherstellungsmaßnahmen beanspruchten Ressourcen und das IT-Service-Continuity-Management versorgt das ICT-Infrastructure-Management mit den IT-Service-Continutity-Plänen.

7.4 Steuerung des IT-Service-Continuity-Managements

7.4.1 Ziel des IT-Service-Continuity-Managements

Ziel des IT-Service-Continuity-Managements ist es, sicherzustellen, dass IT-Services und -Einrichtungen im Falle einer Krisensituation in dem mit dem Kunden vereinbarten Zeitrahmen wiederhergestellt werden können.

7.4.2 Rollen/Verantwortlichkeiten/Fähigkeiten

Verantwortlichkeiten

- Entwicklung und Handhabung der IT-Service-Continuity-Pläne,
- Sicherstellung, dass sämtliche IT-Service-Continuity-Einrichtungen bereitstehen und im Krisenfall zur Anwendung kommen können,
- Verwaltung von umfassenden Testprogrammen und Qualitätsprüfungen für IT-Service-Continuity-Prozeduren,
- Kommunikation bzw. Schaffung von Akzeptanz und Bewusstsein für das IT-Service-Continuity-Management, sowohl auf der Fachseite als auch innerhalb der IT-Organisation,
- Regelmäßige Prüfungen der Continuity-Pläne zur Sicherstellung der Aktualität,
- Vereinbarung und Verwaltung von Verträgen mit IT-Dienstleistern,
- Steuern und Überwachen der Wiederherstellungsprozeduren im Krisenfall.

Fähigkeiten

- Erfahrungen im Bereich IT-Service-Continuity,
- Wissen über bzw. Erfahrungen mit Verhandlungsführung und Vertragswesen,
- Fähigkeit, die Geschäftsanforderungen in technische Anforderungen zu übersetzen und Konkretisierungen vorzunehmen,
- Gute Kommunikationsfertigkeiten.

7.4.3 Betriebliche Kenngrößen des IT-Service-Continuity-Managements

Hinweise auf die Performanz des IT-Service-Continuity-Managements geben Indikatoren wie
- Anzahl der Mängel bei den Wiederherstellungsmaßnahmen,
- Verluste aufgrund von Krisensituationen und
- Kosten des IT-Service-Continuity-Managements.

7.4.4 Erfolgsfaktoren

- Unterstützung und das Engagement durch die Geschäftsleitung,
- Schulung der Mitarbeiter,
- Regelmäßige Tests,
- Qualitativ angemessene Technologien und Noteinrichtungen,
- Effektive Verknüpfung zum Configuration-Management.

7.4.5 Kosten/Nutzen

Kostenarten

- Aufwand für die Initiierung, Planung und Einführung des IT-Service-Continuity-Managements,
- Kosten für die Einführung des Risikomanagements,
- Laufende Kosten für den Betrieb der Noteinrichtungen bzw. regelmäßige Kosten für externe Dienstleister, welche die entsprechenden Einrichtungen für Notfälle bereithalten,
- Kosten für den operativen Betrieb, wie z. B. die Ausführung von Tests und Prüfungen oder die Bearbeitung der Kontinuitätspläne.

Nutzenkategorien

- Es können niedrigere Versicherungsprämien erzielt werden, da den Versicherungspartnern gezeigt werden kann, dass das Geschäftsrisiko kontrolliert und proaktiv reduziert wird.
- In vielen Branchen sind Wiederherstellungsmaßnahmen mittlerweile zwingend erforderlich. So müssen z. B. Banken nachweisen, dass sie über gewisse Kontinuitäts- und Sicherheitsprozeduren verfügen, um den heutigen Geschäftsanforderungen gerecht zu werden. Sind diese nicht vorhanden, drohen Strafen oder der Verlust von Handelslizenzen.
- Durch die Kontinuitätsmaßnahmen wird bei der Fachseite Vertrauen aufgebaut. SLAs können durch schnelle Wiederherstellung der ausgefallenen IT-Services eingehalten werden, wodurch die Kundenzufriedenheit steigt. Ein Wettbewerbsvorteil gegenüber anderen IT-Organisationen kann erreicht werden. Weitere Vorteile sind ein besseres Verhältnis zwischen IT-Organisation und Fachseite sowie eine erhöhte Glaubwürdigkeit der IT-Organisation.

7.4.6 Probleme

- Ungenügende Bereitstellung von Ressourcen für die Umsetzung des IT-Service-Continuity-Managements,
- Verweigerung des Zuganges zu den Noteinrichtungen, so dass unangekündigte, objektive Tests nicht durchgeführt werden können,
- Quantifizierung des Schadens bei Krisensituationen (z. B. kann der Prestigeverlust nur schwer in Zahlen ausgedrückt werden),
- Fehlende Unterstützung durch die Geschäftsführung,
- Falsche Annahmen bezüglich der Anforderungen des Geschäfts,
- Fehlende Unterstützung durch das Geschäft hinsichtlich der Definition und Beschreibung der Anforderungen,
- Mangelndes Bewusstsein und Verständnis für IT-Service-Continuity-Management, sowohl auf der Fachseite als auch innerhalb der IT-Organisation.

8 Financial-Management

8.1 Überblick

Das Financial-Management deckt die Bereiche der Budgetierung, des Controlling und der Rechnungserstellung ab. Im Rahmen der Budgetierung werden die finanziellen Mittel den entsprechenden IT-Bereichen zugeteilt, so dass eine Überwachung der Ausgaben erfolgen und das Risiko eines Ausgabenüberschusses minimiert werden kann. Durch das Controlling werden die Kosten zur Bereitstellung der IT-Services verursachungsgerecht erhoben und somit z. B. Return-on-Investment-Analysen sowie Kosten-Nutzen-Analysen ermöglicht. In Abhängigkeit von den bestehenden Vereinbarungen zwischen IT-Dienstleister und Kunde läuft der Prozess der Preisbildung unterschiedlich ab. Hierbei kann zwischen einem Cost-Center, Profit-Center oder Service-Center unterschieden werden. Entsprechend werden entweder die Kosten, die Kosten zuzüglich Gewinnmarge oder ein Marktpreis verrechnet. Im Falle des Investment-Centers stehen Return-on-Investment-Betrachtungen im Vordergrund.

Das Financial-Management sorgt für eine finanzielle Abbildung der geschäftlichen Situation und trägt somit zur Schaffung von Transparenz und Effizienz bei. Die Prozesse des Financial-Managements entsprechen letztlich denen des unternehmerischen Rechnungswesens, so dass eine Integration des Financial-Managements in das Unternehmenscontrolling möglich ist. *Abbildung 8.1.* zeigt eine Übersicht über das Financial-Management und gleichzeitig die Gliederung dieses Kapitels.

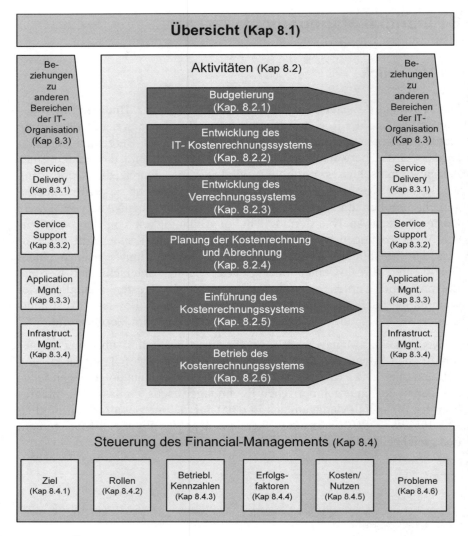

Abb. 8.1. Übersicht über das Financial-Management

8.2 Aktivitäten des Financial-Managements

Im Folgenden werden die planerischen Aktivitäten des Financial-Managements beschrieben. Diese umfassen die

- Budgetierung,
- Entwicklung des IT-Kostenrechnungssystems,

- Entwicklung des Verrechnungssystems und
- Planung der Einführung und Umsetzung des Kostenrechnungssystems.

8.2.1 Budgetierung

Sinn und Zweck der Budgetierung sind im Bereich des Service-Managements dieselben wie auch in anderen unternehmerischen Bereichen: Budgets ermöglichen die Verteilung von finanziellen Mitteln gemäß den geplanten Aktivitäten und den dafür benötigten Ressourcen. Daraus ergibt sich eine kontrollierende Funktion, da bei Plan-Ist-Abweichungen der eingesetzten Ressourcen nach Gründen gesucht werden muss und gegebenenfalls disziplinarische Maßnahmen eingeleitet werden müssen.

Auf Basis der mit dem Kunden vereinbarten, servicespezifischen Plan-Abnahmemengen werden die zur Serviceerbringung benötigten finanziellen Mittel geplant und deren Einhaltung überwacht.

Weitere finanzielle Vereinbarungen, die im Rahmen der Planung festgelegt werden können, sind

- der maximale Investitionsaufwand,
- der maximale Betriebsaufwand,
- die maximale Soll-Ist-Abweichung (zu jedem Zeitpunkt),
- die Richtlinien zur Nutzung der Budgets und
- die Strafen bzw. Ausnahmeregelungen bei Mengen- und Qualitätsabweichungen.

Bei der Kalkulation des Budgets wird im ITIL-Framework auf den Unterschied zwischen variablen und fixen Kostenarten hingewiesen. Beispiele für fixe Kostenarten wären Server, Software und Räumlichkeiten. Auch das Personal kann kurzfristig fix sein. Beispiele für variable Kostenarten wären ISDN-Verbindungen und Router, wobei hier auch von sprungfixen Kosten gesprochen werden kann. Die Unterscheidung zwischen fixen und variablen Kosten kann je nach Fristigkeit variieren, wobei langfristig alle Kostenarten variabel sind. In der IT sind des Öfteren sprungfixe Kostenarten zu finden. So steigen die Kosten von Softwarelizenzen beispielsweise ab einer bestimmten Benutzerzahl sprunghaft an.

8.2.2 Entwicklung des IT-Kostenrechnungssystems

Ein IT-Kostenrechnungssystem ermöglicht der IT-Organisation,

- einen kostenbasierten Soll-Ist-Vergleich durchzuführen,
- eine Investitionsstrategie zu entwickeln,
- Kostenziele für die Bereitstellung von Services zu definieren,
- den Ressourceneinsatz zu priorisieren,
- Informationen über kostenbezogene Implikationen operativer Entscheidungen bereitzustellen und
- Rechnungen zu erstellen.

Bei der Ausgestaltung des Kostenrechungssystems sind die organisatorischen Alternativen Accounting-Center, Recovery-Center und Profit-Center zu unterscheiden.

Im Rahmen eines Accounting-Centers werden die Kosten für die benötigten Ressourcen geplant und überwacht. Eine Verrechnung der Kosten auf die gelieferten Leistungen findet nicht statt. Vorteil dieser Organisationsform ist der relativ geringe Aufwand. Nachteil ist die fehlende Transparenz bezüglich der Wirtschaftlichkeit von IT-Services und Kunden. Die Kosten werden unter Verletzung des Verursachungsprinzips zuschlagsorientiert auf die Kunden verteilt.

Beim Recovery-Center werden die Kosten auf die gelieferten Services verursachungsgerecht aufgeteilt und dem Leistungsabnehmer in Rechnung gestellt. So kann eine erhöhte Transparenz in Hinsicht auf den Return-on-Investment für die einzelnen Services und Kunden erreicht werden. Allerdings entsteht gleichzeitig ein höherer Aufwand für die Kostenrechung und Kalkulation.

Ein Profit-Center ist eine autonome Organisation, die für die erstellten Services beim Kunden einen freien Preis verlangt. Dabei ist es von der Strategie des Profit-Centers abhängig, ob der Preis für einen Service kostendeckend ist, eine Gewinnmarge verlangt wird oder ein Service subventioniert wird. Vorteil des Profit-Center ist die Eigenverantwortlichkeit, die im Allgemeinen die Wirtschaftlichkeit einer Organisation steigert. Allerdings muss sich die Profit-Center-Organisation dem Vergleich anderer externer Anbieter stellen und Wettbewerbsvorteile gegenüber diesen erlangen, um langfristig am Markt bestehen zu können.

Zur Erstellung des IT-Kostenrechnungssytems sind zunächst die wesentlichen Kostenarten zu identifizieren. Hier werden im ITIL-Framework die Kategorien Hardware, Software, Personal, Räumlichkeiten, externe Services und Transferkosten vorgeschlagen, wobei je nach Bedarf mehr oder weniger spezifische Kostenarten unterschieden werden sollten. Externe Services subsumieren wiederum einen Mix aus verschiedenen Kostenarten, welche bei den Lieferanten der externen Services anfallen, aber aus Einfachheitsgründen beim Kunden unter der Kategorie der externen Servicekosten zusammengefasst werden. Transferkosten sind solche Kosten, die aufgrund von organisationsinternen Leistungsbeziehungen entstehen. Zum Beispiel kann ein Teil der Kosten der Personalabteilung im Sinne einer innerbetrieblichen Leistungsverrechnung auf die IT-Organisation übertragen werden, da diese Personalleistungen bezogen hat.

Je nach Bezugsobjekt können die Kosten z. B. auf Kunden, auf Services oder auf andere Objekte verrechnet werden. Zur Rechnungserstellung ist es sinnvoll, die Kosten pro Kunde zu kennen. Zur Erstellung von Wirtschaftlichkeitsanalysen für IT-Services sind die servicespezifischen Kosten relevant. Ausgehend von den identifizierten Kosten können Einzel- und Gemeinkosten unterschieden werden. Einzelkosten stellen dem Bezugsobjekt direkt und eindeutig zuordenbare Kosten dar, während Gemeinkosten solche Kosten sind, bei denen der kausale Zusammenhang zwischen dem Verbrauch von Ressourcen und der Entstehung der Leistung nicht direkt hergestellt werden kann. Ein Server, welcher ausschließlich zum Betrieb eines einzelnen Service eingesetzt wird, verursacht beispielsweise Einzelkosten, welche verursachungsgerecht dem entsprechenden Service verrechnet werden können. Die im Rechenzentrum entstehenden Personalkosten zum Betrieb einer Vielzahl an Anwendungen und Services können jedoch nur sehr schwer einem einzelnen Service zugeordnet werden und stellen somit Gemeinkosten dar. Ein Teil der Gemeinkosten kann über eine Kostenstellenrechnung indirekt dem Bezugsobjekt zugeordnet werden. Der andere Teil wird über einen Gesamtkostenzuschlag auf das Bezugsobjekt verrechnet. So können z. B. die Personalkosten des Service-Desks, je nach Anzahl an Störungen bzw. Serviceanfragen, dem entsprechenden Service anteilhaft verrechnet werden, während die Verwaltungskosten der Buchhaltung nicht in einer verursachungsgerechten Art und Weise mit einem spezifischen Service in Verbindung gebracht werden können. Diese Kosten würden dann gemäß der Einzel- und Gemeinkosten, die dem Bezugsobjekt zugeordnet werden können, prozentual zugeschlagen. *Abbildung 8.2.* verdeutlicht die Vorgehensweise für eine kundenspezifische Kostenermittlung.

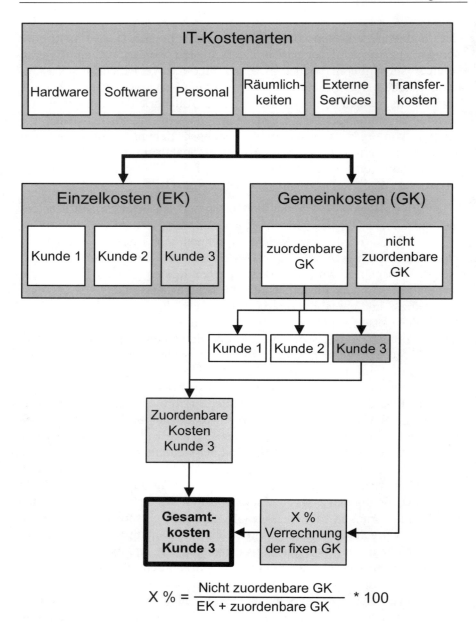

Abb. 8.2. Kundenspezifische Kostenermittlung

> **Hinweis: Abschreibungen**
>
> Für wichtige Vermögensgegenstände können die Anschaffungskosten über die Nutzungszeit verteilt werden und entsprechend als Kosten möglichst verursachungsgerecht zugeordnet werden. Ein typisches Beispiel hierfür ist Software, da die Anschaffungskosten relativ hoch sind, die Software aber gewöhnlich mehrere Jahre genutzt wird.

8.2.3 Entwicklung des Verrechnungssystems

Die wichtigste Entscheidung im Bereich der Rechnungserstellung ist die Bestimmung des zu verrechnenden Objektes. Generell ist dem Kunden das gelieferte Endprodukt in Rechnung zu stellen. So wird beim Kauf eines Autos der Preis für das Auto angesetzt und nicht der Preis für die Produktionsstunden, die Einzelteile etc. Voraussetzung hierfür ist, dass bekannt ist, wie viele Ressourcen zur Erstellung eines IT-Service – also z. B. den Abruf einer IT-gestützen Verkaufsanalyse – benötigt werden. In der IT stellt dies zum Teil jedoch eine große Herausforderung dar, da sehr komplexe und kaum nachvollziehbare Abhängigkeiten zwischen einer Vielzahl von Anwendungen zur Lieferung einer Transaktion bestehen können. Als Beispiel wird im ITIL-Framework die Durchführung einer hoch aggregierten Sequenz einzelner Batch-Jobs erwähnt, deren Kosten kaum auf geschäftsorientierte Transaktionen verrechnet werden können. Dennoch ist eine kundenorientierte Abrechnung anzustreben, damit eine Planung der IT-Kosten für den Kunden ermöglicht wird.

Je nach Ausgestaltung der IT-Organisation ist bei der Preisbildung außer der Kostendeckung auch die Beeinflussung der Nachfrage nach dem entsprechenden IT-Service zu berücksichtigen. So kann zu sogenannten Peak-Zeiten ein hoher Preis dazu führen, dass die Nutzer ihren Service zu anderen Zeiten abrufen und dadurch eine kostensenkende Glättung der Nachfrage erreicht wird. Haben die Kunden die Möglichkeit, ihre IT-Services von einem externen Markt zu beziehen, sollte der angebotene Preis benchmarkfähig sein. Liegen die Kosten für den entsprechenden Service über dem benchmarkfähigen Preis, ist es für den jeweiligen IT-Dienstleister nicht wirtschaftlich, den Service anzubieten. Liegen die Kosten unter dem marktfähigen Preis, kann der IT-Dienstleister, vorausgesetzt, dieser ist z. B. als Profit-Center und nicht als Cost-Center organisiert, eine Gewinnmarge auf den angebotenen Service aufschlagen. Eine weitere Möglichkeit der Preisgestaltung ist ein fixer, verhandlungs basierter Preis.

Zudem ist in Abstimmung mit dem Kunden zu klären, wer die Kosten für Überkapazitäten – die beispielsweise aufgrund einer falschen Mengenplanung entstanden sind – trägt und inwiefern Änderungen an den zur Verfügung stehenden Kapazitäten auf Seiten des IT-Lieferanten vorgenommen werden dürfen.

8.2.4 Planung der Einführung und Umsetzung von Kostenrechnungssystemen

Bevor Kostenrechnungssysteme innerhalb der IT-Organisation umgesetzt werden können, sind zunächst evaluierende und planende Aktivitäten durchzuführen. Diese sollten in Form eines ca. drei bis sechs Monate dauernden Projektes durchgeführt werden. Neben der IT-Geschäftsführung und dem IT-Service-Management sollten auch Führungskräfte der Finanzabteilung und ein oder mehrere Kundenvertreter an der Projektleitung beteiligt sein. Das Projektteam sollte sowohl das Geschäft als auch die IT-Organisation kennen. Zudem sind Controlling-Kenntnisse notwendig. Auf Basis von Durchführbarkeitsanalysen und Empfehlungen des Projektteams entscheidet die Projektleitung über Budgets zur Entwicklung und Umsetzung des Kostenrechnungssystems. Im Rahmen der Durchführbarkeitsanalysen werden z. B. Kosten-Nutzen-Analysen durchgeführt, Grundsätze zur Kostenverrechnung vorgeschlagen und Einführungspläne skizziert.

Da die Geschäftspläne der Kunden die Basis für die Kostenplanung des IT-Dienstleisters sind, sollte der Planungszyklus der IT-Organisation am Planungszyklus der Kunden ausgerichtet werden. Entsprechend den Geschäftsanforderungen des Kunden sind die Kosten für die benötigten Ressourcen zu ermitteln, und gemäß dem entwickelten Kostenrechnungssystems ist ein erster Entwurf der Plankosten pro Kunde bzw. Service zu erstellen.

Organisatorisch sollte die Verantwortung für das IT-Controlling und die Rechnungserstellung in der IT-Organisation verankert sein. Das IT-Controlling ist verantwortlich für die Ausführung der operativen Tätigkeiten. Der Financial-Manager sollte direkt an die Geschäftsführung des IT-Dienstleisters berichten. Das Projekt-Management und andere Service-Manager übernehmen unterstützende und prüfende Aufgaben, wie z. B. die Vorbereitung und Überwachung von Budgets und die Festlegung von geeigneten Controlling-Methoden. Aspekte, wie die Bereitstellung eines geeigneten Trainingsangebotes für den Financial-Manager und den Einsatz-von unterstützenden Software-Tools, sind zu berücksichtigen.

8.2.5 Einführung von Kostenrechnungssystemen

Abhängig von den bereits implementierten Tools und den zur Verfügung stehenden Informationen und Ressourcen kann ein Einführungsprojekt für ein Kostenrechnungssystem sechs oder mehr Monate dauern. Die durchzuführenden operativen Tätigkeiten sollten dokumentiert werden, inklusive der Planung, Berichterstattung und Rechungserstellung. Dabei sind die Tätigkeiten sowohl auf täglicher und wöchentlicher Basis als auch auf monatlicher und jährlicher Basis zu berücksichtigen.

Informationen aus einer Vielzahl von Quellen werden benötigt, um die Kosten für die Bereitstellung der IT-Services zu erheben. Dabei sollten die Informationen möglichst automatisiert generiert werden, um den Aufwand in Grenzen zu halten. Dennoch sollte auch eine hinreichende Qualität der Informationen gewährleistet sein. Hierbei können Software-Tools einen wesentlichen Beitrag liefern.

Im Rahmen der Einführung des Kostenrechnungssystems sind Regelungen bezüglich

- der Trennung von Investitionen und Aufwand,
- der Klassifizierung der Kosten (nach den vorher vereinbarten Kostenarten),
- der Identifizierung der Einzel- und Gemeinkosten,
- der Zuordnung der Gemeinkosten auf Kostenträger und
- der abschließenden Überprüfung des Ergebnisses

zu definieren und zu etablieren.

Ein wichtiger Aspekt bezüglich der Einführung eines Kostenrechnungssystems ist die Schaffung eines Bewusstseins für Kosten im Allgemeinen und das Kostenrechnungssystem im Besonderen. Der Kunde sollte einsehen und verstehen, dass für einen qualitativ hochwertigeren Service auch höhere Kosten entstehen und damit ein höherer Preis zu zahlen ist. Durch entsprechende Information kann den Kunden und Nutzern vermittelt werden, inwiefern sie die Möglichkeit haben, Kosten und damit auch den Preis zu beeinflussen. IT sollte keine Selbstverständlichkeit sein, sondern eine knappe Ressource, für welche ein Preis gezahlt wird. Allerdings kann die IT-Organisation nur bis zu einem gewissen Maß mengenabhängige Preise anbieten. In vielen Fällen können die in der IT-Organisation anfallenden Kosten trotz geringeren Kundenkonsums nicht reduziert werden. So werden z. B. Server – obwohl nicht genutzt – trotzdem abgeschrieben. Hierbei stellt sich die Frage, ob die Kosten für Überkapazitäten vom Kunden oder

der IT-Organisation getragen werden. Häufig werden Kapazitäten knapp geplant und in Hochlastzeiten Drittanbieter hinzugezogen.

Eine vorherige Pilotierung des Kostenrechnungssystems wird im ITIL-Framework empfohlen. In dieser Testphase sollen Erfahrungen gesammelt werden, welche für die Schätzung der Kosten und Budgets nützlich sein können. Fehlplanungen, die zu Totalausfällen und Akzeptanzverlust führen würden, können dadurch vermieden werden. Aus diesem Grund wird auch auf die Planung von Wiederherstellungs- und Sicherheitsmaßnahmen für das Kostenrechnungssystem hingewiesen. Die Kontinuität der Generierung von relevanten Kosteninformationen sollte sichergestellt werden, damit Fehler bei der Erstellung von Rechnungen und Controlling-Berichten vermieden werden.

8.2.6 Betrieb des Kostenrechnungssystems

Folgende operative Tätigkeiten sind in unterschiedlicher Frequenz durchzuführen: Täglich bzw. wöchentlich sind Kosteninformationen zu sammeln und deren Genauigkeit und Vollständigkeit zu überprüfen. Zudem sind Änderungen über das Change-Management zu initiieren und es ist an den Besprechungen des Änderungskomitees teilzunehmen. Auf monatlicher Basis sind Kostenberichte zu erstellen, Soll-Ist-Vergleiche und Abweichungsanalysen durchzuführen und eine Monatsbilanz aufzustellen. Außerdem sind Rechnungen zu erstellen und die tatsächlichen Kosten pro Kunde mit den geplanten Budgets zu vergleichen. Quartalsweise werden Prognosen erstellt, Preislisten verifiziert, längerfristige Änderungen geplant und die Rechnungserstellung überprüft. Auf jährlicher Basis wird das Kostenrechnungssystem überprüft und die Budgets für das nächste Jahr in Zusammenarbeit mit Kunden und anderen IT-Managern geplant und festgelegt. In diesem Zusammenhang werden auch jährliche Kostenanalysen durchgeführt und die finale Bilanz erstellt. *Abbildung 8.3.* zeigt einen groben Überblick über den Ablauf des Financial-Managements. Die Folge sind Über- oder Unterkapazitäten, welche zusätzliche Kosten verursachen. Durch spezifische SLAs können Regelungen für solche Fälle abgedeckt werden. Für einen höheren Preis können z. B. Reservekapazitäten bereitgestellt werden. Wenn diese nicht ausreichen, können zusätzliche Kapazitäten beschafft oder von Drittanbietern bezogen werden. Am Ende der Periode kann ein Zuschlag auf den vereinbarten Preis verhandelt werden. Bei einer internen Leistungsbeziehung können die Kosten auch zentral übernommen werden. Wesentlich ist, dass solche Regelungen im Voraus

Aktivitäten des Financial-Managements 133

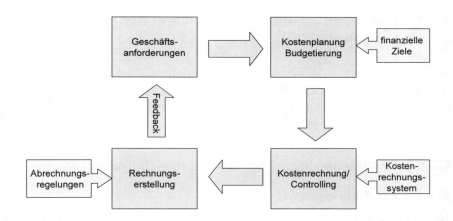

Abb. 8.3. Ablauf des Financial-Managements

durch das Management entschieden und dem Kunden kommuniziert werden.

Im Rahmen der Berichterstattung gibt es zwei wesentliche Adressaten. Zum einen die Kunden, welche z. B. Informationen über Ausgaben, Abweichungen zu den geplanten Ausgaben und Investitionsvorhaben benötigen. Zum anderen benötigt das IT-Service-Management Berichte über Kosten und Einnahmen, Empfehlungen für Änderungen und zukünftige Investitionen, derzeitige Probleme und Abweichungsanalysen. Im Rahmen regelmäßiger Prüfungen ist das Kostenrechnungssystem auf Effizienz, Effektivität und Wirtschaftlichkeit hin zu untersuchen. Zudem sollte überprüft werden, inwiefern die formal definierten Prozeduren eingehalten werden. Im Bereich der Budgetierung sollte überprüft werden, ob für alle Aktivitäten Budgets vergeben wurden und ob diese regelmäßig überwacht werden. Im Falle von Budgetüberschreitungen sollten Eskalationsprozeduren existieren. Im Rahmen des IT-Controlling wird empfohlen, die Genauigkeit der Prognosen und die Bilanzsummen zu prüfen. Des Weiteren sollte neben der Vollständigkeit der Kosteninformationen auch die Berichterstattung einer Qualitätsprüfung unterzogen werden. Die Schnittstellen zu anderen IT-Service-Management-Bereichen und zum Kunden sollte ebenfalls regelmäßig kontrolliert werden. Der dritte Bereich – die Rechnungserstellung – ist in Bezug auf die Verständlichkeit und Richtigkeit der Rechnungen zu untersuchen. Auch der Zahlungseingang und die Berichterstattung sind einer Kontrolle zu unterziehen.

8.3 Beziehungen zu anderen Bereichen der IT-Organisation

Neben den teilweise im obigen Text beschriebenen Schnittstellen und Informationsbeziehungen werden in der ITIL folgende wesentliche Beziehungen zwischen dem Financial-Management und anderen Bereichen der IT-Organisation angesprochen.

8.3.1 Schnittstellen innerhalb des Service-Deliverys

Service-Level-Management

In Verbindung mit dem Financial-Management werden die Kosten für die Erbringung der Services und die Erfüllung der Servicevereinbarungen kalkuliert. Dazu werden die Inputfaktoren dem Kostenrechnungssystem entsprechend mit Kostensätzen versehen und auf die IT-Services verrechnet. So werden beispielsweise für die zur Erfüllung der Kundenwünsche benötigte Hardware jährliche Abschreibungskosten kalkuliert und auf den entsprechenden Service verrechnet.

Informationen über mögliche Abrechnungsmethoden und über deren Konsequenzen für die Kunden werden bereitgestellt. Je mehr Variationsmöglichkeiten dem Kunden bei der Festlegung des zu liefernden Service eingeräumt werden, desto anspruchsvoller und aufwändiger wird die Rechnungserstellung, da zusätzliche Wünsche des Kunden individuell abgerechnet werden müssen.

Capacity-Management

Das Financial-Management unterstützt das Capacity-Management bei der Durchführung von Investitionsrechnungen für kapazitätserweiternde Maßnahmen und stellt finanzielle Daten, die z. B. bei der Erstellung des Kapazitätsplanes benötigt werden, bereit.

Im Falle einer verursachungsgerechten Abrechnung dient die Kapazitätsbeanspruchung u. a. als Basis für die Erstellung der Rechnungen. Hierfür stellt das Capacity-Management dem Financial-Management entsprechende Informationen bereit. Ausgehend von dem Geschäftsbedarf liefert das Capacity-Management Informationen über bereitzustellende Kapazitäten. Diese dienen dem Financial-Management u. a. als Basis zur Berechnung der Plankosten für die kommende Periode.

Availability-Management

Das Availability-Management versorgt das Financial-Management mit Informationen über Kosten, die aufgrund von nicht verfügbaren Services entstehen, während das Financial-Management die Kosten für Maßnahmen zur Steigerung der Verfügbarkeit kalkuliert.

8.3.2 Schnittstellen zum Service-Support

Problem-Management

Das Financial-Management versorgt das Problem-Management mit Kosten- und Budgetinformationen. Budgetüberschreitungen können beispielsweise zu Problemen führen, die ebenfalls im Rahmen des Problem-Managements behoben werden müssen.

Change-Management

Änderungen am Kostenrechnungssystem oder an vereinbarten Budgets, die innerhalb der Planungsperiode durchgeführt werden, sind unter der Kontrolle des Change-Managements abzuwickeln. Auf der anderen Seite stellt das Financial-Management dem Change-Management kostenrelevante Informationen für geplante Änderungen zur Verfügung.

Configuration-Management

Das Configuration-Management verwaltet sämtliche IT-Service-Komponenten und deren Attribute – darunter auch finanzielle Informationen, wie z. B. die Kosten der einzelnen Komponenten. Für das Financial-Management liefert die Konfigurationsdatenbank wertvolle Informationen zur Bestimmung der Kosten und der Kalkulation des servicespezifischen Ressourcenverbrauches.

8.3.3 Schnittstelle zum Application-Management

Bei Planung, Entwicklung und Betrieb von Applikationen sind finanzielle Aspekte zu berücksichtigen. So sollten schon bei der Anwendungsplanung Wirtschaftlichkeitsaspekte berücksichtigt werden. Beim Design der Anwendung sollten Kostenaspekte – insbesondere des späteren Betriebes – mit ins Kalkül gezogen werden. Im laufenden Betrieb ist die Wirtschaftlichkeit der Anwendung auf regelmäßiger Basis zu überprüfen. Hierbei liefert das Financial-Management kostenrelevante Informationen.

8.3.4 Schnittstelle zum ICT-Infrastructure-Management

Zur Planung der ICT-Infrastruktur liefert das Financial-Management relevante Informationen über Kosten und Budgets. Diese dienen u. a. als Basis für die Gestaltung der ICT-Infrastruktur und geben den finanziellen Rahmen, z. B. für neue Investitionen, vor.

8.4 Steuerung des Financial-Managements

8.4.1 Ziel des Financial-Managements

Im Falle von internen Leistungsbeziehungen dient das Financial-Management zur Schaffung von Kostentransparenz und damit der Möglichkeit zur Aufdeckung von Ineffizienzen. Bietet die IT-Organisation ihre Leistungen auf externen Märkten an, erfüllt das Financial-Management die Gesamtheit der finanziellen Aufgaben zur Steuerung der Organisation. Hierzu zählen neben der Budgeterstellung auch die Schaffung von Kostentransparenz und die Erstellung von Rechnungen. Zudem sind im Zuge der Investitionsentscheidungen unterstützende Kosteninformationen zu generieren.

8.4.2 Rollen/Verantwortlichkeiten/Fähigkeiten

Rollen

Die Aufgaben des Financial-Managements können entweder zwischen der Finanzabteilung und anderen IT-Managern aufgeteilt oder einem Financial-Manager unterstellt werden. In jedem Fall sollten Prozessverantwortliche nominiert werden, welche jeweils einem Finanzprozess zugeordnet sind. Die wesentlichen Aufgaben, die dem Financial-Manager obliegen, sind die
- Entwicklung von allgemein gültigen Regelungen bezüglich Budgeterstellung, Controlling und Rechnungserstellung,
- Implementierung und Kontrolle des Financial-Managements, inklusive Budgeterstellung, Controlling und Rechnungserstellung und
- Unterstützung bei der Entwicklung von Investitionsplänen.

Verantwortlichkeiten

Budgetierung
- Erstellung und Kontrolle der IT-Budgets,
- Berichterstattung über Budgeteinhaltung.

IT-Controlling
- Entwicklung des Kostenrechnungssystems,
- Kosten-Nutzen-/Wirtschaftlichkeitsanalysen.

Rechnungserstellung
- Entwicklung von Regeln bezüglich Abrechnung,
- Erstellung von Preislisten,
- Erstellung von Rechnungen.

Sonstiges
- Unterstützung von Service-Level-Management und Capacity-Management bezüglich Budget- und Investitionsplanung,
- Rechnungslegung und -prüfung.

Fähigkeiten

- Nummerische und finanzielle Fähigkeiten,
- Kommunikations-, Verhandlungs-, Präsentations- und Teamfähigkeiten,
- Genauigkeit,
- Verständnis bezüglich Geschäft und IT,
- Kenntnisse über internes und externes Rechnungswesen,
- Kenntnisse über Vertrags- und Lieferantenmanagement,
- Statistische und analytische Kenntnisse.

8.4.3 Betriebliche Kenngrößen des Financial-Managements

- Genauigkeit der Kosten- und Erlösplanung,
- Verursachungsgerechte Abrechnung Genauigkeit und Richtigkeit der ROI-Analysen,
- Kunden- und Benutzerverhalten verbessert sich hinsichtlich der Aspekte Wirtschaftlichkeit und Effizienz,
- Zeitgerechte Durchführung bzw. Erstellung der Budgets, Plankosten, Kostenberichte und Rechnungsprüfung,
- Vollständigkeit der Kostenerfassung.

8.4.4 Erfolgsfaktoren

- Management-Unterstützung bei der Einführung des Financial-Managements,
- Folgen und Kosten der Einführung des Financial-Managements sind bekannt und werden kommuniziert,
- Services und die entsprechende Verrechnungsmethode sind den Kunden und Anwendern bekannt,
- Funktionierende Schnittstellen zum IT-Service-Management und zum Configuration-Management,
- Begründbarkeit der Ausgaben geht aus Kostenrechnungssystem hervor.

8.4.5 Kosten/Nutzen

Kostenarten

- Verwaltungskosten für die Planung, Einführung und Fortführung des Financial-Managements,
- Zusätzliche IT-Ressourcen für die Abwicklung und Unterstützung des IT-Kostenrechnungssystems und die Rechnungserstellung.

Nutzenkategorien

- Gesteigertes Vertrauen in vereinbarte Budgets und dadurch Sicherung von SLAs und Sicherung der Finanzierung von benötigten IT-Ressourcen,
- Genaue Kosteninformationen zur Unterstützung von Investitionsentscheidungen,
- Informationen über Wirtschaftlichkeit der einzelnen Services,
- Vermeidung von Ineffizienzen durch zusätzliche Transparenz,
- Verursachungsgerechte Verrechnung der Kosten,
- Möglichkeit der Beeinflussung des Kundenverhaltens durch Preise.

8.4.6 Mögliche Probleme

- Fehlendes Know-How bezüglich internem und externem Rechnungswesen,
- Aus anderen Prozessen benötigte Informationen stehen nicht zur Verfügung,
- Fehlendes Engagement des Top-Managements,
- Unwirtschaftlichkeit des Kostenrechnungssystems,
- Datenerfassungs-Tools sind nicht wirtschaftlich oder liefern ungenaue bzw. irrelevante Informationen,
- Einschränkung der Flexibilität der IT-Organisation im Falle von außervertraglichen Kundenwünschen.

Teil C:
Service-Support

Der Bereich Service-Support umfasst die operativen Aufgaben des serviceorientierten IT-Managements. Dabei werden Störungen und Fehler, die bei der Lieferung von IT-Services auftreten, identifiziert, bearbeitet und behoben. Zudem werden die Störungsursachen untersucht und eliminiert. Diese Prozesse erfolgen sowohl reaktiv, d. h., wenn die Störung bereits aufgetreten ist, als auch proaktiv, d. h., eine potenzielle Störungsursache wurde identifiziert und behoben, bevor die Störung aufgetreten ist. Zudem wird im Bereich des Service-Supports die Qualität und Richtigkeit sämtlicher Änderungen, die an IT- oder Service-Komponenten vorgenommen werden, durch standardisierte, vordefinierte Prozeduren und Genehmigungsverfahren sichergestellt. Neue Versionen, wobei hierunter auch die Zusammenfassung mehrerer kleinerer Änderungen verstanden werden kann, werden im Bereich des Service-Supports ebenfalls durch standardisierte, vordefinierte Prozeduren geplant, entwickelt, implementiert und verwaltet. Eine Konfigurationsdatenbank, in welcher sämtliche IT- und Service-Komponenten gespeichert und verwaltet werden, bildet die notwendige Informationsquelle für sämtliche Prozesse des serviceorientierten IT-Managements. Entsprechend kann der Bereich Service-Support in fünf Bereiche eingeteilt werden:

- Incident-Management,
- Problem-Management,
- Change-Management,
- Release-Management und
- Configuration-Management.

Diese fünf Bereiche werden im Folgenden detailliert beschrieben.

9 Incident-Management

9.1 Überblick

Aufgaben des Incident-Managements sind zunächst die initiale Aufnahme von IT-bezogenen Problemen oder Serviceanfragen, das Leisten einer ersten Hilfestellung für den Nutzer und die Klassifizierung der Störungen bzw. Anfragen.

Die direkte Schnittstelle zum Nutzer bildet das Service-Desk. Hier werden die Anfragen oder Problemmeldungen aufgenommen und weiterkommuniziert. In einem weiteren Schritt wird die Störung bzw. die Serviceanfrage analysiert, klassifiziert und eventuell ein erster Support geleistet. Zur effizienten Gestaltung dieser Prozessfolge ist eine Datenbank einzurichten, in welcher bekannte Probleme und entsprechende temporäre Lösungen gespeichert und verwaltet werden. Im Falle neu auftretender Störungen sind diese entsprechend der Klassifizierung an den dafür zuständigen Second-Level-Support, inklusive aller bekannten Details, weiterzuleiten. Die weitere Analyse und die Problembehebung ist dann Aufgabe des Problem-Managements (*s. Kap. 10*). Dennoch liegt es weiterhin in der Verantwortung des Incident-Managements, mit dem Nutzer zu kommunizieren und ihn über den aktuellen Status des Problemlösungsprozesses zu berichten.

Ein effektives Incident-Management kann einen erfolgskritischen Beitrag zur Schaffung zufriedener Kunden leisten, da das Incident-Management die Schnittstelle zum Nutzer bildet und hier die Kundenorientierung des IT-Dienstleisters direkt wahrgenommen wird. *Abbildung 9.1.* zeigt eine Übersicht über das Incident-Management und gleichzeitig eine Übersicht dieses Kapitels.

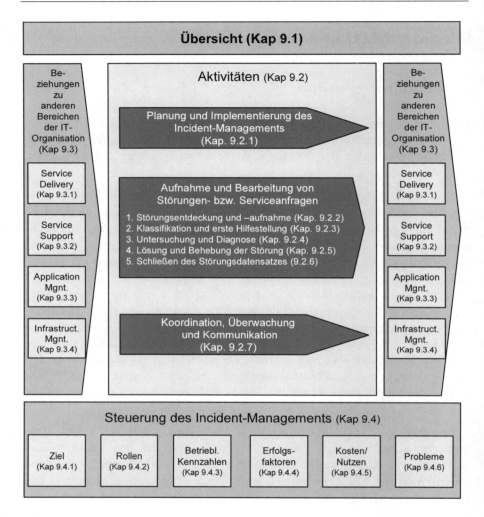

Abb. 9.1. Übersicht über das Incident-Management

9.2 Aktivitäten des Incident-Managements

9.2.1 Planung und Implementierung des Incident-Managements

Es wird empfohlen, das Incident-Management nicht isoliert, sondern im Zusammenhang mit den anderen Service-Support-Bereichen umzusetzen. Falls für die parallele Umsetzung nicht genügend Ressourcen vorhanden sind, wird empfohlen, mit der Umsetzung des Service-Desks und des Incident-Managements zu beginnen, um schnelle Erfolge und damit Akzeptanz innerhalb der IT-Organisation und beim Kunden erzielen zu können. Die Planungsphase kann erfahrungsgemäß drei bis sechs Monate dauern, wobei für die Implementierung des Incident-Managements zusätzlich noch drei Monate bis zu einem Jahr eingeplant werden sollten.

Mit der Auswahl und Beschaffung unterstützender Hardware und Software sollte frühzeitig begonnen werden, wobei darauf geachtet werden sollte, dass die entsprechenden Lösungen die übrigen (eventuell erst später noch zu implementierenden) ITIL-Bereiche unterstützen und eine angemessene Flexibilität für die spezifischen Geschäftsanforderungen erlauben.

Die Integration der Konfigurationsdatenbank in die Incident-Management-Prozeduren ist von zentraler Bedeutung. Falls noch keine Konfigurationsdatenbank vorhanden ist, sollte im Rahmen der Einführung des Incident-Managements zumindest eine Datenbank, in welcher die wesentlichen IT-Komponenten verwaltet werden, implementiert werden. Andernfalls gestaltet sich die Störungsbearbeitung als sehr ineffizient, da für die Bearbeitung relevante Informationen kaum erhoben werden können. Ebenso ist eine Datenbank – oder zumindest eine Tabelle – für die Verwaltung der bereits bekannten Störungen bzw. Probleme für das Incident-Management bereitzustellen, um wiederholte Analysen zu vermeiden. Der Betrieb des Incident-Managements kann in die folgenden Aufgaben unterteilt werden:

- Störungsentdeckung und -aufnahme,
- Klassifikation und erste Hilfestellung,
- Untersuchung und Diagnose,
- Lösung und Behebung der Störung,
- Schließen des Störungsdatensatzes und
- Koordination, Überwachung und Kommunikation.

9.2.2 Störungsentdeckung und -aufnahme

In der ITIL wird als Oberbegriff für Störungen und Serviceanfragen der Begriff „Incident" verwendet. In den folgenden Ausführungen ist im Wesentlichen von Störungen die Rede, wobei die geschilderten Aspekte auf Serviceanfragen zu übertragen sind.

Für jede Störung bzw. Serviceanfrage, die entdeckt oder gemeldet wird, ist im Rahmen des Incident-Managements, normalerweise mit Hilfe eines Software-Tools, ein Störungsbeleg (in vielen Organisationen auch „Ticket" genannt) zu erstellen. Dabei sind im Rahmen des Incident-Managements folgende Informationen für die Störung zu generieren, die sowohl für den Lösungsprozess, als auch für das Management von Bedeutung sind: Identifikationsnummer; Störungsklassifikation, -kategorie und -priorität; Datum und Zeit der Störungsentdeckung; Name/Bereich/Telefonnummer der Person, die die Störung entdeckt hat; Rücksprachemethode (E-Mail, Telefon etc.); Beschreibung der Symptome; Störungsstatus (aktiv, geschlossen etc.); betroffene Komponenten; derzeit zuständige Person; verwandte Probleme bzw. bekannte Fehler; Lösungsdatum und -zeit; Abschlusskategorie, -datum und -zeit. Für jede Aktivität oder Maßnahme, die während des Störungslebenszyklus durchgeführt wird, sollten des Weiteren folgende Informationen gespeichert werden: Name und Identifikationsnummer der Supportgruppe, welche die entsprechende Aktion durchgeführt hat; Art der Aktion (Weiterleitung, Diagnose, Lösung, Schließen der Störung etc.); Datum und Zeit der Aktion; Beschreibung und Ergebnis der Aktion.

Normalerweise werden Störungen dem Service-Desk gemeldet, im Rahmen dessen dann ein Störungsbeleg mit Hilfe des Incident-Management-Systems erstellt wird. In vielen Organisationen können die Nutzer Störungsbelege direkt im Incident-Management-System erstellen. In solchen Fällen sollte das Service-Desk über die jeweilige Störung informiert werden. Die Überwachung der Störungen sollte im Verantwortungsbereich des Service-Desks bleiben.

Im Falle von ernsten Störungen, bei denen z. B. die Einhaltung der vereinbarten Servicegrade gefährdet ist, ist der Service-Manager zu benachrichtigen und es sind gegebenenfalls im Rahmen des Service-Level-Managements geeignete Maßnahmen zu initiieren.

9.2.3 Klassifikation und erste Hilfestellung

Im Rahmen der Klassifizierung sind zunächst die Störungsgründe zu identifizieren. In vielen Fällen treten Störungen wiederholt auf und die Störungsgründe sowie Lösungsmaßnahmen sind bereits bekannt. Ein Abgleich der Störungsinformationen mit bereits bekannten Fehlern (optimalerweise sind diese in einer Datenbank hinterlegt) hilft, eine schnelle Umgehungslösung zu identifizieren und eine erste Hilfestellung effizient bereitzustellen. Dabei sollte im Rahmen der Störungsklassifizierung der betroffene Service bestimmt, assoziierte SLAs identifiziert, auf Basis der Auswirkungen auf das Geschäft die Priorität festgelegt und die zuständige Gruppe zur Störungsbearbeitung selektiert werden. Bei der Bestimmung der Priorität sind mehrere Faktoren zu berücksichtigen. Zunächst spielen die Auswirkungen auf das Geschäft eine wesentliche Rolle, wobei diese anhand der im Service-Level-Management definierten SLAs bestimmt werden können. Zudem gibt die Anzahl der betroffenen Nutzer und Systeme häufig Aufschluss über den Auswirkungsgrad. Außerdem ist die Dringlichkeit der Störungsbehebung zu berücksichtigen. Störungen mit relativ starken Auswirkungen auf das Geschäft können gegebenenfalls zunächst mit einer niedrigeren Priorität versehen werden, wenn die Auswirkungen erst zu einem späteren Zeitpunkt entstehen und somit die Behebung der Störung nicht dringend ist. Weitere für die Bestimmung der Priorität zu berücksichtigende Punkte sind die Komplexität und der Geltungsbereich der Störung. Gegebenenfalls sind aufgrund der hohen Komplexität der Störung und der damit einhergehenden langwierigen Lösungsprozesse bereits früh Maßnahmen zur Störungsbehebung einzuleiten und damit eine hohe Priorität einzuräumen. Andernfalls können weniger komplexe Störungen, die mit wenig Aufwand behoben werden können, sofort bearbeitet werden. Insbesondere standardisierte Serviceanfragen, wie z. B. die Zurücksetzung eines Passwortes, können direkt bearbeitet werden. Zudem müssen genügend Ressourcen zur Durchführung der Störungsbehebung verfügbar sein.

Idealerweise kann den Nutzern bereits bei der Meldung einer Störung durch die Mitarbeiter im Service-Desk geholfen werden. Dabei kann zum einen eine Datenbank mit bekannten Fehlern und entsprechenden Lösungsvorschlägen und zum anderen die Expertise der Service-Desk-Mitarbeiter die Erstlösungsquote (eine Kennzahl, die misst, wieviele der Störungen bei der ersten Meldung direkt im Service-Desk gelöst wurden) erhöhen. Falls keine Hilfestellung angeboten werden kann, folgt im Rah-men des Incident-Managements eine Untersuchungs- und Diagnosephase, gegebenenfalls durch den Second-Level-Support. Das Service-Desk sollte auch nach Weiterleitung zu nachgelagerten Supportgruppen die Fortschritte bzw. Informationen über die Dauer des Lösungsprozesses den betroffenen Nutzergruppen kommunizieren.

9.2.4 Untersuchung und Diagnose

Nachdem eine Störung an die zuständige Supportgruppe weitergeleitet wurde, hat diese die Aufgabe, die Störung zunächst zu akzeptieren und Datum und Zeit der Störungsannahme festzuhalten. Des Weiteren ist der Status der Störung auf dem aktuellsten Stand zu halten und dafür zu sorgen, dass über das Service-Desk der Fortschritt der Störungsbearbeitung den betroffenen Nutzergruppen kommuniziert wird.

Hauptziel der Untersuchung und Diagnose ist es, eine Lösung für die Störungsbehebung zu finden und diese dem Service-Desk bzw. den betroffenen Nutzergruppen zu melden. Dabei ist es nicht unbedingt notwendig, die Störungsursache zu beheben. Dies stellt zwar den Idealfall dar, häufig kann die Störungsursache zunächst jedoch nicht direkt behoben werden. Hauptaufgabe des Incident-Managements ist es in diesem Fall, eine Alternative bereitzustellen, die es dem Nutzer ermöglicht, zunächst weiterzuarbeiten und somit die Auswirkungen der Störung auf das Geschäft zu minimieren. Falls beispielsweise ein Drucker ausfällt und die Reparatur einige Zeit dauert, kann den betroffenen Nutzern ein anderer Drucker zugeteilt werden.

Nach Untersuchung der Störung kann ein Antrag auf Änderung der zugeteilten Priorität erfolgen. Es kann beispielsweise vorkommen, dass die Auswirkungen auf das Geschäft vom Service-Desk falsch eingeschätzt wurden und der Störung eine unangemessen hohe Priorität eingeräumt wurde. Solche Änderungen sowie Informationen über eine identifizierte Lösung oder über die Dauer der Untersuchung sind in dieser Phase des Störungslebenszyklus zu dokumentieren bzw. zu speichern.

Die Phase der Untersuchung und Diagnose ist ein iterativer Prozess, in den verschiedene Supportgruppen eingebunden sein können, bis eine Diagnose bzw. eine geeignete Lösung identifiziert wird. Wichtig ist, dass sämtliche Aktivitäten dokumentiert werden. Falls die Problemursache der Störung nicht identifiziert werden kann, wird eine entsprechende Meldung gegebenenfalls via Service-Desk an das Problem-Management weitergeleitet (z. B. durch Erstellung eines Problem-Datensatzes im Problem-Management-System).

9.2.5 Lösung und Behebung der Störung

Die vorhergehende Phase diente dazu, die aufgetretene Störung zu untersuchen, eine Diagnose zu erstellen und eine (gegebenenfalls temporäre) Lösung zur Behebung der Störung zu entwickeln, die es den betroffenen Mitarbeitern erlaubt, ihre Arbeit fortzusetzen. Die eigentliche Umsetzung der Lösung, sei diese nun temporär oder dauerhaft, erfolgt durch Spezialisten (zumeist im Second- oder Third-Level-Support). Welche Aktivitäten hierbei durchzuführen sind, hängt von der Art der Störung und von der Art der Lösung ab. Wichtig ist, dass auch in dieser Phase sämtliche Aktivitäten dokumentiert werden.

Aktivitäten des Incident-Managements 149

9.2.6 Schließen des Störungsdatensatzes

Nachdem die Störung behoben wurde, ist der Störungsdatensatz zu schließen. Dabei sollte sichergestellt werden, dass sämtliche relevanten Informationen innerhalb des Störungslebenszyklus dokumentiert wurden, die Informationen konsistent und richtig sind (so ist z. B. zu überprüfen, ob die Klassifizierung der Störung tatsächlich angemessen ist) und die Kunden mit der Lösung zufrieden sind. Relevante Informationen für das Management, wie z. B. die Gesamtdauer der Störungsbehebung oder entstandene Kosten, eingeteilt nach Kostenstellen, sollten vermerkt werden.

Das Schließen des Störungsdatensatzes sollte in der Verantwortung des Service-Desks liegen. Nur Service-Desk-Mitarbeiter sollten demnach über die Berechtigung verfügen, einen Störungsdatensatz zu schließen oder aber erneut zu öffnen. Im letzteren Fall ist eine Begründung für die erneute Eröffnung eines bereits geschlossenen Datensatzes zu liefern und entsprechende Aufgaben zur Störungsbearbeitung zu verteilen.

9.2.7 Koordination, Überwachung und Kommunikation

Die Verantwortung für den Prozess der Störungsbearbeitung übernimmt das Service-Desk. Dabei ist es irrelevant, wer die Störung entdeckt und gemeldet hat. Das Service-Desk überwacht den Status und den Fortschritt der Störungsbearbeitung sowie die Gefahr einer Verletzung von SLAs, die für den Prozess der Störungsbehebung definiert wurden. Zudem ist der Verlauf der Störungsbearbeitung zu kontrollieren. Wird z. B. ein und dieselbe Störung wiederholt von einer zur anderen Supportgruppen weitergeleitet, kann dies auf Unstimmigkeiten und Missverständnisse hinsichtlich der Zuständigkeiten hinweisen. Störungen mit verhältnismäßig starken Auswirkungen (z. B. eine große Zahl an betroffenen Nutzern) sollten bei der Überwachung eine höhere Priorität eingeräumt werden. Des Weiteren ist eine kontinuierliche Kommunikation mit den betroffenen Nutzergruppen bezüglich des Fortschrittes der Störungsbearbeitung zu etablieren. Diese Prozeduren stellen eine schnelle Störungsbearbeitung sicher und erhöhen die Kundenzufriedenheit.

Falls es zu Verzögerungen bei der Störungsbearbeitung kommt und eine Lösung in absehbarer Zeit (d. h. in einer den SLAs gerecht werdenden Zeitspanne) nicht identifiziert werden kann, ist die Störung durch das Service-Desk zu eskalieren. Vorher definierte Eskalationsprozeduren sind dementsprechend zu befolgen.

Das Service-Desk kann aber auch schon tätig werden, bevor es zur Eskalation kommt. So können bei Störungen, deren Bearbeitungsdauer bereits einen bestimmten Prozentsatz der im SLA vereinbarten Gesamtdauer überschritten hat, z. B. die Vorgesetzten der zuständigen Personen informiert werden.

9.3 Beziehungen zu anderen Bereichen der IT-Organisation

9.3.1 Schnittstellen zum Service-Delivery

Service-Level-Management

Die Prozesse des Incident-Managements sollten Bestandteil der im Service-Level-Management definierten SLAs sein. Zum Beispiel sollten die mit dem Kunden vereinbarten Antwortzeiten für Nutzeranfragen in den SLAs dokumentiert sein und überwacht werden. Weitere Beispiele sind die Zeit für das Bereitstellen einer Lösung oder die Qualität der Hilfestellung. Interne Verträge können in diesem Fall z. B. die Zeit für die Weiterleitung der Fehlermeldungen an den Second-Level-Support absichern.

Das Incident-Management versorgt das Service-Level-Management mit den entsprechenden Informationen über die Erreichung der Verfügbarkeitsgrade. Daraufhin können vom Service-Level-Management Maßnahmen zur Verbesserung der Dienste getroffen werden. Zudem können aufgrund der Kanalisierung aller Nutzeranfragen Informationen über bestehende Probleme aufgedeckt und an das Service-Level-Management zur Berücksichtigung in den Verhandlungen und Vereinbarungen berichtet werden.

Capacity-Management

Das Incident-Management versorgt das Capacity-Management mit Informationen über Störungen, die aufgrund von Kapazitätsproblemen entstanden sind (z. B. Mangel an Speicherplatz). Das Capacity-Management hingegen hilft dem Incident- bzw. Problem-Management bei der Lösung von kapazitätsbezogenen Störungen. Zudem wird im Capacity-Management proaktiv versucht, Kapazitätsengpässe zu antizipieren und dem Incident-Management vorsorgend entsprechende Informationen und Lösungen zur Verfügung zu stellen.

Availability-Management

Das Incident-Management liefert Daten über realisierte Verfügbarkeiten. Als erste Anlaufstelle für Störungen und als direkte Schnittstelle zum Nutzer können im Incident-Management bzw. Service-Desk Kennzahlen, wie z. B. die Dauer des Ausfalles eines Service, am einfachsten gemessen werden. Auf solche Informationen greift das Availability-Management bei der Bestimmung der Verfügbarkeitsgrade zurück.

9.3.2 Schnittstellen innerhalb des Service-Supports

Problem-Management

Das Incident-Management arbeitet sehr eng mit dem Problem-Management zusammen. Das Incident-Management bildet mit Aufgabenbereichen wie der Identifizierung und Klassifizierung von Störungen, inklusive des Erste-Hilfe-Supports, sozusagen die Vorstufe des Problem-Managements. Dessen Effektivität hängt maßgeblich mit der Qualität des Incident-Managements und der Qualität der weitergeleiteten Störungsmeldungen zusammen. Während das Incident-Management die Störungen aufzeichnet und sich um die schnellstmögliche Wiederherstellung der Service-Verfügbarkeit kümmert, ist das Problem-Management dafür zuständig, die Ursache für die Störung zu ergründen und zu beheben. Dabei können sowohl vor als auch nach Ergründung der Fehlerursache durch das Incident-Management temporäre Lösungen entwickelt werden, die es den von der Störung betroffenen Nutzern ermöglicht, weiterarbeiten zu können. Hierbei unterstützt das Problem-Management das Incident-Management, indem Informationen über Probleme und bekannte Fehler sowie temporäre Lösungsvorschläge generiert werden.

Change-Management

Störungen oder Serviceanfragen können zu der Erstellung von Änderungsanträgen führen. Bei bekannten Störungsursachen können die Anträge direkt erstellt werden, während unbekannte Störungsursachen zunächst im Rahmen des Problem-Managements analysiert werden. Bei der Bearbeitung von Änderungsanträgen ist das Incident-Management über den aktuellen Status regelmäßig zu informieren.

Bei der Implementierung von Änderungen können neue Fehler auftreten, die zu Störungsmeldungen im Incident-Management führen. Aus diesem Grund sind Änderungen und mögliche Konsequenzen dem Incident-Management bei bzw. nach der Implementierung mitzuteilen. Informationen über die fehlerhafte Implementierung von Änderungen werden dem Change-Management durch das Incident-Management gemeldet.

Configuration-Management

Im Falle von Störungen an einer spezifischen Komponente werden durch das Configuration-Management komponentenbezogene Informationen bereitgestellt, die es ermöglichen, zuständige Personen, abhängige Komponenten und betroffene Services zu identifizieren. Zudem können der Konfigurationsdatenbank weitere, mit der entsprechenden Komponente assoziierte Störungen oder bereits entwickelte temporäre Lösungen entnommen werden.

Das Incident-Management ist auf der anderen Seite Lieferant von komponentenbezogenen Störungsinformationen, welche in der Konfigurationsdatenbank hinterlegt werden.

Release-Management

Bekannte Fehler, die bei der Erstellung und Einführung von Versionen bereits identifiziert wurden, aber vor Übergabe in den Betrieb nicht mehr behoben wurden, sollten dem Incident-Management und insbesondere den Mitarbeitern des Service-Desks gemeldet werden.

9.3.3 Schnittstelle zum Application-Management

Das Incident-Management nimmt in allen Phasen des Application-Managements – also von der Erhebung der Anforderungen an die Applikation bis hin zur Phase des Betriebes der Applikation – eine beratende Rolle ein. Durch Einbeziehung des Incident-Managements wird sichergestellt, dass die Anwendung den späteren Anforderungen im Support-Bereich gerecht wird. Dabei wird das Application-Management z. B. insofern beraten, dass Möglichkeiten zur Senkung der späteren Supportkosten bereits bei der Planung und der Entwicklung der Anwendung berücksichtigt werden. So können beispielsweise durch die Bereitstellung einer in die Applikation integrierten Online-Hilfe Ressourcen im Bereich Service-Desk eingespart werden. Durch Integration der Support-Mitarbeiter in die Testphase bzw. den Testbetrieb kann eine Eingewöhnung stattfinden, um spätere Fehler im „Live"-Betrieb zu vermeiden. Das Incident-Management ist gegebenenfalls während der Implementierung der Applikation auf die Entstehung eines zusätzlichen Supportbedarfes vorzubereiten, so dass rechtzeitig genügend Ressourcen bereitgestellt werden können. Während der Betriebsphase nimmt das Incident-Management u. a. Meldungen über applikationsspezifische Störungen entgegen, bearbeitet diese und leitet sie gegebenenfalls an die verantwortlichen Personen im Application-Management weiter. Aufgrund des kanalisierten Störungsaufkommens im Incident-Management können Potenziale zur Verbesserung der Applikation identifiziert werden und dem Application-Management während der Optimierung der Anwendung vorgeschlagen werden.

9.3.4 Schnittstelle zum ICT-Infrastructure-Management

Das Incident-Management nimmt Störungen, die mit der Infrastruktur zusammenhängen, entgegen und leitet gegebenenfalls Störungsdetails an das ICT-Infrastructure-Management zur Bearbeitung weiter. Durch aufbereitete Managementinformationen können Verbesserungspotenziale im Bereich der ICT-Infrastruktur identifiziert werden.

Bei der Einführung von neuen Infrastrukturkomponenten ist das Incident-Management bzw. Service-Desk zu benachrichtigen und auf das Auftreten eventueller Störungen vorzubereiten. Das Service-Desk übernimmt die Aufgabe der Kommunikation zu Kunden bzw. Nutzern. Dabei sollten diese auf eventuelle Konsequenzen der Einführung neuer Infrastrukturkomponenten aufmerksam gemacht und vorbereitet werden.

9.4 Steuerung des Incident-Managements

9.4.1 Ziel des Incident-Managements

Ziel des Incident-Managements ist es, im Falle von Störungsmeldungen bzw. Serviceanfragen den Service so schnell wie möglich wieder für den Nutzer verfügbar zu machen bzw. den angefragten Service zu liefern. Dadurch sollen die Verfügbarkeit bzw. die Qualität der Services verbessert werden und die Einhaltung der mit den Kunden vereinbarten SLAs garantiert werden.

9.4.2 Rollen/Verantwortlichkeiten

Die Zuständigkeiten können im Rahmen des Incident-Managements wie folgt aufgeteilt werden:
Incident-Manager
Der Incident-Manager übernimmt im Rahmen des Incident-Managements folgende Aufgaben:
- Überwachung und Steigerung der Effizienz und der Effektivität des Incident-Managements,
- Produktion von Informationen für das Management,
- Steuerung und Überwachung der Mitarbeiter des Incident-Managements,
- Entwicklung und Aufrechterhaltung des Incident-Management-Systems.

Mitarbeiter des Incident-Managements
Der First-Level-Support (Service-Desk) ist typischerweise für folgende Aufgaben zuständig:
- Registrierung von Störungen bzw. Serviceanfragen,
- Weiterleitung von Serviceanfragen,
- Erste Hilfestellung und Klassifizierung,
- Überwachung des Status und Fortschrittes für offene Störungen bzw. Serviceanfragen.

- Weiterleitung von Serviceanfragen,
- Erste Hilfestellung und Klassifizierung,
- Überwachung des Status und Fortschrittes für offene Störungen bzw. Serviceanfragen,
- Information von und Kommunikation mit den Nutzern,
- Gegebenenfalls Auslösen von Eskalationen,
- Falls möglich Behebung der Störung,
- Schließen der Störung bzw. Serviceanfrage.

Der Second-Level-Support (meist Spezialistengruppen innerhalb des Service-Desks) übernimmt häufig folgende Tätigkeiten:
- Bearbeitung der Serviceanfragen,
- Überwachung der Störungs- bzw. Anfragendetails (inklusive der betroffenen IT-Komponente),
- Störungsuntersuchung und Diagnose,
- Identifizierung von möglichen Problemen und Weiterleitung an das Problem-Management,
- Behebung von zugewiesenen Störungen.

9.4.3 Betriebliche Kenngrößen des Incident-Managements

- Anzahl der Störungen bzw. Serviceanfragen,
- Durchschnittliche Dauer zur Bereitstellung einer Lösung (unterteilt nach Prioritätskategorien),
- Prozentsatz der rechtzeitig (gemessen an den in den SLAs vereinbarten Zeiten) bearbeiteten Störungen bzw. Serviceanfragen,
- Durchschnittskosten pro Störung bzw. Serviceanfrage,
- Anteil der vom Service-Desk gelösten Störungen, die nicht an nachfolgende Supportgruppen weitergeleitet wurden (Erstlösungsquote),
- Anzahl bzw. Prozentsatz der Störungen bzw. Serviceanfragen, die über Remote-Prozeduren (d. h. ohne Vor-Ort-Support) bearbeitet werden konnten.

9.4.4 Erfolgsfaktoren

- Aktuelle Konfigurationsdatenbank,
- Aktuelle Fehler- bzw. Problem-Datenbank,
- Effektives, automatisiertes Incident-Management-System,
- Enge Bindung zu den im Service-Level-Management definierten Antwortzeiten.

9.4.5 Kosten/Nutzen

Kostenarten

- Aufwand zur Definition des Prozesses,
- Schulung der Mitarbeiter,
- Auswahl, Beschaffung und Betrieb von Tools zur Unterstützung des Prozesses,
- Laufende Personalkosten (wobei die Höhe der laufenden Kosten von der Struktur des Incident-Managements, vom Umfang der Aktivitäten, der Verantwortlichkeiten sowie der Anzahl der Standorte abhängt).

Nutzenkategorien

Nutzenkategorien auf Seiten des Geschäftes
- Reduktion der Auswirkungen von Störungen auf das Geschäft und somit steigende Effektivität der Nutzer,
- Proaktive Identifikation von Verbesserungspotenzialen,
- Verfügbarkeit geschäftsorientierter Managementinformationen gemäß SLAs.

Steuerung des Incident-Managements 157

Nutzenkategorien auf Seiten der IT-Organisation
- Verbesserte Überwachung der Performanz hinsichtlich der vereinbarten SLAs,
- Bessere Informationsbasis hinsichtlich Aspekten der Servicequalität,
- Effizienter Personaleinsatz (durch Kanalisierung der Meldungen kann erreicht werden, dass sich z. B. Spezialisten nicht mit der Entgegennahme von Störungsmeldungen befassen müssen, sondern sich auf Spezialaufgaben konzentrieren können),
- Keine erneute Analyse von bereits bekannten Störungen,
- Eliminierung verloren gegangener oder falsch entgegen genommener Störungen bzw. Serviceanfragen,
- Genauigkeit der Konfigurationsdatenbank,
- Erhöhte Nutzer- und Kundenzufriedenheit.

9.4.6 Mögliche Probleme

- Fehlende Akzeptanz und Unterstützung des Managements und der Mitarbeiter (daraus folgt häufig eine unbefriedigende Bereitstellung von Ressourcen),
- Fehlende Klarheit bezüglich der Geschäftsbedarfe,
- Arbeitspraktiken werden nicht überprüft oder geändert,
- Vage definierte Ziele und Verantwortlichkeiten,
- Keine Bereitstellung von SLAs,
- Fehlende Kompetenzen,
- Unzureichende Schulungen der Mitarbeiter,
- Fehlende Integration mit anderen Prozessen,
- Mangel an Tools zur Automatisierung der Prozesse,
- Widerstand gegen Veränderungen.

10 Problem-Management

10.1 Überblick

Hauptaufgaben des Problem-Managements sind die Störungsanalyse und -behebung. Für diesen Prozess steht eine Vielzahl von Methoden zur Verfügung wie z. B. die Kepner- und Tregoe-Analyse, das Ishikawa-Diagramm oder Flowchart-Methoden (für eine Beschreibung der Methoden s. Anhang A dieses Kapitels). Aber auch die proaktive Vermeidung von Störungen gehört in den Aufgabenbereich des Problem-Managements. Hierzu sind beispielsweise Trendanalysen durchzuführen, welche zur Identifikation von potenziellen Problemen beitragen können. Dadurch können Probleme behoben werden, bevor eine Störung beim Kunden auftritt. Des Weiteren sind eine konsequente Kontrolle des Problemlösungsprozesses und eine kontinuierliche Berichterstattung vonnöten, um die Effizienz innerhalb des Problem-Managements zu erhöhen. Nach erfolgreicher Problemanalyse und -diagnose ist ein Änderungsantrag (in der ITIL wird hierfür die Abkürzung RfC = Request for Change verwendet) einzureichen, welcher auf Basis standardisierter Change-Management-Prozeduren zur Behebung der Störungsursache führt.

Der Betrieb des Problem-Managements lässt sich wie bereits erwähnt in reaktive und proaktive Prozeduren aufteilen. Das reaktive Problem-Management besteht aus Problem- und Fehlerkontrolle. In dem Prozess Problemkontrolle wird versucht, die für die Störungen zu Grunde liegenden Ursachen zu identifizieren. Sobald diese ergründet wurden, wird in dem Prozess Fehlerkontrolle die Behebung des Fehlers überwacht und gesteuert.

Das Problem-Management sichert eine effiziente und effektive Identifikation und Behebung IT-bezogener Störungsursachen. *Abbildung 10.1.* zeigt eine Übersicht über das Problem-Management und zugleich die Gliederung dieses Kapitels.

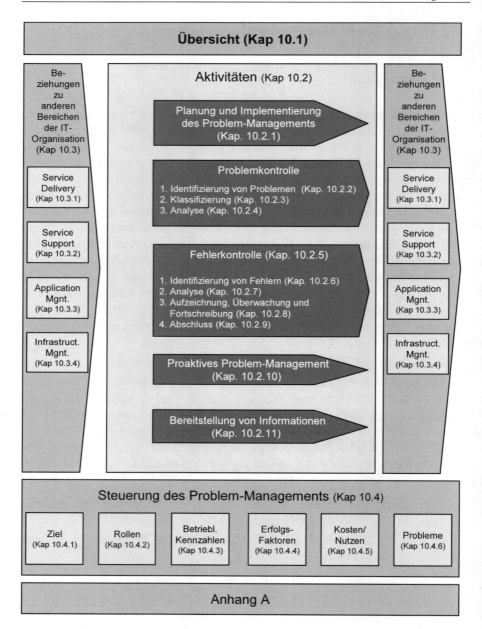

Abb. 10.1. Übersicht über das Problem-Management

10.2 Aktivitäten des Problem-Managements

10.2.1 Planung und Implementierung des Problem-Managements

Im ITIL-Framework werden nur wenige Hinweise für die Planung und Implementierung des Problem-Managements gegeben. Es wird empfohlen, das Problem-Management entweder nach Implementierung des Incident-Managements einzuführen oder parallel dazu, da ein funktionierendes Überwachen und Steuern der Störungen Voraussetzung für ein effektives Problem-Management ist. Je nach verfügbaren Ressourcen sollte zunächst das reaktive Problem-Management umgesetzt werden, welches sowohl die Problemkontrolle (*s. Kap. 10.2.2*) als auch die Fehlerkontrolle (*s. Kap. 10.2.5*) umfasst. Sind die reaktiven Problem-Management-Aktivitäten erfolgreich umgesetzt, kann anschließend in das proaktive Problem-Management (*s. Kap. 10.2.6*) investiert werden. Dabei ist der Erfolg des proaktiven Problem-Managements im Wesentlichen von der Implementierung von Überwachungs- und Kontrollinstrumenten abhängig.

Bei kleineren Organisationen genügt häufig ein Problem-Management, bei welchem lediglich die zehn häufigsten Störungen der letzten Periode analysiert werden. Mit dieser Methode können bedeutende Verbesserungen erreicht werden, da häufig nur ca. 20 % der Probleme für ca. 80 % der Serviceausfälle verantwortlich sind.

10.2.2 Identifizierung und Aufnahme von Problemen

Folgende Ereignisse können Auslöser für den *Identifikationsprozess* sein:

- Das Auftreten einer Störung kann bei der initialen Analyse und Klassifizierung weder bekannten Problemen noch bekannten Fehlern zugeschrieben werden.
- Durch die Störungsanalyse werden sich wiederholende Störungen entdeckt.
- Bei der Analyse der IT-Infrastruktur werden Probleme entdeckt, welche unter Umständen zu Störungen führen können.
- Eine bedeutende Störung mit schwer wiegenden Auswirkungen auf das Geschäft und struktureller Fehlerursache tritt auf.

Während die Identifizierung von Problemen durch Mitarbeiter anderer Bereiche, wie z. B. das Capacity-Management oder das Incident-Management, geschehen kann, liegt die Aufnahme und Bearbeitung der Probleme in der Verantwortung des Problem-Managements.

> **Hinweis: Unwichtige bzw. einmalige Störungen**
>
> Wird bei der Analyse der Störung eine Behebung aus Kosten-Nutzen-Gründen abgelehnt, so kann z. B. in der Problem-Datenbank ein „Dummy-Problem" erstellt werden und relevante Informationen – wie z. B. betroffene Komponente etc. – können hinzugefügt werden. Diese Maßnahme sichert die Konsistenz und Vollständigkeit der Störungs- und Probleminformationen.

Ähnlich wie die Störungsdatenbank, welche im Rahmen des Service-Desks für auftretende Störungs- oder Servicemeldungen verwendet wird, sollte für identifizierte Probleme eine Problem-Datenbank eingerichtet werden. Dabei sollten sämtliche Störungen, welche aufgrund eines Problems aufgetreten sind, in dem entsprechenden Problem-Datensatz vermerkt werden. Dadurch werden eine genauere Problemanalyse und eine bessere Einschätzung der Dringlichkeit ermöglicht. Weitere relevante Informationen, die bei der Störungsaufnahme bereits erhoben wurden, sollten ebenfalls bereitgestellt werden, wobei Informationen wie z. B. die spezifischen Nutzerdaten für die Problemanalyse irrelevant sind. Werden Lösungen entwickelt, sollten diese ebenfalls in dem Problem-Datensatz vermerkt und den berechtigten Mitarbeitern zur Verfügung gestellt werden. Weitere relevante Details sind die bei der Problemlösung involvierten Komponenten, wobei der Detaillierungsgrad der Angaben idealerweise so hoch wie möglich gewählt werden sollte.

10.2.3 Klassifikation

Zur Behebung und Lösung von Problemen stehen nur begrenzt Ressourcen zur Verfügung. Daher können häufig nicht alle Probleme gleichzeitig und unmittelbar nach der Identifizierung bearbeitet werden. Aus diesem Grund sollten den identifizierten Problemen Prioritäten zugeordnet werden, aus welchen sich eine Rangfolge der zu bearbeitenden Probleme ergibt. Die Prioritäten ergeben sich im Wesentlichen aus den Auswirkungen des Problems auf das Geschäft und der Dringlichkeit der Bearbeitung. So kann ein spezifisches Problem z. B. schwer wiegende Auswirkungen auf das Geschäft haben, doch es ist zu erwarten, dass eine auf dem identifizierten

Problem basierende Störung erst zu einem weit in der Zukunft liegenden Zeitpunkt auftritt. Ein anderes Problem führt gegenwärtig zu einem Ausfall eines geschäftsunkritischen Service und hat somit geringe Auswirkungen auf das Geschäft. Nichtsdestotrotz sollte zunächst letzteres Problem behoben werden, da die Auswirkungen bereits jetzt zu spüren sind, wenn auch in geringem Maße. Wirken sich zwei Probleme zu einem gleichen Zeitpunkt aus, hat jenes mit den schwerer wiegenden Auswirkungen (z. B. einer größeren Anzahl an betroffenen Nutzern) auf das Geschäft Vorrang. Die in der Konfigurationsdatenbank gespeicherten Beziehungen zwischen den einzelnen Komponenten der IT-Infrastruktur, der IT-Services und den IT-Kunden können bei der Bestimmung der Auswirkungen des Problems auf das Geschäft von hohem Nutzen sein.

Neben der Priorität sind die identifizierten Probleme nach Kategorien, wie z. B. Hardware, Software etc. zu klassifizieren. Diese Einteilung kann den organisatorischen Zuständigkeiten entsprechen und bietet somit die Basis für die Weiterleitung der Probleme an nachgelagerte Support-Gruppen. Andere Einteilungen, wie z. B. die Kategorisierung nach Kundengruppen, sind denkbar.

10.2.4 Analyse

Während bei der Störungsanalyse des Incident-Managements das Ziel der schnellen Wiederherstellung eines ausgefallenen Service verfolgt wird, wird bei der Problemanalyse versucht, die für die Störung verantwortliche Ursache zu finden. Bei der Suche nach Fehlerursachen ist das Problem-Management auf die Unterstützung des Incident-Managements angewiesen. Die im Incident-Management erfassten Informationen und entwickelten Lösungen sollten dem Problem-Management zur Analyse bereitgestellt werden, um die Identifikation der Fehlerursache zu erleichtern und zu beschleunigen. Das Problem-Management hilft dem Incident-Management bei der Erstellung von Lösungen.

Auch Fehlerursachen, die nicht unbedingt komponentenbasiert, sondern eher prozessualer Natur sind, sollten im Rahmen des Problem-Managements überwacht und gesteuert werden. So sollten z. B. für mangelhafte Implementierungs-Prozesse oder unbefriedigende Nutzerschulungen Änderungsanträge zur Verbesserung dieser Prozeduren erstellt werden. Dadurch können in Zukunft Störungen, die z. B. aufgrund einer fehlerhaften Implementierung entstehen würden, vermieden oder zumindest verringert werden.

> **Hinweis: Allgemeine Gestaltungsempfehlungen für die Problemkontrolle**
>
> Die Kategorien für die Klassifizierungen, die in den beiden Bereichen Incident- und Problem-Management vorgenommen werden, sollten idealerweise ähnlich gestaltet werden, um eventuell schon früh – d. h. bei Meldung einer Störung – Hinweise auf die Fehlerursachen zu bekommen. Werden die Störungsmeldungen bereits durch den Nutzer klassifiziert, ist darauf zu achten, dass die Kategorien für diesen auch verständlich sind.
>
> Bei der Bildung des Problemanalyse-Teams ist darauf zu achten, dass das notwendige Know-how aus den verschiedenen IT-Bereichen vorhanden ist, die Mitarbeiter über die relevanten Dokumentationen und notwendigen Tools verfügen und Zugriff auf Informationen über aktuelle Änderungen an der IT-Infrastruktur haben.

Zur Problemanalyse können u. a. Methoden wie

- Kepner-und-Tregoe-Analyse (s. Anhang A),
- Ishikawa-Diagramm (s. Anhang A),
- Brainstorming oder
- Flussdiagramme

verwendet werden.

Sobald die Fehlerursache identifiziert wurde, sollte der Problemdatensatz automatisch in einen sogenannten „bekannten Fehler" umgewandelt werden, dessen Behebung im Verantwortungsbereich der Fehlerkontrolle liegt.

10.2.5 Fehlerkontrolle

Die Fehlerkontrolle hat zur Aufgabe, bekannte Fehler zu beheben und dadurch wiederholte Störungen zu vermeiden. *Abbildung 10.2.* zeigt eine Übersicht des Ablaufes der Fehlerkontrolle.

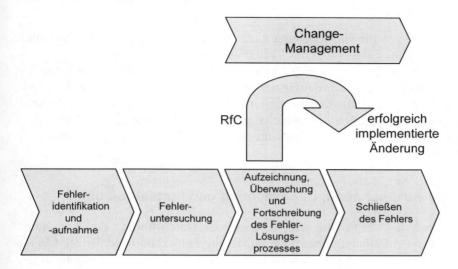

Abb. 10.2. Übersicht über den Ablauf der Fehlerkontrolle

10.2.6 Identifizierung von Fehlern

Es gibt im Wesentlichen zwei Quellen für die Identifikation bekannter Fehler: zum einen der Prozess der Problemkontrolle, bei welchem zunächst unbekannte Fehler analysiert und deren Ursachen ergründet werden. Nach Ursachenfindung wird ein bekannter Fehler an die Fehlerkontrolle weitergeleitet, wobei hier meist eigentlich nur der Status des Problem-Datensatzes geändert wird. Eine weitere Quelle für bekannte Fehler ist der Entwicklungsprozess. Werden z. B. während der abschließenden Tests einer neuen Applikation Fehler entdeckt, die vor Übergabe in den Betrieb nicht mehr behoben werden, so sollten diese Fehler der Fehlerkontrolle mitgeteilt werden. Im ITIL-Framework wird für die Verwaltung von bekannten Fehlern eine spezielle Fehlerdatenbank vorgeschlagen, in welcher dann von den entsprechenden Bereichen (z. B. Problemkontrolle oder Entwicklung) Datensätze für bekannte Fehler erstellt werden können.

10.2.7 Fehleruntersuchung

Die Fehleruntersuchung liegt in der Verantwortung des Problem-Managements, wobei zur Durchführung von Analysen weitere Spezialisten hinzugezogen werden können. Wurden Fehlerlösungen erarbeitet, ist ein Änderungsantrag zu erstellen, so dass letztendlich der Fehlerlösungsprozess – also die Analyse der Auswirkungen der Änderungen, die detaillierte Untersuchung der für die Behebung des Fehlers notwendigen Aktivitäten, die Behebung des Fehlers und das Testen der Änderung – in der Kontrolle des Change-Managements liegen. Die Priorität des erstellten Änderungsantrags richtet sich nach der Dringlichkeit und den Auswirkungen des Fehlers auf das Geschäft. Liegen die Ursachen für Fehler bei einem externen IT-Dienstleister, sollte überwacht werden, ob die Behebung der Fehlerursache oder zumindest eine Antwort auf die Fehlermeldung in angemessener Zeit erfolgt.

10.2.8 Aufzeichnung, Überwachung und Fortschreibung

Während das Change-Management mit der Durchführung der Änderung bzw. der Fehlerlösung beauftragt ist, ist die Fehlerkontrolle für die Überwachung des Fortschrittes verantwortlich. Das Problem-Management sollte vom Change-Management regelmäßige Berichte über Fortschritte bei der Fehlerlösung erhalten. Nachträgliche Änderungen der Dringlichkeit der Fehlerlösung (z. B. aufgrund gefährdeter SLAs) oder veränderte Auswirkungen des Fehlers auf das Geschäft sollten durch das Problem-Management überwacht werden, so dass eventuell im Nachhinein notwendige Eskalationen rechtzeitig durchgeführt werden können. Bei Erstellung des Änderungsantrages ist darauf zu achten, dass dieser mit dem entsprechenden Datensatz in der Fehlerdatenbank verknüpft ist. Der aktuelle Stand des Fehlerlösungsprozesses (unter der Kontrolle des Change-Managements) ist in dem Fehlerdatensatz fortzuschreiben, so dass z. B. das Incident-Management bei Abruf der Fehlerdatenbank den aktuellen Status des Fehlerlösungsprozesses einsehen kann. Des Weiteren sollten in der Datenbank aktuelle Informationen über die betroffenen Komponenten, über die Symptome des Fehlers, die Fehlerlösung und temporäre Alternativlösungen bereitgestellt werden.

10.2.9 Abschluss

Nach erfolgreicher Implementierung der Änderung bzw. nach erfolgreicher Lösung des Fehlers werden sowohl die entsprechenden Fehlerdatensätze als auch die zugeordneten Problemdatensätze geschlossen. Es wird angeraten, einen Status, wie z. B. „geschlossen unter Vorbehalt", einzurichten und die entsprechenden Fehler und Probleme erst nach einer nachträglichen Überprüfung der Lösung endgültig zu schließen.

Aktivitäten des Problem-Managements 167

10.2.10 Proaktives Problem-Management

Während Problem- und Fehlerkontrolle reaktive Aufgaben darstellen, d. h. erst bei Auftreten einer Störung zur Anwendung kommen, sollten im Rahmen des Problem-Managements auch Probleme und Fehler behoben werden, bevor Störungen entstehen – das sogenannte proaktive Problem-Management. Entsprechende präventive Maßnahmen sind z. B.:

- Individuelle Problemlösungen zur Vermeidung komponentenspezifischer Ausfälle, wie z. B. der frühzeitige Ersatz von Komponenten.
- Strategische Entscheidungen zur Vermeidung von Überlastungen, wie z. B. die Investition in bessere Netzwerke.
- Bereitstellung von relevanten Informationen für den Nutzer zur Vermeidung von Anfragen.
- Maßnahmen zur Verbesserung und Beschleunigung des Problemlösungsprozesses bei gleichzeitiger Verkürzung der Ausfallzeiten.

Dabei kann das proaktive Problem-Management in zwei Hauptaktivitäten unterteilt werden – die Durchführung von Trendanalysen und die Anwendung von präventiven Maßnahmen.

Trendanalysen

Die Auswertung und die Analyse der bestehenden Störungs- und Problemberichte liefern die Basis für die Identifizierung von potenziellen Problemen oder Störungen. Dies ist allerdings nur möglich, wenn bereits eine bestimmte Menge an Daten existiert. So kann beispielsweise die Häufigkeit des Auftretens von Problemen nach Einführung von neuen Versionen darauf hinweisen, dass die Versionsentwicklung mangelhaft arbeitet. Durch die Typisierung von Problemen können grundlegende Problemursachen (wie z. B. Managementfehler) identifiziert werden. Beim Auftritt eines Fehlers bei einer dezentralen Einheit kann gegebenenfalls das Auftreten desselben Fehlers bei einer anderen dezentralen Einheit antizipiert werden. Bei Anwenderfehlern kann der Bedarf nach weiteren Schulungsmaßnahmen oder ausführlicherer Dokumentation identifiziert werden. Diese Beispiele verdeutlichen die Möglichkeiten bei der Anwendung von Analyseverfahren im Rahmen eines proaktiven Problem-Managements.

Auch die Auswertung von System-Management-Tools oder die Befragung der Nutzer bzw. Kunden können Hinweise auf zukünftige Probleme oder Störungen liefern. Weitere Möglichkeiten, um sich Ideen oder Anregungen für potenzielle Problemfelder zu beschaffen, sind Konferenzen oder Fachgruppen.

Ausrichtung von präventiven Maßnahmen

Aufgabe des proaktiven Problem-Managements ist das Aufzeigen der Problemfelder mit den größten Auswirkungen auf das Geschäft. Auf Basis dieser Information können dann die Ressourcen, die zur Problembehebung verwendet werden, gemäß den geschäftskritischen Problembereichen verteilt werden.

Um die geschäftskritischen Problembereiche zu identifizieren, sollten für jede Problemkategorie Kenngrößen wie z. B.

- die Anzahl der Störungen,
- Anzahl der betroffenen Nutzer,
- Dauer und Kosten zur Behebung der Störungen oder
- die Gesamtkosten für das Geschäft

erhoben werden. Durch Kombination obiger Informationen können dann die Problembereiche mit den größten Auswirkungen auf das Geschäft bestimmt werden. Anknüpfende Aktivitäten sind

- Erstellung von Änderungsanträgen,
- Durchführung von Nutzerschulungen,
- Rückmeldungen bezüglich Tests, Prozessen, Schulungen und Dokumentationen,
- Durchführung von Mitarbeiterschulungen,
- Sicherung der Befolgung der Prozeduren des Incident- und Problem-Managements oder
- Verbesserung der Prozesse und Prozeduren.

Aktivitäten des Problem-Managements 169

> **Hinweis: Allgemeine Gestaltungsempfehlungen für das proaktive Problem-Management**
>
> Es sollte sichergestellt werden, dass auch die Lieferanten Problemberichte über bekannte Probleme ihrer Produkte oder Leistungen erstellen und der IT-Organisation kommunizieren, um proaktive Maßnahmen zur Verminderung der Auswirkungen der Probleme zu ermöglichen. Kleinere Organisationen benötigen für das proaktive Problem-Management nicht unbedingt eine Vollzeitkraft. Ein Mitarbeiter, der z. B. alle sechs Monate für zwei Wochen Störungs- und Probleminformationen analysiert und weitere zwei Wochen Verbesserungsmaßnahmen initiiert, kann ausreichen.
>
> Zur Verbesserung des Problem-Management-Prozesses sollten regelmäßige Nachbesprechungen einberufen werden, bei denen die an der Problemlösung beteiligten Personen sich dazu äußern,
> - was richtig gelaufen ist,
> - was falsch gelaufen ist,
> - was besser gemacht werden könnte und
> - wie die Entstehung von Problemen in Zukunft vermieden werden kann.

10.2.11 Bereitstellen von Informationen

Informationen über identifizierte Probleme, Störungen und Änderungsanträge werden vom Problem-Management in Form von periodisch aufbereiteten Berichten an das Management geliefert. Auf dieser Basis kann die Qualität des Problem-Managements überwacht werden. Dabei sollten dem Management der Ressourcenbedarf zur Problembehebung aufgezeigt und die erzielten Ergebnisse kommuniziert werden. Hierfür sind aussagekräftige Kennzahlen anzugeben (s. Kap. 10.4.3). Des Weiteren können Berichte für andere Prozessbereiche, wie z. B. das Service-Desk, erstellt werden. Dieses ist auch dafür zuständig, dass Informationen über den Problemlösungsprozess, wie z. B. der Status der Fehlerbearbeitung, an betroffene Nutzer gelangen. Hierzu muss das Problem-Management dem Service-Desk die entsprechenden Informationen idealerweise mittels existierenden Service-Management-Tools und -Datenbanken bereitstellen. Zur effektiven Verbreitung von relevanten Informationen sollte das Problem-Management über Kommunikationspläne verfügen, aus welchen die jeweiligen Benachrichtigungsprozeduren und Kontaktdaten hervorgehen.

10.3 Beziehungen zu anderen Bereichen der IT-Organisation

10.3.1 Schnittstellen zum Service-Delivery

Service-Level-Management

Das Service-Level-Management erhebt und verhandelt Kundenanforderungen und hält diese in Form von SLAs fest. Diese bilden die Basis für die Definition und die Priorisierung von Problemen.

Das Problem-Management ist dazu da, die Einhaltung der vereinbarten Servicegrade zu garantieren und Probleme, die Ursache für eine Verletzung der SLAs sein könnten, zu beheben.

Capacity-Management

Ähnlich wie bei der Beziehung zum Incident-Management versorgt das Capacity-Management das Problem-Management mit kapazitätsbezogenen Informationen, welche bei der Lösung von Problemen hilfreich sein können. Das Capacity-Management unterstützt die proaktiven Aufgaben des Problem-Managements durch die Analyse von Performanz- und Kapazitätsinformationen und darauf basierend die Erstellung von Trends und Prognosen.

Auf der anderen Seite liefert das Problem-Management Informationen über die Probleme und Fehler, die aufgrund von Kapazitätsengpässen entstanden sind. Das Problem-Management unterstützt das Capacity-Management bei der Identifizierung und der Behebung von kapazitätsbezogenen Problemen.

Availability-Management

Durch Planung, Überwachung und Steuerung der Verfügbarkeit hat das Availability-Management die Aufgabe, Probleme zu vermeiden und Störungen vorzubeugen (proaktives Availability-Management).

Das Problem-Management identifiziert und behebt die Ursachen für die Nicht-Verfügbarkeit von IT-Services (reaktives Availability-Management).

Financial-Management

Das Financial-Management versorgt das Problem-Management mit Kosten- und Budgetinformationen. Budgetüberschreitungen können beispielsweise zu Problemen führen, die ebenfalls im Rahmen des Problem-Managements behoben werden müssen.

IT-Service-Continuity-Management

Das IT-Service-Continuity-Management liefert dem Problem-Management die Anforderungen an Wiederherstellungs- und Kontinuitätsmaßnahmen.

Auf Basis dieser Informationen identifiziert und behebt das Problem-Management kontinuitätsbezogene Problemursachen, so dass eine fehlerfreie Inanspruchnahme der Wiederherstellungsmaßnahmen gefördert wird.

10.3.2 Schnittstellen innerhalb des Service-Supports

Incident-Management

Das Incident-Management arbeitet sehr eng mit dem Problem-Management zusammen. Das Incident-Management bildet mit Aufgabenbereichen wie der Identifizierung und Klassifizierung von Störungen, inklusive des Erste-Hilfe-Supports, sozusagen die Vorstufe des Problem-Managements. Dessen Effektivität hängt maßgeblich mit der Qualität des Incident-Managements und der Qualität der weitergeleiteten Störungsmeldungen zusammen.

Während das Incident-Management Störungen aufzeichnet und Aufgaben zur Wiederherstellung der Service-Verfügbarkeit übernimmt, ist das Problem-Management dafür zuständig, die Ursache für die Störung zu ergründen und zu beheben. Dabei können sowohl vor als auch nach Ergründung der Fehlerursache durch das Incident-Management temporäre Lösungen entwickelt werden, die es den von der Störung betroffenen Nutzern ermöglicht, weiterarbeiten zu können. Hierbei unterstützt das Problem-Management das Incident-Management, indem Informationen über Probleme und bekannte Fehler sowie temporäre Lösungsvorschläge generiert werden.

Change-Management

Die Behebung von Störungsursachen stellt in der Regel eine Änderung dar und sollte aus diesem Grund im Rahmen des Change-Managements kontrolliert und gesteuert werden. Demnach führt die Bearbeitung von Problemen im Problem-Management normalerweise zur Erstellung eines Änderungsantrages.

Das Change-Management informiert das Problem-Management kontinuierlich über den Verlauf und den Status der problembezogenen Änderungsanträge.

Configuration-Management

Das Configuration-Management liefert für die Identifizierung und Behebung von Problemen wichtige Informationen an das Problem-Management. Informationen über Komponenten der Infrastruktur, Applikationen, Services und die Beziehungen zwischen den einzelnen Komponenten spielen bei der Untersuchung von Problemen eine wichtige Rolle.

Release-Management

Die Problemmeldungen, die mit der Einführung einer neuen Version gelöst wurden, sind zu schließen. Ebenso sind neue Probleme, die durch die Einführung neuer Versionen entstanden sind bzw. bekannterweise entstehen werden, zu melden und anschließend durch das Problem-Management zu bearbeiten.

10.3.3 Schnittstelle zum Application-Management

Das Application-Management sollte bei der Planung und Umsetzung von Applikationen die späteren Aktivitäten des Problem-Managements berücksichtigen. Das Design der Applikation kann beispielsweise so ausgelegt sein, dass Messpunkte installiert werden, welche die spätere Durchführung einer Ursachenanalyse vereinfachen. Zudem sind Mitarbeiter des Applikationsbetriebes bei der Suche von Problemen und Störungen unterstützend tätig und werden in die Behebung von Problemursachen mit eingebunden.

Das Problem-Management versorgt das Application-Management mit relevanten Informationen zur Verbesserung von bestehenden Applikationen und zur Verbesserung des Planungs- und Erstellungsprozesses von neuen Applikationen.

10.3.4 Schnittstelle zum ICT-Infrastructure-Management

Ähnlich wie das Application-Management werden die Aktivitäten des Problem-Managements auch bei der Planung der ICT-Infrastruktur berücksichtigt. Das heißt, das Design der Infrastruktur sollte so ausgerichtet sein, dass die Durchführung von Ursachenanalysen, z. B. durch automatisch generierte Kenngrößen, vereinfacht wird.

Das Problem-Management liefert dem ICT-Infrastructure-Management problembezogene Informationen zur Überwachung und Steuerung der ICT-Infrastruktur.

10.4 Steuerung des Problem-Managements

10.4.1 Ziel des Problem-Managements

Ziel des Problem-Managements ist es, die Auswirkungen von Störungen und Problemen auf das Geschäft zu minimieren. Um dieses Ziel zu erreichen, wird zum einen versucht, durch reaktive Aktivitäten die Ursachen für Störungen zu ergründen, sie zu beheben und ein wiederholtes Auftreten der Störungen zu vermeiden. Zudem wird mit Hilfe von proaktiven Tätigkeiten versucht, die Entstehung von Problemen im Voraus zu beheben und damit Störungen zu vermeiden.

10.4.2 Rollen/Verantwortlichkeiten

Im ITIL-Framework werden für das Problem-Management zwei Rollen unterschieden, wobei die Entscheidung für die mengenmäßige Besetzung der Rollen – d. h. mit einer oder mehreren Personen – von der Größe der IT-Organisation abhängig ist.

Es gibt zum einen den Problem-Manager und zum anderen den Problem-Support.

Problem-Manager
Der Problem-Manager hat nach der ITIL folgende Verantwortlichkeiten:
- Entwicklung und Aufrechterhaltung des Problem- und Fehlerkontrollprozesses,
- Überwachung der Effizienz und der Effektivität des Problem- und des Fehlerkontrollprozesses sowie des proaktiven Problem-Managements,
- Erstellung von Berichten für die Geschäftsleitung,
- Verantwortung über Mitarbeiter des Problem-Supports,
- Verteilung der Ressourcen zur Problemanalyse und -behebung.

Es wird empfohlen, die Rollen des Service-Desk-Managers und des Problem-Managers aufgrund von Zielkonflikten nicht in einer Person zu vereinigen.

Problem-Support
Tätigkeiten des Problem-Support sind die folgenden:
- Identifizierung von Problemen (z. B. durch Analyse von Störungsdaten),
- Untersuchung der Probleme hinsichtlich der Auswirkungen
- Erstellung von Änderungsanträgen,
- Überwachung der Fortschritte bei der Behebung bekannter Fehler,
- Beratung des Incident-Managements hinsichtlich der Bereitstellung von temporären Lösungen,
- Unterstützung bei Störungen mit größeren Auswirkungen und Identifizierung von Problemursachen,
- Identifizierung von Trends und potenziellen Problemquellen.

10.4.3 Betriebliche Kenngrößen des Problem-Managements

Folgende wichtige Performanzindikatoren werden in der ITIL für das Problem-Management vorgeschlagen:

- Anzahl der erstellten Änderungsanträge und deren Einfluss auf Verfügbarkeit und Zuverlässigkeit der betroffenen Services,
- Dauer der Untersuchungen pro Organisationseinheit gegliedert nach Problemkategorien,
- Anzahl und Auswirkungen der Störungen, bevor die Ursache entdeckt wird,
- Verhältnis zwischen reaktiven und proaktiven Tätigkeiten, gemessen in Aufwand.

Weitere Informationen zur Beurteilung des Problem-Managements sind:
- Anzahl der Probleme und Fehler unterteilt nach Status, Service, Auswirkungen, Kategorie und Nutzergruppen,
- Dauer zur Lösung eines (im Rahmen des Fehlerkontrollprozesses) bereits abgeschlossenen Problems,
- Zeitpunkt der Aufnahme des Problems und erwartete Dauer zur Lösung des Problems,
- Durchschnittliche und maximale Dauer zur Lösung von Problemen bzw. zur Identifikation der Problemursache unterteilt nach Problemkategorien und Supportgruppen.

Das Management benötigt des Weiteren kurze Beschreibungen über durchgeführte Tätigkeiten und Pläne über den Ressourceneinsatz zur Lösung von offenen Problemen.

10.4.4 Erfolgsfaktoren

- Eine automatische Registrierung und Klassifizierung von Störungen,
- Setzen von realistischen Zielen,
- Fähige Mitarbeiter (unter Umständen sollten einige Mitarbeiter für bestimmte Perioden vom Tagesgeschäft ferngehalten werden, um sich auf die Analyse von Problemen konzentrieren zu können),
- Gute Kooperation zwischen Incident- und Problem-Management.

10.4.5 Kosten/Nutzen

Kostenarten

- Kosten für Support- und Diagnose-Tools,
- Personalkosten (zusätzlicher Zeitaufwand für Mitarbeiter z. B. des First-, Second- oder Third-Level-Supports),
- Beratungskosten.

Nutzenkategorien

- Verbesserung der Servicequalität,
- Geringere Anzahl an Störungen,
- Vermeidung wiederkehrender Störungen,
- Geringere Störungsauswirkungen auf das Geschäft,
- Schnellere Fehlerlösung und höhere Lösungsquote bei der ersten Störungsmeldung (First-Clear-Rate).

10.4.6 Mögliche Probleme

- Abwesenheit eines effektiven Störungskontrollprozesses, so dass relevante Informationen über Störungen zur Problemidentifikation fehlen,
- Fehlen der für das proaktive Problem-Management benötigten Schnittstelle zwischen Störungs- und Problem- bzw. Fehlerdaten,
- Fehlende Unterstützung durch das Management und deswegen nicht genügend Ressourcen zur Durchführung eines strukturellen Problem-Managements,
- Nicht-Beachtung des Service-Desks als primäre Kontaktstelle (Single-Point-of-Contact) und dadurch Entstehung von Missverständnissen,
- Nicht genügend Zeit zur Entwicklung und Pflege einer Wissens-/Fehler-Datenbank,
- Vergabe von falschen Prioritäten durch fehlende Fähigkeit, die Auswirkungen von Störungen und Problemen genau zu bestimmen.

Anhang A: Beispiele für Methoden zur Problemanalyse

Problemanalyse nach Kepner und Tregoe

Die Problemanalyse nach Kepner und Tregoe basiert auf einem systematischen Prozess und dem konsequenten Nutzen des Wissens und der Erfahrung der Mitarbeiter. Dabei werden fünf Phasen definiert:

- Definition des Problems: Als Basis für die Problemuntersuchung ist das aufgetretene Problem zunächst präzise zu definieren, d. h., welche Abweichungen von den vereinbarten Serviceleistungen sind aufgetreten. Häufig können bereits bei der Definition des Problems Hinweise auf die wahrscheinlichste Problemursache gefunden werden. Diese müssen jedoch auf die Gefahr hin, Fehlentscheidungen zu treffen, zunächst getestet und validiert werden. Aufgrund von komplizierten IT-Infrastrukturen und wenig transparenten Servicevereinbarungen, stellt sich der Schritt der Problemdefinition häufig als problematisch dar.
- Beschreibung des Problems: Zur Beschreibung des Problems sind folgende Fragen zu beantworten:
  - Identität, d. h., welche Komponente funktioniert nicht bzw. was ist das Problem,
  - Ort, d. h., wo ist das Problem aufgetreten,
  - Zeit, d. h., wann und wie häufig ist das Problem aufgetreten,
  - Größe, d. h., wie viele Komponenten sind betroffen.

  Nach Beantwortung obiger Fragen können ähnliche Komponenten in ähnlichen Umgebungen gesucht werden, bei denen jedoch keine Fehler auftreten. Aus dem Vergleich der fehlerfreien mit den fehlerhaften Komponenten können Schlüsse auf die Ursache für das Auftreten des Fehlers gezogen werden.
- Etablierung möglicher Problemursachen: Eine Liste der Unterschiede zwischen den fehlerhaften und den fehlerfreien Komponenten sollte erstellt werden und dient als Grundlage zur weiteren Analyse der Fehlerursache.
- Testen der wahrscheinlichsten Problemursachen: Die im letzten Schritt identifizierten möglichen Fehlerursachen sollten dahingehend getestet werden, inwiefern diese wirklich für die aufgetretenen Fehlersymptome verantwortlich sein können. Verifikation der Problemursachen: Die übrig gebliebenen möglichen Fehlerursachen müssen verifiziert werden.

Dabei sollten zunächst solche Ursachen gewählt werden, die schnell und einfach verifiziert werden können.

Fischgrätendiagramm (Ishikawa Diagramm)

Das Fischgrätendiagramm dient zur Darstellung derjenigen Faktoren, welche die Qualität eines Produktes, Service oder Prozesses beeinflussen. Dabei werden die Faktoren typischerweise im Rahmen von Brainstorming-Workshops bestimmt. Das Produkt, der Service oder der Prozess werden durch einen Baumstamm und die primären Einflussfaktoren durch Zweige repräsentiert. Die sekundären Faktoren werden dann wiederum als Verästelungen, die von den Zweigen abgehen, dargestellt. Die Darstellungsweise führt häufig zu Diskussionen und erhöht das Verständnis von komplexen Problemen. *Abbildung A.1.* zeigt ein beispielhaftes Fischgrätendiagramm.

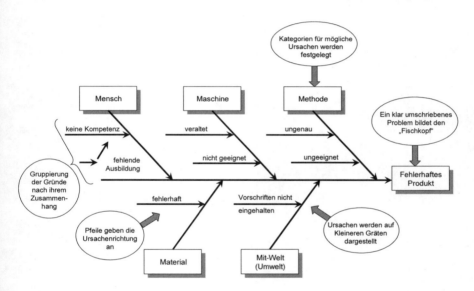

Abb. A.1. Ishikawa-Diagramm

11 Change-Management

11.1 Überblick

Das Change-Management bildet einen wesentlichen Bestandteil des ITIL-Frameworks. Es stellt sicher, dass Änderungen, sei es auf taktischer oder operativer Ebene, im Rahmen standardisierter Change-Management-Prozesse und unter konsequenter Change-Management-Kontrolle erfolgen. Im Falle von prozess- oder technologiebezogenen Änderungen sind entsprechende Änderungsanträge (in der ITIL wird hierfür die Abkürzung RfC = Request for Change verwendet) einzureichen, welche einen standardisierten Prozess, von der Registrierung und Klassifikation über die Genehmigung bis zur Umsetzung und Evaluierung, durchlaufen. Im Rahmen der Klassifikation sind die Änderungsanträge bezüglich Bedeutung, Kosten und Dringlichkeit zu priorisieren. Je nach Priorität durchlaufen die Änderungsanträge unterschiedliche Prozesse. Für Änderungen mit höherer Bedeutung wird ein Änderungskomitee, CAB (Abkürzung im ITIL-Framework für Change Advisory Board), einberufen, welches aus Vertretern des Change-Managements, Kunden, Nutzern, eventuell Entwicklern, technischen Beratern, Servicepersonal und Lieferanten besteht. Dieses Änderungskomitee hat zur Aufgabe, die Änderungen zu autorisieren. In besonderen Fällen kann sogar die Geschäftsleitung zur Autorisierung von Änderungen herangezogen werden. Wie bereits erwähnt, spielt das Change-Management im Rahmen des ITIL-Frameworks eine zentrale Rolle, da hier letztlich die Entscheidungen für interne Veränderungen getroffen werden. *Abbildung 11.1.* zeigt eine Übersicht über das Change-Management und gleichzeitig die Gliederung dieses Kapitels.

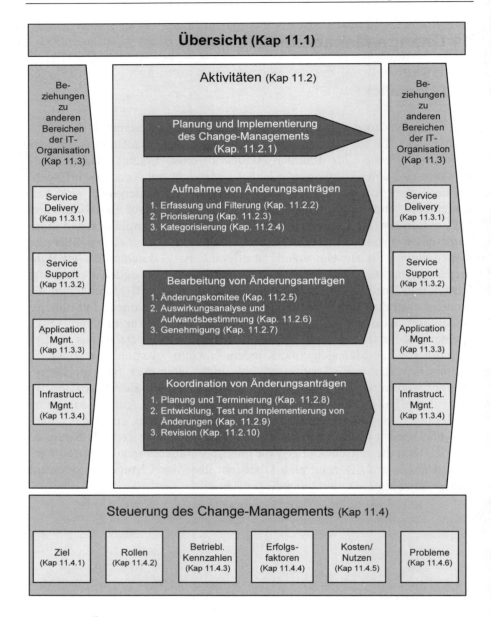

Abb. 11.1. Übersicht über das Change-Management

11.2 Aktivitäten des Change-Managements

11.2.1 Planung und Implementierung des Change-Managements

Bei der Planung und Implementierung des Change-Managements sind übertriebene Formalismen zu vermeiden, um die Schaffung ineffektiver Prozesse und Prozeduren zu vermeiden. Je kleiner eine IT-Organisation ist, desto weniger formale Regelungen werden benötigt.

Zunächst ist für die Planung und Implementierung ein Change-Manager zu bestimmen, dessen Aufgabe neben den in *Kapitel 11.4.2* beschriebenen Tätigkeiten die Bestimmung der Ziele des Change-Managements ist. Die Zieldefinition erfolgt in Absprache und Zusammenarbeit mit dem Service-Management. Als nächster Schritt ist vom Change-Manager der Geltungsbereich des Change-Managements festzulegen. Des Weiteren ist das Änderungskomitee (*s. Kap. 11.2.5*) zu etablieren.

Zur Unterstützung der Change-Management-Prozeduren sollten insbesondere für größere IT-Organisationen Software-Tools beschafft werden. Aufgrund der engen Beziehung zu anderen Bereichen des IT-Service-Managements und insbesondere zum Configuration-Management bietet sich eine über die einzelnen Bereiche des IT-Service-Managements hinweg integrierte Lösung an. Insbesondere Configuration- und Change-Management sollten in einer Lösung zusammengefasst sein. Die Beschaffung des Tools, der Import von Daten und die Schulung der Mitarbeiter sollten vor der Implementierung des Change-Managements geschehen.

Des Weiteren sollte bereits in der Planungsphase der Nutzen des Change-Managements sowohl den Nutzern als auch den Mitarbeitern der IT-Organisation aufgezeigt und kommuniziert werden. Die Schaffung von Akzeptanz und die Unterstützung des Managements sind für eine erfolgreiche Change-Management-Einführung wesentlich. Auch Revisionen, Metriken und Berichterstattung sollten bereits in der Planungsphase berücksichtigt werden. Dabei sollten die Prüfungen des Change-Managements kurz nach Einführung beginnen und ungefähr alle zwei bis vier Monate wiederholt werden, bis das Vertrauen in die Change-Management-Lösung hergestellt ist und eine gewisse Stabilität unterstellt werden kann. Danach sollten regelmäßige Prüfungen – ungefähr alle sechs Monate – durchgeführt werden. Der Change-Manager sollte Effizienz und Effektivität des Change-Managements kontinuierlich überwachen. Die Berichterstattung sollte nach ITIL mindestens auf wöchentlicher Basis an den

Change-Manager, auf monatlicher Basis an die IT-Direktion und die Vertreter der Nutzergruppen und jedes Quartal an die Kunden erfolgen.

Die Implementierung der Change-Management-Lösung und auch die späteren Implementierungen von Änderungen sollten zu solchen Zeiten durchgeführt werden, in denen die geringsten Auswirkungen beim Geschäft durch eventuelle Serviceausfälle entstehen. Falls bereits ein nicht ITIL-konformes Change-Management in der IT-Organisation vorhanden ist, sollte dieses in einem Zuge (Big-Bang) durch die neue Lösung ersetzt werden. Der parallele Betrieb von mehreren Change-Management-Systemen wird nicht empfohlen. Änderungen, die vor der Einführung des neuen Systems initiiert wurden, sollten in die neue Lösung transferiert werden. Der Betrieb des Change-Managements umfasst folgende Aspekte:

- Erfassung und Filterung von Änderungsanträgen,
- Priorisierung,
- Kategorisierung,
- Änderungskomitee,
- Auswirkungsanalyse und Aufwandsbestimmung,
- Genehmigung,
- Planung und Terminierung,
- Entwicklung, Test und Implementierung von Änderung,
- Revision.

11.2.2 Erfassung und Filterung von Änderungsanträgen

Gründe für die Erstellung eines Änderungsantrages können beispielsweise folgende sein:

- Behebung einer Störung bzw. eines Problems,
- Ungenügende Benutzer- oder Kundenzufriedenheit,
- Einführung, Update oder Abschaffung einer IT-Komponente,
- Veränderte Geschäftsanforderungen,
- Gesetzesänderungen,
- Ortswechsel,
- Änderungen bei Lieferanten.

Dabei können Änderungsanträge sämtliche Komponenten der Infrastruktur, beliebige Services oder aber Aktivitäten betreffen. Die Änderungsanträge können entweder in Papierform oder in elektronischer Form eingereicht werden, wobei die elektronische Variante Effizienz- und Qualitätsvorteile (z. B. Qualitätssicherung durch zwingende Vorgaben für die Eingabe der Anträge) bieten kann und in den IT-Organisationen zunehmend bevorzugt wird. In einem Änderungsantrag sollten folgende Aspekte berücksichtigt werden:

- Antragsnummer (idealerweise in chronologischer Reihenfolge vergeben) eventuell mit Referenz auf die damit in Beziehung stehende Problemnummer aus dem Problem-Management,
- Beschreibung und Identifikationsnummer der von der Änderung betroffenen Komponenten (eventuell Angabe der Version),
- Begründung für die Änderung (Was sind die Folgen, wenn die Änderung nicht durchgeführt wird?),
- Name, Lokation und Telefonnummer des Antragstellers,
- Datum des Antrags,
- Priorität,
- Auswirkungen der Änderung und Ressourcenanforderungen,
- Eventuell die Empfehlung des Änderungskomitees,
- Autorisierung (z. B. elektronische Unterschrift) inklusive Datum und Uhrzeit der Autorisierung,
- Datum der geplanten Implementierung,
- Details über Versions- bzw. Einführungsplan und Ausweichplan,
- Prüfungsdatum und -ergebnisse,
- Risikoanalyse und risikoreduzierende Maßnahmen,
- Einfluss auf die Geschäftskontinuität,
- Status der Änderung.

In der ITIL wird empfohlen, sämtlichen Mitarbeitern der Organisation das Recht für die Erstellung von Änderungsanträgen einzuräumen, um der Gefahr entgegenzuwirken, dass wichtige Angelegenheiten und Innovationen unberücksichtigt bleiben. Bei einer großen Nutzeranzahl ist es denkbar, dass die Unterschrift des Vorgesetzten für die Erstellung eines Änderungsantrages benötigt wird, damit impraktikable oder nicht der Mehrheit der Nutzerbedürfnisse entsprechende Änderungen gefiltert werden. Bei abgelehnten Änderungsanträgen sollte generell eine kurze Begründung für die Ablehnung angegeben werden mit der Möglichkeit, Einspruch gegen die Ablehnung zu erheben.

Idealerweise werden die Änderungsanträge mit Hilfe eines integrierten Service-Management-Tools erfasst. Dabei sollte eine Schnittstelle zur Konfigurationsdatenbank existieren, damit bei Änderungen an spezifischen Komponenten die Auswirkungen auf andere Komponenten auf einfache Art und Weise bestimmt werden können.

11.2.3 Priorisierung

Jedem Änderungsantrag sind – gemäß der Auswirkungsintensität und der Dringlichkeit der Änderung – Prioritäten zuzuordnen, welche die Reihenfolge der Änderungsbearbeitung bestimmen. Dabei ist das Change-Management in Zusammenarbeit mit dem Änderungsersteller und eventuell mit dem Änderungskomitee (s. Kap. 11.2.5) für die Festlegung der Priorität verantwortlich. Die Auswirkungen auf das Geschäft sind für die Zuordnung der Prioritäten von entscheidender Bedeutung. Folgende Prioritätskategorien könnten beispielsweise definiert werden:

- **Sofort:** Der Ausfall eines Service betrifft eine große Anzahl von Nutzern, einen geschäftskritischen Service oder es entstehen ähnliche Probleme, die eine umgehende Bearbeitung erfordern.
- **Hoch:** Der Ausfall eines Service wirkt sich entweder stark auf eine kleine Gruppe von Nutzern aus oder wirkt sich weniger stark auf eine Vielzahl von Nutzern aus.
- **Mittel:** Die Nichtdurchführung der Änderung hat keine ernsthaften Auswirkungen, sollte aber auch nicht bis zur nächsten Version hinausgezögert werden.
- **Niedrig:** Der Änderungsantrag ist berechtigt und notwendig, kann jedoch im Zusammenhang mit der nächsten geplanten Version bearbeitet und berücksichtigt werden.

Standardmäßig können spezifische Prioritätskategorien für bestimmte Problemeigenschaften, die sich aus den Auswirkungen auf das Geschäft und der Dringlichkeit des Problems ergeben, definiert werden. Entsprechend können den Prioritätskategorien bestimmte Zeitfenster und Eskalationsprozeduren zugeordnet werden. Bei Erstellung einer Änderung ist diese bezüglich der vordefinierten Problemeigenschaften zu überprüfen und gegebenenfalls in eine passende Kategorie einzuordnen.

11.2.4 Kategorisierung

Im Gegensatz zur Priorisierung, bei welcher die Auswirkungen einer Nichtdurchführung der Änderung analysiert werden, werden bei der Kategorisierung die Auswirkungen der Durchführung der Änderung betrachtet. Dabei steht insbesondere die Inanspruchnahme von Ressourcen im Vordergrund. Unterschiedliche Kategorien bedeuten eine unterschiedliche Handhabung der Änderungsanträge. Während Zuständigkeiten für kleinere Änderungen delegiert werden können, ist dies für ressourcenintensive

Änderungen kaum möglich. Beispielhafte Kategorien wären Folgende:

- **Geringe Auswirkungen:** Nur wenige Entwicklungsleistungen und/oder Betriebsressourcen werden für die Durchführung der Änderung benötigt. In solchen Fällen können Autorisierungsbefugnis und Änderungsterminierung vom Change-Management delegiert werden. Relevante Informationen über den Änderungsprozess sollten automatisch erfasst werden, damit Ineffizienzen in dem Prozess identifiziert und behoben werden können.
- **Signifikante Auswirkungen:** Signifikante Entwicklungsleistungen und/oder Betriebsressourcen werden für die Durchführung der Änderung benötigt. Je nach Dringlichkeit sollten entweder informale Gespräche mit Mitgliedern des Änderungskomitees (*s. Kap. 11.2.5*) geführt werden oder ein Treffen des Notfallkomitees (*s. Kap 11.2.5*) einberufen werden. Bei Letzterem sollten im Voraus sämtliche relevanten Dokumentationen zur Analyse der Auswirkungen und der Ressourceninanspruchnahme verteilt werden.
- **Starke Auswirkungen:** Hoher Entwicklungs- bzw. Betriebsaufwand entsteht und/oder andere Bereiche der Organisation sind in hohem Maße von der Umsetzung der Änderung betroffen. Der entsprechende Änderungsantrag sollte über das Änderungskomitee der Geschäftsführung zur Genehmigung vorgelegt werden, wobei die anschließende Terminierung und Implementierung wieder in den Zuständigkeitsbereich des Change-Managements fällt.

11.2.5 Änderungskomitee

Das Änderungskomitee ist ein Gremium, welches eingerichtet wurde, um bestimmte Änderungsanträge zu genehmigen und das Change-Management bei der Auswirkungsanalyse und der Priorisierung der Anträge zu unterstützen. Dabei wird Know-how sowohl über das Geschäft als auch über die technische Unterstützung des Geschäftes benötigt, wobei die gesamte Lieferkette berücksichtigt werden sollte. Aus diesem Grund sollten folgende Personenkreise im Änderungskomitee vertreten sein: Change-Manager, Kunde(n), Nutzer bzw. deren Vorgesetzte, Entwickler, technische Berater, Supportmitarbeiter, Administration und Lieferanten. Je nach Änderungsantrag sind die betroffenen Personenkreise in das Änderungskomitee mit einzubeziehen, um eine gewisse Flexibilität zu gewährleisten. Im Falle von dringenden, schwer wiegenden Problemen kann ein sogenanntes Notfallkomitee, CAB/EC (Abkürzung im ITIL-Framework für Change-Advisory-Board/Emergency Comittee), einberufen werden. Das Notfallkomitee besteht zumeist aus einer geringen Zahl an Änderungskomitee-Mitgliedern, die in Notfallsituationen befugt sind, angemessene Entscheidungen zu treffen.

Das Änderungskomitee muss sich nicht notwendigerweise physisch an einem Ort versammeln, um über Entscheidungen zu debattieren. Ein Großteil des Analyse- und Entscheidungsprozesses kann auf elektronischem Wege via E-Mail oder anderen Tools abgewickelt werden. Dennoch wird in der ITIL ein regelmäßiges, z. B. halbjährliches, Treffen des Änderungskomitees vorgeschlagen, um beispielsweise formale Nachprüfungen durchzuführen oder über schwer wiegende Änderungen zu diskutieren. Aus Effizienzgründen sollten Agenda, Änderungsanträge inklusive Änderungsterminplan und Verfügbarkeitsplan (s. Kap. 11.2.8) sowie weitere, für die Analyse relevante Dokumente im Voraus an die Mitglieder des Änderungskomitees verteilt werden. Auf Basis dieser Informationen können die Mitglieder dann entscheiden, ob sie an dem Treffen teilnehmen, einen Stellvertreter schicken oder dem Change-Management lediglich relevante Kommentare zukommen lassen.

11.2.6 Auswirkungsanalyse und Aufwandsbestimmung

Aspekte, welche bei der Analyse der Auswirkungen und bei der Bestimmung des Aufwands vom Change-Management, vom Änderungskomitee, vom Notfallkomitee oder von weiteren Beteiligten berücksichtigt werden sollten, sind

- die Auswirkungen der Änderung auf das Geschäft,
- Auswirkungen der Änderung auf Infrastruktur, Services, SLAs, Kapazitäten, Performanz, Zuverlässigkeit, Ausfallsicherheit, Sicherheit und Kontinuitätsmaßnahmen,
- Konsequenzen der Nicht-Durchführung,
- Aufwand zur Durchführung der Änderung sowohl auf Seiten des Geschäftes, wie z. B. Arbeitsausfall der Mitarbeiter, als auch auf Seiten der IT, wie z. B. zusätzliche Personalkosten oder neue Infrastrukturkomponenten,
- derzeitiger Änderungsterminplan und Verfügbarkeitsplan (s. Kapitel 11.2.8) sowie
- zusätzlicher, dauerhafter Aufwand (Betriebskosten).

Während z. B. für die Reparatur von Hardware keine Auswirkungsanalysen und Aufwandsbestimmungen notwendig sind, werden diese für die Behebung von Softwarefehlern empfohlen. Für kleinere Änderungen sind derartige Analysen nicht unbedingt relevant, da der Aufwand für die Erstellung solcher Analysen nicht gerechtfertigt wäre.

11.2.7 Genehmigung

Welche Hierarchieebenen und Phasen für die Genehmigung einer Änderung durchlaufen werden, hängt von der Struktur und der Entscheidungskultur der Unternehmensorganisation ab. Flachere Organisationsstrukturen erlauben einen schnelleren Genehmigungsprozess, während bei hierarchischen Strukturen zumeist mehrere Ebenen durchlaufen werden müssen. Je nach Auswirkung und Risiko der Änderung sollte die Genehmigungsautorität auf einer höheren oder niedrigeren Hierarchieebene angesiedelt sein. Dabei kommen beispielsweise das Change-Management, das Service-Management oder die Geschäftsführung in Frage. Das Änderungskomitee spricht nach gründlicher Analyse des Änderungsantrages Empfehlungen für die Genehmigung aus. Bei kleineren Änderungen mit niedrigem Risiko genügt in der Regel ein Benachrichtigungsprozess, ohne dass eine Genehmigungsautorität in den Bewilligungsprozess eingebunden ist.

Bei der Genehmigung sollten finanzielle, technische und geschäftliche Aspekte berücksichtigt werden. Bei den finanziellen Aspekten steht die kostenbezogene Analyse der Änderung im Vordergrund. Das Kosten-Nutzen-Verhältnis wird analysiert und Budgetaspekte werden adressiert. Die technische Durchführbarkeit steht im Fokus der technischen Analyse. Dabei sind auch die Fragen nach der Sinnhaftigkeit und nach den Auswirkungen auf die bestehenden Services zu thematisieren. Die Zustimmung der Kunden (geschäftliche Genehmigung) sichert letztlich deren Zufriedenheit und fördert Verständnis sowie Akzeptanz.

11.2.8 Planung und Terminierung

Damit Fehlerursachen eindeutig einer Änderung zugeordnet werden können, ist es vorteilhaft, Änderungen einzeln zu implementieren. Häufig ist dies jedoch kaum möglich, da z. B. neue Software zumeist auch neue Hardware bedingt. Die Anforderungen an Anwendungen ändern sich teilweise so dynamisch, dass die Zusammenfassung mehrerer Änderungen in einer Version effizienter und effektiver sein kann. Auch dabei stellt sich die Frage, ob viele kleinere Versionen oder wenige umfassendere Versionen entwickelt werden sollten. Es gilt, je umfassender die Version ist, desto mehr Aufwand entsteht bei der Identifizierung und Behebung von Folgefehlern.

Aus dem Änderungsterminplan, FSC (Abkürzung im ITIL-Framework für Forward-Schedule-of-Change), sollte neben den Details der genehmigten Änderungen auch die zeitliche Abfolge der Änderungen bzw. deren Zuordnung zu geplanten Versionen hervorgehen. Dabei sollte der Detaillierungsgrad von der Fristigkeit der Betrachtung abhängen, so dass detailliertere Informationen über kurzfristige Änderungen und gröbere Informationen über langfristige Änderungen bereitgestellt werden. Parallel zur Terminierung der Änderungen ist die Ressourcenzuordnung vorzunehmen.

Empfänger des Änderungsterminplans sind Kunden, Benutzer, Software-Entwickler, Mitarbeiter der Support-Organisation und sonstige betroffene Personenkreise. Bei weit greifenden Änderungen sollten für die betroffenen Bereiche Maßnahmen zur Schaffung von Akzeptanz und Bewusstsein initiiert werden. Bei der Planung und Terminierung ist die Berücksichtigung sowohl der Kunden- als auch der Nutzerbedürfnisse von zentraler Bedeutung.

Auf Basis des Änderungsterminplans wird der Verfügbarkeitsplan, PSA (Abkürzung im ITIL-Framworf für Projected-Service-Availability), erstellt, welcher zum einen Informationen über Änderungen der vereinbarten SLAs und zum anderen die Auswirkungen von Änderungen auf die Service-Verfügbarkeit enthält.

11.2.9 Entwicklung, Test und Implementierung von Änderungen

Genehmigte und geplante Änderungen werden an die zuständigen, technischen Bereiche oder Gruppen weitergeleitet. Dem Change-Management, in Zusammenarbeit mit dem Release-Management und dem Management aus der jeweiligen technischen Linie, ist im Rahmen der Umsetzung die Koordinationsrolle zugeordnet. Dabei sind Ressourcen- und Terminaspekte zu überwachen und zu steuern.

Wenn möglich, sollten die Standards und Methoden, welche bei der Entwicklung und Einführung der Originalkomponente verwendet wurden, auch bei dessen Änderung verwendet werden. So sind beispielsweise vor der Durchführung von Änderungen Ausweichmaßnahmen für damit einhergehende mögliche Probleme zu planen, eventuell zu testen und zu aktivieren – ähnlich wie bei der Implementierung der Originalkomponente.

Bei der Durchführung von Tests sollten Aspekte wie Performanz, Sicherheit, Zuverlässigkeit/Verfügbarkeit, Funktionalität, Support und Wartung berücksichtigt werden. Je nach Änderung kann es sinnvoll sein, separate Testumgebungen zu benutzen oder z. B. Modellierungstechniken zur Einschätzung der Auswirkungen zu verwenden. In Einzelfällen kann es Sinn machen, auf Tests zu verzichten. Dabei sollten die Risiken für das Geschäft im Voraus abgeschätzt werden und bei der Implementierung sollte besondere Vorsicht geboten sein.

Die Implementierung der Änderung sollte, wenn möglich, zum Zeitpunkt mit den geringsten Auswirkungen durchgeführt werden. Eine Pilotierung sollte in Erwägung gezogen werden, um das Risiko zu minimieren und erste Erfahrungen zu sammeln. Das Incident-Management sollte auf mögliche Probleme vorbereitet sein, um im Störungsfall eine effiziente und effektive Hilfestellung leisten zu können.

11.2.10 Revision

Die implementierten Änderungen sollten nach einer bestimmten Zeitperiode einer Revision unterzogen werden. Bei Besprechungen des Änderungskomitees können die Ergebnisse der Revision diskutiert werden und im Falle von Problemen über Maßnahmen (z. B. die erneute Erstellung eines Änderungsantrages) entschieden werden. Bei der Revision sollte überprüft werden,

- inwiefern der gewünschte Effekt der Änderung eingetreten ist und ob die Ziele erreicht wurden,
- ob die Kunden bzw. Nutzer mit den Ergebnissen zufrieden sind,
- ob unerwünschte Nebeneffekte bezüglich Funktionalität, Verfügbarkeit, Kapazität/Performance, Sicherheit, Wartung etc. aufgetreten sind,
- ob der Ist-Aufwand dem Plan-Aufwand entspricht,
- ob die Einführungsplanung korrekt durchgeführt wurde,
- ob Änderungen termin- und kostengerecht umgesetzt wurden und
- ob der Wiederherstellungsplan funktioniert hat (falls dieser in Anspruch genommen wurde).

11.3 Beziehungen zu anderen Bereichen der IT-Organisation

11.3.1 Schnittstellen zum Service-Delivery

Service-Level-Management

Durch SLAs kann sowohl festgelegt werden, welche Änderungen die Kunden einreichen können, als auch wie die Änderungsanträge abgewickelt werden, d. h., wo diese eingereicht werden, wie lang die Durchlaufzeit ist, wie hoch die Kosten für Änderungen sind und welche Informationen geliefert werden. Im Falle von Änderungen an bestehenden SLAs geschieht dies in Form von Änderungsanträgen über das Change-Management, da sowohl SLAs als auch die Absicherungsverträge idealerweise als Komponentenelemente in der Konfigurationsdatenbank (*s. Kap. 13*) verwaltet werden. Bei der Bestimmung der Auswirkungen von Änderungen auf die Kunden unterstützt das Service-Level-Management das Change-Management. Service-Level-Manager können je nach Situation auch im Änderungskomitee (*s. Kap. 11.2.5*) vertreten sein. Zur besseren Abschätzung der Auswirkungen stellt das Change-Management dem Service-Level-Management entsprechende Berichte zur Verfügung, aus welchen die geplanten Änderungen, Änderungstermine und Auswirkungen auf die SLAs hervorgehen.

Capacity-Management

Das Capacity-Management ist im Änderungskomitee repräsentiert, um die kapazitätsbezogenen Auswirkungen von Änderungen zu untersuchen und zusätzliche Kapazitätsbedarfe abzuschätzen. Dabei sind die Änderungen kumulativ zu berücksichtigen und insbesondere die langfristigen, kapazitätsbezogenen Effekte der Änderungen abzuschätzen. Auf der anderen Seite sind für jegliche kapazitätsbezogenen Änderungen Anträge zu erstellen und durch formalisierte Change-Management-Prozeduren qualitativ abzusichern.

Availability-Management

Das Availability-Management liefert als Input für das Change-Management Vorgaben zu geplanten Wartungsmaßnahmen für IT-Komponenten. Relevant sind hierbei Häufigkeit, Dauer und Auswirkungen der Maßnahmen. Das Change-Management stellt dem Availability-Management wiederum Informationen über die konkreten Wartungstermine und die betroffenen IT-Services zur Verfügung.

Zudem werden vom Availability-Management Änderungen, z. B. zur Erhöhung der Service-Verfügbarkeit, initiiert. Bei der Einschätzung der Auswirkungen von Änderungen auf die Verfügbarkeit der Services kann das Availibility-Management das Change-Management unterstützen.

IT-Service-Continuity-Management

Das Change-Management sichert durch etablierte Prozesse und regelmäßige Prüfungen die Richtigkeit und die Aktualität der Continuity-Pläne und der Continuity-Einrichtungen. Jegliche Änderungen, die im Rahmen des IT-Service-Continuity-Managements vorgenommen werden, geschehen unter der Kontrolle des Change-Managements. Ebenso sollten Änderungen, z. B. an der Infrastruktur, hinsichtlich der Auswirkungen auf die Continuity-Pläne und die Continuity-Einrichtungen überprüft werden.

Financial-Management

Änderungen am Kostenrechnungssystem oder an vereinbarten Budgets, die innerhalb der Planungsperiode durchgeführt werden, sind unter der Kontrolle des Change-Managements abzuwickeln. Auf der anderen Seite stellt das Financial-Management dem Change-Management kostenrelevante Informationen für geplante Änderungen zur Verfügung.

11.3.2 Schnittstellen innerhalb des Service-Supports

Incident-Management

Störungen oder Serviceanfragen können zu der Erstellung von Änderungsanträgen führen. Bei bekannten Störungsursachen können die Anträge direkt erstellt werden, während unbekannte Störungsursachen zunächst im Rahmen des Problem-Managements analysiert werden. Bei der Bearbeitung von Änderungsanträgen bzw. den Änderungen ist das Incident-Management über den aktuellen Status regelmäßig zu informieren.

Bei der Implementierung von Änderungen können neue Fehler auftreten, die zu Störungsmeldungen im Incident-Management führen. Aus diesem Grund sind Änderungen und mögliche Konsequenzen dem Incident-Management bei bzw. nach der Implementierung mitzuteilen. Informationen über die fehlerhafte Implementierung von Änderungen werden dem Change-Management durch das Incident-Management gemeldet.

Problem-Management

Die Behebung von Störungsursachen stellt in der Regel eine Änderung dar und sollte aus diesem Grund im Rahmen des Change-Managements kontrolliert und gesteuert werden. Demnach führt die Bearbeitung von Problemen im Problem-Management normalerweise zur Erstellung eines Änderungsantrages.

Das Change-Management informiert das Problem-Management kontinuierlich über den Verlauf und den Status der problembezogenen Änderungsanträge.

Release-Management

Mehrere Änderungen können zu Versionen zusammengefasst werden, wobei die Kontrolle und Verantwortung über die Versionen beim Release-Management angesiedelt ist. Die Installation von neuen Versionen findet wiederum unter der Kontrolle des Change-Managements statt. Aufgrund der engen Beziehung zum Change-Management sind Vertreter des Release-Managements häufig Mitglieder des Änderungskomitees.

Configuration-Management

Das Change-Management sollte als integraler Bestandteil eines Configuration-Management-Systems verstanden werden. Ohne ein funktionierendes Change-Management ist es unmöglich, eine aktuelle und konsistente Konfigurationsdatenbank aufrecht zu erhalten, da Statusänderungen von bestehenden Komponenten und die Einführung neuer Komponenten im Rahmen des Change-Managements erfasst werden.

Auf der anderen Seite kann das Change-Management ohne eine effektive Konfigurationsdatenbank kaum funktionieren, da die Auswirkungen von Änderungen nicht bestimmt werden können. Informationen über Abhängigkeiten zwischen den einzelnen Komponenten werden benötigt.

11.3.3 Schnittstelle zum Application-Management

Das Change-Management sollte integraler Bestandteil des Application-Managements sein. In allen Phasen des Applikationslebenszyklus übernimmt das Change-Management Aufgaben. So wird in der Anforderungsphase sichergestellt, dass die Anwendung den Anforderungen des Change-Managements gerecht wird. Zudem können spezifische Anforderungen für Änderungen an der Anwendung definiert werden. In den Phasen Design, Entwicklung und Implementierung berät das Change-Management bezüglich der Überführung der Anwendung in den Betrieb. Zudem wirkt das Change-Management unterstützend bei der Beschaffung der Genehmigung zur Implementierung der Anwendung, da auch die Einführung einer neuen Anwendung unter der Kontrolle des Change-Managements steht. Im Bereich des Betriebes werden Informationen ausgetauscht, z. B. über Infrastrukturänderungen und deren Auswirkungen auf die betriebene Anwendung sowie über Änderungen an der Anwendung selbst.

11.3.4 Schnittstelle zum ICT-Infrastructure-Management

Bei neuen ICT-Lösungen ist das Change-Management integraler Bestandteil innerhalb der Einführungsphase. Durch die standardisierten Prozesse des Change-Managements werden Effektivität und Effizienz der Implementierung verbessert. Anträge für Änderungen an der Infrastruktur werden vom technischen Support erstellt. Der technische Support ist des Weiteren zuständig für die Durchführung infrastruktureller Änderungen, die z. B. im Rahmen der Problemlösung umzusetzen sind.

11.4 Steuerung des Change-Managements

11.4.1 Ziel des Change-Managements

Neben der Störungs- und Problembehebung können auch proaktive Maßnahmen zur Senkung von Kosten oder Verbesserung der Services Auslöser für Änderungen in der IT-Organisation sein. Ziel des Change-Managements ist es, für die Bearbeitung von beliebigen Änderungen innerhalb der IT-Organisation standardisierte Methoden und Prozesse zu etablieren.Dadurch kann eine effiziente und effektive Handhabung von Änderungen erfolgen und die positiven oder negativen Auswirkungen von Änderungen maximiert bzw. verringert werden.

11.4.2 Rollen/Verantwortlichkeiten

Verantwortlichkeiten des Change-Managers

- Erfassung und Priorisierung von Änderungsanträgen,
- Einberufung, Vorbereitung, Organisation und Moderation der Besprechungen des Änderungskomitees,
- Autorisierung von Änderungen (unter Berücksichtigung der Empfehlungen des Änderungskomitees),
- Erstellung und Ausgabe des Änderungsterminplans,
- Termingerechte Koordination von Entwicklung, Test und Implementierung der Änderungen,
- Aktualisierung des Änderungsstatus hinsichtlich des Fortschrittes und der bereits durchgeführten bzw. noch durchzuführenden Aktivitäten,
- Prüfung der durchgeführten Änderung hinsichtlich Zielerreichung und aufgetretener Probleme,
- Schließen der Änderungsanträge,
- Erzeugung von Managementberichten,
- Analyse der Änderungen hinsichtlich Trends, Problemen und Verbesserungspotenzialen.

Verantwortlichkeiten der Mitglieder des Änderungskomitees

Prüfung der Änderungsanträge hinsichtlich Auswirkungen, Aufwand zur Umsetzung und entstehender Betriebskosten
- Teilnahme an den Besprechungen des Änderungskomitees und Aussprechen von Empfehlungen hinsichtlich Autorisierung und Terminierung von Änderungen,
- Mitglieder des Notfallkomitees sollten im Falle von dringenden Änderungsanträgen verfügbar sein,
- Beratung des Change-Managements.

11.4.3 Betriebliche Kenngrößen des Change-Managements

- Viele Arbeitsrückstände geben Hinweise auf zu geringe Zuteilung von Ressourcen,
- Häufiges Auftreten von unerfolgreichen Änderungen gibt Hinweise auf Fehler im Analyse- und Entwicklungsprozess,
- Reduktion der negativen Auswirkungen von Änderungen,
- Reduktion der Störungen aufgrund von eingeführten Änderungen,
- Wenig dringende und ungeplante Änderungen,
- Prozentsatz der im Change-Management-System erfassten Änderungen,
- Korrelation zwischen Änderungsterminplan und tatsächlich implementierten Änderungen,
- Anzahl der ausstehenden Änderungsanträge mit hoher Priorität,
- Abweichungen des tatsächlichen Aufwands vom geplanten Aufwand,
- Regelmäßigkeit der Revisionen,
- Maximierung der positiven Auswirkungen proaktiv durchgeführter Änderungen,
- Wenig abgelehnte Änderungsanträge.

11.4.4 Erfolgsfaktoren

- Vermeidung von zu viel Bürokratie z. B. durch Definition von Standardänderungen, die ohne Beteiligung des Change-Managements durchgeführt werden können,
- Enge Verknüpfung mit dem Configuration-Management,
- Verwendung von automatisierten Tools zur Unterstützung der Change-Management-Prozeduren (für kleine IT-Organisationen gegebenenfalls weniger geeignet),
- Schaffung von Akzeptanz bei Benutzern, Mitarbeitern und Management,
- Intensive Schulung der Benutzer, Mitarbeiter und der Mitglieder des Änderungskomitees,

- Durchführung von Revisionen (idealerweise mit automatisierten Prozeduren).

11.4.5 Kosten/Nutzen

Kostenarten

Als Kostenarten werden in der ITIL für die Umsetzung des Change-Managements die Personalkosten und die Kosten für Beschaffung und Betrieb des Change-Management-Tools erwähnt. Obwohl im Rahmen des Change-Managements zusätzliche Rollen definiert werden, sinkt aufgrund der erhöhten Effizienz der zeitliche Gesamtaufwand, der für die Bearbeitung von Änderungen entsteht.

Nutzenkategorien

- Ausrichtung der IT-Leistungen an den Geschäftsanforderungen und dadurch gesteigerte Kundenzufriedenheit,
- Erhöhte Sichtbarkeit und bessere Kommunikation von Änderungen sowohl auf Seiten des Geschäftes als auch auf Seiten des Service-Supports,
- Reduktion der negativen Auswirkungen von Änderungen sowohl auf die Qualität der IT-Leistungen als auch auf vereinbarte SLAs,
- Verbesserte Kalkulation der Kosten für die Durchführung von Änderungen,
- Weniger zurückgezogene Änderungen und leichtere Wiederherstellung des ursprünglichen Zustandes im Problemfall,
- Verbesserung des Problem- und Availability-Managements durch Nutzung von relevanten Informationen des Change-Managements wie z. B. Details über geplante Änderungen,
- Gesteigerte Produktivität der Nutzer,
- Erhöhte Produktivität der Mitarbeiter durch effizientere Handhabung von Änderungen.

11.4.6 Mögliche Probleme

Folgende potenzielle Probleme sollten bei der Umsetzung des Change-Managements berücksichtigt werden:
- Mangelnde Effizienz der Änderungsbearbeitung durch zu viel Bürokratie (insbesondere in kleinen IT-Organisationen).
- Papierbasierte Change-Management-Systeme sind schwierig zu verwalten, führen zu Engpässen und sind daher nur für kleinere IT-Organisationen geeignet.
- Akzeptanzprobleme: Das eingeführte Change-Management-System wird nicht genutzt und Änderungen sind im Change-Management nicht erfasst.
- Eigentümerschaft der Komponenten ist unklar, wodurch Verzögerungen entstehen.
- Geltungsbereich des Change-Managements ist für die zur Verfügung stehenden Ressourcen zu weit gefasst.
- Effektivitätseinbussen durch fehlende Integration des Change-Managements in das Configuration-Management bzw. durch falsche Konfigurationsdaten.
- Fehlende bzw. unangemessene Wiederherstellungsmaßnahmen im Problemfall.
- Fehlende Unterstützung des Managements.
- Keine angemessenen Prozeduren für dringende Änderungen.
- Schlechte Synchronisation zwischen Plattformen und Standorten, so dass Änderungen kaum effizient terminiert werden können.

12 Release-Management

12.1 Überblick

Aufgabe des Release-Managements ist die Sicherstellung der erfolgreichen Entwicklung und Einführung neuer Software- und Hardwareversionen. In einem initialen Schritt werden zunächst Versionsgrundsätze definiert, in deren Rahmen die wesentlichen Rollen und Verantwortungen des Release-Managements definiert werden. Anschließend folgt ein den Versionsgrundsätzen entsprechender Planungs-, Design- und Entwicklungsprozess, in welchem die wesentlichen Komponenten der neuen Versionen geplant und entwickelt werden. Nach einem abschließenden Test erfolgt die Planung und Umsetzung der Versionseinführung. Während des gesamten Prozesses ist darauf zu achten, dass ein Abgleich mit der Softwarebibliothek (in der ITIL wird hierfür die Abkürzung DSL für Definitive-Software-Library verwendet) und der Konfigurationsdatenbank stattfindet.

Im Release-Management ist auf eine effektive Schnittstelle sowohl zum Change-Management als auch zum Configuration-Management zu achten, so dass kein „Wildwuchs" innerhalb der IT-Organisation entsteht, sondern ein systematischer, kontrollierter und dokumentierter Änderungsvorgang eingehalten wird. *Abbildung 12.1.* zeigt eine Übersicht über das Release-Management und gleichzeitig die Gliederung dieses Kapitels.

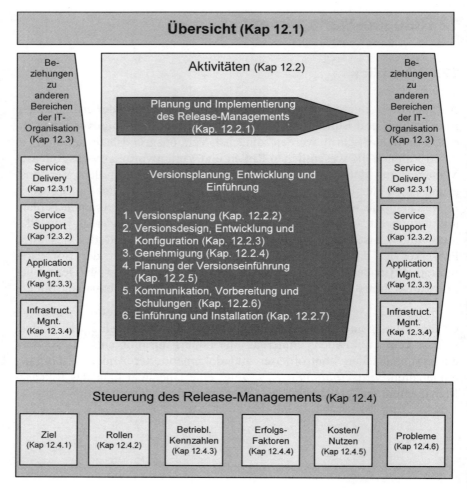

Abb. 12.1. Übersicht über das Release-Management

12.2 Aktivitäten des Release-Managements

12.2.1 Planung und Implementierung

Im Rahmen der Planung sind zunächst allgemeine Richtlinien zu entwickeln, die bei der Entwicklung und Verteilung von Versionen zu berücksichtigen sind. Dabei sollten folgende Aspekte berücksichtigt werden:

- Detaillierungsgrad der Versionskontrolle (Werden für gesamte Applikationen oder für einzelne Programmdateien Versionen definiert?),

Aktivitäten des Release-Managements

- Namens- und Nummerierungskonventionen,
- Definition von größeren und kleineren Versionen sowie Richtlinien für Notfallsituationen,
- Hinweise hinsichtlich der Frequenz von Versionen (Wie häufig sollten beispielsweise größere Versionswechsel durchgeführt werden?),
- Identifikation geschäftskritischer Zeiten, in welchen auf die Umsetzung von Versionen verzichtet werden sollte (Ist es z. B. aufgrund der Gehaltsabrechnungen gegen Ende des Monats nicht ratsam, eine neue Version der HR-Anwendung durchzuführen?).
- Richtlinien hinsichtlich der Ergebnisdokumentation bei der Entwicklung und Implementierung von Versionen (unter Umständen toolbasiert),
- Richtlinien hinsichtlich der Prozeduren im Problemfall (z. B. Zurücknahme der Version),
- Aspekte der Kontrolle des Release-Managements,
- Dokumentation der Konfiguration der Softwarebibliothek.

Für die Planung und Einführung von Versionen sind geeignete Prozeduren zu definieren. Dabei sind sowohl Software- als auch Hardwareversionen zu berücksichtigen. Das Release-Management arbeitet mit den Projektteams zur Entwicklung von Software- und Hardwareversionen eng zusammen. Es sollten Dokumentationen erstellt werden, die den Projektteams Aufschluss geben über:

- Infrastruktur-Standards und Anforderungen des Release-Managements bzw. des Service-Managements sowie operationale Anforderungen,
- Planung, Entwicklung und Konfiguration plattformspezifischer Versionen,
- Akzeptanzprozeduren und
- Kommunikations-, Vorbereitungs- und Schulungsmaßnahmen sowie Einführungs- und Implementierungsprozeduren.

Dafür sind Dokumente zu erstellen, welche dem Release-Management Hinweise geben zu:

- Beschaffungs- und Bestellprozeduren,
- Leasing-, Lizenz- und Supportvereinbarungen,
- SLAs (z. B. für die Bestellung neuer Hardware oder Software),
- Prozeduren zur Installation oder Veränderung von Equipment und Softwarekomponenten,
- Gesundheits- und Sicherheitsrichtlinien,
- Change- und Configuration-Management-Pläne und
- Akzeptanz- und Autorisierungsprozeduren.

Bei der Einführung von Softwareversionen sollten Maßnahmen zur Vermeidung von Softwarekorruption getroffen werden. Zudem sollten technische Möglichkeiten zur Entdeckung von Fehlern genutzt werden. Mit Hilfe von geeigneten Methoden (idealerweise z. B. mit Hilfe von Remote-Technologien und -Methoden) sollte die Einführung von Softwareversionen so einfach und sicher wie möglich gestaltet werden. Falls keine Remote-Technologie eingesetzt werden kann, sollte die Authentizität der Software vor Ort mit angemessenen Methoden sichergestellt werden.

Des Weiteren sollte im Rahmen der Planung sichergestellt werden, dass effektive Schnittstellen zur Konfigurationsdatenbank existieren und angemessene Alternativpläne für das Auftreten von Problemen bei der Versionseinführung erstellt werden. Zudem sollte für Maßnahmen gesorgt werden, die sicherstellen, dass genügend Kapazitäten für die Versionseinführung zur Verfügung stehen und nach der Einführung keine Redundanzen vorliegen.

Weitere Planungsaspekte betreffen Rollenkonzept und Verantwortlichkeiten (*s. Kap. 12.4.2*), Schulungen, Tools sowie Revisionen und Berichterstattung.

Nachdem die notwendigen Mitarbeiter zugeordnet und geschult, Prozeduren definiert und getestet sowie Software-Tools eingerichtet wurden, sollten die Softwarebibliothek und die Entwicklungsumgebung eingerichtet, getestet und dafür gesorgt werden, dass nur autorisiertes Personal Zugriff hat. Anschließend können Informationen über eigenentwickelte und gekaufte Software in die Bibliothek importiert werden.

Der Betrieb des Release-Managements umfasst die Aufgaben:

- Versionsplanung,
- Versionsdesign, -entwicklung und -konfiguration,
- Genehmigung,
- Planung der Versionseinführung,
- Kommunikation, Vorbereitung und Schulung sowie
- Einführung und Installation.

12.2.2 Versionsplanung

Bei der Versionsplanung ist zunächst Übereinstimmung bezüglich Inhalt, Zeitpunkt, Ort, Geschäftseinheit und Kunden der geplanten Version zu erzielen. Anschließend ist ein grober Zeitplan für die Version zu erstellen und die bestehende Hardware und Software zu analysieren, um abschätzen zu können, welche Ressourcen für die Umsetzung und Einführung der Version benötigt werden. Zuständigkeiten und Verantwortlichkeiten sind festzulegen, Angebote von Lieferanten sind einzuholen und Verhandlungen bezüglich neuer Hardware, Software oder Installationsdienste sind zu führen. Zudem sollten im Rahmen der Versionsplanung alternative Maßnahmen für den Fall eines Misslingens produziert und ein Qualitätsplan für die jeweilige Version entwickelt werden. Letztlich sollte die Akzeptanz der Supportgruppen und der Kunden gegenüber der neuen Version sichergestellt werden.

Als Input werden im Rahmen der Versionsplanung der Projektlebenszyklus, autorisierte Änderungsanträge, die Versionsrichtlinien, die Empfehlungen des Änderungskomitees, diverse Vorlagen (Templates) sowie Bedingungen (z. B. terminliche Engpässe), Abhängigkeiten (z. B. zwischen geschäftskritischen Services) und ein Überblick über die Geschäftsanforderungen benötigt.

Eine enge Zusammenarbeit mit dem Change-Management ist bei der Planung von Versionen notwendig. Die Ergebnisse der Versionsplanung (u. a. auch grobe Testpläne und Akzeptanzkriterien für die entsprechende Version) sind normalerweise in dem Change-Management-Plan eines Projektes enthalten.

12.2.3 Versionsdesign, -entwicklung und -konfiguration

Für die Entwicklung von Versionen sollten Prozeduren definiert werden, die, soweit möglich, standardmäßig ablaufen und sich wiederholen. Ebenso sollte bei der Entwicklung der Version soweit wie möglich auf bereits bestehende Komponenten zurückgegriffen werden. Bei simplen Versionen genügt unter Umständen eine bloße Kompilierung und Verknüpfung von bereits existierenden Komponenten. Gegebenenfalls ist eine von Dritten bezogene Softwareversion zu integrieren. In manchen Fällen ist ein Import von Test- bzw. statischen Referenzdaten vorzunehmen oder es sind Betriebssysteme, Datenbank-Komponenten etc. zu integrieren. Der Einsatz automatischer Installationsroutinen erfordert häufig einmalige Routinen zum Konvertieren von Daten bzw. Initialisieren von Datenbanken.

Sämtliche Softwarekomponenten (Test-Komponenten, Pilot-Komponenten etc.), die im Rahmen der Entwicklung von Versionen verwendet wurden, sollten in der Konfigurationsdatenbank verwaltet werden. Zudem sollten für Ergebnisse der Entwicklungsphase Qualitätskontrollen und Tests durchgeführt werden.

Die Pläne, die im Rahmen der Versionsplanung erstellt wurden, bilden Input für die Design- und Entwicklungsphase und dienen als Basis für die Erstellung detaillierter Instruktionen zur Entwicklung der Versionen. Dabei werden auch Beschaffungsaufträge, Lizenzen und Garantien berücksichtigt. Schließlich werden sowohl automatische Installationsskripte, assoziierte Testpläne und Alternativlösungen für Notfälle erstellt als auch Masterkopien für die Installationsmedien und -instruktionen angefertigt.

12.2.4 Genehmigung

Vor der Genehmigung der Versionseinführung sind ausführliche Tests von unabhängigen Mitarbeitern der Fachseite sowie von Mitarbeitern der IT-Organisation durchzuführen. Dabei sollten auch Installationsprozeduren und Ausweichalternativen für Problemfälle getestet werden. Als Basis für die Tests wird eine kontrollierte Testumgebung benötigt. Fehler, die identifiziert wurden, aber vor der Übergabe in den Betrieb nicht mehr behoben werden können, werden den entsprechenden Mitarbeitern im Betrieb und im Support mitgeteilt. Wenn die Einführung einer Version abgelehnt wird, sollte diese über das Change-Management neu geplant und terminiert werden. Bei Genehmigung der Versionseinführung sollte die Unterschrift der Vertreter relevanter Anspruchsgruppen eingeholt werden. Die endgültige Autorisierung der Versionseinführung erfolgt dann über das Change-Management.

12.2.5 Planung der Versionseinführung

In der Phase der Einführungsplanung werden die bestehenden Versionspläne um Details über Installationsprozess und Implementierung ergänzt. Dabei wird ein konkreter Zeitplan erstellt, aus dem hervorgeht, wer welche Aufgaben im Rahmen der Versionseinführung wann zu erledigen hat. Zudem wird eine Liste der Komponenten, die im Rahmen der Implementierung zu installieren bzw. zu entfernen sind, erstellt. Des Weiteren sind notwendige Kommunikationsmaßnahmen für interne Mitarbeiter und betroffene Nutzer zu planen und zu organisieren. Für neu zu beschaffende Hard- und Software sind Prozeduren zu deren Verwaltung (z. B. sichere Speicherung bzw. Lagerung) vor und während der Implementierung zu definieren.

Generell sollte eine Entscheidung getroffen werden, ob die Version gesamthaft zu einem Zeitpunkt oder phasenorientiert eingeführt wird. Eine gesamthafte zeitpunktorientierte Einführung eignet sich für Versionen, bei denen die alte und neue Version nicht parallel betrieben werden können, während eine phasenorientierte Einführung zur Risikoreduzierung verwendet wird. Bei der phasenorientierten Versionseinführung können vier Arten unterschieden werden:

- Bestimmte funktionale Teile der Version werden sequenziell eingeführt.
- Die Version wird phasenweise bei bestimmten Nutzergruppen (z. B. nach geographischen Standorten) eingeführt.
- Zunächst werden Hardware-Änderungen und später Software-Änderungen vorgenommen.
- Eine Kombination aus den drei genannten Arten.

Welche Art der Einführung gewählt wird, hängt nicht zuletzt auch von den zur Verfügung stehenden Ressourcen zur parallelen Implementierung von Versionen, z. B. an verschiedenen Standorten, ab.

12.2.6 Kommunikation, Vorbereitung und Schulung

Durch Schulungen und Integration in die Phase der Versionsgenehmigung erhalten sowohl Mitarbeiter der IT-Organisation als auch Kunden notwendige Einsichten in die geplanten Aktivitäten. Änderungen und Probleme, die mit der Einführung neuer Versionen einhergehen, sollten in Besprechungen mit den betroffenen Anspruchsgruppen diskutiert werden, so dass die Verantwortlichkeiten und die Erwartungen geklärt sind. Im Rahmen der Vorbereitung sind Sicherheitsaspekte zu adressieren, letzte Hardware-, Software-, Netzwerk-, Kabel- und Kapazitätschecks durchzuführen sowie gegebenenfalls neue Techniken für den Datenimport (z. B. EDI-Links) zu beschaffen. Änderungen der Supportverträge sind den entsprechenden Mitarbeitern mitzuteilen.

12.2.7 Einführung und Installation

Bei der Einführung von Hardware ist darauf zu achten, dass diese nicht beschädigt wird und Zwischenlagerungen sicher sind. Bei Empfang des Equipments ist dieses vor Inbetriebnahme auf Fehlerlosigkeit zu überprüfen und zu testen. Zudem ist die Konfigurationsdatenbank entsprechend zu aktualisieren. Bei der Installation von Software spielt die Erhaltung der Integrität eine wesentliche Rolle. Durch Remote-Verfahren können im Rahmen der Softwaredistribution Ressourcen und Zeit eingespart werden. Eine anschliessende Überprüfung, ob die Version vollständig und fehlerfrei übertragen wurde, ist notwendig. Es wird empfohlen, die Software zunächst in einem inaktiven Zustand zu übertragen und nach erfolgreicher Übertragung eine Aktivierung vorzunehmen. Alte Softwareversionen sollten aufgrund lizenzrechtlicher Aspekte deaktiviert werden.

Zum Abschluss ist die Konfigurationsdatenbank zu aktualisieren und relevante Attribute, wie z. B. Lokation des Equipments oder Eigentümer der Hardware und Software, hinzuzufügen. Ein formaler Feedbackbogen hilft bei der Bestimmung der Kundenzufriedenheit und bei der Identifikation von Problemen bzw. Schwachstellen.

12.3 Beziehungen zu anderen Bereichen der IT-Organisation

12.3.1 Schnittstellen zum Service-Delivery

Capacity-Management

Insbesondere bei der Entwicklung einer Einführungsstrategie von Versionen sind Kapazitätsaspekte zu berücksichtigen. Faktoren wie Netzwerkbandbreite, Host- und Clientkapazitäten, Anzahl der Kunden etc. müssen bei der Einführung beachtet werden. Das Capacity-Management hilft bei der Planung der Versionseinführung.

12.3.2 Schnittstellen innerhalb des Service-Supports

Incident-Management

Bekannte Fehler, die bei der Erstellung und Einführung von Versionen bereits identifiziert, aber vor Übergabe in den Betrieb nicht mehr behoben wurden, sollten dem Incident-Management und insbesondere den Mitarbeitern des Service-Desks gemeldet werden.

Problem-Management

Die Problemmeldungen, die mit der Einführung einer neuen Version gelöst wurden, sind zu schließen. Ebenso sind neue Probleme, die durch die Einführung neuer Versionen entstanden sind bzw. bekannterweise entstehen werden, zu melden und anschließend durch das Problem-Management zu bearbeiten.

Change-Management

Mehrere Änderungen können zu Versionen zusammengefasst werden, wobei die Kontrolle und Verantwortung über die Versionen beim Release-Management angesiedelt ist. Die Installation von neuen Versionen findet wiederum unter der Kontrolle des Change-Managements statt. Aufgrund der engen Beziehung zum Change-Management sind Vertreter des Release-Managements häufig Mitglieder des Änderungskomitees.

Configuration-Management

Das Release-Management liefert Informationen über Statusänderungen von bestehenden und neuen Hardware- bzw. Softwarekomponenten. Sobald im Rahmen der Einführung neuer Versionen entweder neue Komponenten hinzugefügt werden oder aber z. B. bestehende Software- oder Hardwarekomponenten entfernt oder verändert werden, sind diese Informationen durch Aktualisierung der Konfigurationsdatenbank festzuhalten.

Im Gegenzug wird bei der Planung, Entwicklung und Implementierung neuer Versionen auf Informationen der Konfigurationsdatenbank zurückgegriffen (z. B. auf Informationen über bestehende Konfigurationen).

12.3.3 Schnittstelle zum Application-Management

Das Release-Management unterstützt das Application-Management hinsichtlich Fragen der Versions- und Einführungsplanung über den gesamten Lebenszyklus der Anwendungen hinweg. Schon in der Phase der Anforderungserhebung sollten bei der Planung neuer Anwendungen Versions- und Einführungsaspekte berücksichtigt werden. Dabei sind Fragestellungen, beispielsweise auf welche Art und Weise die Anwendung eingeführt werden soll und welche Faktoren eine effiziente und effektive Implementierung fördern, zu berücksichtigen.

12.3.4 Schnittstelle zum ICT-Infrastructure-Management

Das Release-Management unterstützt das ICT-Infrastructure-Management bei der Kontrolle und Steuerung der Einführung neuer ICT-Lösungen. Es wird sichergestellt, dass bei der Einführung neuer ICT-Komponenten bzw. -Lösungen die allgemeinen Richtlinien und Akzeptanzkriterien eingehalten werden.

12.4 Steuerung des Release-Managements

12.4.1 Ziel des Release-Managements

Ziel des Release-Managements ist es, durch eine ganzheitliche Betrachtungsweise Änderungen an IT-Services zu bündeln und im Rahmen einer Version effektiv und effizient umzusetzen bzw. einzuführen. Durch formalisierte Prozeduren und Tests sollen Effizienz und Effektivität gesteigert und das Risiko der Versionseinführung gesenkt werden.

12.4.2 Rollen/Verantwortlichkeiten

Die Rollenverteilung innerhalb der einzelnen Phasen des Release-Managements hängt von der jeweiligen Versionsart ab. So können je nach Art der umzusetzenden Version Entwicklungs-Manager, Betriebsleiter, Change-Manager, Datenbankadministratoren etc. in den Entscheidungsprozess innerhalb des Release-Managements eingebunden sein. Häufig wird im Rahmen des Release-Managements zusätzlich ein Release-Manager definiert, der für die Release-Management-Prozeduren im Allgemeinen verantwortlich ist.

Ein Test-Manager kann z. B. die Verantwortung der Test-Phase für neue Versionen übernehmen. Die konkreten Verantwortlichkeiten sollten für sämtliche Arten von Versionen mit den entsprechenden Bearbeitungsphasen in einer Verantwortlichkeits-Matrix festgehalten und innerhalb der Organisation publiziert werden.

12.4.3 Betriebliche Kenngrößen des Release-Managements

- Anzahl der zeit- und budgetgerecht installierten Versionen (bei Problemen ist zu analysieren, inwiefern das Release-Management oder andere Bereiche verantwortlich sind),
- Anzahl der zurückgenommenen Versionen,
- Fehleranzahl bei der Entwicklung und Einführung von Versionen,
- Qualität der Softwarebibliothek (Genauigkeit, Sicherheit, Kapazitätsauslastung, Richtigkeit etc.),
- Anzahl der unautorisierten Versionen und Nutzung unautorisierter Software,
- Gebühren für nicht benötigte Lizenzen und Anzahl der Versionsduplikate,
- Genauigkeit und Aktualität der versionsbezogenen Informationen in der Konfigurationsdatenbank,
- Anzahl der Prozessverbesserungen im Bereich des Release-Managements,
- Übereinstimmung der aktuellen und geplanten Versionseigenschaften,
- Ressourcen- und Mitarbeiterplanung entspricht im Bereich des Release-Managements zukünftigen Anforderungen.

12.4.4 Erfolgsfaktoren

- Minimierung der Anzahl verschiedener Hardware- und Softwarevarianten im Betrieb (Erstellung einer offiziellen Liste der genehmigten Hardware und Software),
- Hilfefunktion für die Nutzer zur einfachen Bestimmung der verwendeten Version (nicht nur einzelne Applikationen, sondern insbesondere die Version des gesamten Arbeitsplatzes),
- Integritätstest kritischer Dateien (z. B. mit Hilfe von Cecksummen),
- Einstellen von Wartungs- und Betreuungsaktivitäten für redundante Hardware und Software nach Einführung einer neuen Software- oder Hardwareversion,
- Weitgehend automatisierte Prüfung auf illegale Softwarekopien,
- Förderung von Desktop-Kontrollen, um zu vermeiden, dass Nutzer die Konfiguration der PCs verändern,
- Risikovermeidung durch Pilotierung,
- Soweit möglich automatisierte Entwicklung, Implementierung, Wartung bzw. Aktualisierung der Softwarekomponenten,
- Bereithaltung von geeigneten Entwicklungs- und Testumgebungen,
- Verwendung von sogenannten „Time-outs", um die Benutzung spezifischer Softwareversion nach einem bestimmten Zeitpunkt zu vermeiden (insbesondere bei der Einführung von neuen Software- oder Hardwareversionen in unkontrollierten Umgebungen, wie z. B. außerhalb der eigenen Organisation),
- Sinnvolle Aufteilung der Softwarebestandteile auf Server und Clients (wobei bei Verlagerung auf den Client der spätere Aufwand für Änderungen erhöht wird und bei Verlagerung auf Server mehr Netzwerkressourcen benötigt werden),
- Einheitliche Gestaltung der Versionskomponenten bei internationalen Strukturen (beispielsweise sollten für länderspezifische Besonderheiten zusätzliche Module erstellt werden),
- Verwendung von Laufzeit-Prüfungen zur Verifikation von Schnittstellen und zur Identifizierung von veralteten Versionen,
- Sinnvolle Positionierung der Daten (zentral oder dezentral).

Nutzenkategorien

- Größere Erfolgsraten bzw. weniger Fehler bei der Einführung von neuen Hardware- oder Softwareversionen und dadurch höhere Service-Qualität,
- Konsistenz und Effizienz des Release-Managements,
- Synchronisation bzw. Zusammenfassung von Software- oder Hardwareversionen und dadurch Minimierung der verursachten Serviceausfälle,
- Bessere Qualität der im Betrieb befindlichen Hardware- und Softwarekomponenten aufgrund von effektiveren Entwicklungs-, Test- und Kontrollverfahren,
- Zusammenfassung von mehreren Änderungen zu einer einzelnen Version (dadurch sinkt die Gesamtzahl der Implementierungen und eine stabilere Betriebsumgebung wird geschaffen),
- Besseres Erwartungsmanagement durch frühzeitige Publikation relevanter Informationen über die neue Hardware- oder Softwareversion,
- Nachvollziehbarkeit der Änderungen an Infrastruktur- und Softwarekomponenten,
- Möglichkeit, Softwarekomponenten zentral zu entwickeln bzw. zu kontrollieren und dadurch Supportkosten einzusparen,
- Effektivität und Effizienz bei der Identifizierung illegaler Softwarekopien und unautorisierter Softwareversionen,
- Weniger Viren aufgrund weniger unautorisierter Softwarekomponenten.

12.4.5 Mögliche Probleme

- Die Akzeptanz der Mitarbeiter, welche die traditionellen Prozeduren gewohnt sind, fehlt. Der Nutzen und die Vorteile der neuen Release-Management-Prozeduren müssen aufgezeigt und kommuniziert werden.
- Insbesondere in den Bereichen, in denen ein ITIL-konformes Release-Management von größtem Nutzen wäre, haben die Mitarbeiter erfahrungsgemäß am wenigsten Zeit, um die neuen Prozeduren zu adaptieren. Aus diesem Grund sollte insbesondere in diesen Bereichen nach Lösungen mit minimalen Auswirkungen auf das Tagesgeschäft gesucht werden und eventuell in der Anfangsphase Unterstützung angeboten werden.
- Die Release-Management-Prozeduren werden sowohl von Nutzern als auch von den Mitarbeitern nicht beachtet.
- In verteilten Systemen können Probleme entstehen, wenn neue Versionen nicht zeitgemäß in den einzelnen Standorten installiert und aktiviert werden. Solche Probleme können durch unterstützende Software-Tools vermieden werden.
- Die Akzeptanz und Unterstützung des Managements fehlt.
- Zuständigkeiten und Verantwortlichkeiten sind unklar und nicht eindeutig definiert.
- Für die Prozeduren des Release-Managements werden nicht genügend Ressourcen bereitgestellt (wie z. B. für die Durchführung von ausführlichen Tests)
- Missverständnisse hinsichtlich der Versionsinhalte und der Entwicklungs- bzw. Installationskomponenten treten auf.

13 Configuration-Management

13.1 Überblick

Das Configuration-Management dient der Kontrolle von IT-Infrastruktur und IT-Services. Es wird ein logisches Modell der Infrastruktur und der Services erstellt, in welchem die IT-Komponenten, CI (Abkürzung im ITIL-Framework für Configuration-Item), identifiziert, kontrolliert, gewartet und verifiziert werden. Dabei können alle als Einheit wahrnehmbare Komponenten der IT-Organisation berücksichtigt werden. Hierzu können Software, Hardware und Dokumentationen zählen. Beispiele sind Server, Netzwerkkomponenten, Desktops oder Lizenzen. Aber auch Störungen, Serviceanfragen, bekannte Fehler, SLAs, interne bzw. externe Absicherungsverträge, Informationen über Lieferanten, Mitarbeiter, Standorte, Geschäftseinheiten etc. können als Komponenten erfasst werden. Die einzelnen Komponenten werden in der Konfigurationsdatenbank (in der ITIL wird hierfür die Abkürzung CMDB für Configuration-Management-Database verwendet) gespeichert und verwaltet. Es ist darauf zu achten, dass Konsistenz und Redundanzfreiheit gewährleistet sind. Daher ist neben einem allgemeinen Planungs-, Identifizierungs- und Kontrollprozess auch ein Verifikations- und Trackingprozess im Rahmen des Configuration-Managements zu etablieren. Mit Trackingprozess ist die nachhaltige Bereitstellung von Informationen über den aktuellen Status einer jeden IT-Komponente innerhalb des gesamten Lebenszyklus gemeint. Zum Beispiel durchläuft eine Applikation innerhalb des Lebenszyklus mehrere Phasen, von der Planung über die Entwicklung bis hin zum Betrieb.

Eine konsistente Konfigurationsdatenbank dient sämtlichen IT-Service-Management-Bereichen zur Unterstützung der Planungs- und Kontrolltätigkeiten und ist somit von besonderer Bedeutung im Rahmen des ITIL-Frameworks. *Abbildung 13.1.* zeigt eine Übersicht über das Configuration-Management und zugleich die Gliederung dieses Kapitels.

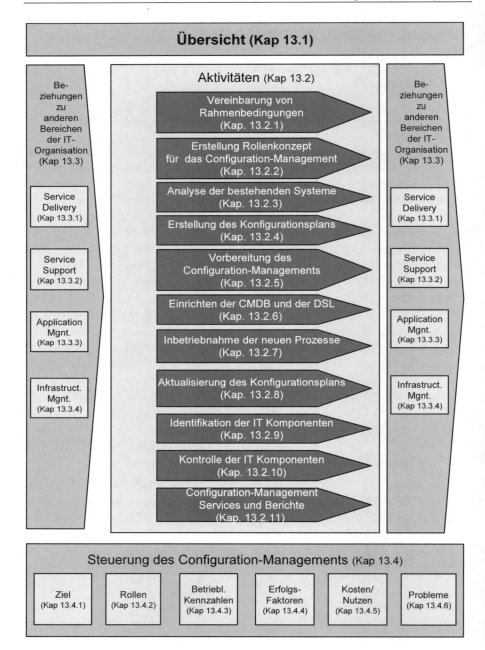

Abb. 13.1. Übersicht über das Configuration-Management

13.2 Aktivitäten des Configuration-Managements

Die Planung des Configuration-Managements – in vielen Organisationen eng verbunden mit dem Asset-Management – erfolgt zudem in enger Zusammenarbeit mit dem Change- und dem Release-Management. Aus diesem Grunde ist zu überlegen, inwiefern eine zusammengelegte Einheit mit den Verantwortungsbereichen Configuration-, Change- und Release-Management sinnvoll sein kann (s. auch Kap. 13.2.1.2).

13.2.1 Vereinbarung von Rahmenbedingungen

Ziele, Geltungsbereich und Prioritäten sollten in Zusammenarbeit mit den Service-Managern entsprechend den Anforderungen des Geschäftes festgelegt werden. Neben den allgemeinen Zielen des Configuration-Managements können detailliertere Ziele definiert werden, wie z. B.

- Identifizierung und Bereitstellung von aktuellen und korrekten Daten bezüglich der IT-Service- bzw. Infrastrukturkomponenten und deren Beziehungen,
- Definition und Dokumentation von Prozeduren und Arbeitsfolgen,
- Messung von bzw. Berichterstattung über Kennzahlen zu den einzelnen Komponenten,
- Sicherstellung, dass sämtliche Änderungen an Komponenten so schnell wie möglich in der Konfigurationsdatenbank aktualisiert werden und
- Prüfung von bzw. Berichterstattung über Abweichungen von Architekturstandards oder standardisierten Prozeduren des Configuration-Managements.

Aufgrund des hohen Aufwands zur Implementierung des Configuration-Managements wird häufig ein phasenorientierter Ansatz gewählt, wobei die einzelnen Implementierungsphasen, z. B. nach organisatorischen, geographischen oder kundenbezogenen Gesichtspunkten, unterschieden werden können.

Hinsichtlich der Auswahl der zu verwaltenden Komponenten entstehen häufig Dimensionierungsprobleme. Eine nicht mehr verwaltbare Anzahl an Komponenten und Beziehungen kann dazu führen, dass nur die wesentlichen IT-Komponenten ausgewählt werden und in angemessener Granularität in der Konfigurationsdatenbank verwaltet werden.

Abhängig von dem Integrationsgrad zu anderen Anwendungen entstehen für Configuration-Management-Tools und die entsprechende Hardware mehr oder weniger hohe Kosten. Diese sollten bereits bei der Planung einkalkuliert werden, da insbesondere größere Organisationen ein Configuration-Management ohne Hilfe von unterstützenden Systemen aufgrund der hohen Komplexität praktisch nicht umsetzen können.

13.2.2 Erstellung Rollenkonzept für das Configuration-Management

Wie bereits angesprochen besteht die Möglichkeit, das Configuration-Management mit dem Change- und dem Release-Management organisatorisch zu vereinen. Im Folgenden wird auf die speziell für das Configuration-Management zu beachtenden Aspekte eingegangen.

Aspekte, welche bei der Planung der Personalkapazitäten für das Configuration-Management berücksichtigt werden sollten, sind

- Beschäftigung von Vollzeit-Mitarbeitern oder Aufteilung der Aufgaben auf Mitarbeiter aus anderen Bereichen,
- Größe der IT-Infrastruktur, Detaillierungsgrad der erfassten Komponenten und damit Anzahl der verwalteten Komponenten,
- Anzahl der Mitarbeiter, die Kontrollaufgaben übernehmen,
- Verfügbarkeit von geeigneten Tools und
- Größe, Häufigkeit und Komplexität von Änderungen.

Die Aufteilung der Verantwortlichkeiten und der Aktivitäten des Configuration-Managements sind in *Kapitel 13.4.2* nachzulesen.

13.2.3 Analyse der bestehenden Systeme

Voraussetzung für die Umsetzung eines allgemein gültigen und konsistenten Configuration-Managements ist die Analyse bestehender Systeme und Prozeduren. Relevant sind dabei:

- bestehende Informationensquellen über die wichtigsten Komponenten und deren Eigner,
- der derzeitige Geltungsbereich des Configuration-Managements,
- zur Verfügung stehende Ressourcen (inklusive Personal und Tools),
- aktuelle Change- und Configuration-Management-Prozeduren sowie
- Rollen, Verantwortlichkeiten und Fähigkeiten des Personals.

Auf Basis dieser Informationen können dann entweder neue Prozeduren und Systeme hinzugefügt oder eine grundlegende Reorganisation bzw. Neugestaltung durchgeführt werden.

13.2.4 Erstellung des Konfigurationsplans

Idealerweise sollte der Konfigurationsplan so zentral wie möglich erstellt werden, so dass einheitliche Regelungen und Prozeduren (die konkreten Inhalte des Konfigurationsplans sind *Kapitel 13.2.4* zu entnehmen) bereichsübergreifend Geltung haben. Häufig ist es jedoch aus Gründen der Kosteneffektivität für spezifische Bereiche nicht sinnvoll, den Konfigurationsplan zentral anfertigen zu lassen. Die eher generalistisch ausgebildeten Mitarbeiter der zentralen Einheit müssten sich Expertenwissen aneignen, um die spezifischen Pläne sinnvoll erstellen zu können. Hierbei macht es Sinn, bestimmte Aspekte des Konfigurationsplans von den untergeordneten Supportgruppen anfertigen zu lassen, wobei eine Ausrichtung an den allgemeinen Teilen des Konfigurationsplans sinnvoll wäre, um die Konformität der einzelnen Teile des Konfigurationsplans zu gewährleisten. Durch diese Dezentralisierung, die im Übrigen mit regelmäßigen Konformitätsprüfungen einhergehen sollte, entsteht ein baumartiges Beziehungsgeflecht zwischen den einzelnen „Stufen" des Konfigurationsplans. Auch wenn mehrere Gruppen am Configuration-Management beteiligt sind, sollte es nach der ITIL nur einen Prozesseigner geben, um hier keine gegenseitigen Schuldzuweisungen herbeizuführen, sondern einen alleinigen Verantwortlichen für das Configuration-Management identifizieren zu können.

13.2.5 Vorbereitung des Configuration-Managements

Folgende Aktivitäten werden im ITIL-Framework zur Vorbereitung der Implementierung vorgeschlagen: Zunächst ist eine detaillierte Analyse durchzuführen, aus welcher die bestehenden Configuration-Management-Prozeduren und deren Schnittstellen zu anderen Bereichen des Service-Managements, der Beschaffung und der Entwicklung hervorgehen. Die Fähigkeiten der Mitarbeiter des Configuration-, Change- und Release-Managements sollten hinsichtlich ihrer Eignung für ein ITIL-konformes Configuration-Management analysiert werden. Zudem sind existierende Konfigurationsinformationen und die entsprechenden Informationsquellen, wie Dokumente, lokale Tabellen oder Datenbanken zu identifizieren. Gegebenenfalls sind Konvertierungsstrategien für unterschiedliche Informationsquellen zu entwickeln. Des Weiteren erfolgt die Beschaffung von Informationen über die vereinbarten Anforderungen sowie deren funktionale und technische Spezifizierung. Im Anschluss können dann Evaluationskriterien für die Auswahl von geeigneten Tool-Lieferanten festgelegt werden. Es folgt die Evaluierung, Auswahl, Beschaffung und Installation einer Konfigurationsdatenbank und weiterer Configuration-Management-Tools. Dabei sind Schnittstellen zu anderen Systemen, wie Change- und Release-Management, zu berücksichtigen.

Es folgt die Einrichtung von Komponententypen, Komponentenattributen, Beziehungstypen und einer sich daraus ergebenden Komponentenhierarchie. Für die Verwaltung der Komponenten und deren Beziehungen werden konkrete Configuration-Management-Prozeduren unter Berücksichtigung der Configuration-Management-Tools definiert.

Durch Tests der Konfigurationsdatenbank und der anderen Support-Tools können Probleme noch vor der Implementierung des Configuration-Managements behoben werden und somit negative Auswirkungen mit einhergehendem Vertrauensverlust vermieden werden.

Bei Implementierung des Configuration-Managements sollten Sicherheitsmaßnahmen besonders ernst genommen werden. Der unbefugte Zugriff auf die Konfigurationsdatenbank kann böse Folgen haben, wenn man sich überlegt, dass in der Datenbank die Gesamtheit der Konfigurations- und Service-Informationen enthalten sind und diese von sämtlichen Service-Management-Bereichen relativ frequent benötigt werden.

Im Rahmen der Einführungsvorbereitung sind klare Rollendefinitionen, Verantwortlichkeiten und Schulungspläne zu entwickeln und zu vereinbaren. Zudem sollte den Mitarbeitern die Bedeutung des Change- und des Configuration-Managements deutlich kommuniziert werden.

13.2.6 Einrichten der Konfigurationsdatenbank und der Softwarebibliothek

Idealerweise sollten während der Einspeisung der relevanten Daten in die Konfigurationsdatenbank keine Änderungen mehr vorgenommen werden, da ansonsten die Konfigurationsdaten bereits während der Einrichtung der Konfigurationsdatenbank nicht mehr aktuell sind. Unvermeidbare Änderungen sind zu erfassen und zu dokumentieren, so dass die Änderungen später nachvollzogen und in der Konfigurationsdatenbank nachgetragen werden können. Nach Einspeisung der Daten sind sämtliche Änderungen unter der Kontrolle des Change-Managements zu verwalten und es ist sicherzustellen, dass die geänderten Komponenten in der Konfigurationsdatenbank aktualisiert werden. Dadurch kann die Verfügbarkeit von korrekten und aktuellen Konfigurationsdaten in der Konfigurationsdatenbank gewährleistet werden. In diesem Zusammenhang wird die Bedeutung des Change-Managements und der Schnittstelle zum Configuration-Management deutlich. Jeder der beiden Prozesse ist ohne den anderen kaum umsetzbar.

Parallel zur Implementierung der Konfigurationsdatenbank sollte durch das Release-Management die Softwarebibliothek eingerichtet werden. Dabei sollte sichergestellt werden, dass nur autorisierte und legal lizenzierte Software in der Bibliothek akzeptiert wird, die Software geschützt ist und nur autorisiertes Personal Zugriff hat.

Im Rahmen der Einrichtung der Softwarebibliothek sind notwendige Hardware- und Software-Tools zu beschaffen und zu implementieren. Abschließend findet ein Test statt und die Softwareinformationen, inklusive Dokumentationen, werden in die Softwarebibliothek importiert.

13.2.7 Inbetriebnahme der neuen Prozesse

Die Inbetriebnahme der neuen Prozesse erfolgt typischerweise parallel zur Einrichtung von Konfigurationsdatenbank und Softwarebibliothek. Bei der Identifizierung und Speicherung von Komponenten können diese gleichzeitig unter die Kontrolle des Configuration-Managements gebracht und entsprechend der definierten Prozeduren verwaltet werden. Nach Inbetriebnahme der neuen Prozesse sind Änderungen und neue Komponenten sofort unter die Kontrolle des Configuration-Managements zu bringen. Tools ermöglichen dabei die Automatisierung einiger Configuration-Management-Prozeduren, wie z. B. die automatische Speicherung von Informationen über neue Komponenten durch Schnittstellen zum Beschaffungssystem.

Beim Betrieb des Configuration-Managements sollten folgende Aspekte berücksichtigt werden:

- Aktualisierung des Konfigurationsplans,
- Identifikation der IT-Komponenten,
- Kontrolle der IT-Komponenten,
- Configuration-Management-Services und -Berichte.

13.2.8 Aktualisierung des Konfigurationsplans

Nach initialer Planung finden auf periodischer Basis Planungsphasen statt, die zu einer Aktualisierung des Konfigurationsplans führen. Dabei sollten die nächsten drei bis sechs Monate detailliert geplant werden und für die darauf folgenden zwölf Monate ein kurzer Abriss über die geplanten Aktivitäten gegeben werden. Aspekte, die nach der ITIL in einem Konfigurationsplan berücksichtigt werden sollten, sind

- Ziele und Geltungsbereiche des Configuration-Managements,
- relevante Grundsätze, Standards und Prozesse,
- Rollen und Verantwortlichkeiten,
- Namenskonventionen der Komponenten,
- Ablaufpläne und Prozeduren zur Durchführung des Configuration-Managements,
- Schnittstellen mit anderen Prozessbereichen und Lieferanten,
- Informationen über die Configuration-Management-Systeme wie z. B. Informationen über die Konfigurationsdatenbank, Tools, Schnittstellen etc.,
- Regelungen zu Lizenz-Management, Archivierung von Komponenten etc. und
- geplante Software- bzw. Hardwareversionen, Meilensteine, Arbeitslast und Ressourcenpläne für die nachfolgende Periode.

Im Rahmen der periodischen Planung sind auch Unzulänglichkeiten zu identifizieren und entsprechende Maßnahmen zu deren Behebung zu treffen. In der Regel steigen die Zahl der Komponenten und die Häufigkeit von Änderungen mit fortschreitender Zeit an, so dass die Kapazitäten großzügig geplant werden sollten. Allerdings sollten das Hinzufügen von Komponenten und die Ergänzung detaillierterer Informationen aus Kosten-Nutzen-Gründen gerechtfertigt sein.

13.2.9 Identifikation der IT-Komponenten

Bei der Identifizierung der Komponenten spielt die Wahl der richtigen Granularität eine entscheidende Rolle: Sollten beispielsweise die PCs als einzelne Komponente in der Konfigurationsdatenbank auftauchen oder sollte zwischen Desktop, Monitor, Maus etc. unterschieden werden? Die gleiche Frage stellt sich für Softwarekomponenten und deren Submodule. In vielen Organisationen stellt sich des Weiteren die Frage nach dem Geltungsbereich der Komponenten, d. h., sollten z. B. auch Telefone, SLAs etc. als Komponenten in der Konfigurationsdatenbank verwaltet werden? Solche Entscheidungen haben maßgeblichen Einfluss auf die Größe der Datenbank und den Aufwand zur Pflege der Daten. Beispiele für mögliche Komponenten sind Hardware einschließlich Netzwerkkomponenten, Systemsoftware einschließlich Betriebssystemen, Standard- und Geschäftsapplikationen, Datenbanken, Schnittstellen, Dokumentationen, Lizenzen, Kunden, Lieferanten, Nutzer sowie Service-Management-Komponenten (SLAs, Änderungsanträge, Störungen, Probleme, bekannte Fehler, IT-Service-Continuity-Pläne, Kapazitätspläne etc.).

Konfigurationsstrukturen und Selektion der IT-Komponenten

Konfigurationsstrukturen bilden die Beziehungen zwischen den einzelnen Komponenten ab. Dabei gibt es verschiedene Arten von Konfigurationsstrukturen. Es gibt Konfigurationsstrukturen für Infrastrukturen, Servicestrukturen, Softwarestrukturen usw. Dabei werden entsprechend die Zusammenhänge innerhalb der Infrastruktur, innerhalb der Servicearchitektur oder der Softwarearchitektur dargestellt. Einzelne Komponenten können in mehreren Konfigurationsstrukturen enthalten sein. So kann eine Komponente beispielsweise sowohl in der Konfigurationsstruktur der Infrastruktur als auch in der Konfigurationsstruktur eines spezifischen Service integriert sein. Verschiedene Sichten auf die Beziehungen zwischen den Komponenten ermöglichen die Verbesserung von Einflussanalysen, Berichterstattung sowie Change- und Release-Management-Prozeduren.

Abbildung 13.2. und *Abbildung 13.3.* zeigen beispielhaft Konfigurationsstrukturen für eine typische Infrastruktur bzw. eine typische Servicestruktur.

In einer Konfigurationsstruktur sollten Komponenten nur eine übergeordnete Komponente (Eltern-Komponente) besitzen. Für andere Beziehungstypen wie z. B. „wird genutzt von" oder „ist abhängig von" können mehrfache Abhängigkeiten bestehen.

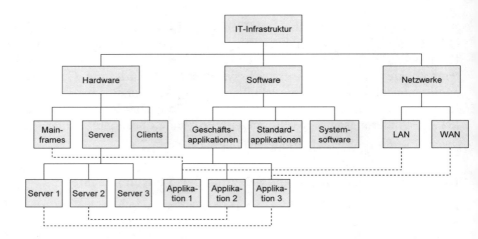

Abb. 13.2. Beispielhafte Konfigurationsstruktur einer IT-Infrastruktur (weitere Beziehungen zwischen den Komponenten sind mit gestrichelter Linie angedeutet)

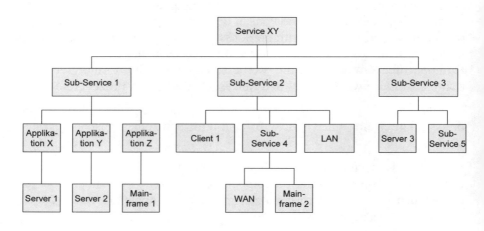

Abb. 13.3. Beispielhafte Konfigurationsstruktur für Service XY

Die Entscheidung, bis zu welchem Granularitätsgrad die Komponenten abgebildet werden, sollte sorgfältig überlegt sein. Es ist nicht notwendig, sofort alle Komponenten bis zu der gewählten Detaillierungsstufe zu erheben. Die spätere Möglichkeit zur Erweiterung der Granularität sollte jedoch offen gelassen werden, damit eine kostenintensive Reorganisation der Konfigurationsdatenbank verhindert wird. Bei der Wahl des richtigen Granularitätsgrades sollte ein Kompromiss zwischen dem benötigten bzw.

gewünschten Informationsgrad und dem Aufwand für Wartung und Pflege der Datenbank gewählt werden. Dabei hat sich das Prinzip der unabhängigen Änderungen bewährt. Danach sind Informationen über Komponenten nur wertvoll, wenn an den entsprechenden Komponenten -unabhängig von anderen Komponenten – Änderungen vorgenommen werden. Wird beispielsweise an der PC-Maus eines Arbeitsplatzes keine Änderung vorgenommen, unabhängig von Änderungen an dem Arbeitsplatz selbst, oder wird die PC-Maus einfach als Verbrauchsgut betrachtet, brauchen PC-Mäuse nicht als separate Komponente in der Datenbank verwaltet zu werden. Eine regelmäßige Überprüfung sollte stattfinden, inwiefern ein angemessener Granularitätsgrad vorliegt.

Komponententypen

Jede erfasste Komponente sollte einem speziellen Typ zugeordnet sein. Typische Komponententypen sind: Softwareprodukt, Geschäftssystem, Systemsoftware, Server, Mainframe, Arbeitsplatz, Laptop, Router, Hub etc. Dabei kann jedem Komponententyp ein standardmäßiger Lebenszyklus mit den entsprechenden Phasen hinterlegt werden, so dass für jede Komponente der derzeitige Status innerhalb des Lebenszyklus festgehalten werden kann. Für ein Geschäftssystem können z. B. die Phasen Planung, Entwicklung, Betrieb und Abschaltung unterschieden werden. Entsprechend können für Änderungsanträge die Phasen Erfassung, Klassifizierung, Priorisierung, Genehmigung, Durchführung und Abschluss definiert werden. Zudem können für jede Phase die entsprechenden Zuständigkeiten festgehalten werden, die für das Fortschreiten beispielsweise einer Änderungsbearbeitung oder einer Störungsbearbeitung verantwortlich ist. *Tabelle 13.1.* zeigt weitere typische Attribute für Komponententypen.

Attribute	Beschreibung
Name des KE	Der einzige Name, unter welchem dieser KE-Typ bekannt ist
Kopier- o. Seriennummer	Die Nummer, welche einzigartig einen bestimmten Fall von diesem KE - z.B. für eine Software, die Seriennummer für Hardware.
Kategorie	Klassifizierung eines KE (z.B. Hardware, Software, Dokumentationen, etc.)
Typ	Beschreibung des KE-Typs, erweiterte Kategorieninformationen (z.B. Hardwarekonfiguration, Software Packages, Laufwerke oder Module)
Modellnummer (Hardware)	Modell des KE (entspricht, z.B. der Modellnummer des Lieferanten, z.B. Dell Modell xyz, PC/aa Modell xy)
Garantieverfallsdatum	Datum, an welchem die Garantielaufzeit für das KE abläuft.
Versionsnummer	Die Versionsnummer des KE.
Ort	Der Ort des KE, z.B. die Bibliothek oder Medium, wo abgelegt sind; die Seite oder Raum wo ein Service verfügbar ist
Besitzer Verantwortung	Name und/oder Bestimmung des Besitzers für das KE
Verantwortungsdatum	Datum, an welchem der oben genannte Verantwortliche verantwortlich wurde für das KE
Quelle / Lieferant	Die Quelle des KEs, z.B. Eigenentwicklung, eingebracht von der Firma xyz etc.
Lizenz	Lizenznummer oder Referenz zur Lizenzvereinbarung
Lieferdatum	Datum, an welchem das KE der Organisation geliefert wurde.
Angenommenes Datum	Datum, an welchem das KE von der Organisation akzeptiert und zufrieden stellend getestet wurde.
Status (aktuell)	Aktueller Status des KEs; z.B. unter "test", "live", "archiviert".
Status (geplant)	Nächster geplanter Status des KE (mit dem Datum oder Angabe des Ereignisses, an welchem der Status geändert wird).
Eltern KE(s) Beziehung	Der einzige KE Identifizierer - Name, Kopie, Nummer, Modell - dieses KEs.
Kind KE(s) Beziehung	Der einzige KE Identifizierer aller Kinder dieses KEs.
Beziehung	Die Beziehung des KEs mit allen anderen KEs, die nicht Kind- oder Eltern-KE sind (z.B. KE 1 benötigt KE 2, KE 1 ist verbunden mit KE 2, KE 1 verschafft Zugang zu KE 2 etc.)
Nummern der Änderungsanträge	Die Identifikationsnummer aller Änderungsanträge, die dieses KE betreffen
Veränderungsnummer	Die Identifikationsnummer aller Veränderungsdaten, die dieses KE betreffen
Problemnummer	Die Identifikationsnummer aller Problemdaten, die dieses KE betreffen
Störungsnummer	Die Identifikationsnummer aller Vorfallsdaten, die dieses KE betreffen.
Kommentar	Ein Erzählungsfeld, welches für textliche Nachrichten gebraucht werden kann, z.B. Beschreibung wie sich die jetzige Version von der vorhergehenden Unterscheidet.

Tabelle 13.1. Typische Attribute für Konfigurationselemente (KE)

Für physikalische und elektronische Softwarebibliotheken sollten Informationen wie

- Inhalte, Lokation und Medium,
- Bedingungen und Berechtigungen für die Bearbeitung von Elementen und
- Sicherheitsmaßnahmen inklusive Wiederherstellungsmaßnahmen

bereitgestellt werden.

Beziehungen zwischen IT-Komponenten

Der wesentliche Unterschied einer Konfigurationsdatenbank zu einem Asset-Management-System ist die Verwaltung von Beziehungen. Beispiele für typische Beziehungsarten sind:

- Komponente ist Teil einer anderen Komponente (Eltern-Kind-Beziehung): z. B. Softwaremodul X ist Teil des Programms Y oder Server 1 ist Teil von Infrastruktur 2.
- Komponente ist verknüpft mit einer anderen Komponente: z. B. PC X ist verknüpft mit LAN Y).
- Komponente nutzt eine andere Komponente: z. B. ein Programm nutzt ein Modul eines anderen Programms oder Service X nutzt Server Y).

Eine Vielzahl weiterer Beziehungstypen ist vorstellbar. Durch die Verwaltung der Beziehungen können z. B. die von Änderungen, Störungen oder Problemen betroffenen Komponenten automatisch identifiziert und relevante Informationen mit wenig Aufwand beschafft werden.

Identifikation von Basiskonfigurationen

Basiskonfigurationen dienen zur Vereinfachung und Standardisierung von Komponenten. So werden beispielsweise standardmäßige Konfigurationen für Arbeitsplätze definiert. Bei Bestellung eines Arbeitsplatzes kann dann eine Basiskonfiguration gewählt werden. Der Aufwand zur Erhebung und Verwaltung individueller Komponenten, z. B. individueller Arbeitsplatzkonfigurationen, entfällt. Des Weiteren werden Basiskonfigurationen im Rahmen der Änderungsbearbeitung verwendet, damit im Falle von Problemen auf benötigte Informationen über Ausgangssituation bzw. Ausgangskonfiguration zurückgegriffen werden kann. Im Rahmen einer Konfigurationskontrolle können zeitpunktbezogene Basiskonfigurationen in Verbindung mit genehmigten Änderungen ein offizielles Abbild der aktuellen Konfiguration bereitstellen.

Namenskonventionen und Kennzeichnung

Eindeutige Namenskonventionen enthalten klare Regeln zur Benennung von Komponenten. Dabei ist es wichtig, dass jede individuelle Instanz durch Namen, Seriennummer und Version eindeutig identifizierbar ist. Bei der Planung von Namenskonventionen sollte zukünftiges Geschäftswachstum und damit einhergehendes Wachstum der Infrastruktur unbedingt berücksichtigt werden, um spätere Änderungen der Konventionen zu vermeiden. Die Kennungen sollten kurz und aussagekräftig sein. Zudem sollten bestehende Konventionen berücksichtigt werden und z. B. mit Hardwarelieferanten abgestimmt sein.

Zur Kennzeichnung der Komponenten sollten physikalisch nicht entfernbare Etiketten verwendet werden. Dabei sollten einheitliche Formate und Farben für die Kennzeichnungen verwendet werden, um den Nutzern die Identifizierung der Kennung zu erleichtern. Falls bei einer Störungsbearbeitung das Service-Desk vom Nutzer spezifische Informationen über z. B. den PC benötigt, können Missverständnisse vermieden und die Störungsbearbeitung erleichtert werden. Barcode-Kennungen erleichtern zudem den Prozess der Inventur. Insbesondere bei der Kennzeichnung und Verwaltung von Softwarekopien ist große Sorgfalt gefragt. Es wird empfohlen, Kopien von Softwaredokumentationen ausschließlich in einer dafür eingerichteten Bibliothek zu verwahren.

13.2.10 Kontrolle der IT-Komponenten

Das Ziel der Kontrolle ist es, sicherzustellen, dass nur autorisierte und identifizierbare IT-Komponenten in der Konfigurationsdatenbank gespeichert und verwaltet werden. Dadurch soll die Integrität der Unternehmensdaten, -systeme und -prozesse geschützt werden. Dazu sollten Änderungen an Komponenten nachverfolgt werden, indem der Status der entsprechenden Komponente angepasst wird. Beispiele für Status sind „registriert", „bereit", „installiert", „in Gebrauch", „in Bearbeitung", „zur Veräußerung", „verkauft", „zurückgezogen", „archiviert" etc., wobei die letzten drei finale Status sein können. Prozeduren und technische Kontrollen sollten eingeführt werden, um unautorisierte Änderungen zu vermeiden.

Neue Komponenten sollten idealerweise bereits bei der Anschaffung automatisch unter die Kontrolle des Configuration-Managements gebracht werden, indem bei der Beschaffung neuer Komponenten (sei es nun die Bestellung oder die Initiierung der Eigenentwicklung von Komponenten) automatisch ein entsprechender Datensatz in der Konfigurationsdatenbank erzeugt wird. Für Softwarekomponenten sollte die Softwarebibliothek verwendet werden, in der die Softwareversionen, -lizenzen, -dokumentationen etc. verwaltet und sicher aufbewahrt werden (nähere Informationen hierzu sind im *Kapitel 12* zu finden). Dabei arbeitet das Configruation-Management eng mit dem Release-Management zusammen. Eine sehr enge Zusammenarbeit findet auch mit dem Change-Management statt. Optimalerweise wird der Status einer Komponente automatisch angepasst, sobald eine Änderung an dieser vorgenommen wird.

Dabei stellen insbesondere Änderungen hinsichtlich Verantwortlichkeiten und Eigentümerschaft von Komponenten eine große Herausforderung dar, da die Organisationen häufig durch eine hohe Personalfluktuation geprägt sind. Speziell die personelle Zuordnung spielt bei Benachrichtigungsprozeduren im Rahmen des Change-, Incident- oder Problem-Managements jedoch eine wichtige Rolle. Werden beispielsweise betroffene Mitarbeiter über Änderungen an entsprechenden Komponenten nicht informiert, kann dies zu Arbeitsausfall und Ineffizienzen führen. Um Konsistenz zwischen den Komponenten und den autorisierten Änderungen zu fördern, können die Änderungsanträge selbst als Komponenten in der Konfigurationsdatenbank gespeichert und verwaltet werden.

Durch angemessene Sicherheitsmaßnahmen ist die Konfigurationsdatenbank selbst vor unautorisierten Zugriffen und Änderungen zu schützen. Zusätzlich sollten Sicherungskopien in Ausweichrechenzentren angelegt werden. Ebenso sollten geeignete Wiederherstellungsmaßnahmen definiert werden.

Sollten in der Organisation unautorisierte Komponenten entdeckt werden, ist dies beim Service-Desk als Störung zu melden und entsprechend im Rahmen des Incident-Managements zu bearbeiten. Zudem ist ein Änderungsantrag zur Korrektur der Konfigurationsdatenbank zu erstellen. Die Ursachen für die Existenz unautorisierter Komponenten sind im Rahmen des Problem-Managements zu analysieren und zu beheben. Um unautorisierte Komponenten oder inkonsistente Informationen in der Konfigurationsdatenbank zu identifizieren, sollten Konfigurationsrevisionen durchgeführt werden. Neben regelmäßigen automatisierten Prüfungen mit Hilfe von geeigneten Tools (z. B. können Desktop-Tools die aktuelle Installation mit der ursprünglichen Installation vergleichen) sollten insbesondere zu Anlässen wie

- kurz nach der Einführung eines neuen Configuration-Management-Systems,
- vor und nach schwerwiegenderen Änderungen an der IT-Infrastruktur,
- vor der Installation neuer Softwareversionen,
- nach der Wiederherstellung eines ausgefallenen Service,
- in zufälligen Intervallen und
- nach der Entdeckung unautorisierter Komponenten

Revisionen durchgeführt werden.

Zudem wird in der ITIL die Erstellung von Statusberichten empfohlen, aus denen für jede Komponente der aktuelle Status, der Verantwortliche, die Änderungshistorie und offene Probleme bzw. offene Änderungen hervorgehen. Diese Berichte können zur Bildung von Ausgangskonfigurationen mit entsprechenden Basisdaten verwendet werden.

13.2.11 Configuration-Management-Services und -Bericht

Das Configuration-Management stellt konfigurationsrelevante Dienstleistungen für die übrigen Bereiche der IT-Organisation bereit. Hierzu zählen

- Informationen und Berichte,
- Beratung für neue Gruppen oder Technologien hinsichtlich der Einrichtung eines Configuration-Managements,
- Richtlinien, Prozeduren, Rollen und Verantwortlichkeiten zum Configuration-Management,
- Lizenzmanagement,
- Konfigurationsprüfungen,
- Archivierungsdienste für Dokumente und Softwarekopien,
- effiziente Erfassung, Wartung und Löschung von Komponenten,
- Berichte und Hinweise zu Möglichkeiten der Komplexitätsreduzierung der Konfigurationen und operativen Umgebungen sowie
- Erstellung von umfassenden Managementberichten mit relevanten Informationen über Komponenten und das Configuration-Management.

13.3 Beziehungen zu anderen Bereichen der IT-Organisation

13.3.1 Schnittstellen zum Service-Delivery

Service-Level-Management

Sowohl SLAs als auch die Absicherungsverträge innerhalb der IT-Organisation bzw. mit den Lieferanten können in der Konfigurationsdatenbank als Konfigurationselemente gespeichert und verwaltet werden, so dass sämtliche Beziehungen zwischen diesen und anderen Komponenten der IT-Organisation (z. B. Hardware, Applikationen etc.) bei Bedarf abgerufen werden können. Dadurch können z. B. drohende Verletzungen von SLAs bei Ausfall von Subkomponenten, die für die Lieferung des entsprechenden Services notwendig sind, prognostiziert und Vorkehrungen getroffen werden.

Auf der anderen Seite benötigt das Service-Level-Management für die Kundenverhandlungen Informationen über Komponenten und Attribute der IT-Services aus der Konfigurationsdatenbank.

Capacity-Management

Die Kapazitätsdatenbank kann einen Teil der Konfigurationsdatenbank bilden. Durch das Capacity-Management generierte, kapazitätsbezogene Informationen können als Attribute der Konfigurationselemente in der Konfigurationsdatenbank hinterlegt werden und damit den anderen Bereichen der IT-Organisation zugänglich gemacht werden.

Für das Capacity-Management stehen relevante Informationen, wie technische, finanzielle sowie Service- und Geschäftsdaten als Konfigurationselemente bzw. als deren Attribute, in der Konfigurationsdatenbank zur Verfügung.

Availability-Management

Das Availability-Management nutzt Informationen aus der Konfigurationsdatenbank zur Identifizierung von Abhängigkeiten zwischen Komponenten und IT-Services. Auf Basis dieser Informationen können Schwachstellen identifiziert und die Verfügbarkeit besser geplant werden. So können beispielsweise die Auswirkungen der Verfügbarkeit eines Servers auf die Verfügbarkeit eines IT-Service anhand der Beziehungsdaten der Konfigurationsdatenbank einfach nachverfolgt werden.

IT-Service-Continuity-Management

Das IT-Service-Continuity-Management nutzt Informationen aus der Konfigurationsdatenbank für die Planung der Konfiguration am Alternativstandort. Nach einem Katastrophenfall dienen die Ausgangskonfigurationen des Configuration-Managements als Basis für die Wiederherstellung der Originalkonfiguration.

Auf der anderen Seite sind Backup- und Wiederherstellungsmaßnahmen für die Konfigurationsdatenbank selbst im Rahmen des IT-Service-Continuity-Managements zu planen und umzusetzen.

Financial-Management

Das Configuration-Management verwaltet sämtliche IT-Service-Komponenten und deren Attribute – darunter auch finanzielle Informationen, wie z. B. die Kosten der einzelnen Komponenten. Für das Financial-Management liefert die Konfigurationsdatenbank wertvolle Informationen zur Bestimmung der Kosten und der Kalkulation der servicespezifischen Ressourcenverbräuche.

13.3.2 Schnittstellen innerhalb des Service-Supports

Incident-Management

Im Falle von Störungen an einer spezifischen Komponente werden durch das Configuration-Management komponentenbasierte Informationen bereitgestellt, die es zuständigen Personen ermöglichen, abhängige Komponenten und betroffene Services zu identifizieren. Zudem können der Konfigurationsdatenbank weitere mit der entsprechenden Komponente assoziierte Störungen oder bereits entwickelte temporäre Lösungen entnommen werden.

Das Incident-Management ist auf der anderen Seite Lieferant von komponentenbasierten Störungsinformationen, welche in der Konfigurationsdatenbank hinterlegt werden können.

Problem-Management

Das Configuration-Management liefert für die Identifizierung und Behebung von Problemen wichtige Informationen an das Problem-Management. Informationen über Komponenten der Infrastruktur, Applikationen, Services und die Beziehungen zwischen den einzelnen Komponenten spielen bei der Untersuchung von Problemen eine wichtige Rolle.

Change-Management

Das Change-Management sollte als integraler Bestandteil eines Configuration-Management-Systems verstanden werden. Ohne ein funktionierendes Change-Management ist es unmöglich, eine aktuelle und konsistente Konfigurationsdatenbank aufrechtzuerhalten, da Statusänderungen von bestehenden Komponenten und die Einführung neuer Komponenten über das Change-Management erfasst werden.

Auf der anderen Seite kann das Change-Management ohne eine effektive Konfigurationsdatenbank kaum funktionieren, da die Auswirkungen von Änderungen nicht bestimmt werden können. Informationen über Abhängigkeiten zwischen den einzelnen Komponenten werden benötigt.

Release-Management

Das Release-Management liefert Informationen über Statusänderungen von bestehenden und neuen Hardware- bzw. Softwarekomponenten. Sobald im Rahmen der Einführung neuer Versionen entweder neue Komponenten hinzugefügt werden oder aber z. B. bestehende Software- oder Hardwarekomponenten entfernt oder verändert werden, sind diese Informationen durch Aktualisierung der Konfigurationsdatenbank festzuhalten.

Im Gegenzug wird bei der Planung, Entwicklung und Implementierung neuer Versionen auf Informationen der Konfigurationsdatenbank zurückgegriffen (z. B. auf Informationen über bestehende Konfigurationen).

13.3.3 Schnittstelle zum Application-Management

Bei der Planung, Entwicklung und dem Betrieb von Applikationen ist das Configuration-Management direkt einzubinden, um sicherzustellen, dass Konfigurationsaspekte der Anwendung frühzeitig und nachhaltig berücksichtigt werden. Dabei werden beispielsweise die Konfigurationsanforderungen an die Anwendung bestimmt, auf konfigurationsbezogene Standards hingewiesen, relevante Informationen für das Ausrollen der Anwendung bereitgestellt und anschließend anwendungsspezifische IT-Komponenten verwaltet.

Das Configuration-Management bildet einen integralen Bestandteil des Application-Managements und ist für wesentliche Aufgaben innerhalb des gesamten Anwendungslebenszyklus, von der Planung bis zur Optimierung der Anwendung, zuständig.

13.3.4 Schnittstelle zum ICT-Infrastruktur-Management

Bei der Planung und dem Design der anwendungsübergreifenden ICT-Infrastruktur sollten bestehende Konfigurationen in das Kalkül einbezogen werden, um Ineffizienzen zu vermeiden. So können beispielsweise unausgelastete Kapazitäten für neue Anwendungen genutzt werden und auf die Beschaffung neuer Komponenten verzichtet werden. Entsprechende Informationen kann das Configuration-Management liefern.

Werden neue Infrastrukturkomponenten implementiert, werden entsprechende Informationen in der Konfigurationsdatenbank hinterlegt.

13.4 Steuerung des Configuration-Managements

13.4.1 Ziel des Configuration-Managements

Ziel des Configuration-Managements ist die Bereitstellung eines logischen Modells der Infrastruktur und der Services. Dabei werden sämtliche Komponenten, Services und die Beziehungen zwischen den einzelnen Komponenten und Services in der Konfigurationsdatenbank gespeichert, verwaltet und kontrolliert. Zudem werden relevante Informationen zu den einzelnen Komponenten mit Hilfe von geeigneten Attributen bereitgestellt. Das Configuration-Management stellt dadurch eine komponentenbezogene Informationsquelle für sämtliche Bereiche der IT-Organisation dar.

13.4.2 Rollen/Verantwortlichkeiten

Im ITIL-Framework werden für das Configuration-Management zwei verschieden Rollen unterschieden – zum einen der Configuration-Manager und zum anderen der Configuration-Verwalter. Verantwortlichkeiten des Configuration-Managers:

- Planung, Entwicklung und Implementierung geeigneter Konfigurationsrichtlinien, -standards, -plänen, -prozeduren und -Tools,
- Evaluierung bestehender Configuration-Management-Systeme sowie Planung, Implementierung und Steuerung neuer, verbesserter Systeme inklusive Aufwandsschätzung, -kontrolle und -berichterstattung,

- Vorschlag und Zustimmung bezüglich des Geltungsbereiches des Configuration-Managements, der Prozesse des Configuration-Managements und der zu kontrollierenden Komponenten und Attribute,
- Sicherstellung der Akzeptanz für neue Configuration-Management-Prozeduren und Initiierung von Beschaffung und Schulung geeigneten Personals,
- Definition von Rollen und Verantwortlichkeiten,
- Sicherstellung der eindeutigen Identifizierung von Komponenten und der Einhaltung der Namenskonventionen,
- Vorschlag und Zustimmung bezüglich der Schnittstellen zu anderen Bereichen der IT-Organisation (z. B. Change-Management, Incident-Management, Application-Management etc.),
- Planung und Einführung der Konfigurationsdatenbank inklusive Identifizierung bzw. Import von Komponenten,
- Sicherstellung der Wartung und Pflege der Konfigurationsdatenbank,
- Berichterstattung inklusive Management-Berichten, Konfigurationsstatusberichten etc.,
- Durchführung von Analysen zur Bestimmung der Auswirkungen von Änderungen und Beeinflussung des Genehmigungsprozesses für Änderungen,
- Durchführung bzw. Unterstützung von Revisionen für das Configuration-Management bzw. die Konfigurationsdatenbank,
- Beschaffung von finanziellen Mitteln zur Verbesserung des Configuration-Managements.

Wesentliche Verantwortlichkeiten des Configuration-Verwalters:
- Kontrolle über Empfang, Identifikation, Speicherung und Entfernung der IT-Komponenten,
- Bereitstellung von Informationen über den Status der Komponenten,
- Aufzeichnung, Speicherung und Verteilung relevanter Konfigurationsinformationen.

Während die Rolle des Configuration-Managers eher planerischen Charakter besitzt, ist die Rolle des Configuration-Verwalters durch operative, ausführende Tätigkeiten gekennzeichnet.

13.4.3 Betriebliche Kenngrößen des Configuration-Managements

- Anzahl unautorisierter IT-Komponenten,
- Störungen und Probleme, die auf falsch durchgeführte Änderungen zurückzuführen sind,
- Änderungen, die aufgrund von Mängeln im Bereich des Configuration-Managements nicht durchgeführt werden konnten (z. B. wegen falscher Daten in der Konfigurationsdatenbank),
- Durchlaufzeit zur Genehmigung und Implementierung von Änderungen,
- Verschwenderischer Umgang mit Lizenzen (Anzahl Lizenzen, die nicht genutzt werden),
- Abweichungen von den Richtlinien oder Prozeduren des Configuration-Managements (solche Aspekte lassen sich bei den Revisionen prüfen).

13.4.4 Erfolgsfaktoren

- Nutzen der Konfigurationsdatenbank wird nur erzeugt, wenn für die Interessenten relevante Informationen bereitgestellt werden,
- Straffe Verknüpfung mit dem Change-Management,
- Einführung der erforderlichen Sub-Prozesse des Configuration-Managements vor der Erfassung der Komponenten,
- Verfolgung und Aufzeigen von schnellen Erfolgen (stückweise Einführung des Configuration-Managements und der Konfigurationsdatenbank).

13.4.5 Kosten/Nutzen

Kostenarten

- Personalkosten zur Entwicklung und zum Betreiben der Configuration-Management-Prozeduren (inklusive Wartung, Aktualisierung, Revisionen etc.),
- Hard- und Software für Configuration-Management-Tools, die Konfigurationsdatenbank und die Softwarebibliothek (inklusive Wartungskosten),
- Aufwand zur Identifizierung und Aktualisierung der Konfigurationen bzw. der Komponenten (abhängig zum einen von der Granularität bzw. Detaillierung der Konfigurationsinformationen und zum anderen von der Qualität der bereits bestehenden Konfigurationsinformationen),
- Schulungskosten,
- Kosten für Räumlichkeiten,
- Zeit und Aufwand zur Bereinigung von Datenfehlern.

Nutzenkategorien

- Bereitstellung genauer Informationen und Dokumentationen über die einzelnen IT-Komponenten, wodurch die Effizienz und die Effektivität sämtlicher Bereiche der IT-Organisation gesteigert werden können,
- Kontrolle über die IT-Komponenten und damit Schaffung von Transparenz und Sicherheit,
- Einfache Identifizierung illegaler Softwarekopien und unautorisierter Software,
- Unterstützung der Finanzplanung durch Bereitstellung von relevanten Informationen über die IT-Komponenten (Ableitung von erwarteten Wartungskosten, Lizenzgebühren etc.),
- Unterstützung des IT-Service-Continuity-Managements (in Katastrophenfällen) durch einfache Identifizierung von betroffenen IT-Komponenten und deren Lokation,

- Unterstützung des Release-Managements (insbesondere in der Einführungsphase),
- Ermöglichung eines sicheren, effizienten und effektiven Change-Managements und der Durchführung von Auswirkungsanalysen,
- Bereitstellung von komponentenbasierten Trendinformationen für das Problem-Management.

13.4.6 Mögliche Probleme

- Detaillierungsgrad bei der Identifizierung der IT-Komponenten ist zu hoch (unnötiger Aufwand) oder zu niedrig (unangemessene Kontrolle).
- Aufgrund unausreichender Analyse vor Implementierung des Configuration-Management-Systems entsteht eine Lösung, die den Anforderungen nicht gerecht wird.
- Zu straffe zeitliche Vorgaben für die Aktivitäten des Configuration-Managements insbesondere im Zusammenhang mit geplanten Änderungen und Software- oder Hardwareversionen.
- Fehlende Akzeptanz der Mitarbeiter und fehlende Aufmerksamkeit des Managements (diese kann durch Aufzeigen der Konsequenzen eines fehlenden Configuration-Managements erhöht werden).
- Configuration-Management-Prozeduren werden als zu bürokratisch und unflexibel empfunden und dadurch nicht eingehalten (Aufzeigen des Nutzens des Configuration-Managements kann dem Problem entgegenwirken).
- Prozesse sind ineffizient (automatisierte Lösungen steigern häufig die Effizienz).
- Zu hohe Erwartungen an das Configuration-Management und unterstützende Tools.
- Fehlende Flexibilität der Configuration-Management-Tools,
- Ineffektivität aufgrund fehlender Schnittstellen zum Change- und Release-Management.

Teil D:

Application- und ICT-Infrastructure-Management

14 Application-Management

14.1 Überblick

Das Application-Management stellt die Brücke zwischen Geschäft und Technologie dar, indem geschäftliche Anforderungen in IT-Anwendungen spezifiziert werden. Ausgehend von den Anforderungen des Geschäftes umfasst das Application-Management dabei sämtliche Prozesse des Applikationslebenszyklus. In einer ersten Phase werden die geschäftlichen Anforderungen an die Applikation erhoben. Gemäß diesen wird die Applikation in einer weiteren Phase spezifiziert. Es folgen die Entwicklung der Applikation gemäß der Spezifikation und die Implementierung der Applikation. In den letzten Phasen des Applikationslebenszyklus wird die Anwendung betrieben und kontinuierlich verbessert, indem beispielsweise Antwortzeiten verlängert werden oder die Fehlerquote minimiert wird. Eine enge Verknüpfung mit den Bereichen des serviceorientierten IT-Managements, also den Bereichen Service-Delivery und Service-Support sowie mit dem Bereich ICT-Infrastructure-Management, ist für ein effektives Application-Management zwingend notwendig. Neben den Prozessen des Applikationslebenszyklus umfasst das Application-Management Themen wie IT-Alignment, Anwendungsarchitekturen, Anwendungsportfolio und Fähigkeitsanalysen.

14.2 Aktivitäten des Application-Managements

14.2.1 IT-Alignment

Im Rahmen des IT-Alignments werden die Geschäftsfunktionen hinsichtlich der möglichen und wirtschaftlichen Unterstützung durch IT-Services analysiert. Dabei sollen die Geschäftsziele mit den Zielen der IT abgeglichen und es durch IT ermöglicht werden, die Geschäftsziele zu erreichen. Im Rahmen des Alignment-Prozesses werden anschließend auf Basis der benötigten IT-Services entsprechende IT-Systeme, bestehend aus IT-Prozessen, IT-Mitarbeitern und der Technologie selbst, zusammengestellt. Dabei umfasst die Technologie sowohl die Applikationen als auch die notwendigen Daten und die Infrastruktur. Ziel des IT-Alignment ist es, die IT-Ausgaben mit den Geschäftszielen abzugleichen, um einen maximalen Nutzwert aus IT-Investitionen zu erhalten.

14.2.2 Applikationsportfolio

Im Anschluss an den Alignment-Prozess sollte die Vielfalt an Applikationen kontinuierlich überwacht und gesteuert werden. Die Anforderungen des Geschäftes verändern sich. So führt eine veränderte Nachfrage nach Geschäftsprodukten gegebenenfalls auch zu veränderter Nachfrage nach IT-Services. Unangemessene Technologiekapazitäten können die Folge sein. Zudem kann die Anspruchshaltung gegenüber Qualitätsfaktoren bestimmter IT-Leistungen im Laufe der Zeit steigen. Veränderungen an bestimmten Applikationen müssten vorgenommen werden. Eine andere Möglichkeit ist, unwirtschaftlich betriebene IT-Applikationen aus dem Angebotsportfolio zu eliminieren. Ziel des Applikationsportfolio ist es, die dynamischen Geschäftsanforderungen in der bestehenden Suite an Applikationen zu berücksichtigen und entsprechende Maßnahmen zu initiieren. In der ITIL werden Beispiele für die Unterstützung IT-kritischer Fragestellungen durch das Applikationsportfolio-Management gegeben (s. grauer Kasten). Im Rahmen der gesamthaften Betrachtung der Applikationslandschaft sind auch Architekturfragen und Standardisierungsbemühungen einzuordnen.

Beispiel

Fragestellung: Warum sind die Kosten für Marketing- und Vertriebssysteme so hoch?

Implizite Fragen:

- Welche Applikationen unterstützen Marketing und Vertrieb?
- Welche Services werden durch diese Applikationen geliefert?
- Was sind Entwicklungs-, Infrastruktur- und Supportkosten für die Applikationen?
- Wie viel Prozent der Kosten sind mit Marketing- und Vertriebsinitiativen assoziiert?
- Welche Applikationen sind geschäftskritisch?
- Welche Usergruppen nutzen die Applikationen?
- Wo sind die Applikationen gehostet?

Aktivitäten des Application-Managements 243

> *Potenzieller Geschäftsnutzen:*
>
> → Operationale Kosteneinsparungen:
>
> - Konsolidierung redundanter IT-Services
> - Konsolidierung von Geschäftsfunktionen
> - Potenzielle Outsourcing-Entscheidung
>
> *IT-Alignment:*
>
> - Überprüfung der kritischen Geschäftstreiber
> - Überprüfung der wirtschaftlichen Unterstützung durch IT
> - Abbrechen nicht essenzieller IT-Projekte

14.2.3 Fähigkeitsanalyse und Lieferstrategie

Bevor neue IT-Services in das Angebotsportfolio aufgenommen werden und entsprechende Applikationen entwickelt werden, sollte der IT-Dienstleister seine eigene Organisation hinsichtlich freier Ressourcen und dem Vorhandensein notwendiger Eigenschaften zur Lieferung des IT-Services überprüfen. Dabei können sogenannte Reifegradmodelle bei der Positionierung insofern behilflich sein, dass der Professionalitätsgrad zur Erbringung von IT-Services bestimmt werden kann. Ziel ist die Überprüfung der Fähigkeit der IT-Organisation, spezifische IT-Services wirtschaftlich zu erbringen.

In diesem Zusammenhang sind z. B. auch „Make-or-Buy"-Entscheidungen zu treffen. Dabei können z. B. Vorprodukte, die selber nicht wirtschaftlich hergestellt werden können, von Dritten bezogen werden. Outsourcing, Insourcing, Co-sourcing usw. sind hierbei Entscheidungsalternativen.

14.2.4 Applikationslebenszyklus

Der Applikationslebenszyklus kann in fünf verschiedene Phasen eingeteilt werden. Dabei handelt es sich um die Phasen Requirements, Design, Build, Deploy, Operate und Optimise.

Requirements

In dieser ersten Phase des Applikationslebenszyklus werden die Anforderungen an neue Applikationen, basierend auf den Geschäftsanforderungen erhoben. Es gibt drei Arten von Anforderungen – funktionale, nichtfunktionale und Usability-Anforderungen. Die funktionalen Anforderungen beschreiben die Aufgaben der Applikation, d. h., wofür die Applikation dient und welche Funktionen durchzuführen sind. Die nicht-funktionalen Anforderungen beschreiben die qualitativen Anforderungen an die Applikation. Hier werden Kategorien wie Effizienz, Verfügbarkeit, Zuverlässigkeit, Sicherheit und Wartbarkeit der Applikation konkretisiert. Schließlich werden durch die Usability-Anforderungen Fragen nach Schulungsmaßnahmen und Bedienerfreundlichkeit beantwortet.

Design

In der Design-Phase werden die erhobenen Anforderungen spezifiziert und im Hinblick auf die organisationalen Anforderungen konkretisiert. Sowohl die Applikation selbst als auch die Applikations-Umgebung – bei ITIL als operationales Modell bezeichnet – müssen in die Betrachtungen einbezogen werden. Hierbei sind Architekturüberlegungen von besonderer Wichtigkeit, da diese Einfluss auf die Applikation und deren Umgebung haben. Zu beachten ist, dass Applikations- und Systemarchitektur stark miteinander in Beziehung stehen und deswegen ein Alignment-Prozess stattfinden muss.

Build

Die Build-Phase umfasst die eigentliche Entwicklung der Applikation. Managementaufgaben im Rahmen der Build-Phase sind die Ausarbeitung konsistenter Codingkonventionen, applikationsunabhängiger Entwicklungsrichtlinien und die Organisation der Entwicklungsteams. Ein abschließender Test stellt sicher, dass die angegebenen Geschäftsanforderungen erfüllt werden. Außerdem ist mit Hilfe von Management-Checklisten zu überprüfen, ob die entwickelte Applikation den speziellen Service-Management-Anforderungen entspricht. Hierfür gibt ITIL Checklisten an die Hand, so dass überprüft werden kann, ob die Anforderungen der einzelnen Service-Management-Bereiche berücksichtigt wurden.

Deploy

In der Deploy-Phase wird sowohl das operationale Modell als auch die Applikation umgesetzt, wobei das operationale Modell, also die Applikationsumgebung, in die bestehende IT-Umgebung integriert und die Applikation entsprechend standardisierter Deployment-Prozesse implementiert wird. Den Anfang bildet hierbei ein Planungsprozess. Durch eine umfangreiche und detaillierte Planung lassen sich zu einem späteren Zeitpunkt Kosten für die Behebung von Fehlern einsparen und die Total-Cost-of-Ownership (TCO) senken. Nach der Genehmigung von Änderungen durch ein entsprechendes Gremium folgt das Ausrollen der Applikation. Hierfür sollte zunächst eine Pilotierung stattfinden, um aus dieser Konsequenzen für ein vollständiges Rollout ableiten zu können. Schließlich ist auch hier im Rahmen des ITIL-Frameworks eine Management-Checkliste ausgearbeitet, welche bei der Umsetzung der Deploy-Phase hilft.

Operate

Im Rahmen der Operate-Phase wird der angeforderte Service schließlich geliefert. Gleichzeitig sind die erreichten Servicegrade zu messen und mit den vereinbarten SLAs zu vergleichen. Die Tätigkeiten, welche im Bereich der Operations durchzuführen sind, lassen sich in tägliche, wöchentliche, monatliche und Ad-hoc-Aufgaben unterteilen. Die Applikationsbetreiber sollten Applikationsprofile erstellen, in welchen die durchzuführenden Aufgaben, die Verantwortlichkeiten und terminlichen Vorgaben enthalten sind. Außerdem sollten Userbefragungen durchgeführt werden, um mögliche Verbesserungspotenziale und Schwachstellen zu erkennen. Die Operate-Phase ähnelt dem Operations-Prozess aus dem ICT-Infrastructure-Management (s. Kap. 15.2.3), wobei dabei im Gegensatz zum Application-Management eine applikationsübergreifende Betrachtungsweise vorherrscht.

Optimise

Die Optimise-Phase verwertet die im Rahmen der Operate-Phase erhobenen Performancewerte, indem diese analysiert werden und eventuell entsprechende Maßnahmen zur Steigerung der Performance oder zur Senkung der Kosten vorgeschlagen werden. Hierbei kann auch ein Abschalten der Applikation vorgeschlagen werden, wobei dann das Ende des Lebenszyklus erreicht wäre. In der ITIL wird auch hierfür ein sogenannter Retirement-Prozess vorgeschlagen, welcher eine Art Road-Map zur Entfernung der Applikation aus dem Live-Betrieb darstellt.

14.3 Schnittstellen zu den Bereichen des serviceorientierten IT-Managements

14.3.1 Service-Level-Management

Die im Service-Level-Management mit den Kunden vereinbarten Anforderungen an neue Services sind Ausgangsbasis für die Planung und Entwicklung der Anwendung durch das Application-Management.

Das Application-Management stellt das notwendige Know-how bezüglich der Umsetzung der Services zur Verfügung und gibt im Rahmen der Verhandlungen Hinweise auf Möglichkeiten und Einschränkungen der Anwendungsplanung, der Anwendungsentwicklung und dem Anwendungsbetrieb.

14.3.2 Capacity-Management

Wie bereits in *Kapitel 5.3.7* erwähnt, sollte das Capacity-Management integraler Bestandteil bei der Planung von Applikationen sein. Insbesondere die richtige Dimensionierung der Applikation ist Aufgabe des Capacity-Managements. Dazu sind Informationen zum einen über die derzeit verfügbaren Kapazitäten und zum anderen über die für die Applikation benötigten Kapazitäten erforderlich. Auch kapazitätsbezogene Aspekte der Einführungsphase und des späteren Betriebes der Anwendung sollten in einer frühen Phase des Applikationslebenszyklus berücksichtigt werden.

14.3.3 Availability-Management

Das Availability-Management sollte unterstützend in die Planung und Entwicklung neuer Applikationen integriert werden. Dies stellt sicher, dass Verfügbarkeitsaspekte frühzeitig berücksichtigt werden und die Applikation entsprechend der mit dem Kunden vereinbarten Verfügbarkeitsanforderungen ausgerichtet wird. Beim Betrieb der Applikation müssen Verfügbarkeitsmessungen umgesetzt werden, welche im Rahmen einer instanzierten Feedback-Prozedur dem Availability-Management relevante Daten zur Verfügung stellen.

14.3.4 IT-Service-Continuity-Management

Das Application-Management ist dafür verantwortlich, die zu erstellenden Applikationen so auszurichten, dass die mit den Kunden vereinbarten Kontinuitätskriterien erfüllt werden können. Aus diesem Grund sind zunächst die Geschäftsanforderungen, welche an die IT-Servicekontinuität gestellt werden, zu bestimmen. Dementsprechend ist das Design der Applikation zu gestalten und umzusetzen. Werden die Geschäftsanforderungen bezüglich der IT-Servicekontinuität nicht erfüllt, sind im Rahmen der Optimierung geeignete Verbesserungsmaßnahmen zu initiieren.

14.3.5 Financial-Management

Bei Planung, Entwicklung und Betrieb von Applikationen sind finanzielle Aspekte zu berücksichtigen. So sollten schon bei der Anwendungsplanung Wirtschaftlichkeitsaspekte berücksichtigt werden. Beim Design der Anwendung sollten Kostenaspekte – insbesondere des späteren Betriebes – mit ins Kalkül gezogen werden. Im laufenden Betrieb ist die Wirtschaftlichkeit der Anwendung auf regelmäßiger Basis zu überprüfen. Hierbei liefert das Financial-Management kostenrelevante Informationen.

14.3.6 Incident-Management

Das Incident-Management nimmt in allen Phasen des Application-Managements – also von der Erhebung der Anforderungen an die Applikation bis hin zur Phase des Betriebes der Applikation – eine beratende Rolle ein. Durch Einbeziehung des Incident-Managements wird sichergestellt, dass die Anwendung den späteren Anforderungen im Support-Bereich gerecht wird. Dabei wird das Application-Management z. B. insofern beraten, dass Möglichkeiten zur Senkung der späteren Supportkosten bereits bei der Planung und der Entwicklung der An-wendung berücksichtigt werden. So können beispielsweise durch die Bereitstellung einer in die Applikation integrierten Online-Hilfe Ressourcen im Bereich Service-Desk eingespart werden. Durch Integration der Support-Mitarbeiter in die Test-Phase bzw. den Test-Betrieb kann eine Eingewöhnung stattfinden und anfängliche Fehler im „Live"-Betrieb später vermieden werden. Das Incident-Management ist gegebenenfalls während der Implementierung der Applikation auf die Entstehung zusätzlichen Supportbedarfes vorzubereiten, so dass rechtzeitig genügend bereitgestellt werden können. Während der Betriebsphase nimmt das Incident-Management u. a. Meldung über applikationsspezifische Störungen entgegen, bearbeitet diese und leitet sie gegebenenfalls an die verantwortlichen Personen im Application-Management weiter. Aufgrund des kanalisierten Störungsaufkommens im Incident-Management können Potenziale zur Verbesserung der Applikation identifiziert und dem Application-Management während der Optimierung der Anwendung vorgeschlagen werden.

14.3.7 Problem-Management

Das Application-Management sollte bei der Planung und Umsetzung von Applikationen die späteren Aktivitäten des Problem-Managements berücksichtigen. Das Design der Applikation kann beispielsweise so ausgelegt sein, dass Messpunkte installiert werden, welche die spätere Durchführung einer Ursachenanalyse vereinfachen. Zudem sind Mitarbeiter des Applikationsbetriebes bei der Suche von Problemen und Störungen unterstützend tätig und werden in die Behebung von Problemursachen eingebunden.

Das Problem-Management versorgt das Application-Management mit relevanten Informationen zur Verbesserung von bestehenden Applikationen und zur Verbesserung des Planungs- und Erstellungsprozesses von neuen Applikationen.

14.3.8 Change-Management

Das Change-Management sollte integraler Bestandteil des Application-Managements sein. In allen Phasen des Applikationslebenszyklus übernimmt das Change-Management relevante Aufgaben. So wird in der Anforderungsphase sichergestellt, dass die Anwendung den Anforderungen des Change-Managements gerecht wird. Zudem können spezifische Anforderungen für Änderungen an der Anwendung definiert werden. In den Phasen Design, Entwicklung und Implementierung berät das Change-Management bezüglich der Überführung der Anwendung in den Betrieb. Zudem wirkt das Change-Management unterstützend bei der Beschaffung der Genehmigung zur Implementierung der Anwendung, da auch die Einführung einer neuen Anwendung unter der Kontrolle des Change-Managements steht. Im Bereich des Betriebes werden Informationen z. B. über Infrastrukturänderungen und deren Auswirkungen auf die betriebene Anwendung sowie über Änderungen an der Anwendung selbst ausgetauscht.

14.3.9 Release-Management

Das Release-Management unterstützt das Application-Management hinsichtlich Fragen der Versions- und Einführungsplanung über den gesamten Lebenszyklus der Anwendungen hinweg. Schon in der Phase der Anforderungserhebung sollten bei der Planung neuer Anwendungen Versions- und Einführungsaspekte berücksichtigt werden. Dabei sind Fragestellungen nach der Art und Weise der Anwendungseinführung und nach Faktoren, die eine effiziente und effektive Implementierung fördern, zu berücksichtigen.

14.3.10 Configuration-Management

Bei der Planung, Entwicklung und dem Betrieb von Applikationen ist das Configuration-Management direkt einzubinden, um sicherzustellen, dass Konfigurationsaspekte der Anwendung frühzeitig und nachhaltig berücksichtigt werden. Dabei werden beispielsweise die Konfigurationsanforderungen an die Anwendung bestimmt, auf konfigurationsbezogene Standards hingewiesen, relevante Informationen für das Ausrollen der Anwendung bereitgestellt und anschließend anwendungsspezifische IT-Komponenten verwaltet.

Das Configuration-Management bildet einen integralen Bestandteil des Application-Managements und ist für wesentliche Aufgaben innerhalb des gesamten Anwendungslebenszyklus, von der Planung bis zur Optimierung der Anwendung, zuständig.

15 ICT-Infrastructure-Management

15.1 Überblick

Das ICT-Infrastructure-Management umfasst sämtliche Prozesse, welche dazu dienen, eine stabile, den Serviceanforderungen gerecht werdende Informations- und Kommunikationsinfrastruktur bereitzustellen. Dazu werden in einer ersten Phase die Richtlinien und Vorgaben für die ICT-Infrastruktur erstellt und die Geschäftsanforderungen auf Anforderungen an die ICT-Infrastruktur heruntergebrochen. Anschließend werden die ICT-Lösungen den Vorgaben und Anforderungen entsprechend implementiert und umgesetzt. Der Betrieb umfasst dann im Wesentlichen die Aufgaben der Wartung und Aufrechterhaltung der ICT-Infrastruktur. Der technische Support gewährleistet organisationsweite Hilfestellung bezüglich infrastruktureller Aspekte und Problemstellungen.

15.2 Aktivitäten des ICT-Infrastructure-Managements

15.2.1 Design & Planning

Die Design- und Planungsphase beschäftigt sich mit der Bereitstellung von Richtlinien für die Entwicklung und Implementierung von einer den Geschäftsanforderungen gerecht werdenden ICT-Infrastruktur. Hierbei werden Technologie (d. h. Mainframes, verteilte Systeme, Netzwerke, Desktops und mobile Devices), Architekturen, Prozesse und Managementmethoden abgedeckt. Im Gegensatz zum Application-Management geschieht die Planung applikationsübergreifend und nicht auf eine einzelne Applikation bezogen. Das ICT-Infrastructure-Management bildet die Schnittstelle zwischen der Informations- bzw. Kommunikationstechnologie und der Geschäftsführung. Aus diesem Grund ist ein konsequentes Alignment zwischen Geschäftsstrategie und ICT-Strategie notwendig. Im Bereich des strategischen ICT-Infrastructure-Managements muss zunächst die derzeitige Situation überprüft werden. Aus der ICT-Strategie kann dann der erwünschte Zustand abgeleitet und ein Plan zur Erreichung ausgearbeitet werden. Anschließend sollte der Fortschritt bei der Planumsetzung überwacht werden. Des Weiteren wird im ITIL-Framework auf die Techniken und Tools eingegangen, die im Bereich des ICT-Infrastructure-Managements zum Einsatz kommen.

Die Entwicklung und Aufrechterhaltung von ICT-Strategien und prozessen für die Umsetzung einer adäquaten ICT-Infrastruktur ist Fokus der Design- und Planungsphase.

15.2.2 Deployment

In der Deployment-Phase wird die ICT-Infrastruktur entsprechend den in der Design- und Planungsphase definierten Anforderungen implementiert. Dies geschieht zumeist in Form von Projekten, in denen zunächst Umfang, Zeit und Bedarf an Ressourcen spezifiziert werden. Anschließend folgt die Design-Phase, in welcher das funktionale Design der Anwendung, das technische Design und die benötigten Prozesse bestimmt werden. Danach wird in einer Entwicklungsumgebung die ICT-Lösung erstellt und in einer Testumgebung überprüft. Auch die Einrichtung der unterschiedlichen Arbeitsumgebungen (d. h. Entwicklungs-, Test- und Liveumgebung) geschieht in der Deployment-Phase. Anschließend erfolgt das Rollout der getesteten ICT-Lösung.

Deployment beinhaltet einen hohen Grad an Logistik bezüglich der neuen Infrastrukturkomponenten. Außerdem sind taktische Planungsfähigkeiten, insbesondere in den Bereichen Change-Management und Projektmanagement, unabdingbar, damit eine effiziente und den Anforderungen entsprechende Umsetzung der ICT-Lösungen garantiert werden kann.

15.2.3 Operations

Der Operations-Prozess sichert ein effektives, operationales Management der ICT-Infrastruktur inklusive der notwendigen Organisation und Wartung. Die wesentlichen Managementaufgaben bestehen aus Überwachungs- und Kontrolltätigkeiten mit technischem Schwerpunkt. Operations-Management stellt das so genannte „Back Office" der IT-Organisation dar. Die OLAs, abgeleitet aus den mit den Kunden vereinbarten SLAs, definieren die operativen Vorgaben für das Operations-Management. Vorgaben, wie die Erreichbarkeit von 24 Stunden pro Tag, 7 Tage die Woche 365 Tage pro Jahr oder ein Verfügbarkeitsgrad von 99,99 %, stellen einen hohen Anspruch an die internen Prozesse und insbesondere an das Operations-Management. Typische Prozesse der Operations-Phase sind Workload- und Output-Management, Storage-Management, Backup, Recovery, Sicherheit, Management der operativen Supportprozesse und Management bzw. Kontrolle der Servicekomponenten bzw. technischen Konfigurationen.

Ein wichtiger Erfolgsfaktor für das Operations-Management ist die Automatisierung. Nur minimale manuelle Interventionen sollten eingeplant werden, so dass zum einen menschliche Fehler minimiert und zum anderen Störungen in Echtzeit erfasst und gemeldet werden können.

15.2.4 Technischer Support

Der Bereich des technischen Supports stellt eine Art „technical centre of excellence" dar, in welchem kompetentes Know-how aus den Bereichen ICT-Operations und -Deployment bereitgestellt wird. Typische Prozesse des technischen Supports sind Forschung und Entwicklung in den Bereichen neuer Technologien, Third-Line-Support, Budgetplanung und -kontrolle, Beschaffung sowie Lieferantenmanagement. Die übrigen ICT-Prozesse werden in unterschiedlicher Weise durch den technischen Support unterstützt. Für die Design- und Planungsphase wird bezüglich der Anforderungsspezifikation technische Hilfestellung geleistet. Im Bereich der Deployment-Phase wird für die Entwicklung von Methoden der Versionsverwaltung technischer Support benötigt. Ebenso wird im Bereich der Operations-Phase für die täglichen Aufgaben vertieftes, technisches Know-How bereitgestellt. Des Weiteren sind Managementberichte über Aspekte der ICT-Infrastruktur anzufertigen und bereitzustellen.

Skill-Management ist im Bereich des technischen Supports von besonderer Bedeutung, da Kompetenz als einer der wichtigsten Erfolgsfaktoren für die effiziente und effektive Bereitstellung eines „technical center of excellence" gilt.

15.3 Schnittstellen zu den Bereichen des serviceorientierten IT-Managements

15.3.1 Service-Level-Management

Im Rahmen der Verhandlungen, die das Service-Level-Management mit den Kunden führt, werden die Qualitätskriterien der neu zu erstellenden und der bestehenden Services definiert. Im Rahmen des ICT-Infrastructure-Managements sind die Qualitätskriterien zu berücksichtigen und die Infrastruktur entsprechend zu planen.

Das ICT-Infrastructure-Management hingegen liefert das technische Know-how, welches das Service-Level-Management im Rahmen der Definition, Überwachung und Steuerung der Serviceverträge benötigt.

15.3.2 Capacity-Management

Das Capacity-Management legt die kapazitätsbezogenen Ziele für die IT-Infrastruktur fest und überwacht diese. Die im Capacity-Management erstellten Pläne und kapazitätsbezogenen Informationen über IT-Komponenten dienen beim Infrastrukturdesign als Planungshilfe.

15.3.3 Availability-Management

Das Availability-Management stellt für die Planungs- und Designphase des ICT-Infrastruktur-Managements verfügbarkeitsbezogene Informationen in Form des Verfügbarkeitsplanes, in Form von Verfügbarkeitsberichten, CFIA-Analysen (s. Anhang A), Verfügbarkeitsrichtlinien und Messvorgaben zur Verfügung. Hauptanliegen sollte es sein, in der frühen Phase der Planung die Infrastruktur so auszurichten, dass die mit den Kunden vereinbarten Verfügbarkeitsgrade eingehalten werden können. Im Rahmen des Betriebes der Infrastruktur sollten komponentenbasierte Berichte über Verfügbarkeiten an das Availability-Management geliefert werden.

15.3.4 IT-Service-Continuity-Management

Das ICT-Infrastruktur-Management trägt die Verantwortung dafür, dass die zur Verfügung gestellte Infrastruktur für die mit den Kunden vereinbarten IT-Service-Continuity-Maßnahmen ausreicht. Dabei liefert das ICT-Infrastructure-Management regelmäßig Informationen über die durch Wiederherstellungsmaßnahmen beanspruchten Ressourcen und das IT-Service-Continuity-Management versorgt das ICT-Infrastructure-Management mit den IT-Service-Continutity-Plänen.

15.3.5 Financial-Management

Zur Planung der ICT-Infrastruktur liefert das Financial-Management relevante Informationen über Kosten und Budgets. Diese dienen u. a. als

Basis für die Gestaltung der ICT-Infrastruktur und geben den finanziellen Rahmen, z. B. für neue Investitionen, vor.

15.3.6 Incident-Management

Das Incident-Management nimmt Störungen, die mit der Infrastruktur zusammenhängen, entgegen und leitet Störungsdetails an das ICT-Infrastructure-Management zur Bearbeitung weiter. Durch aufbereitete Mangementinformationen können Verbesserungspotenziale im Bereich der ICT-Infrastruktur identifiziert werden.

Bei der Einführung neuer Infrastrukturkomponenten ist das Incident-Management bzw. das Service-Desk zu benachrichtigen und auf das Auftreten eventueller Störungen vorzubereiten. Das Service-Desk übernimmt die Aufgabe der Kommunikation zum Kunden bzw. Nutzer. Dabei sollten diese auf eventuelle Konsequenzen der Einführung neuer Infrastrukturkomponenten aufmerksam gemacht und vorbereitet werden.

15.3.7 Problem-Management

Ähnlich wie das Application-Management werden die Aktivitäten des Problem-Managements auch bei der Planung der ICT-Infrastruktur berücksichtigt. Das heißt, das Design der Infrastruktur sollte so ausgerichtet sein, dass die Durchführung von Ursachenanalysen, z. B. durch automatisch generierte Kenngrößen, vereinfacht wird.

Das Problem-Management liefert hingegen dem ICT-Infrastructure-Management problembezogene Informationen zur Überwachung und Steuerung der ICT-Infrastruktur.

15.3.8 Change-Management

Bei neuen ICT-Lösungen ist das Change-Management integraler Bestandteil innerhalb der Einführungsphase. Durch die standardisierten Prozesse des Change-Managements werden Effektivität und Effizienz der Implementierung verbessert. Anträge für Änderungen an der Infrastruktur werden vom technischen Support erstellt. Der technische Support ist des Weiteren zuständig für die Durchführung infrastruktureller Änderungen, die z. B. im Rahmen der Problemlösung umzusetzen sind.

15.3.9 Release-Management

Das Release-Management unterstützt das ICT-Infrastructure-Management bei der Kontrolle und Steuerung der Einführung neuer ICT-Lösungen. Es wird sichergestellt, dass bei der Einführung neuer ICT-Komponenten bzw. -Lösungen die allgemeinen Richtlinien und Akzeptanzkriterien eingehalten werden.

15.3.10 Configuration-Management

Bei der Planung und dem Design der anwendungsübergreifenden ICT-Infrastruktur sollten bestehende Konfigurationen in das Kalkül einbezogen werden, um Ineffizienzen zu vermeiden. So können beispielsweise unausgelastete Kapazitäten für neue Anwendungen genutzt und es kann auf die Beschaffung neuer Komponenten verzichtet werden. Entsprechende Informationen kann das Configuration-Management liefern.

Werden neue Infrastrukturkomponenten implementiert, werden entsprechende Informationen in der Konfigurationsdatenbank hinterlegt.

Teil E:

Serviceorientiertes IT-Management in der Praxis

16 Einleitung

Die Teile B, C, D und E beschreiben die Bereiche des serviceorientierten IT-Managements, wie sie nach heutigem Standard idealerweise gestaltet sein sollten. In Teil E wird nun auf die praktische Umsetzung des serviceorientierten IT-Managements eingegangen. Fragen, die hierbei beantwortet werden, sind: Inwiefern kann in der Praxis tatsächlich ein serviceorientiertes IT-Management umgesetzt werden? Inwiefern wird ein serviceorientiertes IT-Management heute tatsächlich in der Praxis eingeführt? Welche Problematiken bestehen bei der Umsetzung? Welchen Nutzen bringt ein serviceorientiertes IT-Management in der praktischen Umsetzung? Wie werden derartige Transformationsprojekte durchgeführt?

Zu diesem Zweck wurden in der Zeit zwischen Herbst 2003 und Sommer 2004 sechs Fallstudien aufgenommen. Die analysierten Unternehmen waren:

- KfW Bankengruppe,
- T-Mobile,
- 3M Deutschland,
- Stadt Köln,
- DaimlerChrysler und
- BASF IT Services.

Die Fallstudien sollen die Erfahrungen, welche im Zusammenhang mit der Umsetzung von serviceorientierten IT-Management-Prozessen gesammelt wurden, beschreiben. Dabei spielt der strategische Hintergrund, der zur Entscheidung für die Umsetzung eines serviceorientierten IT-Managements führte, genauso eine Rolle wie die umgesetzten Prozesse an sich sowie die zur Unterstützung verwendeten Systeme.

Um die Vergleichbarkeit der Fälle zu erhöhen, wird eine einheitliche Struktur gewählt, anhand deren die Unternehmensprojekte und -lösungen erhoben und beschrieben werden. Die in *Abbildung 16.1.* illustrierte Struktur der Fälle folgt einer für die Untersuchung von Transformationsprojekten abgeleiteten Fallstudienmethodik.

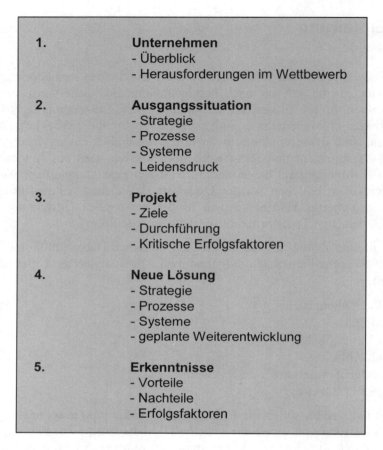

Abb. 16.1. Strukturierungsrahmen der untersuchten Fälle

Der erste Abschnitt führt in den Kontext der Fallstudie ein, in dem wesentliche Eckdaten des betrachteten Unternehmens beschrieben und wesentliche unternehmens-, branchen- und/oder markttypische Herausforderungen dargestellt werden, deren Kenntnis für das Verständnis der Fallstudie erforderlich ist. Die Ausgangssituation wird auf den Ebenen Strategie, Prozesse und Systeme beschrieben. Es wird dargestellt, wie der IT-Bereich vor Durchführung des Transformationsprojektes gestaltet war. Die damit verbundenen Ineffizienzen werden unter dem Begriff Leidensdruck zusammenfassend beschrieben.

Folgend wird der Ablauf des Transformationsprojektes von der Ausgangssituation bis zur Umsetzung der neuen Lösung beschrieben. Dabei

Einleitung

werden Initianten und Ziele des Projektes herausgearbeitet, wesentliche Aspekte der Projektdurchführung beleuchtet und die von den Verantwortlichen genannten kritischen Erfolgsfaktoren für vergleichbare Projekte zusammengefasst.

Die Darstellung der neuen Lösung auf den Ebenen Strategie, Prozesse, Systeme erfolgt analog der Darstellung der Ausgangssituation. Zudem wird auf geplante Weiterentwicklungen in diesem Bereich eingegangen.

Abschließend werden die Erkenntnisse, die wesentlichen Inhalte und Eigenheiten der Fallstudie zusammengefasst. Zudem wird auf die Vor- und Nachteile der Initiativen eingegangen und kritische Erfolgsfaktoren für die Umsetzung derartiger Transformationsprojekte erläutert.

17 Umsetzung eines ITIL-konformen IT-Service-Supports bei der KfW Bankengruppe[1]

17.1 Unternehmen

17.1.1 Überblick

1948 als Kreditanstalt für Wiederaufbau gegründet, gibt die KfW Bankengruppe weltweit Impulse für Wirtschaft, Gesellschaft und Ökologie. Mit ihren langfristigen, zinsgünstigen Krediten fördert die KfW den Mittelstand. Außerdem stimuliert sie Innovationen und den Beteiligungskapitalmarkt, treibt den Umweltschutz voran und unterstützt den Ausbau der kommunalen Infrastruktur. Mit ihren Förderprogrammen verhilft die KfW immer mehr Menschen zu Wohneigentum und finanziert die Modernisierung von Wohnraum. Der Schutz von Umwelt und Klima ist dabei ein wichtiger Leitgedanke, dem die Bank bei sämtlichen Aktivitäten, quer durch alle Geschäftsfelder, folgt. Im Rahmen der Export- und Projektfinanzierung unterstützt die KfW weltweit Projekte von deutschem und europäischem Interesse. Darüber hinaus unterstützt die KfW Entwicklungs- und Reformländer durch die finanzielle Zusammenarbeit mit den staatlichen Institutionen, während die KfW-Tochter DEG den Aufbau privatwirtschaftlicher Strukturen im Fokus hat. Als Beraterin des Bundes liefert die KfW das Know-how bei der Privatisierung von Bundesunternehmen; Beispiele sind die Deutsche Telekom AG oder die Deutsche Post AG. Hinzu kommen weitere Aufgaben im öffentlichen Auftrag, z. B. die Entschädigungseinrichtung der Wertpapierhandelsunternehmen (EdW). Mit einer Bilanzsumme von 304 Mrd. Euro und 3.600 Mitarbeitern (Stand 31.12.2002) gehört die KfW zu den zehn größten Banken Deutschlands. Dabei sind die Anteilseigner zu 80 % der Bund und zu 20 % die Länder.

Im Jahre 2003 fusionierte die KfW mit der DtA (Deutsche Ausgleichsbank), um die Förderaktivitäten beider Banken zu vereinen. Nach der Fusion werden durch den gemeinsamen IT-Bereich ca. 4.150 PCs und Notebooks betreut sowie ca. 565.000 Online-Transaktionen pro Tag abgewickelt. *Tabelle 17.1.* zeigt eine Kurzübersicht der KfW Bankengruppe.

---

[1] Die Fallstudie wurde in Zusammenarbeit mit Dr. Martin Waters, IT-Steuerung, Planung und Strategie bei der KfW Bankengruppe erstellt.

KfW Bankengruppe	
Gründung	1948
Firmensitz	Frankfurt am Main
Branche	Förderbank
Firmenstruktur	Anteilseigner zu 80 % der Bund und zu 20 % die Länder
Homepage	www.kfw.de
Umsatz	Bilanzsumme: 261 Mrd. €
Mitarbeiter	2.264
PCs	4.150
Online-Transaktionen/Tag	565.000

Tabelle 17.1. Kurzportrait KfW Bankengruppe

17.1.2 Herausforderung im Wettbewerb

Im Zuge der problematischen weltwirtschaftlichen Situation ist der Kostendruck auf die Banken enorm gestiegen. Vor diesem Hintergrund ist die sehr IT-lastige Bankenbranche darauf bedacht, ihre IT-Kosten zu senken, wie jüngste Beispiele von großen IT-Outsourcing-Deals des Bankensektors bezeugen.

Neben der Kostensenkung stehen in der Zielvorgabe für den IT-Bereich der KfW das Erreichen einer qualitativ hochwertigen IT-Leistung und die Sicherstellung, dass die IT auch den zukünftigen Anforderungen komplexer und zunehmend IT-durchdrungener Geschäftsprozesse gewachsen ist. Neben den internen IT-Business-Drivern wirken sich externe Einflüsse auf die Stoßrichtung der IT-Strategie aus. Hier sind z. B. der Wettbewerb mit anderen Banken, die Ausrichtung der Rechnungslegung an den International Accounting Standards (IAS) und die Berücksichtigung des Basel II-Abkommens zu nennen. Hinzu kommen Veränderungen der Konzernstruktur (z. B. Fusion mit der DtA, Ausgliederung der Export- und

Projektfinanzierung), die für die IT zusätzlichen Integrationsaufwand bedeuten bzw. eine neue Gestaltung der Dienstleistungsbeziehung zur Folge haben (z. B. eine verursachungsgerechte Leistungsverrechnung für ausgelagerte Organisationseinheiten).

Veränderungen sowohl interner als auch externer Anforderungen an die IT, aber auch neue Technologien und der dynamische IT-Markt generell, führten zu steigender Komplexität der Infrastruktur. In den letzten zehn Jahren hat sich der EDV-Betrieb der KfW von einem reinen Großrechnerbetrieb zu einem sehr komplexen Mischbetrieb mit einer Vielzahl verschiedener Server und Plattformen entwickelt. Gleichzeitig stieg die Mitarbeiterzahl im Betriebsbereich auf etwa das Sechsfache an. Die im Großrechnerumfeld immer schon vorhandenen klaren Rollen, Zuständigkeiten und Arbeitsabläufe wurden aber – ähnlich wie bei vielen Unternehmen – nicht in gleichem Maße auf die neue IT-Landschaft übertragen, was zu einer Zersplitterung des Betriebes und zu teilweise ineffizienten Zuständigkeitsverteilungen führte. Viele Arbeitsabläufe wurden von verschiedenen Mitarbeitern auf unterschiedlichste Weise durchgeführt.

Die Lösung dieser Probleme erfolgte im Rahmen einer IT-Service-Management-Offensive. Dabei wurde eine Neuausrichtung der IT-Betriebsprozesse vorgenommen, um die Service-Orientierung zum Nutzen der Kunden und des Unternehmens zu forcieren. Als Richtlinie für die serviceorientierte Umgestaltung der IT-Prozesse diente die ITIL, mit der ein Technologie unabhängiges „Best-Practice"-Framework vorliegt.

17.2 Ausgangssituation

Zunächst soll die Ausgangssituation bei der KfW Bankengruppe auf den drei Ebenen Strategie, Prozesse und Systeme betrachtet werden. *Abbildung 17.1.* zeigt in einer Übersicht die wesentlichen Eigenschaften der Ausgangssituation.

17.2.1 Strategie

Bisher herrschte bei der KfW eine system- und plattformorientierte Sicht vor. Eine bereichsübergreifende Strategie für das IT-Management war nicht vorhanden, und die IT-Wertschöpfungskette aus Sicht des Kunden, im Sinne einer End-to-End-Betrachtung der IT-Prozesse, wurde nicht berücksichtigt.

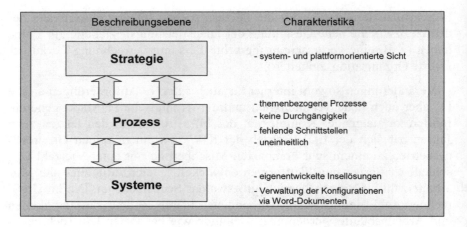

Abb. 17.1. Kurzübersicht der Ausgangssituation der KfW

17.2.2 Prozesse

Die IT-Prozesse der KfW waren themenbezogen und nicht durchgängig gestaltet. So gab es einen Help-Desk, es gab Incident-Management- und es gab Change-Management-Prozesse. Allerdings waren diese nicht klar definiert und nicht integriert. Das heißt, im Help-Desk gemeldete Störungen wurden nicht systematisch nach festen Regeln priorisiert, klassifiziert und dementsprechend weniger effizient bearbeitet. Im Second-Level-Support waren keine Zuordnungsgruppen mit garantierter Erreichbarkeit zur Bearbeitung der weitergeleiteten Meldungen definiert. Doppelarbeit und falsche Weiterleitungen waren die Folge. Zudem waren die Arbeitsabläufe uneinheitlich gestaltet. Änderungen an der Infrastruktur wurden gemäß individuellem Urteilungsvermögen vorgenommen und umgesetzt. Eine Risikoanalyse oder Evaluation der Auswirkungen fand selten statt. Auch der Genehmigungsprozess bei schwer wiegenden Änderungen lief nicht einheitlich und standardisiert ab.

Eine zentrale Konfigurationsdatenbank war vor der ITIL-Initiative nicht vorhanden. Die IT-Komponenten und deren Attribute wurden mit Hilfe von Word-Dokumenten und vereinzelten, dezentralen Datenbanken verwaltet. Die Relationen zwischen den einzelnen IT-Komponenten waren unzureichend dokumentiert, so dass die Auswirkungen von Änderungen nur durch den Erfahrungsschatz der Mitarbeiter bestimmt werden konnten.

17.2.3 Systeme

Vor Einführung der ITIL-Initiative gab es eigenentwickelte Insellösungen zur Unterstützung der Teilprozesse. So verwendete das Help-Desk eine eigens entwickelte Software, wobei eine standardisierte Schnittstelle zu den dahinterliegenden Second- und Third-Level-Support-Prozessen nicht vorhanden war.

17.2.4 Leidensdruck

Das Wissen und die Fähigkeiten der Mitarbeiter sowie die Tool-Ausstattung wiesen dieselbe Zentrierung auf. Eine plattformübergreifende Gesamtsicht und durchgehende Analyse der IT-Management-Prozesse war nicht möglich, was eine übergreifende Koordination und Überwachung der Management-Prozesse erschwerte. Ein Berichterstattungswesen wurde so gut wie gar nicht durchgeführt. Entsprechende Maßnahmen zur Professionalisierung des IT-Bereiches waren aufgrund des bereits erwähnten Trends zunehmender Komplexität unabdingbar geworden. Dabei stellte insbesondere der Bereich der „Offenen Systeme" (Open-Systems) eine große Herausforderung dar. Während im Mainframe-Bereich für die Prozesse bereits etablierte und bewährte Verfahren einer plattformübergreifenden und toolunterstützten Betriebsweise vorzufinden waren, war der Betrieb der Open-Systems-Welt durch Ineffizienz und Intransparenz gekennzeichnet. Ziel war es, unabhängig von Systemen und IT-Landschaften einheitliche, transparente und effiziente Prozessabläufe zu etablieren.

17.3 Projekt

17.3.1 Ziele

Ziel der ITIL-Initiative war die Optimierung der Ablauforganisation im gesamten Betriebsbereich. Dabei sollte eine Matrixorganisation entstehen, in der die bestehenden technischen Säulen (Server, Netzwerk etc.) durch Querprozesse (Help-Desk, Produktionsmanagement, IT-Servicemanager) gesteuert werden sollten. Die Gestaltung der Querprozesse sollte, entsprechend des ITIL-Frameworks, an den mit dem Kunden vereinbarten IT-Services ausgerichtet werden.

Die ITIL-Offensive sollte in mehreren – in sich abgeschlossenen – Teilprojekten realisiert werden. In einem ersten Schritt sollten im Projekt „IT-Service-Management I" (ITSM1) die organisatorische, personelle und systemtechnische Basis für das serviceorientierte IT-Management aufgebaut und die wichtigsten Betriebsprozesse überarbeitet werden. In dieser Phase wurden die ITIL-Prozesse Incident-, Problem-, Change- und Configuration-Management eingeführt. In Folgeprojekten sollten dann – ausgehend von den Ergebnissen des ITSM1-Projektes – weitere Service-Management-Prozesse implementiert (IT-Service-Continuity-, Security-, Financial- und Service-Level-Management) sowie Daten und Tools zur automatisierten Unterstützung des Systembetriebs integriert werden. *Abbildung 17.2.* zeigt die Vorgehensweise der einzelnen Teilprojekte.

17.3.2 Durchführung

Der Projektentscheid wurde von der IT-Leitung getroffen, wobei der Gesamtprojektleiter der ITIL-Projekte der IT-Stabsstelle „IT-Planung und Steuerung" zugeordnet ist. Nach Planung des Projektablaufs und der Aufstellung des Projektteams erfolgte zunächst die Ist-Aufnahme und Analyse der bestehenden Betriebsprozesse und Tools. Dabei wurden für das ITSM1 zwei Projektteams gebildet. Ein Team war für Incident- und Problem-Management, das andere Team für Change- und Configuration-Management zuständig.

In einem weiteren Schritt wurden die Soll-Prozesse definiert, wobei man sich aus Gründen der operationalen Risikominimierung im Wesentlichen an den ITIL-Prozessen orientiert hat. Zur Generierung des ITIL-Knowhow wurden externe Berater hinzugezogen. Für alle beteiligten Mitarbeiter wurde eine eineinhalbtägige Grundlagenschulung für die unternehmensrelevanten ITIL-Prozesse durchgeführt. Parallel zum Prozessdesign wurde die Toolentscheidung getroffen. Dabei war das Kriterium der Integration der einzelnen ITIL-Prozesse der wesentliche Entscheidungsfaktor. Anschließend wurde der IT-Service-Katalog erstellt, wobei mit der IT-Leitung ein Produktportfolio von über 50 Produkten abgestimmt wurde. Gleichzeitig wurde die gewählte Service-Management-Plattform implementiert, damit die Soll-Prozesse und -Organisation in diesem abgebildet werden konnten.

Abb. 17.2. Ablauf der ITSM1-Projekte

Nach einer Einweisung der Mitarbeiter erfolgte dann eine kurze Pilotphase für einen ausgewählten IT-Service, wonach dann die Umsetzung auf die restlichen IT-Services erweitert wurde. Die praktische Umsetzung der neuen Betriebsprozesse in einem Teilbereich des IT-Betriebs (Pilotphase mit einem ausgewählten IT-Service) war jedoch aufgrund der IT-serviceübergreifenden Vernetzung der IT-Komponenten in der Praxis problematisch und für die Mitarbeiter teilweise verwirrend, da diese während der Pilotierungsphase für unterschiedliche Services unterschiedliche Prozesse zu befolgen hatten. Aus diesem Grund wurde die Probephase schnell auf alle IT-Services ausgedehnt, d. h. die neuen Betriebsprozesse in vollem Umfang produktiv gestellt.

17.4 Neue Lösung

Im Folgenden wird die neue Lösung der KfW Bankengruppe im Bereich Service-Support geschildert. Dabei zeigt *Abbildung 17.3.* die wichtigsten Merkmale auf den drei Ebenen Strategie, Prozesse und Systeme.

17.4.1 Strategie

Innerhalb des IT-Bereiches ist ein prozess- und bereichsübergreifendes Verständnis der IT-Leistungserbringung vorgesehen. Nicht die Systeme und die Technologien stehen im Vordergrund, sondern die Servicepakete, die an den Kunden geliefert werden. Dabei werden die Schnittstellen und das Zusammenspiel der einzelnen Prozesse berücksichtigt und einheitliche, standardisierte Arbeitsfolgen (Workflows) definiert. Der Ablauf der serviceorientierten Prozesse soll nach ITIL erfolgen.

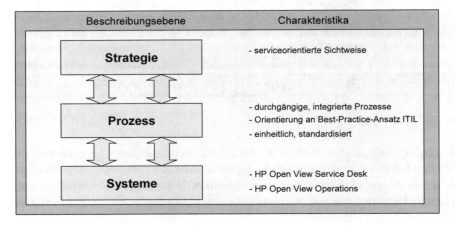

Abb. 17.3. Kurzübersicht über die neue Lösung der KfW

17.4.2 Prozesse

Im Rahmen des ITSM1 wurden bisher die Prozesse Incident- und Change-Management erfolgreich umgesetzt. Problem- und Configuration-Management sind zwar eingeführt, sind jedoch noch nicht ausreichend im täglichen Betrieb verankert, d. h., ein großer Teil der Probleme und der relevanten IT-Komponenten sind nicht in den Problem- bzw. Configuration-Management-Systemen enthalten. Um diese Zustände zu ändern, werden derzeit Optimierungsmaßnahmen durchgeführt.

Das Incident-Management läuft entsprechend des ITIL Frameworks (*s. Kap. 9*) entlang des First-, Second- und Third-Level Supports. Dabei wird im First-Level-Support zwischen Service-Calls (also Useranfragen) und Störungen (z. B. Störungen zentraler technischer Systeme, häufig mit Hilfe von HP OpenView Operations erkannt) unterschieden. Useranfragen sind je nach Art spezifisch zu bearbeiten. Störungen werden, entsprechend

Neue Lösung

der Anzahl der betroffenen Arbeitsplätze und der Wichtigkeit der betroffenen Komponenten, Prioritäten zugewiesen, wobei für jede Prioritätskategorie bestimmte Regelungen für Reaktionszeiten, Statusberichte und Eskalationszeitpunkte definiert sind. Der Incident-Management-Prozess hat zur Aufgabe, entsprechend der definierten Reaktionszeiten eine geeignete Lösung oder zumindest eine Umgehungslösung zur Verfügung zu stellen.

Die einer Störung zugrunde liegende Ursache ist gegebenenfalls im Rahmen des Problem-Managements (*s. Kap. 10*) zu analysieren und zu beheben. Diese Problembearbeitung erfolgt in der Praxis auch; den Mitarbeitern ist dabei aber noch nicht so bewusst, dass dies Teil des Problem-Managements ist. Daher werden die Ursachen der Störungen zwar bearbeitet, die hierfür verantwortlichen Probleme aber nicht zentral dokumentiert. Eine Bestandsaufnahme hat gezeigt, dass im Betrachtungszeitpunkt zwar ca. 60.000 Störungen, aber nur ca. 100 Probleme im System erfasst sind. Diese Relation von Störungen zu Problemen, im Verhältnis von 600:1, lässt vermuten, dass das Problem-Management noch nicht genügend im Lösungsprozess verankert ist.

Der Change-Management-Prozess erfolgt ebenfalls entsprechend der im ITIL-Framework definierten Prinzipien (*s. Kap. 11*). Dabei entsteht durch die Erstellung einer Änderung im Change-Management-System ein zusätzlicher Aufwand von ca. fünf Minuten. Anschließend werden die Änderungen in Abhängigkeit von ihren Auswirkungen und ihrer Dringlichkeit klassifiziert. *Abbildung 17.4.* gibt einen Anhaltspunkt, welcher Klasse eine Änderung voraussichtlich angehören wird und wie der weitere Verlauf des Genehmigungs- und Freigabeverfahrens aussieht.

Die Basis für das Change-Management und eine änderungsspezifische Risikoanalyse soll in Zukunft die Konfigurationsdatenbank (*s. Kap. 13.2.3*) bilden. Derzeit ist eine Verknüpfung der Prozesse Change- und Configuration-Management noch nicht umgesetzt, da die Konfigurationsdatenbank noch zu unvollständig ist. Derzeit werden Server, zum Teil zentrale Komponenten wie Telekommunikation und Netzwerke und ein Teil der definierten IT-Services als Konfigurationselemente in der Datenbank verwaltet.

In naher Zukunft ist die Übernahme aller PCs aus der Inventur-Datenbank geplant. Obwohl mittlerweile ca. 18.000 Konfigurationselemente definiert sind, stellt die Identifikation der Beziehungen zwischen den Konfigurationselementen und zu den im IT-Service-Katalog definierten IT-Services noch eine große Herausforderung dar. Die Beziehungen zwischen Konfigurationselementen und den IT-Services sind jedoch als erfolgskritische Aspekte anzusehen. Dabei ist gedacht, eine Art Servicebaum-Architektur abzubilden (siehe *Abbildung 17.5.*), welche eine automatisierte Risikoanalyse bei Änderungen an bestimmten Servicekomponenten ermöglicht und die Bestimmung der Auswirkungen von Störungen auf die zu liefernden IT-Services zulässt.

Change		Verantwortung	
		Change-Dringlichkeit	
Change-Kategorie	Selektions-Kriterium	Change geplant (normal)	Change ungeplant (dringend)
Routine-Change	1. Change ist in der Liste der Rou-tine-Changes (Kriterien für einen Routine-Change: 1.Bis zu 5 PC-Arbeitsplätze sind betroffen und 2.keine zentrale Komponente eines kritischen Services oder eines Services mit SLA ist betroffen und 3.die dafür vordefinierte verbindli-che Vorgehensweise ist im Tool hinterlegt)	Change-Verantwortlicher	
Kategorie 1	1. Bis zu 50 aktive PC-Arbeitsplätze sind betroffen und 2. keine zentrale Komponente eines kritischen Services oder eines Services mit SLA ist betroffen	Change Koordinator	
Kategorie 2	1. Mehr als aktive 50 PC-Arbeits-plätze sind betroffen oder 2. eine zentrale Komponente eines kriti-schen Services oder eines Servi-ces mit SLA ist betroffen	Change-Advisory Board (CAB)	Emergency Committee (EC)

Abb. 17.4. Überblick über Änderungskategorien im Change-Management der KfW

Jede in dem Architekturmodell abgebildete Komponente soll als Konfigurationselement in der Konfigurationsdatenbank verwaltet werden. Zusätzlich werden für jedes Konfigurationselement bestimmte Attribute und die Relationen zu anderen Konfigurationselementen hinterlegt.

Neue Lösung

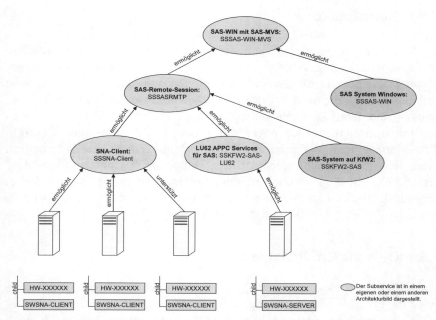

Abb. 17.5. Service-Architekturmodell der KfW Bankengruppe

17.4.3 Systeme

Zur Unterstützung der neu eingeführten Prozesse wird HP Open View Service Desk eingesetzt. Grund für diese Entscheidung war der hohe Integrationsgrad der ITIL-Prozesse. Durch das eingesetzte Tool können sowohl Incident-, Problem-, Change- und Configuration-Management als auch die im Rahmen von Folgeprojekten einzuführenden Prozesse unterstützt werden. HP OpenView Operations kommt, parallel dazu, zur technischen Überwachung des Systembetriebs im Open-Systems-Bereich zum Einsatz. Dadurch werden mit einer zentralen Plattform Server-, Datenbank- und Applikations-Parameter überwacht.

17.4.4 Geplante Weiterentwicklungen

Neben der bereits erläuterten Weiterentwicklung der Konfigurationsdatenbank und der weiteren Forcierung des Problem-Managements sollen im Rahmen von Folgeprojekten die Prozesse Continuity-, Security-, Financial- und Service-Level-Management implementiert werden.

17.5 Erkenntnisse

Die ITIL-Initiative hat sich als schwierig und teuer erwiesen. Insbesondere der Veränderungsprozess ist durch ein konsequentes Veränderungsmanagement (Management-of-Change) zu begleiten und darf nicht unterschätzt werden. Mittlerweile sind bei der KfW die Prozesse Incident-, Problem-, Change- und Configuration-Management eingeführt und werden kontinuierlich optimiert, insbesondere die Prozesse Problem- und Configuration-Management. Während das Problem-Management den Mitarbeitern stärker bewusst gemacht werden muss, stellen beim Configuration-Management logisch-konzeptionelle Herausforderungen große Barrieren dar. Folgende kritische Erfolgsfaktoren sollten bei der Umsetzung eines solchen ITIL-Projekts berücksichtigt werden.

17.5.1 Kritische Erfolgsfaktoren

Menschliche Aspekte spielen bei Reorganisationsprojekten eine wichtige Rolle, da nur mit Unterstützung der betroffenen Mitarbeiter ein Erfolg erzielt werden kann. Dabei bilden sowohl verschiedene Ängste als auch fehlendes Verständnis für die Notwendigkeit einer Veränderung schwer wiegende Barrieren.

- *Erwartungsmanagement*: Bei Initiierung des Projektes wurden sämtliche Probleme, sei es in prozessualer oder in organisatorischer Hinsicht, auf die Initiative zur Reorganisation der Betriebsprozesse projiziert. Die Erwartungshaltung der Mitarbeiter und des Managements war übertrieben hoch. Aus diesem Grund wird im ITIL-Framework ein projektbegleitendes Erwartungsmanagement empfohlen. Kontinuierlich müssen die realistischen Ziele der Initiative kommuniziert werden.
- *Veränderungsmanagement (Management-of-Change)*: Ein großes Problem bei der Einführung der neuen Prozesse stellt die Mitarbeiterakzeptanz und -einbindung dar. Der fehlende akute Leidensdruck macht es für viele Mitarbeiter unverständlich, warum die Prozesse reorganisiert werden sollten. Insbesondere bei technisch orientierten Mitarbeitern fehlt häufig eine grundsätzliche Akzeptanz von organisatorischen Veränderungen. „Der IT-Betrieb funktioniert ja." Die Schwierigkeit liegt darin, den Mitarbeitern die Notwendigkeit zu vermitteln, sich schon jetzt für zukünftige Herausforderungen an die IT zu positionieren und ggf. neu auszurichten. Zur Behebung dieser Barrieren ist eine umfassende, dauerhafte Kommunikationsinitiative durchzuführen. Mit Hilfe von Newslettern, Workshops, Gruppenmeetings etc. müssen die

langfristige Strategie und die Benefits der ITIL-Prozesse zur Zielerreichung aufgezeigt werden. Eine besondere Herausforderung stellt dabei die grundsätzliche Neuorientierung an IT-Services dar, da die Mitarbeiter meist organisatorisch nach technischen Säulen (Netzwerke, Software, Hardware etc.) aufgeteilt sind. Dabei ist der Erfolg einer solchen Initiative u. a. von der Unternehmenskultur abhängig. Dies kann nur in einer offenen und vertrauensvollen Atmosphäre gelingen. Der Verdacht auf versteckte Leistungskontrolle mit Hilfe toolgestützter Workflows kann die ablehnende Haltung gegenüber einem solchen Projekt zusätzlich fördern. Um den Mitarbeitern die Skepsis zu nehmen, sind klare Worte der IT-Leitung unabdingbar.

- *Unterstützung durch das Management (Management-Attention)*: Die Unterstützung des Projektes durch das Management ist erfolgsentscheidend, da somit die Bereitstellung der für die Umsetzung des Projektes notwendigen Ressourcen gesichert wird.
- *Projektgestalterische Aspekte*, wie z. B. die Bildung eines geeigneten Projektteams oder die optimale Dauer eines solchen Projektes, sind im Zusammenhang mit der Projektqualität und nachhaltiger Motivation zu berücksichtigen.
- *Trennung von Betrieb und Projektarbeit*: Zur Unterstützung des Incident-Managements werden Experten des IT-Bereichs, die schwerpunktmäßig Projektarbeit betreiben, auf Teilzeit-Basis in den Second-Level-Support eingebunden. Eine strikte Trennung zwischen Betrieb und Projektarbeit ist somit nicht vorhanden, ist jedoch für die Aktualität des Expertenwissens förderlich. Zur Priorisierung der unterschiedlichen Tätigkeiten sollte grundsätzlich geregelt werden, dass die Aufrechterhaltung des laufenden Betriebs (z. B. Störungsbeseitigung) Vorrang vor Projektarbeit hat.
- *Externe Berater*: Das Management-of-Change kann nur intern gesteuert werden. Die hierfür notwendigen Kommunikationsaufgaben würden als Initiative von externen Beratern unglaubwürdig erscheinen, da diese in der Kürze ihrer Zusammenarbeit mit den Mitarbeitern nicht die notwendige Akzeptanz erfahren können.
- *Kurze Projektlaufzeiten*: Durch kurze, zielorientierte, in sich abgeschlossene Teilprojekte kann der Motivationspegel sowohl der Sponsoren als auch der Mitarbeiter hochgehalten werden. Dabei muss das Erreichte und der daraus generierte Nutzen kommuniziert werden. Schnelle Erfolge (Quick-Wins) sind aufzuzeigen und parallele Organisationsprojekte sind aufgrund der Gefahr von Überlastungen zu vermeiden.

- *Prozessgestalterische Aspekte* sind für die nachhaltige Qualitätssicherung und Erfolgsgarantie der ITIL-Initiative wesentliche Einflussfaktoren.
- *Nachhaltigkeit*: Auch nach Einführung der neuen, serviceorientierten IT-Management-Prozesse muss deren „Leben" kontinuierlich sichergestellt werden. Das heißt, für die Mitarbeiter müssen Anreize geschaffen werden, z. B. Änderungen mit Hilfe der implementierten Lösung und entsprechend der definierten Prozesse vorzunehmen. Dabei empfiehlt es sich, Ziele mit den Mitarbeitern zu vereinbaren, in denen u. a. die Einhaltung der ITIL-Prozesse gefordert wird, woran sich auch die Bewertung der Leistung und das Gehalt des Mitarbeiters knüpfen.
- *Serviceorientierung*: Entscheidend bei der Umgestaltung der Prozesse ist die Serviceorientierung. Ein Umdenken der Mitarbeiter muss stattfinden und die vorhandene Ausrichtung an Systemen muss einem kundenorientierten Servicedenken weichen. Nicht mehr die Technologien dürfen im Vordergrund stehen, sondern die mit dem Kunden vereinbarten IT-Services. Dabei ist ein möglichst einfaches Prozessmodell zu verwenden, welches den Servicegedanken widerspiegelt und die Aktivitäten zur Erreichung der Serviceorientierung für den Mitarbeiter veranschaulicht.
- *Qualitätssicherung*: Um das Erreichen einer serviceorientierten IT-Organisation nachhaltig zu sichern, sind regelmäßige Prozessprüfungen durchzuführen und unter gegebenen Umständen entsprechende Verbesserungsmaßnahmen vorzunehmen.
- *Trennung von operativen und prozessgestalterischen Aufgaben*: In der Praxis bewährt es sich häufig, zwischen IT-Service-„Koordinatoren" und IT-Service-„Managern" zu unterscheiden. Koordinatoren sind für die operativen Managementaufgaben im Tagesgeschäft zuständig, während die Manager die Prozessverantwortung tragen und Aufgaben des Prozesscontrollings, wie z. B. die Prozessprüfungen, wahrnehmen.
- *Toolunterstützung*: Insbesondere eine prozessübergreifende Systemunterstützung fördert ein effizientes Ablaufen der serviceorientierten IT-Management-Prozesse. Dabei sind auch automatische Schnittstellen zu Personal- und Organisationsdatenbanken von großem Nutzen.

Im Zusammenhang mit der Ausgestaltung des **Configuration-Managements** gibt es spezifische Faktoren zu berücksichtigen, die einer eher konzeptionellen Problematik entsprechen.

- *Konfigurationsdatenbank*: Im Zusammenhang mit der Einführung der Konfigurationsdatenbank hat sich insbesondere die richtige Dimensionierung der Datenbank als kritisches Entscheidungskriterium herausgestellt. Nur wenn die Gesamtheit der in die IT-Service-Architektur involvierten Konfigurationselemente in einer sinnvollen Granularität erfasst ist, kann die Konfigurationsdatenbank den Zweck der Bereitstellung einer wertvollen Informationsbasis erfüllen. Wird z. B. die Gesamtheit aller PCs unter einem einzigen Konfigurationselement verwaltet, so können Änderungen an einem bestimmten PC und die entsprechenden Auswirkungen weder bestimmt noch gesteuert werden. Allerdings muss die Gefahr einer überdimensionierten Datenbank berücksichtigt werden. Die Erfassung jeder „Schraube" eines PCs macht z. B. nicht viel Sinn, da bei zu detaillierter Strukturierung der Konfigurationselemente der Pflegeaufwand enorm ansteigt, dadurch die Fehlerwahrscheinlichkeit zunimmt und die Pflegekosten in einem ungünstigen Verhältnis zum Nutzen stehen.
- *Configuration-Management*: Die übertriebene Erwartungshaltung traf insbesondere für das Configuration-Management zu. Bei der Einführung des Configuration-Managements kam es zunächst darauf an, das generische Modell und die notwendigen Prozesse für die Erfassung und dauerhafte Pflege der Konfigurationsdaten zu definieren. Die KfW-spezifische Identifizierung der Konfigurationselemente und die Abbildung der Relationen in dieser Datenbank sollten anschließend im laufenden Betrieb erfolgen. Ein Jahr, nachdem die Konfigurationsdatenbank eingerichtet wurde, ist diese trotz 18.000 verwalteter Konfigurationselemente immer noch unvollständig. Insbesondere die strukturierte Abbildung der IT-Services, d.h. konkret der Relationen zwischen den Konfigurationselementen, verursacht nicht unerhebliche Aufwände. Daher sollte für die Identifizierung der Konfigurationselemente und deren Beziehungen zueinander gegebenenfalls ein eigenes Projekt aufgesetzt werden.

17.5.2 Kosten und Nutzen

Die Auswirkungen der ITIL-Initiative sind nur äußerst ungenau und daher wenig aussagekräftig ermittelbar. Auf die fiktive Errechnung eines quantitativen Nutzens wurde daher bewusst verzichtet. Es handelte sich bei der ITIL-Initiative der KfW um ein langfristiges Projekt, bei welchem aus Dringlichkeitsgründen auf eine Investitionsrechnung verzichtet wurde. Daher soll im Folgenden die Diskussion der Vor- und Nachteile der ITIL-Einführung auf einer qualitativen Basis geführt werden.

Nachteile:

Der Projektaufwand für das ITSM1-Projekt war im Vergleich zu anderen Infrastrukturprojekten relativ hoch. Dabei sind vor allem folgende Aufwandsarten zu nennen:

- Interner Personalaufwand,
- Externe Dienstleistungen (insbesondere Beratung),
- Initialisierungsaufwand für die Konfigurationsdatenbank,
- Softwarelizenzen,
- Abstimmungsaufwand.

Vorteile:

- Die IT-Systeme stellen für die KfW in betrieblicher und wirtschaftlicher Hinsicht eine erfolgskritische Ressource dar. Deswegen müssen sie mit ihren sämtlichen Komponenten so überwacht, gepflegt und gesteuert werden, dass ein durchsatzstarker, störungsfreier Betrieb dieser Systeme kontinuierlich gewährleistet ist. Das Projekt ITSM1 stellte hierzu die notwendigen Verfahren und Betriebsmittel bereit. Es schaffte damit die Voraussetzungen für die professionelle Bewältigung der künftigen Herausforderungen an den IT-Betrieb der KfW im Zuge ihrer geschäftspolitischen Expansion.
- Die Optimierung der Ablauforganisation erhöht die Effizienz der IT-Betriebsprozesse.
- Die im Rahmen dieses Projektes installierten Kontrollsysteme tragen durch die proaktive Ressourcenüberwachung zur Vermeidung von Fehlerzuständen bei.
- Durch das schnellere Erkennen von Fehlersituationen und deren toolunterstützter Bearbeitung wird die Verfügbarkeit der Systeme in den Fachbereichen erhöht.
- Durch eine schnellere Analyse fehlerhafter Komponenten und ein gezielteres Heranziehen der zuständigen Experten werden die internen Aufwände zur Beseitigung von Fehlerzuständen verringert und nicht betroffene Experten nicht unnötig eingebunden.
- Durch den ITIL-konformen Ausbau des Operations-Managements können Routineaufgaben teilweise von den Administratoren des Open-Systems-Bereichs zu den Operatoren verlagert werden.

- In diesem Projekt wurden Grundlagen für den Abschluss von Service-Level-Agreements mit den Kunden sowie für eine interne Leistungsverrechnung und Budgetierung geschaffen.
- Die Mitarbeiter des Produktionsmanagements können bei gleichem Ausbildungsstand mehr Komponenten überwachen als bisher.
- Obwohl durch die neuen Prozesse eher erhöhter Aufwand für die Mitarbeiter entsteht, wurden zusätzliche Mitarbeiterkapazitäten im Zuge der ITIL-Einführung nicht benötigt. Dies kann durch einen erhöhten Leistungsdruck erklärt werden. Lediglich eine halbe Stelle für den Change-Koordinator ist hinzugekommen.
- Die weiter stark steigende Anzahl von IT-Komponenten kann auch zukünftig zuverlässig betrieben werden, ohne dass die Anzahl der hierfür zuständigen Mitarbeiter in gleichem Maße steigt.
- Das Risiko des Ausfalls von IT-Komponenten wird reduziert und somit auch das Gesamtrisiko der Bank.
- Das Bewusstsein für Änderungen ist durch die Einführung des ITIL-konformen Change-Management-Prozesses gestiegen. Dadurch wird eine Qualitätssicherung bei der Durchführung von Änderungen gewährleistet. Die logische Folge sind weniger Ausfälle aufgrund von nicht berücksichtigten Auswirkungen der Änderungen.

18 Change-Management bei DaimlerChrysler[2]

18.1 Unternehmen

18.1.1 Überblick

DaimlerChrysler ist eines der führenden Automobilunternehmen der Welt. Zu seinen Personenwagen-Marken zählen Maybach, Mercedes-Benz, Chrysler, Jeep, Dodge und Smart. Zu seinen Nutzfahrzeug-Marken gehören Mercedes-Benz, Freightliner, Sterling, Western Star und Setra. Die DaimlerChrysler Services bieten Finanz- und andere, fahrzeugbezogene Dienstleistungen an. Mit 365.600 Mitarbeitern erzielte DaimlerChrysler im Geschäftsjahr 2002 einen Umsatz von EUR 149,6 Mrd. *Tabelle 18.1.* zeigt eine Kurzübersicht über den DaimlerChrysler Konzern.

	DaimlerChrysler AG
Gründung	1998 (Fusion Daimler-Benz und Chrysler)
Firmensitz	Stuttgart
Branche	Automobile
Homepage	http://www.daimlerchrysler.com/
Umsatz	2002: 149,6 Mrd. €
Mitarbeiter	2002: 365.600
PCs	200.000

Tabelle 18.1. Kurzportrait DaimlerChrysler AG

---

[2] Die Fallstudie wurde in Zusammenarbeit mit Stefan Lauer, Manager Business Unit Integration bei DaimlerChrysler AG erstellt.

18.1.2 Herausforderung im Wettbewerb

Die sehr begrenzten Wachstumsperspektiven der großen Automobilmärkte, kürzere Produktlebenszyklen sowie weltweit hohe Produktionskapazitäten werden den Wettbewerb und den Kostendruck in allen Marktsegmenten DaimlerChryslers weiter verschärfen. Aus diesem Grund müssen die bestehenden Einsparpotenziale, welche insbesondere im Rahmen der Fusion von Daimler-Benz und Chrysler entstanden sind, in sämtlichen Konzernbereichen konsequent ausgenutzt werden. In diesem Zusammenhang gilt es auch in der IT Synergien zu erkennen und bestehende Prozesse konzernweit zu integrieren und zu standardisieren.

Mit ca. 200.000 betriebenen PCs gehört der IT-Bereich von DaimlerChrysler zu den größten der Welt. Jede Marke brachte ihre auf die individuellen Anforderungen zugeschnittenen IT-Lösungen in den Konzern ein. Prozesse, Hardwareumgebung, Software und Rollen- bzw. Aufgabenverteilung waren sparten- oder landesspezifisch optimiert. Marken- und standortübergreifende Synergien konnten daher zu Beginn nur schwer ausgeschöpft werden.

Eine Maßnahme zur Steigerung der Effektivität und Effizienz in der IT war die Bildung von Center of Competence (CoC), die die übergreifende Integration und Standardisierung der IT-Prozesse zum Ziel hatte. Dadurch sollten Ressourcen und Kompetenzen gebündelt und Kostentransparenz bzw. Benchmarkfähigkeit geschaffen werden. Darüber hinaus war es notwendig, die IT-Servicequalität mit geeigneten Messgrößen auch auf internationaler Ebene transparent darstellen zu können. In diesem Zusammenhang wurde eine Initiative zur Umsetzung der Best-Practice-Prozesse nach ITIL in den CoCs gestartet.

Die vorliegende Fallstudie beschreibt die Ausgangssituation, Projektdurchführung und die Situation nach ITIL-Einführung im Bereich Change-Management.

18.2 Ausgangssituation

Abbildung 18.1. zeigt eine Übersicht der Ausgangssituation auf den drei Ebenen Strategie, Prozesse und Systeme.

Ausgangssituation

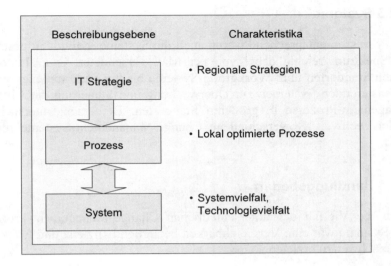

Abb. 18.1. Kurzübersicht der Ausgangssituation der DaimlerChrysler

18.2.1 Strategie

Vor der Gründung der CoC-Organisation für die IT-Service-Prozesse verfolgten die lokalen IT-Verantwortlichen eine Strategie, die an den lokalen Bedürfnissen ausgerichtet war, aber der zunehmenden Zahl von standort- und organisationsübergreifenden Systemen und den damit verbundenen Rollout- und Betriebs- bzw. Supportprozessen nicht ausreichend gerecht werden konnte.

18.2.2 Prozesse

Auch die Ausprägung der Change-Management-Prozesse war standort- oder markenbezogen. Ein wesentlicher Einflussfaktor für die Change-Management-Prozeduren war die Standortgröße. Während in kleinen Standorten informelle Genehmigungsverfahren ausreichten, waren in den größeren Standorten formalisierte Prozeduren etabliert. Entsprechend unterschiedlich gestalteten sich auch die Vorgaben für die Risikoabschätzung, Durchführungsplanung, Qualitätssicherung und „Fall-back"-Strategie, die mit der Änderungsbearbeitung verbunden sind.

18.2.3 Systeme

Den Prozessen entsprechend waren auch die Systeme individuell gestaltet. Das Spektrum reichte dabei von per Mail versendeten Excel-Listen in kleinen Standorten über Workgroup-Systeme bis hin zu komplexen workflowbasierenden Systemen zur Überwachung und Steuerung der Change-Management-Prozesse in größeren Standorten. Bei einer Untersuchung wurden weltweit 18 verschiedene Change-Management-Systeme identifiziert.

18.2.4 Handlungsbedarf

Durch die Vielfalt der unterschiedlichen Change-Management-Prozesse und -Systeme war eine Vergleichbarkeit bezüglich Effizienz und Effektivität nur schwer zu erzielen.

Der Handlungsdruck entstand jedoch durch die zunehmende Zahl von standortübergreifend genutzten Systemen und einer wachsenden, gemeinsam genutzten Basisinfrastruktur und den damit verbundenen potenziell standortübergreifenden Auswirkungen von Änderungen.

Die lokalen Prozesse waren nicht geeignet, Änderungen mit übergreifenden Auswirkungen effizient zu planen, zu kommunizieren, zu steuern und deren Umsetzung zu überwachen. Kam es zu einer Störung, war diese nur schwierig auf eine Änderung aus einem anderen Standort zurückzuführen.

So führte u. a. die Standardisierung der Mailing- und Workgroup-Plattform mit einem zentralisierten Betrieb zu einem gesteigerten Kommunikations- und Abstimmungsbedarf bei Änderungen, da z. B. von einem Wechsel des Mail-Templates ca. 200.000 Mitarbeiter des Konzerns betroffen sein konnten.18.3 Projekt

18.3 Projekt

18.3.1 Ziele

Ziel des Projektes war es, einen konzernweit einheitlichen Change-Management-Prozess nach dem Best-Practice-Ansatz ITIL zu implementieren und somit statt mehrerer lokaler Optima ein globales Optimum zu erreichen. Dabei sollten auch standortübergreifenden Auswirkungen und Risiken von Änderungen Rechnung getragen und entsprechende Benachrichtigungsprozesse sowie Genehmigungsverfahren Rechnung getragen werden. Ein weiteres Ziel war es, Synergien, die bei dem zeitlichen Zusammenfall von mehreren Änderungen erreicht werden können, auszuschöpfen. Zum Beispiel ist es möglich, die kumulierte „Downtime" bei Umsetzungen von Änderungen zu verringern, wenn mehrere Änderungen zeitlich zusammengelegt werden. Zudem hilft es, parallel geplante Änderungen zu sequenzialisieren, wenn dies zur Minimierung des Risikos notwendig ist. Hierzu ist die standort- und organisationsübergreifende Transparenz aller Änderungen notwendig.

Zugleich sollten mit der Initiative Ressourcen und Kompetenzen gebündelt und messbare Qualität geschaffen werden. Mit der Standardisierung des Change-Managements war darüber hinaus geplant, Benchmarks zu erleichtern und eine Basis für die Bestimmung von Effizienz und Effektivität zu legen.

18.3.2 Durchführung

Das CoC-Change-Management wurde parallel zu anderen CoCs gegründet, die mit der Standardisierung und Umsetzung der ITIL-Kernbereiche (z. B. Service-Level-Management) betraut sind.

Neben dem CoC-Leiter wurde zu Beginn nur ein Mitarbeiter in Vollzeit eingesetzt, später zwei weitere, um gemeinsam über das Einführungsprojekt hinaus zusammen mit den lokal benannten Change-Managern den kontinuierlichen Verbesserungsprozess sicherzustellen. Diese werden durch eine Reihe interner und externer Mitarbeiter unterstützt, die den Betrieb des Change-Management-Tools, die Administration und den User-Support über verschiedene Zeitzonen hinweg in verschiedenen Sprachen leisten. *Abbildung 18.2.* zeigt eine Übersicht der einzelnen Projektphasen.

In einem ersten Schritt wurde in Abstimmung mit den anderen CoCs der Soll-Prozess auf Basis von ITIL entworfen. Beteiligten Mitarbeitern, die mit ITIL bis dahin noch nicht vertraut waren, wurde eine ITIL-Grundlagenschulung angeboten, mit der Möglichkeit, auch eine Prüfung abzulegen. Neben den ITIL-Prinzipien wurden zur Erstellung des Soll-Prozesses interne Benchmarks durchgeführt und in Arbeitsgruppen die Best-Practice-Prozesse der verschiedenen Standorte identifiziert.

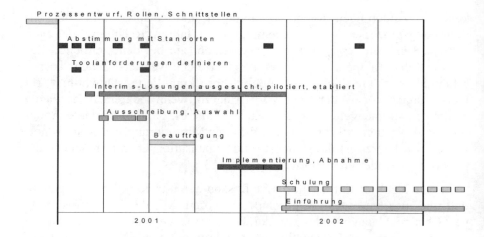

Abb. 18.2. Projekt-Roadmap: Einführung Change-Management

Daher wurden in der Planungsphase kurze Intervalle zur Abstimmung gewählt. Parallel zur Detaillierung des Prozesses wurden die Toolanforderungen (Lastfälle, Performance-Kennzahlen, Mehrsprachigkeit, Zeitzonenunterstützung etc.) definiert und eine organisationsübergreifend eingesetzte Interimslösung ausgesucht und pilotiert. Die Piloterfahrungen mit der Interimslösung flossen in die Ausschreibung für die neue Change-Management-Lösung ein. Dazu zählte u. a. die Forderung nach der Möglichkeit, den Prozess einfach modifizieren zu können, ohne dass dazu ein Programmierer eingreifen muss.

Nach dem Ausschreibungsprozess und der Auswahl anhand des zuvor aufgestellten Bewertungskatalogs erfolgte die Beauftragung, Implementierung und die stufenweise Abnahme der neuen Change-Management-Lösung. Die Einführung in den einzelnen Standorten erfolgte sequenziell, nachdem die Unterstützung des lokalen IT-Managements sichergestellt und die jeweiligen Rollen im Change-Management-Prozess zugeordnet waren, immer begleitet durch eine zielgruppenorientierte, rollenspezifische Schulungsmaßnahme und den aus dem wachsenden Erfahrungsschatz resultierenden Feinoptimierungen bezüglich Prozess und Tool.

18.4 Neue Lösung

Abbildung 18.3. zeigt eine Übersicht der neuen Change-Management-Lösung von DaimlerChrysler auf den drei Ebenen Strategie, Prozesse und Systeme.

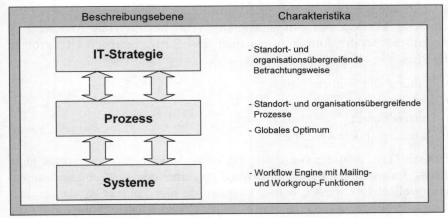

Abb. 18.3. Kurzübersicht der neuen Lösung bei DaimlerChrysler

18.4.1 Strategie

Die Gestaltung des serviceorientierten IT-Managements erfolgte unter dem Gesichtspunkt der effizienten und effektiven Unterstützung globaler Geschäftsprozesse. Bei der Definition der Managementprozesse wurden neben dem Best-Practice-Framework ITIL auch die Kontrollziele gemäß CobiT (*s. Kap. 2.2*) und BS 15000 (*s. Kap. 2.3*) berücksichtigt. Mit Hilfe des Service-Level-Managements und anderen Einrichtungen für das Berichtswesen (u. a. Balanced-Scorecard) sowie im Rahmen von internen und externen Prüfungen wurde und wird die Qualität der Change-Management-Prozeduren regelmäßig überprüft und gegebenenfalls werden verbessernde Maßnahmen initiiert.

18.4.2 Prozesse

Der implementierte Change-Management-Prozess ist bis auf wenige Abweichungen ITIL-konform gestaltet, wobei der Fokus auf Änderungen in der Betriebsumgebung liegt. Neben dem Problem-Management, als typischer Auslöser für Änderungen in der Betriebsumgebung, wurden u. a. auch IT-Beschaffungsaufträge und die damit verbundene Lieferung neuer Hardware oder Software berücksichtigt. Zudem werden Änderungen bezüglich Entwicklungsaufträgen und daraus resultierenden neuen Software-Releases, Monitoring-Events, Wartungsarbeiten, Umzüge und Umbaumaßnahmen, Systemoptimierung und Änderungen in der IT-Strategie bzw. Produktstrategie unter der Kontrolle des Change-Managements gehandhabt. Für jede aus den genannten Events resultierende Änderung ist ein entsprechender Antrag zu erstellen. Der Prozess gliedert sich grob in die Phasen

- Planung und Vorbereitung,
- Genehmigung,
- Umsetzung und Verifikation sowie
- Validierung und Abschluss.

Nach ITIL steht die Genehmigung von Änderungen vor der Planungsphase, um unnötigen Planungsaufwand zu vermeiden, falls ein Änderungsantrag abgelehnt werden sollte. Dies wurde hier umgestellt, da die Planungsergebnisse, wie die Risikoabschätzung und Kostenschätzung, für die Entscheidungsfindung bei komplexen Änderungen Voraussetzung sind. Um unnötigen Planungsaufwand für umfangreiche Änderungen zu vermeiden, besteht die Möglichkeit, zunächst auf Basis einer Grobplanung eine generelle Freigabe zu erlangen, bevor Einzelmaßnahmen nach einer Feinplanung gesondert bewertet und freigegeben werden.

In der Planungs- und Vorbereitungsphase erfolgen Risikobewertung, Priorisierung, Kategorisierung, Rollenzuweisung, Umsetzungsplanung, Back-out-Planung, Kostenabschätzung, Vorbereitung und Test. Die Rollenzuweisung erfolgt anhand von im System hinterlegten Regeln, die von Faktoren wie betroffene Systeme, betroffene Organisationseinheiten, Lokation, Risikoklasse, Priorität u. Ä. abhängig sind. Diese Regeln bestimmen u. a., wer informiert wird und wer zu für die Änderungsgenehmigung zuständig ist.

In der Genehmigungsphase erfolgen Kommunikation, Bearbeitung von Einwänden und Abstimmung. Nötigenfalls wird auch eine Konsolidierung oder Sequenzialisierung von Änderungen bzw. Terminen herbeigeführt. Schließlich wird die Entscheidung über Genehmigung oder Ablehnung getroffen bzw. eine Eskalation ausgelöst. Genehmigungsgremien, mit Präsenz der entsprechenden Mitarbeiter wie sie ITIL vorsieht, existieren an den Standorten mit zentralen Rechenzentren. Mitarbeiter anderer Standorte werden über das Change-Management-System u. a. mit „Team-Room"-

Funktionalitäten nach Bedarf in das Genehmigungsgremium eingebunden bzw. nutzen die Funktionen zur Planung, Abstimmung und Dokumentation lokaler Gremiumssitzungen.

In der Implementierungsphase erfolgt die Umsetzung gemäß der Planung und die Verifikation anhand der in der Planungsphase ausgearbeiteten bzw. ausgewählten Checklisten. Sollte die Änderung nicht erfolgreich umsetzbar sein, so ist die geplante bzw. ausgewählte „Fallback"-Prozedur („Back-out"-Plan) anzuwenden, um wieder in einen konsistenten Ausgangszustand zurückzugelangen. Die Änderung kann nach einem erfolgreichem „Back-out" abgebrochen oder nach entsprechender Ursachenanalyse und Maßnahmenplanung mit neuem Termin noch mal zur Genehmigung vorgelegt werden.

In der abschließenden Validierung durch den Auftraggeber der Änderung wird geprüft, ob die erfolgreiche technische Umsetzung der Implementierungsphase auch den ursprünglich erhofften Nutzen bringt. Zudem wird die Konsistenz und Vollständigkeit der Dokumentation geprüft. In einer abschließenden Prüfung werden Planungs-, Vorbereitungs- und Durchführungsqualität bewertet und gegebenenfalls Optimierungsmaßnahmen eingeleitet.

18.4.3 System

Bei der Systemunterstützung der Change-Management-Prozesse wurde eine Workflow-Lösung mit Web-Frontend gewählt. *Abbildung 18.4.* zeigt einen Screenshot der implementierten Lösung CHAMPS (Change-Management-Process-Support).

Bei der Toolauswahl wurde besonders Wert auf eine intuitive Benutzerführung und das Antwortzeitverhalten gelegt, da diese wesentliche Faktoren für die Akzeptanz bei den Anwendern sind. Neben der Funktionalität waren Kosten sowie Flexibilität, Wartbarkeit, Administrationsaufwand und Betriebsaufwand Kriterien für die Wahl des Systems.

Der Anwender kann Änderungsanträge über einen Link in einer vom System generierten Benachrichtigungs-Mail öffnen oder im System aus verschiedenen Übersichten auswählen. Die Ansichten sind anwenderbezogen und können mit persönlichen Filtern und Sortierfunktionen versehen werden, die im persönlichen Profil gespeichert werden.

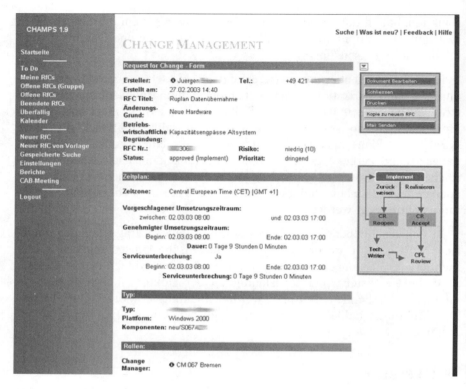

Abb. 18.4. Change-Management-Plattform bei DaimlerChrysler

Neue Änderungsanträge werden am schnellsten aus Gruppenvorlagen bzw. selbst erstellten Vorlagen generiert oder aus bestehenden Änderungsanträgen kopiert.

In den Kalenderansichten werden neben den Änderungsanträgen auch wichtige Ereignisse wie z. B. die Aktionärsversammlung (bei denen die Verfügbarkeit bestimmter Finanz- und Kommunikationssysteme besonders kritisch ist), Wartungsfenster oder „Freeze periods" (Zeiträume, in denen in bestimmten Umgebungen keine Änderungen stattfinden dürfen – z. B. Finanzsysteme beim Jahresabschluss) wahlweise eingeblendet.

Das Change-Management-System generiert zur Unterstützung der Prozessprüfung automatisch entsprechende Berichte. Dabei steht eine Reihe von Kennzahlen zur Auswahl. Beispiele hierfür sind die Gesamtzahl der Änderungsaktivitäten, Änderungsaktivitäten pro Plattform, pro Applikation bzw. pro Team, Anteil der „Emergency Changes" und der Anteil der fehlgeschlagenen Änderungsanträge. Trenddiagramme können dann über

Neue Lösung

den gewählten Zeitraum dargestellt werden und helfen bei der Identifizierung von Schwachstellen.

Als nützlich hat sich die Möglichkeit erwiesen, Änderungsanträge verketten zu können bzw. in Beziehung zu setzen, um Abhängigkeiten und Zusammenhänge besser überblicken und im Genehmigungsverfahren berücksichtigen zu können.

Zur Unterstützung der Durchführungsplanung und einer gesteigerten Prozesssicherheit werden Prozesse, Arbeitsanweisungen und Checklisten in einer Datenbank für die Betriebsumgebung bereitgestellt. Dadurch kann jederzeit auf das aktuellste Dokument zugegriffen werden.

Neben dem Gesamtstatus der Änderung (z. B. „Freigegeben", „Durchgeführt" etc.) wird auch der jeweilige individuelle Status einer Gruppe bzw. Rolle im Prozess überwacht und angezeigt, da bei komplexen Änderungen einzelne Prozessschritte parallel in verschiedenen Gruppen (z. B. je Kontinent) abgearbeitet werden müssen. Daran angeschlossen ist ein automatisiertes, regelbasiertes Erinnerungs- und Eskalationssystem, das bei (drohender) Terminüberschreitung entsprechende Nachrichten versendet. Gruppenmitglieder können mit ihren Kontaktinformationen einzeln neben ihren Tätigkeits- und Zuständigkeitsbereichen aufgelistet werden. Zudem ist es möglich, bestimmte Informationen in einem Änderungsantrag zu klassifizieren (z. B. Firewall-Regelungen an den Vorstandssystemen) und somit nur einem ausgewählten Personenkreis zugänglich zu machen.

Das kontextsensitive Hilfesystem zeigt grafisch an, wo man sich gerade im Prozess befindet und welches die zulässigen nächsten Prozessschritte sind. Außerdem bietet das System die Hilfe in der vom User gewählten Landessprache an, angefangen vom einfachen „Balloon Tip" über statusabhängige Formularhilfen bis zum gesamten Anwender-, Betriebs- und Administrationshandbuch.

18.4.4 Geplante Weiterentwicklungen

Eine der größten Herausforderungen stellt die Schnittstelle zum Configuration-Management dar, da es bisher kein konzernübergreifendes Configuration-Management-System gibt. Bisherige Schnittstellen zu typischen Asset-Management-Datenbanken (z. B. die Datenbank für das Netzwerkmanagement oder die Datenbank zur Verwaltung von Servern, Systemen und Endgeräten) sind für eine durchgängige Risikoabschätzung nicht ausreichend, da eine übergreifende Darstellung aller möglichen Abhängigkeiten nicht möglich ist. Die bisherige Risikoklassifizierung ist eine grobe Klassifizierung, aber noch keine Bewertung bis hin zur Berücksichtigung möglicher Auswirkungen auf Geschäftsprozesse (Entwicklung, Produktion, Vertrieb etc.) und deren potenzieller Folgen für materielle und immaterielle (z. B. Image-) Schäden für das Unternehmen.

Für eine automatisierte Risikoanalyse sind sämtliche relevanten Zusammenhänge der Konfigurationselemente in der Konfigurations-datenbank zu hinterlegen. Bei einer IT-Infrastruktur von der Größenordnung Daimler-Chryslers stellen die Erfassungs- und Pflegeprozesse mit der notwendigen Qualitätssicherung einen erheblichen Aufwand dar, deren Sinnhaftigkeit anhand von Kosten-Nutzen-Analysen genau geprüft werden muss.

Auch die Schnittstelle zum Incident-Management bedarf weiterer Optimierungen. Für den First-Level-Support wird das Action Request System (ARS) von Remedy eingesetzt. Da hierbei eine zur Change-Management-Lösung sehr andersartige Plattform verwendet wird, wurde bisher nur eine rudimentäre Schnittstelle auf XML-Basis erstellt, die es in weiteren Schritten auszubauen gilt.

Einer weiteren Optimierung bedürfen auch die Administrationsfunktionen des Change-Management-Systems. Mit der wachsenden Zahl von Standorten über Zeitzonen hinweg ist eine schnelle, mehrsprachige, zentrale Administration der Regeln zur Generierung von Benachrichtigungen, Zugriffsrechten, Rollen u.ä. nicht kostengünstig zu leisten. Um eine dezentrale Administration ausgewählter Einstellungen zu ermöglichen, ohne die Systemintegrität zu gefährden, muss das Berechtigungskonzept für die Administrationsaufgaben granularer gestaltet werden, ohne zusätzlich viel Aufwand in die Pflege der Administrationsrechte investieren zu müssen.

18.5 Erkenntnisse

Der Erfolg der neuen Change-Management-Lösung hing zu Beginn entscheidend von der Anzahl der im System eingestellten Änderungen ab. Erst als z. B. die Netzwerkadministratoren rechtzeitig und ohne selbst aktiv werden zu müssen im Change-Management-System sehen konnten, dass z. B. ein neuer Server in Betrieb genommen wird und somit ein geeigneter Zeitpunkt für den Austausch eines Routers vorliegen würde, begann Change-Management zum „Selbstläufer" zu werden. Der konkrete Nutzen des Change-Managements wurde transparent, als z. B. Störungen innerhalb kurzer Zeit auf eine aktivierte Regeländerung an der Firewall zurückzuführen waren, ohne dass eine zeitaufwändige Problemanalyse notwendig war.

Zu Beginn wurde das neue Change-Management-System in einigen Standorten nicht akzeptiert und kaum genutzt. Es wurde lokal mit bestehenden Lösungen kommuniziert und so der Mehrwert der zentralen, globalen Kommunikationsplattform für die Beteiligten nicht ausreichend transparent und erlebbar. Es bestand die Gefahr, dass das Change-Management nur als zusätzlicher Verwaltungsaufwand gesehen wurde, speziell von jenen, die mit dem Dokumentationsaufwand, der für einen Änderungsantrag anfällt, konfrontiert waren. Häufig war die neu geschaffene Transparenz durch das Change-Management-System auch nicht gewünscht.

In einem zweiten Schritt galt es, die Qualität der Änderungsanträge zu steigern (weniger Emergency-Changes durch rechzeitige Planung, zeitnahe Prüfung der Durchführung, saubere Verlinkung zu anderen Änderungen, Konfigurationsdaten und Problemmeldungen etc.).

Leider kann eine der wichtigsten Kenngrößen kaum automatisiert erfasst werden. Die Anzahl der nicht im Change-Management-System dokumentierten Änderungen im Verhältnis zu den dokumentierten Änderungen würde Aufschluss über die Akzeptanz gegenüber der neuen Lösung geben. Hier konnten und können nur Prüfungen, Stichproben oder persönliche Kontakte helfen. Unangemeldete, undokumentierte Änderungen werden häufig nur erfasst, wenn es zu einer Störung kommt.

Daher hatte es sich bewährt, einen Blick in das Change-Management-System mit den geplanten und den abgeschlossenen Änderungen fest in die Regelkommunikationsrunden der IT-Betriebsgremien zu etablieren. Dort werden dann auch gegebenenfalls die Auswirkungen von nicht dokumentierten Änderungen besprochen und entsprechende Maßnahmen ergriffen, um eine Wiederholung auszuschließen.

18.5.1 Kritische Erfolgsfaktoren

Speziell bei der Systemeinführung, aber auch nach der Einführung, war die Unterstützung des Managements unabdingbar und der entscheidende Schlüssel zum Erfolg. Bei der Bearbeitung einer Änderung waren Informationsbereitsteller häufig nicht Nutznießer dieser Informationen. Aufwand und Nutzen waren zu Beginn ungleich verteilt. Akzeptanzprobleme waren die Folge. Mittlerweile ist das System so weit etabliert, dass die Mehrzahl derer, die Informationen zu Verfügung stellen, auch für sich nutzenbringende Informationen von anderen Anwendern aus dem Change-Management-System erhalten. Hilfreich sind auch die Vereinbarungen von Service-Level-Agreements, in welchen u. a. Regelungen bezüglich der Anforderungs- und Bearbeitungsdokumentation für Änderungen verankert sind. Das Aufzeigen der Folgekosten von ausgewählten Störungen, die auf eine schlecht (oder gar nicht) kommunizierte Änderung zurückzuführen waren, trug deutlich zur Steigerung der Unterstützung durch das Management bei.

Es war wichtig, die Ziele im Vorfeld der Change-Management-Initiative realistisch zu definieren, entsprechend zu kommunizieren, den Zielerreichungsgrad zu messen und häufig zu überprüfen. Leider wurden die mit dem Change-Management in Zusammenhang stehenden Kennzahlen zur Häufigkeit von Störungen, Systemausfällen, Performanceeinbrüchen, SLA-Verletzungen etc. erst sukzessive mit dem Projektfortschritt erfasst, so dass der Nutzen der Change-Management-Einführung nicht lückenlos dargestellt werden konnte. Solche Korrelationskurven wären nicht nur zur Begründung der Projektkosten, sondern auch der laufenden Betriebskosten hilfreich.

Der Aufwand für die Qualitätssicherung der Änderungsanträge wurde von Anfang an einkalkuliert. Damit Änderungsanforderungen stets so formuliert sind, dass auch Mitarbeiter anderer IT-Bereiche oder anderer Standorte ohne große Probleme beurteilen können, inwiefern sie von der Änderung betroffen sind, wurde nicht nur der Prüfungsprozess, sondern auch eine Supportorganisation zur Unterstützung und Qualitätssicherung des Change-Managements eingerichtet. Dabei stellte sich vor der Systemeinführung (für jeden Standort) die Frage, für welche Änderungen ein entsprechender Antrag im System erstellt werden sollte. Nach dem Ausschlussprinzip wurde es möglich, auf einer Negativliste die Infrastrukturänderungen zu vermerken, für die auf die Erstellung eines Antrags im System verzichtet werden kann. Dabei handelte es sich z. B. um einen standardisierten, häufig wiederkehrenden Ablauf mit minimalem Risiko, der in einem anderen System ausreichend dokumentiert wird (z. B. Bestellung und Installation einer freigegebenen Software für einen einzelnen PC).

Durch Kennzahlenberichte und Trendgrafiken im direkten Kontext mit Berichten über Störungen und Verletzungen von SLAs wird die nie völlig zu unterbindende Umgehung des Change-Management-Prozesses meist transparent. Dadurch wurde nicht nur beim Management, sondern auch bei den Mitarbeitern die Aufmerksamkeit auf das Thema Change-Management gebracht, wodurch in einigen Bereichen sogar Wettbewerbssituationen bezüglich der Nutzung des Change-Management-Systems hervorgerufen wurden.

Ein weiterer nicht zu unterschätzender Erfolgsfaktor war, wie bereits erwähnt, die intuitive, einfache Bedienung und die schnellen Reaktionszeiten des Systems. Daher wird die Systemperformanz nicht nur über das Monitoring an den Servern sondern auch in einem End-to-End-Monitoring (über eine simulierte Benutzerinteraktion) aus allen Standorten erfasst. Dabei wird auch die Performanz lokaler Komponenten und der interkontinentalen Verbindungen berücksichtigt. Verbesserungsmöglichkeiten der intuitiven und schnellen Bedienung werden aus regelmäßig stattfinden Anwenderzirkeln und der Auswertung der Problemmeldungen gewonnen.

Bei den Rollenzuweisungen, die regelmäßig überprüft und gegebenenfalls aktualisiert werden müssen, wurde auf entsprechende Kompetenzen geachtet. Je nach Art der Änderung steht die hierarchische Position oder das notwendige technische Know-how im Vordergrund. In jedem Fall sind Verfügbarkeit und Reaktionszeit der Person und deren Vertretung entscheidend, um eine schnelle Entscheidungsfindung und Abwicklung gewährleisten zu können.

Da es sich bei dem Change-Management-Projekt um eine globale Initiative handelte, mussten die kulturellen Unterschiede über sprachliche Barrieren hinweg berücksichtigt werden. Bei der Auswahl des Projektteams wurde daher neben der fachlichen Kompetenz auf Sprachkenntnisse, „Soft-Skills" und interkulturelle Erfahrungen geachtet.

18.5.2 Kosten und Nutzen

Auf die Erstellung einer umfassenden, länderübergreifenden Kosten-Nutzen-Analyse für das Change-Management-System unter Berücksichtigung aller direkten und indirekten Kosten wurde bewusst verzichtet, da relevante Informationen nicht, oder nur mit unangemessen hohem Aufwand, beschafft werden konnten. Kosten-Nutzen-Analysen wurden nur für ausgewählte, überschaubare Szenarien durchgeführt, für die der potenzielle Schaden durch ein schlechtes Change-Management seriös abzuschätzen oder wenn es bereits zu größeren Störungen gekommen war. Ein standortspezifischer Vorher-Nachher-Vergleich wurde nicht durchgeführt, da ein globales Optimum angestrebt wurde und dieses unter Umständen mit lokalen Verschlechterungen einhergeht. Außerdem wurde parallel zur Einführung der neuen Change-Management-Lösung eine Vielzahl weiterer Initiativen durchgeführt, so dass der „Netto"-Nutzen der Change-Management-Initiative quantitativ schwer nachweisbar ist. Aus diesem Grund werden im Folgenden die Vor- und Nachteile der Change-Management-Initiative auf einer qualitativen Ebene dargestellt.

Projektkosten:

- Projektplanung und Koordinationsaufwendungen (Zeit-, Ressourcen-, Risiko-, Projekt- und Qualitätsmanagement sowie Kommunikation),
- Aufwand der Standorte für die Abstimmung mit dem Projekt und für die Unterstützungsleistungen,
- Erstellen der Ausschreibung und des Bewertungskatalogs,
- Ausschreibungsdurchführung und Abwicklung,
- Systementwicklung/Customizing,
- Durchführen von funktionalen Tests, Lasttests, Systemtests und Abnahme,
- Kosten für Lastgeneratoren und Tools für Performanztests,
- Erstellen/Dokumentieren von Fehlerlisten und neuen Anforderungen,
- Überwachung der Fehlerbeseitigung/Umsetzung/Abnahme,
- Erstellung und Qualitätssicherung der Systemdokumentation, der Betriebsanweisungen, und des Administrationshandbuchs,
- Reisekosten/Spesen,
- Schulung (Planung/Koordination, Schulungsunterlagen erstellen und vervielfältigen, Trainer, Räumlichkeiten mit Systemzugang, Trainerausbildung, Schulungsteilnehmer etc.),
- Übersetzen der Dokumentation, Systemmeldungen, Online-Hilfe etc.,
- Kosten für Projektmarketing (Flyer, Veröffentlichungen, Intranetseiten etc.).

Laufende Aufwendungen/Kosten:

- Abschreibung/Leasing-Gebühren für Hardware, Backup/Recovery und Archivierung (Betrieb (7x24) der Server und anderer Infrastrukturkomponenten des Change-Management-Systems),
- Mehrsprachige Anwenderunterstützung (Hotline),
- Administration der Gruppen, Regeln, Stammdaten, Zugriffsrechte etc.,
- Qualitätssicherung und Beratung (u. a. Durchführen von Prüfungen und Gesprächen),
- Laufende Anpassung und Optimierung der Berichterstattung, des Prozesses, der Dokumentation und der Hilfefunktionalitäten,
- Schulungen für neue Mitarbeiter sowie Wiederholungsschulungen,

- „Awareness"-Programm, um die Bedeutung des Change-Managements nicht in Vergessenheit geraten zu lassen,
- Aufwand in den Standorten für das Ausfüllen von Änderungsanträgen,
- Standort- und organisationsübergreifende Abstimmung,
- Eskalation und andere prozessbezogene Aufgaben.

Vorteile:

- Durch die mit dem standardisierten Änderungsbearbeitungsprozess einhergehende Qualitätssicherung und Risikominimierung kann der Einfluss von Infrastrukturänderungen auf die Servicequalität und damit eventuell verbundener direkter oder indirekter betriebs-wirtschaftlicher Auswirkungen verringert werden.
- Klare Regelungen für Zuständigkeiten, die im System hinterlegt sind, beschleunigen die Suche nach Ansprechpartnern in anderen Standorten und Organisationen.
- Klar definierte Eskalationsverfahren ermöglichen auch über Zeitzonen hinweg eine schnelle Entscheidungsfindung.
- Standort- und organisationsübergreifende Infrastrukturänderungen können effizienter abgestimmt werden und entsprechende Benachrichtigungsprozesse sowie Genehmigungsverfahren gesamthaft berücksichtigt werden.
- Änderungen sind meist früher publik und es besteht für alle (nicht nur für Prozessbeteiligte) ausreichend Zeit zu prüfen, ob Risiken ausreichend betrachtet und richtig eingeschätzt wurden.
- Parallel laufende Änderungen können leicht überblickt und dadurch eventuelle Abhängigkeiten und Konflikte ohne großen Aufwand auch standort- und organisationsübergreifend erkannt werden.
- Auch bei komplexen Änderungen ist der Status der Einzelaktivitäten jederzeit für alle transparent.
- Der Zusammenhang zwischen einer Störung und einer Änderung kann deutlich schneller hergestellt werden.
- Synergien, die bei dem zeitlichen Zusammenlegen von mehreren Änderungen erreicht werden, können ausgeschöpft werden und umgekehrt Risiken durch das Sequenzialisieren von ursprünglich parallel geplanten Änderungen reduziert werden.
- Die Belastung, die durch die Änderungsbearbeitung für verschiedene Serviceeinheiten entsteht, ist jederzeit nachvollziehbar.
- Soll- und Ist-Kosten von Änderungen können verglichen werden.

- Besonders änderungsintensive Systeme können leicht erkannt und die Service-Level-Agreements auf Konformität mit der Änderungshäufigkeit geprüft werden.
- Durch vergleichbare Abläufe können interne Benchmarks durchgeführt werden.
- Kontinuierlich helfen standardisierte Kennzahlen bei der Messung der Qualität und tragen somit zur Steigerung der Transparenz bei.
- Ein standardisiertes und länderübergreifendes Berichterstattungswesen kann umgesetzt werden und durch gezielte Verbesserungsmaßnahmen die Effizienz und Effektivität der IT-Services gesteigert werden.
- Durch die Planungs- und Vorbereitungsphase zu Beginn der Änderungsbearbeitung wird die Zahl der später im Prozess zurückgenommenen bzw. fehlgeschlagenen Änderungen reduziert.
- Durch eine vollständige Dokumentation können aus fehlgeschlagenen Änderungen leichter die notwendigen Optimierungen abgeleitet werden.

19 Fallstudie: ITIL-konformes Service-Desk bei T-Mobile Deutschland[3]

19.1 Das Unternehmen T-Mobile Deutschland

19.1.1 Überblick

1993 als wirtschaftlich selbstständige Gesellschaft gegründet, ist die T-Mobile Deutschland GmbH (im Folgenden kurz T-Mobile D genannt) Betreiber eines Mobilfunknetzes in Deutschland. Mit derzeit knapp 26,3 Millionen Kunden (Stand: Dezember 2003) ist die hundertprozentige Tochter der T-Mobile International AG der größte deutsche Anbieter im Bereich Mobilfunk und erzielte mehr als 4 Milliarden Euro Umsatz im ersten Halbjahr 2003. T-Mobile D Kunden sind in über 125 Ländern mit mehr als 250 Partnern erreichbar. Rund 9.000 Mitarbeiter an zwölf zentralen Standorten, zehn Niederlassungen sowie 42 Servicebüros tragen dazu bei, dass T-Mobile D seiner Rolle als Marktführer gerecht wird. Neben dem Betreiben eines Mobilfunknetzes sind die Weiterentwicklung der technischen Plattformen, GPRS (General Packet Radio Service, Mobilfunktechnik mit paketvermittelter Datenübertragung mit bis zu 40 Kbit/s), UMTS (Universal Mobile Telecommunications System, Mobilfunktechnik mit paketvermittelter Datenübertragung mit bis zu 384 Kbit/s) und die Entwicklung neuer Mobile-Multimedia-Dienste und -Produkte für den Privat- und Geschäftkundenbereich wesentliche Aufgaben von T-Mobile D; z. B. WAP (Wireless Application Protocol), MMS (Multimedia Messaging Service), t-zones, T-Mobile VPN (Virtual Privat Network), Mobile Data Services, HotSpot).

Im Bereich IT entwickeln, testen und betreuen 1.000 Mitarbeiter (T-Mobile intern und externe Lieferanten) die IT-Systeme/Applikationen für Customer-Care, Rating & Billing, Business-Intelligence, Network-Management-Support, Network-Planning etc. der T-Mobile D. *Tabelle 19.1.* zeigt übersichtsartig die Eckdaten der T-Mobile D.

---

[3] Die Fallstudie wurde in Zusammenarbeit mit Dr. Yvonne Wetzel, Projektmanagement bei T-Mobile Deutschland GmbH erstellt.

T-Mobile Deutschland GmbH	
Gründung	1993
Firmensitz	Bonn
Branche	Mobilkommunikation
Kunden	ca. 26,3 Millionen (Stand: Dezember 2003)
Umsatz	1. Halbjahr 2003: über 4 Mrd. €
Mitarbeiter	2003: über 9.000
Homepage	www.t-mobile.de

Tabelle 19.1. Kurzportrait T-Mobile Deutschland GmbH

19.1.2 Herausforderung im Wettbewerb

Der Mobilfunkmarkt nähert sich der Sättigungsgrenze und wandelt sich vom Wachstums- zum Bestandsgeschäft. Wachsender Wettbewerbsdruck und sinkende Margen im Mobilkommunikationsmarkt erfordern neue Strategien und exzellenten Kundenservice. Für die IT bedeutet dies die Bereitstellung von qualitativ hochwertigen IT-Dienstleistungen zu angemessenen Kosten (Kosten-Nutzen-Verhältnis). Voraussetzung hierfür sind stabile und performante IT-Systeme und Prozesse, welche die Unternehmensprozesse optimal unterstützen.

Historisch betrachtet ist die IT stark an den einzelnen IT-Systemen ausgerichtet und eine systemübergreifende Betrachtung der Prozesse von Lieferanten bis zum Kunden ist zum Teil nicht ausreichend erfolgt. Als Folge treten trotz korrekter Ausführung der Aufgaben innerhalb der einzelnen, systemorientierten Bereiche Defizite im Gesamtprozess auf.

Zur Behebung dieser Defizite und Sicherstellung der erforderlichen IT-Qualität muss ein Wandel von der Systemorientierung hin zur Prozess- und Serviceorientierung erfolgen. In der IT wurde die Entscheidung für den weltweit anerkannten De-facto-Standard ITIL getroffen.

Der Betrieb von IT-Systemen ist bei der T-Mobile D als wesentlicher Bestandteil der Erbringung von IT-Dienstleistungen an die Konzernschwester T-Systems ausgelagert. Im Rahmen der neu ausgehandelten Verträge zwischen den beiden Unternehmen wurde auch T-Systems verpflichtet, sich nach ITIL auszurichten. Die Ausrichtung nach ITIL erfolgt so in gemeinschaftlicher Zusammenarbeit der beiden Firmen.

Die vorliegende Fallstudie beschreibt Ausgangssituation, Projektdurchführung und die Situation nach ITIL-Einführung im Bereich des T-Mobile-D-internen Service-Desks aus Sicht des Leistungsbeziehers T-Mobile D.

19.2 Ausgangssituation der T-Mobile Deutschland

Abbildung 19.1. zeigt die Ausgangssituation der T-Mobile D übersichtsartig auf den drei Ebenen Strategie, Prozesse und Systeme vor Durchführung des Transitionsprojektes.

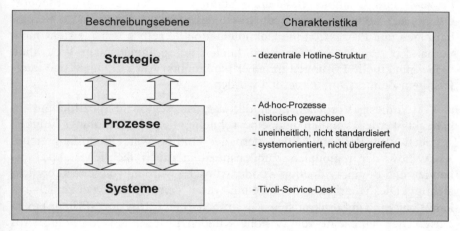

Abb. 19.1. Ausgangssituation der T-Mobile D im Bereich Service-Desk

19.2.1 Strategie

Jeder Standort der T-Mobile D hat eine dezentrale, regionale Hotline mit eigener Telefonnummer. Die Mitarbeiter der Hotline stammen von T-Systems und bilden gleichzeitig den regionalen Vor-Ort-Support (VOS). Sie nehmen somit Aufgaben des First- und Second-Level-Support wahr. In der Summe werden zwischen 10.000 bis 15.000 Kunden betreut, wobei im Wesentlichen Störungen im Umfeld der Bürokommunikation (Hardwaredefekte, Anwendungsprobleme mit Standardsoftware, z. B. MS Office) gelöst werden. Störungen im Server- oder Applikationsbereich werden durch die betreibenden Bereiche der T-Systems (als Second-Level-Support) gelöst.

Kunden der Hotline sind Mitarbeiter der T-Mobile Deutschland, Mitarbeiter der T-Mobile International mit Standort in Deutschland sowie durch T-Mobile D beauftragte externe Dienstleister, z. B. Call-Center zur Unterstützung der T-Mobile-D-Endkunden.

19.2.2 Prozesse

Die Struktur der regionalen Hotlines war historisch gewachsen und die Prozesse wurden weitestgehend nach dem „Best can do"-Prinzip abgewickelt. Das heißt, jeder Mitarbeiter erledigt die Aufgaben gemäß seinem Prozess- und Qualitätsverständnis. Somit existierten an jedem Standort eigene, auf die besonderen Bedürfnisse des Standortes angepasste Vereinbarungen und Prozesse. Eine Dokumentation derselben war meistens nicht vorhanden. Prozessoptimierungen fanden auf pragmatischen Weg statt, wobei punktuelle Lösungen mit eher punktuellen Auswirkungen und kurzfristigem Zeithorizont umgesetzt wurden.

Vorteil dieser Vorgehensmethodik war, dass regionale Spezifika gut abgedeckt werden konnten und eine schnelle, flexible Handlungsfähigkeit gegeben war. Bei den Mitarbeitern der Hotline war ein umfangreiches Know-how der regionalen Kundenspezifika (auch fachlicher Art) vorhanden und die individuellen Kundenwünsche wurden weitgehend berücksichtigt. Die Mitarbeiter der Hotline waren dem Kunden persönlich bekannt und eine unbürokratische Zusammenarbeit („Hey Joe"-Prinzip) existierte. Dies hatte eine relativ hohe Kundenzufriedenheit zur Folge. Aus Sicht der Kunden war eine Qualitätsverbesserung nicht zwingend notwendig.

19.2.3 Systeme

Zur Unterstützung der Prozesse wurde vor ITIL-Einführung das Tool „Tivoli Service Desk" eingesetzt. Das Tool war ein Trouble-Ticket-System. Dies ist ein System, das lediglich dazu dient, die gemeldeten Störungen oder Anfragen in Form von sogenannten „Tickets" zu erfassen und zu verwalten. Eine Unterscheidung zwischen Störungen, Problemen und Änderungen gemäß ITIL fand nicht statt. Dabei kann eine derartige Aufteilung helfen, zwischen Störungen, deren Ursachen und entsprechenden Maßnahmen zur Behebung von Störungen und Ursachen zu unterscheiden. Häufig kommt es vor, dass mit der Behebung der gemeldeten Störung der Prozess des Service-Supports, wie er in der ITIL beschrieben ist, beendet und die notwendige Analyse der Störungsursache vernachlässigt wird. Das wiederholte Auftreten der gleichen Störung zu einem späteren Zeitpunkt kann die Folge sein. Des Weiteren war die Nutzung des Tools nicht zwingend vorgeschrieben. Überwiegender Kommunikationsweg zwischen dem Anwender und der dezentralen Hotline (bzw. dem Vor-Ort-Support) war das Telefon oder der persönliche Kontakt. Die Kommunikation zwischen Hotline/Vor-Ort-Support und den betreibenden Bereichen der T-Systems (als Second-Level-Support) erfolgte über das Tool oder Telefon. *Abbildung 19.2.* verdeutlicht den Zusammenhang.

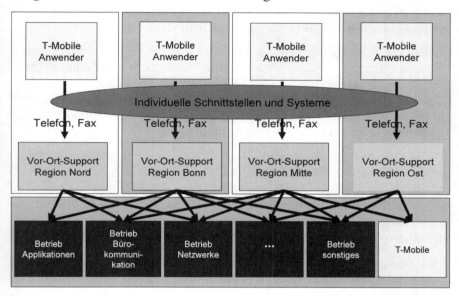

Abb. 19.2. Prozess- und Systemlandschaft der T-Mobile vor ITIL-Einführung

19.2.4 Leidensdruck

Neben den oben geschilderten allgemeinen Argumenten für ITIL war das wesentliche Argument für eine Einführung von ITIL und damit eine Veränderung im Bereich der Hotline eine fehlende Transparenz (in Bezug auf Kosten, Leistung, Qualität etc.) und damit fehlende Kontrollmöglichkeiten.

Die durch die T-Systems zu erbringende Dienstleistung war nicht ausreichend und vor allem nicht einheitlich definiert. Es existierten keine personenunabhängigen Qualitätskriterien für die Beurteilung der Service-Leistungen. Somit bestanden nur unzureichende Möglichkeiten, die Erbringung derselben objektiv zu messen, zu überwachen und zu bewerten.

Das Bild der IT-Leistungs- und Liefersituation sowie deren Qualität waren lokal geprägt und damit nicht einheitlich und nicht vergleichbar.

Damit einhergehend konnte auch kein Preis für die Dienstleistung auf Basis spezifischer Qualitätskriterien bestimmt werden. Eine Betrachtung unter Kosten-Nutzen-Aspekten war dadurch nur schwer möglich. Die Kunden konnten jegliche Leistungen im Rahmen eines bestimmten Budgets fordern. Die T-Systems erfüllte die Kundenwünsche, solange das zur Verfügung stehende Budget ausreichte. Die Kostenstruktur für die von der T-Systems gelieferte Leistung war intransparent.

Auch die Störungsbearbeitung war lokal geprägt, da keine einheitlichen Prozesse existierten. Damit bestand keine Möglichkeit einer einheitlichen, übergreifenden Bewertung und Betrachtung der Qualität. Vergleichbare Kennzahlen waren nicht vorhanden. Die Effizienz der Bearbeitung von Störungen war stark personenabhängig und der „Hey Joe"-Effekt (also der persönliche Kontakt) stand im Vordergrund.

Eine vollständige und zentrale Dokumentation aller Störungen gemäß einem einheitlichen Qualitätsstandard war nicht gewährleistet. Dadurch und durch die fehlende Differenzierung zwischen Störungen, Problemen und Änderungen fehlte ein wesentlicher Beitrag zur effizienten Störungsbearbeitung und zur proaktiven Erkennung von übergreifenden strukturellen Fehlern und Schwachstellen.

Ein übergreifendes, standardisiertes Berichterstattungswesen auf valider Datenbasis konnte nicht erfolgen. Standardkennzahlen wie z. B. die Anzahl der täglichen Störungsmeldungen fehlten, so dass einfache Ressourcenanfragen wie zusätzliches Personal nicht hinsichtlich ihrer Gerechtfertigkeit überprüft werden konnten.

Eine hohe Erreichbarkeit der Hotline konnte nicht gewährleistet werden, da die Mitarbeiter der Hotline gleichzeitig den regionalen Vor-Ort-Support bildeten. Second- und Third-Level-Supportspezialisten wurden weiterhin durch die Störungsannahme und gegebenenfalls die Dokumentation gebunden. Dies stellte aus Kostensicht einen ineffizienten Mitarbeitereinsatz dar.

Diese Missstände sollten mit Hilfe eines Transitionsprojektes zur Umsetzung eines ITIL-konformen Service-Desks beseitigt werden.

19.3 Projekt zur Umsetzung eines ITIL-konformen Service-Desks

19.3.1 Ziele

Ziel des Projektes war es, mit Hilfe von ITIL den oben dargestellten Leidensdruck im Bereich Hotline zu beheben. Dabei sollte zur Erfüllung der ITIL-Prinzipien ein zentralisiertes Service-Desk etabliert werden.

Kommerzielle Aspekte wurden in einem neuen Vertrag mit der T-Systems vor Projektdurchführung geregelt.

19.3.2 Durchführung

Die Umstellung von den regionalen Hotlines zu einem zentralen Service-Desk sollte durch eine sanfte Migration im Rahmen einer sequenziellen Leistungsübernahme erfolgen. Der Grund hierfür war die Minimierung des Risikos, um eine erfolgreiche Einführung des Service-Desks in einer gesicherten Qualität zu gewährleisten (z. B. Know-how-Aufbau bzgl. Standortspezifika).

Hierzu wurden alle Standorte nacheinander in einen Piloten aufgenommen. Folgendes Vorgehen wurde bei der Pilotierung eines Standortes angewendet:

- Vor Ort Besuch am Standort (alternativ Telefonkonferenz bei kleinem Standort),
  - Vorstellung und Abstimmung des Vorgehens,
  - Vorstellung und Abstimmung der Qualitätskriterien für die Abnahme.
- Mitarbeiterinformationen über den Pilot durch das Management vor Ort
- Zwei Wochen Pilotphase,
  - Qualitätssicherung durch wöchentliches Feedbackgespräch,
  - Pilot-Berichterstattungswesen.
- Freigabe für den Wirkbetrieb durch den Standort,
- Mitarbeiterinformationen über den Wirkbetrieb durch das Management vor Ort.

Bei Bedarf wurde die Pilotphase in Abstimmung mit dem Standort verlängert.

Die Gesamtprojektleitung wurde durch den Dienstleister T-Systems wahrgenommen. Auf Seite der T-Mobile D wurde eine Projektleitung aus dem Bereich der IT zur Koordination der Belange der T-Mobile D eingerichtet. Zur Steuerung des Projektes wurde ein Projektlenkungsausschuss etabliert. Die Einbindung der Fachseite erfolgte durch einen Vertreter im Projektlenkungsausschuss und einen Ansprechpartner für die Abstimmung der fachlichen Belange.

Zur Qualitätssicherung nach Übergang in den Wirkbetrieb wurde ein regelmäßiges „Qualitätsreview-Meeting" mit Vertretern der Standorte eingerichtet.

19.4 Neue Lösung der T-Mobile Deutschland

Abbildung 19.3. zeigt die Situation der T-Mobile D nach Durchführung des Transitionsprojektes.

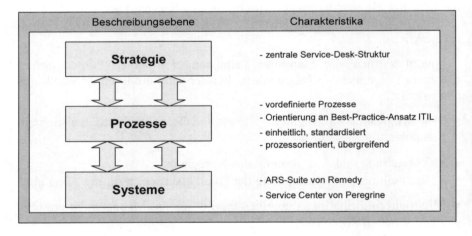

Abb. 19.3. Situation der T-Mobile D nach Durchführung des Transitionsprojektes

19.4.1 Strategie

Seit ITIL-Einführung werden die Leistungen über Service-Level-Agreements mit T-Systems vereinbart und überwacht. Im Rahmen der Einführung des zentralen Service-Desks wurde hierfür ein neuer Vertrag mit der T-Systems geschlossen. Wird eine in dem Servicevertrag festgelegte Mindestqualität unterschritten, sind entsprechende Pönalen vereinbart. Dabei wurden die Qualitätskriterien für das Service-Desk marktüblich definiert, wobei die ITIL hierbei nützliche Hinweise liefert. Im Falle der T-Mobile D werden z. B. Erreichbarkeit, Erstlösungsquote, Gesprächsdauer, Bearbeitungszeit von Anfragen etc. gemessen.

Es wird entsprechend des ITIL-Prinzips durch ein zentrales Service-Desk ein „Single-Point-of-Contact" etabliert. Das zentrale Service-Desk ist bei allen Fragen und Schwierigkeiten rund um den IT-Arbeitsplatz erster Ansprechpartner für den Anwender und bundesweit unter einer einheitlichen Telefonnummer erreichbar.

Die Aufgaben des Service-Desks umfassen hierbei folgende Aspekte:

- Aufnahme von Störungen am IT-Arbeitsplatzsystem (Hierzu wird die Störung identifiziert, qualifiziert, klassifiziert und in dem Incident-Management-System [ARS-IM] dokumentiert.),
- Sicherstellung der schnellstmöglichen Störungsbehebung,
- Sofern möglich, wird eine telefonische Soforthilfe geleistet. (Dazu kann im Bedarfsfall ein Fernwartungs-Tool eingesetzt werden, mit dem sich der Service-Desk-Mitarbeiter an dem Arbeitsplatz des Anwenders mit dessen Berechtigungen anmeldet. Das geschieht nur mit Einverständnis des Anwenders.),
- Weiterleitung der Service-Desk-Anfrage an die zuständigen Supporteinheiten (falls keine Soforthilfe möglich ist),
- Vor-Ort-Support bei Problemen, die lokal am IT-Arbeitsplatz gelöst werden müssen.
- Überwachung der Störungsbearbeitung bis zur Lösung,
- Bereitstellung von Informationen über den aktuellen Bearbeitungsstand von Störungen (Dies geschieht bei Störungen mit großer Wirkbreite über Telefon [via Bandansage im Telefonmenü des Service-Desks] und im Intranet. Bei Einzelplatzproblemen kann der Anwender vom Service-Desk eine telefonische Statusaussage erhalten oder im Intranet den Status seiner Störung online einsehen.),
- Beratung zu und Informationen rund um den IT-Service (Dies umfasst neben Informationen zu Störungen auch Auskünfte zu IT-Bestellungen oder Beratung zu Anwendungsfragen der eingesetzten Standardsoftware.).

Die Second-Level-Support-Mitarbeiter (lokaler Vor-Ort-Support) werden von First-Level-Support-Aufgaben, z. B. Anrufannahme und Dokumentation entlastet, da diese durch das Service-Desk übernommen werden. Zur weiteren Entlastung der Second-Level-Support-Mitarbeiter soll das Service-Desk spezifische Störungen direkt beim telefonischen Erstkontakt lösen. Diese sogenannten erstlösungsfähigen Störungen sind vertraglich definiert und umfassen im Wesentlichen Störungen, die mit Standardapplikationen, wie z. B. MS-Office zusammenhängen. Die Erstlösungsquote hierbei soll 65 % betragen

19.4.2 Prozesse

Nach Schätzung sind die eingeführten Service-Desk-Prozesse zu 80 bis 90 % ITIL-konform. Das heißt, die Prozessschritte – im Detaillierungsgrad ähnlich wie in der ITIL – werden zu 80 bis 90 % eingehalten. Der detaillierte Workflow der Service-Desk-Prozesse ist im ITIL nicht dokumentiert, so dass das Projektteam hierbei nicht auf ITIL zurückgreifen konnte, sondern sowohl eigene Erfahrungen zur Geltung kamen als auch Beratungsleistungen in Anspruch genommen wurden. Eine Validierung der ITIL-Konformität, z. B. durch Checklisten zur Überprüfung, wurde nicht durchgeführt, allerdings sind die wesentlichen Hinweise aus dem ITIL-Framework berücksichtigt worden, so z. B. die Schaffung eines „Single-Point-of-Contact" durch die Zentralisierung des First-Level-Supports.

Auch die grundlegende Unterscheidung zwischen Incident- und Problem-Management wurde aus dem ITIL-Framework übernommen. Vor ITIL-Einführung war diese Trennung nicht vorhanden. Die Beteiligten der Support-Kette sprachen zwar über Probleme, eine Integration derselben in den verwendeten Workflow bzw. das darunterliegende Tool war jedoch nicht erfolgt. Die Priorisierung der Bearbeitung erfolgte nicht immer anhand der Beeinträchtigung des Service aus Sicht des Kunden. Vielfach wurde nicht an der schnellstmöglichen Wiederherstellung des Service durch eine Umgehungslösung gearbeitet, sondern direkt an der Ursachenbehebung. Eine Unterscheidung zwischen Störungen und darunterliegenden Problemen wurde kaum vorgenommen und das proaktive Problem-Management war unzureichend ausgeprägt. Mit der Einführung von ITIL schreitet die Trennung zwischen Incident und Problem voran und der proaktive Aspekt des Problem-Managements wird immer häufiger wahrgenommen.

Für das im ITIL-Framework vorgeschlagene Monitoring und Berichterstattungswesen wurde beim Service-Desk der T-Mobile D eine Trennung in SLA- und Kundenberichterstattungswesen eingeführt. Durch das SLA-Berichterstattungswesen wird die Einhaltung der mit der T-Systems vereinbarten Service-Level-Agreements überwacht. Im Kundenberichterstattungswesen werden relevante Qualitätskennzahlen (z. B. Anzahl der eingegangenen Anrufe, Abbruchquote, Erreichbarkeit, Gesprächsdauer, Erstlösungsquote) geliefert, die mit dem Kunden abgestimmt wurden. Diese Kennzahlen basieren stark auf dem im Endkunden-Call-Center der T-Mobile D eingesetzten Berichterstattungswesen. Somit ist ein valider und auf eigenen Erfahrungswerten basierender Vergleich mit der von T-Systems im Bereich Service-Desk gelieferten Dienstleistung möglich. So konnte z. B. die subjektive Kundenwahrnehmung über zu lange Gesprächszeiten bei der Aufnahme von Störungen am Service-Desk durch die objektiven Zahlen der Berichte auf einer soliden Basis diskutiert werden. Die Lieferung der beiden Berichte erfolgt monatlich.

Kennzahlen zur Messung der Prozesseffizienz des gesamten Incident-Managements erfolgen nicht über das Service-Desk-Berichterstattungswesen, sondern über ein eigenes Prozessberichterstattungswesen.

19.4.3 Systeme

Im Zuge der Einführung des Service-Desks wurde eine neue Tool-Landschaft, bestehend aus einer Kombination der Tools „Action Request System" (ARS) von Remedy und „Service Center" (SC) von Peregrine, implementiert. Diese Tools sind ITIL-konform, d. h., sie unterstützen die Trennung von Störungen und Problemen und bilden die in ITIL definierten Prozesse ab.

Störungsmeldungen können über Telefon, Fax oder Web dem Service-Desk gemeldet werden, wobei dieser ein Ticket im „ARS-Incident Management" (ARS-IM) Modul erstellt. Dieses Modul verfügt über eine Schnittstelle zu Kunden- und Asset-Daten, so dass bei Ticketerstellung auf die relevanten Daten zugegriffen werden kann. Je nach Art der Störung wird das Ticket entweder an den zuständigen regionalen Vor-Ort-Support weitergeleitet (z. B. bei Hardwaredefekten) oder bei zentralen Applikations- oder Infrastruktur-Problemen an den entsprechenden zentralen Bereich. Hierbei handelt es sich um Bereiche wie z. B. Netzwerke, Bürokommunikation oder Anwendungsapplikationen. Sowohl der Vor-Ort-Support als auch die meisten zentralen Bereiche sind organisatorisch der T-Systems zugeordnet. Zur Weiterleitung an den dezentralen Vor-Ort-Support wird das Ticket in das „ARS-Service Request Management" (ARS-SRM) Modul übertragen und anschließend vom Second-Level-Support bearbeitet. Bei Weiterleitung an die zentralen Bereiche werden die Tickets über eine Schnittstelle an die Service Center Suite von Peregrine transferiert. Die Bearbeitung wird dann von den entsprechenden Bereichen im Rahmen des Second-Level-Supports vorgenommen. Ist eine Bearbeitung durch die Software-Entwicklung im Third-Level-Support bei der T-Mobile

D notwendig, werden die Tickets über eine Schnittstelle an das DDTS (Trouble Ticket System des Software-Entwicklungsbereiches der T-Mobile D) transferiert. *Abbildung 19.4.* zeigt die erläuterten Beziehungen übersichtsartig.

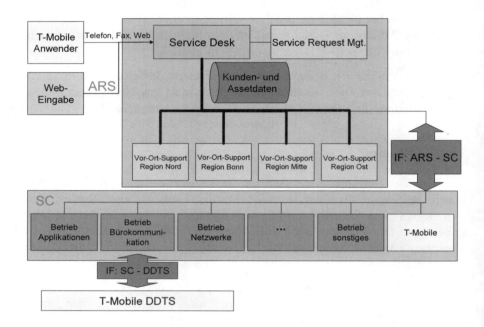

Abb. 19.4. Prozess- und Systemlandschaft (nachher)

19.5 Erkenntnisse nach Durchführung des Transitionsprojektes

Für T-Mobile D hat sich gezeigt, dass die wesentlichen Probleme bei der Einführung des ITIL-konformen Service-Desks aufgrund der fehlenden Akzeptanz beim Kunden bzw. Anwender entstehen. Die Einführung des Service-Desks bedingt Änderungen im Kundenverhalten, wodurch zunächst Unzufriedenheit erzeugt wird. Die „alte" Vorgehensmethodik (insbesondere der langjährig bestehende persönliche Kontakt und das flexible „Hey Joe"-Prinzip) führte zu einer sehr individuellen Betreuung des Kunden. Durch die einheitlichen Prozesse und das zentrale Service-Desk wurde eine „Formalisierung" eingeführt und die Individualität der Betreuung reduziert.

Aus diesem Grund sind eine frühe Einbindung des Kunden und eine aktive Kommunikation mit dem Kunden essenziell. Der mit der Einführung des zentralen Service-Desks einhergehende Nutzen muss klar definiert sein und dem Kunden aufgezeigt werden. Um eine reibungslose Umstellung auf den zentralen Betrieb zu gewährleisten, sollte der Know-how-Transfer von den „alten Hotlines" frühzeitig sichergestellt werden. Zudem hat sich das gewählte Vorgehensmodell zur sequenziellen Einführung hinsichtlich der problemlosen Abwicklung bewährt.

19.5.1 Kritische Erfolgsfaktoren

Folgende Faktoren können im Nachhinein für den Erfolg des Transitionsprojektes verantwortlich gemacht werden:

- **Einbindung der Kunden des Service-Desks:** Jede Neuerung bedingt eine Änderung im Verhalten des Kunden. Damit die Akzeptanz gewährleistet ist, sollte der Kunde frühzeitig und eng eingebunden werden. Bei der T-Mobile D erfolgte dies durch die Einbindung eines Repräsentanten in der Projektorganisation sowie durch die Qualitätsreviews während der Pilotierung eines Standortes. Für den Wirkbetrieb wurden ebenfalls regelmäßige Qualitätsreview-Meetings mit den Kunden etabliert.
- **Offene, partnerschaftliche Zusammenarbeit:** Nur wenn die internen Prozesse des Dienstleisters – in diesem Fall der T-Systems – transparent sind, kann verstanden werden, welche Möglichkeiten vorhanden sind und welche Einschränkungen es gibt. Hierbei ist die Bildung eines gemeinsamen Verständnisses essenziell, da ITIL nur ein Framework darstellt und damit interpretierbar ist. Im Falle der Identifizierung von Schwachstellen sollte gemeinsam nach einer für beide Parteien Gewinn bringenden Lösung gesucht werden. Steigende Kundenzufriedenheit und damit auch eine zunehmende Reputation des Dienstleisters sind die Folgen. Solche Aspekte sollten im Vorfeld klar kommuniziert werden.
- **Aktive Kommunikation:** Insbesondere in Richtung Kunde muss eine aktive Kommunikation erfolgen. Hierzu gehört neben der Einbindung in das Projekt auch die klare Definition und Kommunikation des Nutzens im Vorfeld. Für eine effiziente Kommunikation ist ferner eine klare und prägnante Prozessdokumentation in der Sprache des Kunden essenziell. Der Kunde muss wissen, was er erwarten kann. Somit können unge-

rechtfertigte Eskalationen, z. B. bei der Bearbeitungszeit von Störungen, minimiert werden.

- **Betrachtung der ITIL-Prozesse in ihrer Gesamtheit:** Bei der Einführung des Service-Desks wird im ITIL-Framework empfohlen, zunächst die Prozesskette, die nach der Fehlermeldung abläuft, zu optimieren, bevor das zentrale Service-Desk in Betrieb genommen wird. Diese Empfehlung wurde im Falle der T-Mobile D nicht ausreichend berücksichtigt. Durch die Zentralisierung wurden gewachsene, oft nicht dokumentierte Prozesse und Kommunikationswege (persönliche Verbindungen) gekappt. Dies führte erst einmal zu einer Verschlechterung des Service in der Kundenwahrnehmung. Eine intensivere Analyse der bestehenden Strukturen im Vorfeld hätte zur Vermeidung von Unzufriedenheit beim Kunden beitragen können.
- Des Weiteren wurden typische kritische Erfolgsfaktoren für Projektmanagement im Allgemeinen genannt (wie z. B. klare Ziele, Projektplanung, Projektcontrolling, „Management-Attention" etc.).

19.5.2 Vor- und Nachteile des Transitionsprojektes

Leider sind keine Kennzahlen zur Beurteilung der Situation vor Einführung von ITIL im Bereich Hotline vorhanden. Grund hierfür ist die historisch bedingte fehlende Transparenz (bezüglich Kosten, Leistung, Prozesse etc.). Daher war es nicht möglich, über die Zeit vergleichbare und aussagekräftige Daten oder Kenngrößen für den Bereich Hotline zu generieren. Aus diesem Grund ist eine quantitative Bestimmung der Auswirkungen des ITIL-Projektes nicht möglich. Im Folgenden soll daher eine qualitative Diskussion der Vor- und Nachteile der ITIL-Prozesse im Bereich des Service-Desks bei der T-Mobile D geführt werden.

Nachteile:

- Reduktion der individuellen Betreuung des Kunden (insbesondere der langjährig bestehende persönliche Kontakt und das flexible „Hey Joe"-Prinzip) durch die Zentralisierung und damit unpersönliche Gestaltung des First-Level-Supports führen bei einem Teil der Kunden zu einer anfänglichen Unzufriedenheit, da subjektiv eine Qualitätsverminderung wahrgenommen wird. Dieser Effekt tritt insbesondere bei den bisher in hohem Maße persönlich betreuten Endkunden-Call-Centern auf. In den Niederlassungen mit historisch weniger persönlichen Kontakten ist eine neutrale bis positive Haltung gegenüber dem neuen Service-Desk zu verspüren. Durch den Gewöhnungseffekt an die veränderten Gegebenheiten, die enge Einbindung des Kunden und den etablierten Qualitätsreview-Meetings konnte diese Unzufriedenheit weitestgehend beseitigt werden.

Vorteile:

- **Service-Level-Agreements:** Durch Verträge definierte Dienstleistungen mit Qualitätskriterien und transparenten Kostenstrukturen existieren. Die gelieferte Dienstleistung kann durch das Berichterstattungswesen überwacht und gegebenenfalls pönalisiert werden. Benchmarking entsprechend marktüblicher Parameter ist möglich. Entscheidungen bezüglich der erforderlichen Dienstleistung können unter Kosten-Nutzen-Aspekten betrachtet werden. Dies ermöglicht effektives, wirtschaftliches Handeln unter Berücksichtigung der Kundenwünsche.
- **Monitoring:** Nach ITIL-Einführung werden marktübliche Kennzahlen, wie Erreichbarkeit des Service-Desks, Erstlösungsquote, Gesprächsdauer, Bearbeitungszeit von Anfragen, Anzahl der eingegangenen Anrufe, Abbruchquote etc. gemessen. Dadurch wird Transparenz bezüglich der Effizienz und der Effektivität der Service-Desk-Prozesse geschaffen. Die Beurteilung der Leistung des Service-Desks wird durch objektive Zahlen belegt und ist so dem Bedarf entsprechend steuerbar.
- **Vollständige und zentrale Dokumentation aller Störungen gemäß einem einheitlichen Qualitätsstandard und einheitlicher Prozesse:** Die Ausrichtung der Prozesse anhand des „Best-Practice"-Ansatzes ITIL stellt einen wesentlichen Beitrag zur proaktiven Erkennung von übergreifenden, strukturellen Fehlern und Schwachstellen dar. Der Grund hierfür liegt in der bereits oben erläuterten Unterscheidung zwischen Störungen und Problemen. Die steigende Qualität der Störungsdokumentation ermöglicht sukzessive die Effizienz der Störungsbearbeitung zu optimieren, damit die Verfügbarkeit der Systeme zu erhöhen und so die Produktivität zu steigern.
- **Basis für Optimierung des Informationsflusses in Richtung Kunde:** Mit der Einführung des Service-Desks als Single-Point-of-Contact liegen dort fast alle notwendigen Informationen über kundenrelevante Störungen vor. Die vorher existierenden, teilweise redundanten und uneinheitlichen Informationen aus unterschiedlichen Quellen (z. B. lokaler Vor-Ort-Support, zentraler Betrieb etc.) konnten dadurch reduziert werden. Eine gesamthafte Optimierung des Kundeninformationsmanagements kann auf Basis der zentralisierten Annahme von Störungen im Service-Desk erfolgen.
- **Das „Web" als zusätzlicher Eingangs- und Informationskanal:** Zukünftig können Störungen neben Telefon und Fax auch über das Internet gemeldet werden. Zudem kann der Status der eigenen Meldungen

über das Internet abgerufen und alle übergreifenden Störungen angezeigt werden.
- **Effizienter Ressourceneinsatz:** Durch die Verlagerung von First-Level-Support-Aufgaben wie z. B. Annahme von Anrufen und Störungsdokumentation hin zum zentralen Service-Desk wird der lokale Vor-Ort-Support (Second-Level-Support) entlastet. Durch die resultierende Konzentration der Second-Level-Support-Mitarbeiter auf Second-Level-Support-Aufgaben kann die Effektivität gesteigert und somit effizienter gearbeitet werden. Aufgrund der Zentralisierung der Supportinformationen erfolgt eine sukzessiv wachsende Qualifikation des First-Level-Supports und der Aufbau einer Wissensdatenbank zur Erhöhung der Erstlösungsquote wird ermöglicht. Durch die Kombination dieser beiden Aspekte kann der Umfang an Second-Level Support-Personal mittelfristig reduziert werden.

20 Von der internen EDV zum externen European Service-Provider – Die Rolle des Service-Level-Managements bei der BASF IT Services[4]

20.1 Das Unternehmen BASF IT Services

20.1.1 Überblick

Die BASF IT Services, ein Unternehmen der BASF-Gruppe, zählt mit über 2.300 Mitarbeitern und einem Jahresumsatz von 442 Millionen Euro im Jahr 2003 zu den europaweit führenden IT-Unternehmen im Bereich Prozessindustrie. Das Unternehmen mit den Kernkompetenzen IT-Lösungen für die Prozessindustrie, Managed-Infrastructure-Services und Business-Process-Outsourcing verfügt über langjährige Erfahrung in der Zusammenarbeit mit der BASF, dem weltweit führenden Chemieunternehmen. Die BASF IT Services betreibt heute einen der weltweit größten Netzwerkverbunde und etwa 1.000 Server für rund 50.000 Nutzer an über 250 Standorten. Das europaweit aufgestellte Unternehmen hat sich zum Ziel gesetzt, Informationstechnologie zu standardisieren und kundennah maßgeschneidert weiterzuentwickeln. Die BASF IT Services ist zertifiziert nach dem internationalen Qualitätsmanagement-Standard ISO 9001:2000. *Tabelle 20.1.* zeigt übersichtsartig die Eckdaten der BASF IT Services.

20.1.2 Herausforderung im Wettbewerb

Wie bereits im ersten Kapitel erwähnt, wurde die BASF IT Services erst im Jahre 2001 gegründet, mit dem Ziel der Aufstellung eines IT-Unternehmens, welches einheitlich am europäischen Markt auftritt. Damit sollte eine Veränderung der Unternehmenskultur erreicht werden, die eine professionelle IT-Service-Erbringung ermöglicht und somit die Wettbewerbsfähigkeit sicherstellt.

---

[4] Die Fallstudie wurde in Zusammenarbeit mit Petra Scheithe, Director Service Management bei BASF IT Services GmbH erstellt.

BASF IT Services	
Gründung	2001
Firmensitz	Wädenswil (Schweiz)
Branche	IT
Kunden	BASF-Gruppe und Unternehmen der Prozess- und prozessnahen Industrie
Umsatz	2003: über 442 Mio. €
Mitarbeiter	Juni 2004: 2349
Homepage	www.basf-it-services.com

Tabelle 20.1. Kurzportrait BASF IT Services

Vor Gründung der BASF IT Services existierten innerhalb der BASF-Gruppe 50 eigenständige IT-Abteilungen mit individuell ausgeprägten Prozessen und kollegialem Rollenverständnis, d. h., die Mitarbeiter der IT-Abteilungen waren keine Dienstleister, sondern Kollegen. Standardisierte, abteilungsübergreifende IT-Prozesse und eine professionelle Kunden-Lieferanten-Beziehung zwischen den Fachabteilungen der BASF-Gruppe und der BASF IT Services waren gefordert. Um diesen Zustand zu erreichen, wurden zunächst interne Reorganisationsprojekte aufgesetzt, wobei eine Orientierung an bestehenden „Best-Practices" im Bereich IT-Service-Management, insbesondere ITIL, erfolgte.

20.2 Ausgangssituation der BASF IT Services

Abbildung 20.1. zeigt die Ausgangssituation der BASF IT Services übersichtsartig auf den drei Ebenen Strategie, Prozesse und Systeme vor der Aufsetzung des IT-Service-Managements bei der BASF IT Services.

Ausgangssituation der BASF IT Services

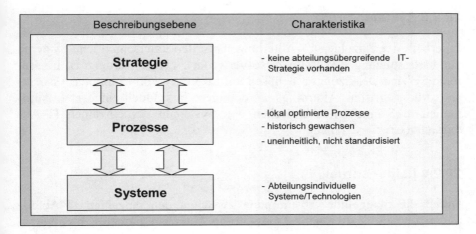

Abb. 20.1. Ausgangssituation der BASF IT Services

20.2.1 Strategie

Vor Gründung der BASF IT Services existierte für die einzelnen IT-Abteilungen der BASF Gruppe keine übergreifende IT-Strategie. Die Abteilungen sind historisch gewachsen und wurden dementsprechend individuell optimiert.

20.2.2 Prozesse

Auch die Prozesse innerhalb der einzelnen IT-Abteilungen sind historisch gewachsen und lokal optimiert. So wurde z. B. bei der Anwenderbetreuung nach dem „Hey-Joe"-Prinzip verfahren. Anwender kannten Experten innerhalb der IT-Abteilung und riefen diese bei Bedarf direkt an. Ein Single-Point-of-Contact, bei welchem sämtliche Anwenderanfragen entgegengenommen werden und entsprechend der Problemstellung an die geeigneten Personen weitergeleitet werden, existierte nicht. Ineffizienzen durch nicht effektiv eingesetzte Expertenressourcen waren die Folge. Auf der anderen Seite herrschte durch das kollegiale Verhältnis eine hohe Mitarbeiter- und Kundenzufriedenheit. Die Vorteile einer professionellen Kunden-Lieferanten-Beziehung mussten dementsprechend den Mitarbeitern und Kunden zunächst kommuniziert und verdeutlicht werden.

20.2.3 Systeme

Innerhalb der einzelnen IT-Abteilungen wurden unterschiedliche Systeme zur Unterstützung der IT-Prozesse verwendet. Dabei wurde z. B. im Bereich Service-Desk zum großen Teil auf Lösungen von Computer Associates zurückgegriffen. Allerdings wurden diese individuell eingesetzt. Automatisierte Schnittstellen zwischen den Systemen der einzelnen IT-Abteilungen existierten nicht.

20.2.4 Leidensdruck

Durch die mangelnde Abstimmung zwischen den einzelnen IT-Abteilungen und die individuelle Optimierung blieb ein globales, abteilungsübergreifendes Optimum unberücksichtigt. So wurden beispielsweise Änderungen an abteilungsübergreifenden Anwendungen nicht zentral kommuniziert. Zum Beispiel musste die IT-Niederlassung in Arnheim vier Tage lang nach einer Störungsursache suchen, die auf eine Anwendungsänderung in Ludwigshafen zurückzuführen war. Durch Kommunikation der Änderung hätte sowohl Aufwand in der IT-Abteilung in Arnheim als auch entgangener Nutzen bei den Nutzern vermieden werden können. Weitere Ineffizienzen, die z. B. durch das „Hey-Joe"-Prinzip entstehen, wurden bereits in *Kapitel 20.2.2* angeprochen.

20.3 Projekt zur Reorganisation der IT-Organisation im Sinne des serviceorientierten IT-Managements nach ITIL

20.3.1 Ziele

Ziel des Projektes war es, die IT-Organisation zu einem professionellen IT-Dienstleister mit standardisierten, abteilungsübergreifenden Prozessen und einer professionellen Kunden-Lieferanten-Beziehung umzugestalten. Dadurch sollten oben beschriebene Ineffizienzen vermieden und die Wettbewerbsfähigkeit nachhaltig gesichert werden. Dabei sollte u. a. ein Single-Point-of-Contact für das Service-Desk eingerichtet sowie Incident-, Problem-, Change- und Service-Level-Management-Prozesse etabliert werden.

20.3.2 Durchführung

Zunächst wurden im Jahre 2001 zur Restrukturierung der IT-Organisation einzelne, interne Reorganisationsprojekte innerhalb der IT-Bereiche initiiert. Dabei gab es beispielsweise ein Projekt zur Einrichtung des Single-Point-of-Contact oder ein weiteres Projekt zur Umgestaltung der Prozessabläufe in den einzelnen IT-Abteilungen bzw. Delivery Units (wie die dezentralen Liefereinheiten bei der BASF IT Services genannt werden).

Im Frühjahr 2002 wurden dann durch die Gründung einer eigenständigen IT-Service-Management-Einheit sämtliche Aktivitäten zur Vereinheitlichung der Prozesse und zum Aufbau eines Service-Delivery-Managements zusammengefasst. Dadurch konnte die Nachhaltigkeit des Reorganisationsprojektes, die bei der bloßen Initiierung einzelner Teilprojekte nicht bestand, gewährleistet werden. Zudem konnte ein Gesamtzusammenhang zwischen den Teilprojekten hergestellt werden und die Philosophie der Serviceorientierung in einen sinnvollen, unternehmensweiten Kontext gebracht werden. Obwohl im Rahmen der Teilprojekte bereits ITIL-Prinzipien berücksichtigt wurden, wurde bei der Gründung der eigenständigen IT-Service-Management-Einheit eine vollständige Ausrichtung an ITIL als Ziel formuliert und ein entsprechender ITIL-konformer Wortlaut verwendet.

Der größte Handlungsbedarf für europaweit einheitliche Prozesse wurde in den Prozessen Incident-, Problem-, Change- und Service-Level-Management gesehen, so dass mit diesen Bereichen begonnen wurde. Dabei wurden zunächst europaweit gültige Prozesse basierend auf ITIL definiert und eine entsprechende Prozessdokumentation erstellt. Anschließend wurden die verwendeten Werkzeuge an die neuen Prozesse angepasst und die Mitarbeiter europaweit auf drei Ebenen unterschiedlich geschult. Die Direktoren der Delivery Units erhielten eine eher abstrakt-konzeptionelle Schulung, bei der die grundlegenden Prinzipien der Serviceorientierung und des Veränderungsmanagements (Management of Change) vermittelt wurden. Dabei wurden die Schulungen von externen Beratern durchgeführt, die sich des Schulungsinstrumentes „Control IT" bedient haben. Dies ist eine Simulation der ITIL-Prozesse, bei der auf fast spielerische Art und Weise die grundlegenden Prinzipien von ITIL erlernt werden können. Auf der zweiten Ebene wurden die Manager und Teamleiter geschult, wobei hier eine praxisorientierte Schulungsmethode gewählt wurde. Im Sinne eines „Train the Trainer"-Ansatzes wurden schließlich die Prozesskoordinatoren auf der dritten Ebene flächendeckend geschult. Nach den Schulungen wurden die Prozessdokumentationen publiziert und die neuen Prozesse mit einem externen Dienstleister überprüft.

Für die Prozesse Incident-, Problem- und Change-Management wurden Prozesskoordinatoren bestimmt, welche dafür verantwortlich sind, dass die jeweiligen Prozesse innerhalb der einzelnen IT-Abteilungen bzw. Delivery Units tatsächlich berücksichtigt werden. Im Gegensatz dazu wurde für die Service-Level-Management-Prozeduren innerhalb der Service-Management-Organisation eine eigenständige „Service-Delivery-Management"-Organisation eingeführt. Diese ist in die Prozesse des Service-Level-Managements aktiv eingebunden und führt entsprechende Steuerungsaufgaben durch.

20.4 Neue Lösung der BASF IT Services

Abbildung 20.2. zeigt die aktuelle Situation der BASF IT Services auf den drei Ebenen Strategie, Prozesse und Systeme.

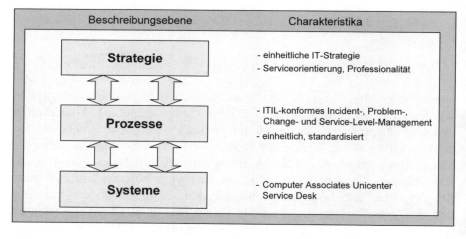

Abb. 20.2. Aktuelle Situation der BASF IT Services

20.4.1 Strategie

Durch Professionalität und Service- bzw. Kundenorientierung strebt die BASF IT Services Wachstum insbesondere auf dem externen Markt an. Dabei erhalten Kunden durch das Service-Management IT-Leistungen

- in höchster Qualität und Zuverlässigkeit,
- mit transparenten Verfahren und klaren Zuständigkeiten sowie
- mit effizienten Methoden und kostenoptimierten Verfahren.

Dabei sollen ITIL-konforme Prozesse eine effiziente und kundengerechte IT-Leistungserstellung fördern.

20.4.2 Prozesse

In den Bereichen Incident-, Problem- und Change-Management bestehen unternehmensweit ITIL-konforme IT-Prozesse. Auf eine detaillierte Beschreibung der einzelnen Prozesse wird hier aus diesem Grund verzichtet und auf die Kapitel Service-Delivery (*s. Teil B*) und Service-Support (*s. Teil C*) verwiesen. Auf die konkrete Ausgestaltung des Bereiches Service-Level-Management bei der BASF IT Services wird im Folgenden eingegangen.

Im Zusammenhang mit der Gründung der BASF IT Services wurde zunächst ein „Transition-Service-Agreement" gebildet, welches einen Grundlagenvertrag zur Zusammenarbeit getrennter Firmen darstellte. Dieser Grundlagenvertrag ist im Juli 2003 ausgelaufen. Im Rahmen des Service-Level-Managements gibt es zwei verschiedene Arten von Vereinbarungen. Es gibt zum einen Rahmen-SLAs für

- die Beschaffung von Geräten (PCs, Drucker etc.) und Standardsoftware,
- die Betreuung und Betrieb der Clients und des LAN sowie
- die Betreuung und Betrieb von Anwendungen und des WAN.

Für diese Rahmen-SLAs existieren jeweils drei Kategorien von unterschiedlichen Service-Levels, d. h., je nach Kategorie wird dann eine Verfügbarkeit von z. B. 99,9 % oder 99,5 % bzw. 99,0 % definiert. Kunden- bzw. anwendungsspezifische Abweichungen von diesen drei Standard-Service-Levels sind jedoch möglich.

Zum anderen gibt es Service-Agreements als Basis für Werkverträge, z. B. Projekte der Anwendungsentwicklung, und als Basis für Dienstleistungsverträge, wie das Erbringen von Beratungsleistungen.

Die Überwachung der SLAs erfolgt teilweise direkt beim Anwender. Durch sogenannte SLA-Guards können beispielsweise die Verfügbarkeitsgrade der IT-Services aus Anwendersicht gemessen werden. Das heißt, nicht die Verfügbarkeit der einzelnen Servicekomponenten wird gemessen, sondern die Gesamtverfügbarkeit der IT-Leistung, so wie der Anwender diese wahrnimmt. Insbesondere im SAP-Umfeld konnten derartige SLA-Guards mit wenig Aufwand implementiert werden. So weit es möglich ist, werden insbesondere für geschäftskritische Anwendungen kundenbezogene Verfügbarkeitsgrade gemessen. Ein Beispiel für eine geschäftskritische Anwendung der BASF ist das Waagensystem. Da die eingekauften Vorprodukte der BASF im Wesentlichen nicht in Stückzahlen abgerechnet werden können, werden Lastwagen und Schiffe vor und nach Anlieferung gewogen, so dass durch die Differenz die gelieferte Menge bestimmt werden kann. Wenn dieses Waagensystem ausfällt, können die Zulieferer nicht mehr abgefertigt werden und der Betrieb der BASF kommt zum Erliegen. Aus diesem Grund wird für dieses System Hochverfügbarkeit gewährleistet. Für andere Anwendungen war es teilweise technisch nicht möglich oder nicht wirtschaftlich, SLA-Guards zu implementieren. Die Verfügbarkeit dieser Services wird dann beispielsweise beim Ausgang im Rechenzentrum gemessen oder durch die Verfügbarkeiten der einzelnen Komponenten bestimmt.

Eine professionelle Schnittstelle zum Kunden wurde durch die Etablierung einer dreistufigen Relationship-Management-Organisation ermöglicht. Dabei bilden die Key-Account-Manager die direkten Ansprechpartner innerhalb der einzelnen Kundensegmente, während die Service-Delivery-Manager die „Wächter" der zu vereinbarenden SLAs darstellen. Der Prozess des Service-Level-Managements, d. h. die Definition, Überwachung und Steuerung der SLAs, liegt in der Verantwortung der Service-Delivery-Manager, wobei eine enge Zusammenarbeit mit den Key-Account-Managern erfolgt. Mit Hilfe des Single-Point-of-Contact wird dann erreicht, dass auf strategisch-taktischer Ebene ein einheitliches Auftreten der IT-Organisation nach außen hin gewährleistet und dieser Gedanke auf der operativen Ebene fortgeführt wird. Zudem können durch den Single-Point-of-Contact Ineffizienzen im Bereich Incident-Management und Service-Desk vermieden bzw. verringert werden.

Die Aktivitäten des Service-Level-Managements werden in *Abbildung 20.3.* übersichtsartig dargestellt. Auf eine detaillierte Beschreibung der einzelnen Aktivitäten wird hier verzichtet und auf *Kapitel 4* verwiesen.

Neue Lösung der BASF IT Services

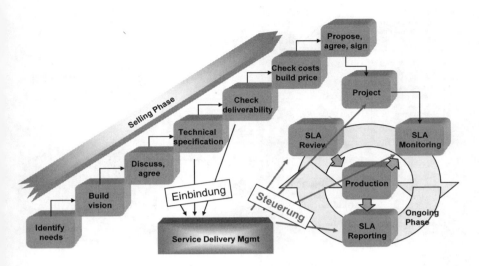

Abb. 20.3. Aktivitäten des Service-Level-Managements

20.4.3 Systeme

Im Rahmen des Service-Level-Managements wird die Überwachung der SLAs und die Berichterstattung im Wesentlichen durch HP Open View unterstützt. Durch Kopplung mit diversen Systemen, z. B. die bereits vorher eingesetzten Lösungen von Computer Associates oder Symposium, die auch gegenwärtig u. a. noch in den Bereichen Incident- oder Change-Management eingesetzt werden, entstand ein umfassendes Berichterstattungssystem. Neben den Systemen des Incident- und Change-Managements existieren weitere Informationsquellen, wie die implementierten SLA-Guards, interne Schwellwerte, Betriebszeiten etc. Das Service-Level-Agreement-System (SLAMS) konsolidiert die Daten und generiert die erreichten Servicegrade, die dann grafisch aufbereitet über das Intranet abgerufen werden können. *Abbildung 20.4* zeigt das Service-Level-Management-System übersichtsartig.

20.4.4 Geplante Weiterentwicklung

Die BASF IT Services bzw. die Service-Management-Organisation plant, sämtliche IT-Service-Management-Bereiche der ITIL zu berücksichtigen und in die Prozeduren einfließen zu lassen. Dabei werden in Folgepro-

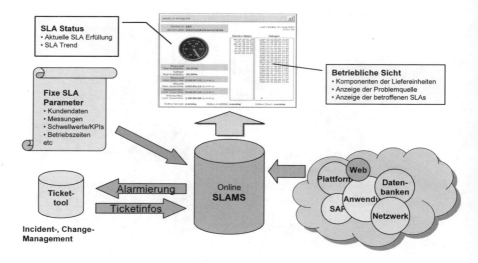

Abb. 20.4. Service-Level-Management-System der BASF IT Services

jekten zunächst die Bereiche Configuration-Management und Continuity-Management umgesetzt. Mittelfristig werden dann die Bereiche Availability- und Capacity-Management umgesetzt.

20.5 Erkenntnisse im Rahmen der IT-Service-Management-Initiative

20.5.1 Kritische Erfolgsfaktoren

Im Rahmen der IT-Service-Management-Initiative der BASF IT Services konnten folgende Erfahrungen gesammelt werden, die für erfolgreiche Service-Management-Umsetzung berücksichtigt werden sollten:

- **Kulturwechsel:** Die Professionalisierung der Kunden-Lieferanten-Beziehung zwischen IT-Organisation und Fachseite erfordert ein Umdenken auf beiden Seiten. Frühere Kollegen müssen in Zukunft Service-Verträge miteinander abschließen und sich an vorgegebene Prozessabläufe halten, anstatt einen vertrauten Kollegen anzurufen und neben der Lösung des Problems eventuell noch ein paar private Neuigkeiten auszutauschen. Die Vorteile der veränderten neuen Organisation sollte sowohl den Mitarbeitern als auch den Anwendern auf der Fachseite intensiv kommuniziert und transparent gemacht werden.

- **Definition der IT-Leistung:** Die Identifikation und Definition der zu erwartenden bzw. zu erbringenden IT-Services, inklusive der relevanten Qualitätsparameter, hat sich als ein aufwändiges Unterfangen herausgestellt. Eine genaue Definition der Leistungsparameter ist notwendig. Was genau bedeutet z. B. Verfügbarkeit? Ist damit die Verfügbarkeit des Service-Desks, die Verfügbarkeit einzelner Servicekomponenten oder die Verfügbarkeit der eigentlichen IT-Leistung gemeint? Die Unterschiede zwischen Begrifflichkeiten wie Verfügbarkeit, Erreichbarkeit, Zuverlässigkeit etc. sollte eindeutig definiert und verständlich sein.
- **Messung der Leistungsparameter:** Parallel zur Definition der Leistungsparameter sollten Messmethoden und Messpunkte identifiziert und festgelegt werden. Nur wenn die Leistungsparameter auch sinnvoll und wirtschaftlich gemessen werden können, eignen sie sich als Bewertungskriterium für IT-Services.
- **Kontinuierliche Verbesserung:** Es genügt nicht, die vereinbarten SLAs lediglich zu überwachen und den erreichten Servicegrad zu publizieren. Es sollten Gesamtverantwortliche bestimmt werden, deren Aufgabe es ist, Prüfungen durchzuführen, Trendanalysen zu erstellen und kontinuierlich Verbesserungsmaßnahmen zu identifizieren, zu initiieren und zu steuern.
- **Flächendeckende Schulung:** Nur durch flächendeckende Schulungen, sowohl auf Direktorenebene als auch auf der Ebene der Manager bzw. Teamleiter und der Ebene der Prozesskoordinatoren, konnten die ITIL-Prinzipien unternehmensweit etabliert werden.
- **Kommunikation:** Im Rahmen der Umsetzung der ITIL-Initiative wurden aufwändige Kommunikations- bzw. Awarenesskampagnen gestartet, um die Relevanz des Themas unternehmensweit hervorzuheben. Dabei behalf man sich unternehmenseigener Publikationsmedien, wie z. B. Newsletter oder der Unternehmenszeitung. Zudem wurden europaweite Roadshows veranstaltet, auf welchen im Rahmen von Workshops den Mitarbeitern die Bedeutung und der Nutzen des Themas serviceorientiertes IT-Management und ITIL näher gebracht wurde.
- **Quick Wins:** Zur Etablierung der ITIL-Initiative war es notwendig, schnelle Erfolge vorzuweisen. Aus diesem Grund wurde der Fokus der Anstrengungen auf die Umsetzung erster ITIL-Bereiche gesetzt, anstatt eine detaillierte Ausarbeitung der gesamthaften ITIL anzustreben. Dabei wurde bewusst in Kauf genommen, dass auf Basis erster Erfahrungswerte spätere Verfeinerungen innerhalb der neuen Bereiche vonnöten sind.

- **Virtuelle Teams:** Zur Umsetzung der ITIL-Initiative wurden virtuelle Teams gebildet und auf praxisferne Stabsbereiche verzichtet. Hierdurch wurde der Bezug zu den einzelnen IT-Bereichen gewährleistet und deren Akzeptanz sichergestellt.
- **Unterstützung der Geschäftsführung:** Durch formale Absegnung der neuen Prozesse konnte die Unterstützung der Geschäftsführung sichergestellt bzw. eventuellen Einwänden vorgebeugt werden.

20.5.2 Vor- und Nachteile der Ausrichtung an den ITIL-Prinzipien

Im Falle der BASF IT Services wurde auf die Errechnung eines Return-on-Investment (ROI) der ITIL-Initiative verzichtet, da in verschiedenen Bereichen schon vor Gründung der BASF IT Services ITIL-Prinzipien berücksichtigt wurden und somit eine Nettoanalyse des ITIL-Nutzens im Sinne einer Vorher-Nachher-Betrachtung nicht mehr möglich war. Dennoch werden gemäß der in der ITIL genannten KPIs (Key Performance Indicators) die erreichten Prozessverbesserungen überwacht. Dabei wurden mit Hilfe von externen Unternehmensberatern sinnvolle, aussagekräftige KPIs aus der Vielzahl der in der ITIL vorgeschlagenen Kennzahlen ausgewählt und implementiert. Folgende KPI-Auswertungen geben Hinweise auf den durch die Adaption der ITIL-Prinzipien erzeugten Nutzen.

Anhand der *Abbildung 20.5.* kann das Absinken der durchschnittlichen Dauer der Störungsbehebung nachvollzogen werden. Die durchschnittliche Lösungsdauer hochpriorisierter Störungen wurde von 60 Stunden im Mai 2003 auf 35 Stunden im Juni 2004 gesenkt.

Im Folgenden wird auf allgemeine Probleme bzw. Herausforderungen, die mit der Umsetzung der ITIL-Initiative einhergingen, hingewiesen und es werden die allgemeinen Vorteile beschrieben.

Folgende Probleme bzw. Herausforderungen waren mit der Umsetzung der ITIL-Prinzipien verbunden:

- **Herausforderung, mit ehemaligen Kollegen Serviceverträge abzuschließen:** Sowohl die Fachseite (BASF Group) als auch die Mitarbeiter der BASF IT Services mussten umdenken. Die Nachteile des bereits angesprochenen „Hey-Joe"-Effektes mussten transparent gemacht und die Vorteile der neuen Geschäftsbeziehung aufgezeigt werden. Dieses Unterfangen stellte sich als nicht trivial heraus. Der Kommunikationsaufwand darf hierbei nicht unterschätzt werden.

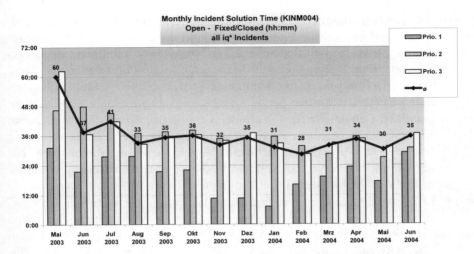

Abb. 20.5. Durchschnittliche Dauer der Lösung einer Störung pro Monat (nach Priorität)

- **Aufwand für Monitoring und Berichterstattung:** Sowohl die Definition als auch die Operationalisierung, d. h. Messung inklusive Messinstrumenten für relevante KPIs (Key Performance Indicators), ist ein erfolgsentscheidender Aspekt, der jedoch hinsichtlich Aufwand und Nutzen der KPI-Messung kritisch untersucht werden muss. Im Rahmen der Definition der KPIs sind Fragen wie „Was bedeutet Erreichbarkeit?" oder „Wie definiert man Verfügbarkeit?" zu beantworten. Anschließend sind diese Kriterien an den richtigen Stellen mit der richtigen Methodik und den richtigen Instrumenten zu messen. Ein zielgruppenorientiertes Berichtswesen vervollständigt das Prozesscontrolling. Der Aufwand für diese Tätigkeiten darf nicht unterschätzt werden.

Demgegenüber können als Vorteile der ITIL-Initiative folgende Punkte identifiziert werden:

- **Transparenz:** Durch die gemeinsame Vereinbarung objektiver Leistungsattribute wird ein einheitliches Verständnis zwischen dem Geschäft des Kunden und IT-Organisation geschaffen. Die Subjektivität der wahrgenommenen IT-Qualität wird durch objektive Qualitätsparameter ersetzt. Dies erfordert allerdings ein umfassendes System zur Überwachung der Servicegrade und zur Berichterstattung beim Kunden. Als Basis hierfür dienen die Kundenanforderungen und die vertraglichen Vereinbarungen.

- **Kundenzufriedenheit:** Durch die geschaffene Transparenz werden politische und emotionale Faktoren innerhalb der Kunden-Lieferanten-Beziehung, zwischen Fachseite und IT-Organisation eliminiert bzw. vermindert. Durch Key-Account-Manager, Single-Point-of-Contact und Service-Delivery-Manager kann eine professionelle Schnittstelle zum Kunden etabliert werden.
- **Qualität:** Potenzielle SLA-Verletzungen werden durch die zuverlässige Analyse der derzeitigen Performanz und zukünftiger Trends frühzeitig erkannt. Dadurch können rechtzeitig gegensteuernde Maßnahmen, basierend auf den serviceorientierten IT-Management-Prozessen, eingeleitet und die Qualität der IT-Leistungen nachhaltig verbessert werden.
- **Effizienz:** Durch die proaktive Kommunikation mit dem Kunden bzw. mit dem Anwender, die im Rahmen des Service-Managements betrieben wird, können Störungen sowie die Störungsdauer durch die Kunden bzw. Anwender antizipiert werden und gegebenenfalls Aufwand im Bereich des Incident-Managements bzw. Service-Desks vermieden werden.

21 Integration von ITIL-Prinzipien in die IT-Organisation der 3M Deutschland GmbH als Pilot für 3M in Europa[5]

21.1 Das Unternehmen 3M Deutschland GmbH

21.1.1 Überblick

Die Produktpalette von 3M gestaltet sich sehr vielfältig. Es werden Produkte für die folgenden Bereiche angeboten:

- Automobil, Marine und Luftfahrt,
- Bau und Gebäudemanagement,
- Büro und Kommunikation,
- Elektro und Elektronik,
- Haushalt und Freizeit,
- Industrie und Handwerk,
- Medizin und Gesundheit,
- Sicherheit: Arbeit, Personen und Verkehr,
- Telekommunikation und Versorgungsbetriebe,
- Werbung und Design.

Dabei steht bei 3M der Innovationscharakter im Vordergrund. Ziel ist es, das innovativste Unternehmen der Welt zu sein. Aus diesem Grund arbeitet fast jeder elfte der rund 67.000 Mitarbeiter im Bereich Forschung und Entwicklung. Resultat sind über fünfzigtausend verschiedene Produkte weltweit.

3M steht für Minnesota Mining & Manufacturing und wurde 1902 in den USA gegründet. Die 3M Company hat Niederlassungen in 60 Ländern und erzielte im Jahr 2003 weltweit einen Umsatz von 18,2 Milliarden Dollar.

Die 3M Deutschland GmbH mit Sitz in Neuss hat im Jahr 2003 1,1 Milliarden Euro umgesetzt und beschäftigt über 2.745 Mitarbeiter. Davon arbeiten 86 Mitarbeiter im Bereich IT. Diese betreut vier Niederlassungen mit 3.064 PCs.

---

[5] Die Fallstudie wurde in Zusammenarbeit mit Roland Holz, IT Service & Support bei 3M Deutschland GmbH erstellt.

Tabelle 21.1. zeigt übersichtsartig die Eckdaten der 3M Deutschland GmbH.

3M Deutschland GmbH	
Gründung	1902 (3M Company), 1951 (Minnesota Mining & Manufacturing Deutschland GmbH)
Firmensitz	Neuss
Branche	Multi-Technologie
Mitarbeiter	2003: 2.745
Umsatz	2003: 1,1 Mrd. €
von IT betreute PCs	3.064
Homepage	http://cms.3m.com/cms/DE/de/1-1/lRlREO/view.jhtml

Tabelle 21.1. Kurzportrait 3M Deutschland GmbH

21.1.2 Herausforderung im Wettbewerb

Als amerikanischer Großkonzern bedient sich 3M des Konzeptes Six Sigma als eine der weltweiten Unternehmensinitiativen, um eine kontinuierliche Verbesserung der operativen Prozesse zu erreichen und damit dem Ziel der Business-Excellence ein Stück näher zu kommen. Dabei geht es darum, mit Hilfe einer bewährten Methode in sämtlichen Bereichen und Niederlassungen des Konzerns Verbesserungspotenziale zu identifizieren, gegebenenfalls „Best-Practices" zu integrieren bzw. zu etablieren und somit kontinuierlich die Wettbewerbsfähigkeit zu steigern.

In der IT erforderte insbesondere die zunehmende Komplexität neue, nachzuvollziehende Prozesse. Die steigende Komplexität sollte mit den gleichen Ressourcen bewältigt werden. Dabei sah das IT-Management der 3M Deutschland GmbH im Jahr 2000 beträchtliche Einspar- und Verbesserungspotenziale, insbesondere durch Adaption der ITIL-Prinzipien innerhalb der eigenen IT-Organisation. Aufmerksam auf ITIL wurde das IT-Management durch den Besuch von Seminaren, bei welchen die Vorteile der ITIL vorgestellt wurden.

21.2 Ausgangssituation der 3M Deutschland GmbH

Abbildung 21.2. zeigt die Ausgangssituation der 3M Deutschland GmbH übersichtsartig auf den drei Ebenen Strategie, Prozesse und Systeme vor Initiierung der ITIL-Initiative.

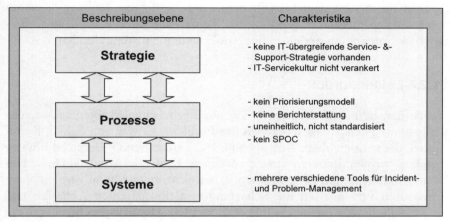

Abb. 21.1. Ausgangssituation der 3M Deutschland GmbH

21.2.1 Strategie

Eine Kundenorientierung gemäß einer serviceorientierten IT-Organisation und einer etablierten Servicekultur war in der ursprünglichen Vision des IT-Bereiches der 3M Deutschland GmbH nicht verankert bzw. wurde vernachlässigt. Eine IT-übergreifende Service- und Support-Strategie oder Vision war nicht vorhanden.

21.2.2 Prozesse

Entsprechend der fehlenden IT-Service- und Support-Strategie waren auch die Prozesse innerhalb der IT unterschiedlich gestaltet. Standardisierte Prozesse und Vorgaben, z. B. ein Priorisierungsmodell für Störungen bzw. Probleme, existierten nicht. Dementsprechend wurden Probleme teilweise nicht erkannt und auch nicht gelöst. Zudem war kein zentrales Service-Desk vorhanden, so dass die Anwender unterschiedliche Zugangspunkte nutzten und eine Konsolidierung der Störungsmeldungen bzw. Serviceanfragen nicht möglich war. Doppelarbeit, Koordinations- und Zeitprobleme waren die Folge. Schwer wiegende Störungen konnten nicht schnell genug behoben werden.

21.2.3 Systeme

Sowohl für das Incident-Management als auch für das Problem-Management wurden mehrere unterstützende Tools eingesetzt. Eine Konsolidierung bzw. Integration der einzelnen Tools hatte nicht stattgefunden.

21.2.4 Leidensdruck

Neben den bereits in *Kapitel 21.2.2* angesprochenen Problemen war das Fehlen von Transparenz ein generelles Problem. Es war unmöglich, Kennzahlen, die vergleichbare Aussagen über die einzelnen IT-Bereiche hinweg zuließen, zu identifizieren bzw. zu erheben. Fehlende Arbeitsabläufe, fehlende Dokumentation der einzelnen Arbeitsschritte und nicht vergleichbare Prozeduren verhinderten die Schaffung von transparenten Abläufen und die Erstellung von aussagekräftigen Berichten. Dementsprechend war ein Berichterstattungswesen für Service und Support auf IT-Ebene nicht implementiert. Ebenso waren die Eskalationsverfahren unzuverlässig etabliert.

Aufgrund des fehlenden Priorisierungsmodells waren die Auswirkungen von Störungen auf das Geschäft nur schwer abschätzbar. Die Priorisierung von parallelen Störungen erfolgte mehr oder weniger zufällig, ohne die Auswirkungen der Störungen oder Probleme auf das Geschäft zu kennen.

Auch die Ressourcenzuteilung über die einzelnen IT-Gruppen hinweg erfolgte aufgrund der fehlenden Transparenz willkürlich. Aus diesem Grund wurde auch die Projektarbeit, die teilweise neben dem operativen Geschäft anfiel, nicht zuverlässig vollzogen. Die Priorisierung und Trennung von Tagesgeschäft und Projekt war zum großen Teil unklar. Dabei wurden Projekttermine verschoben, da z. B. schwer wiegende Probleme unvorhergesehen auftraten. Eine verlässliche Projektplanung war demnach kaum möglich. Zudem hatte die für die Lösung des Problems zuständige Person keinen geregelten Zugriff auf Personalressourcen. Demnach war der Problemlösungsprozess durch Ad-hoc-Prozesse und Doppelarbeit geprägt.

Das notwendige Fachwissen zur Lösung von Problemen war teilweise nur auf einzelne Personalressourcen verteilt. So kam es beispielsweise vor, dass bei Netzwerkproblemen der einzige Mitarbeiter mit den entsprechenden Fähigkeiten zur Lösung des Problems im Urlaub war und kaum Ausweichressourcen zur Verfügung standen. Der Aufbau von Wissen im Sinne eines Skill-Managements war notwendig.

Durch die Integration und Etablierung der ITIL-Prinzipien, im Sinne eines „Best-Practice"-Ansatzes, sollen die oben genannten Probleme behoben werden und die operativen Prozesse verbessert werden.

21.3 Projekt zur Reorganisation der IT-Organisation im Sinne des IT-Service-Managements nach ITIL

21.3.1 Ziele

Ziel des Reorganisationsprojektes war es, die IT-Organisation der 3M Deutschland GmbH an den ITIL-Prinzipien auszurichten und somit „Best-Practices" zu etablieren. Dabei sollte die Umsetzung in Deutschland als Pilotversuch für eine europaweite Implementierung der ITIL-Prinzipien dienen. Mittlerweile wird eine weltweite Ausrichtung nach ITIL angestrebt, wobei der Pilotversuch Deutschland als Vorbild dient.

Allgemeines Ziel der Einführung von ITIL war die Etablierung einer Servicekultur. Dabei wurden als generelle Ziele für den IT-Infrastruktur Bereich die folgenden definiert:

- Schnelle Bearbeitung und Lösung von Störungen und Serviceanfragen,
- Proaktives und zuverlässiges Problem-Management,
- Zuverlässige Projektarbeit,
- Optimierung der Service- und Supportprozesse,
- Verstehen des Geschäftes und Optimierung des Geschäftsnutzens.

Der heutige Bereich „IT Service & Support" (ITSS) umfasst bei der 3M Deutschland GmbH die Service-Support-Bereiche aus der ITIL, d. h. Service-Desk, Problem-Management, Operations, Change-, Release- und Configuration-Management. Die Service-Delivery-Bereiche Relationship-Management, Service-Level-Management, Cost-Management, Capacity-Management, Availability-Management und Contingency-Management sind bei der 3M Deutschland GmbH einem separaten Bereich „IT Resource & Service Level Management" zugeordnet. Im Folgenden wird ausschließlich auf die Entwicklung im Bereich „IT Service & Support" eingegangen.

21.3.2 Durchführung

Das Projekt startete im Dezember 2000 mit einer Buy-in-Phase, in welcher Akzeptanz und Verständnis für die neuen Prozesse und die ITIL-Prinzipien geschaffen wurden. Dies wurde durch die Durchführung interner Workshops erreicht. Dabei nahmen neben den Führungskräften auch Vertreter aus den einzelnen IT-Bereichen an den Workshops teil. Neben den Workshops wurden in der Buy-in-Phase bereits flächendeckende Schulungen durchgeführt, wobei mit den Workshop-Teilnehmern begonnen wurde.

Die Buy-in-Phase dauerte ein halbes Jahr bis Mitte 2001. Anschließend erfolgte die „ITSS Transition Phase", bei welcher der Bereich „IT Service & Support" umgesetzt wurde. Hierzu wurden die nötigen Funktionen des Bereiches im Wesentlichen gemäß ITIL abgeleitet und personelle Ressourcen zugeteilt. Personelle Schwachstellen konnten somit identifiziert und entsprechende Schulungsmaßnahmen initiiert werden. Ein umfassendes Skill-Management wurde im Rahmen des Projektes umgesetzt.

Abbildung 21.2. zeigt den Projektplan der 3M Deutschland GmbH zur Durchführung des Reorganisationsprojektes.

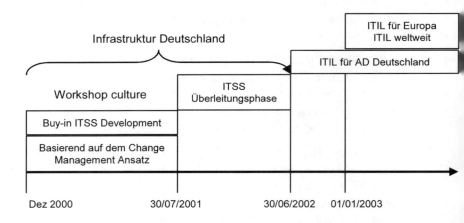

Abb. 21.2. Projektplan für den Bereich „IT Service und Support" bei der 3M Deutschland GmbH

21.4 Neue Lösung der 3M Deutschland GmbH

Abbildung 21.3. zeigt die aktuelle Situation der 3M Deutschland GmbH auf den drei Ebenen Strategie, Prozesse und Systeme.

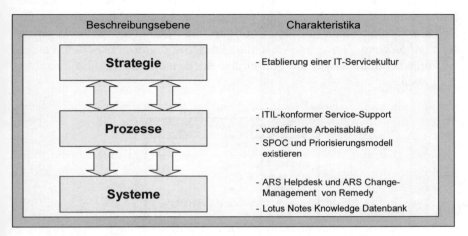

Abb. 21.3. Aktuelle Situation der 3M Deutschland GmbH

21.4.1 Strategie

Die neue Strategie des IT-Bereiches „IT Service und Support" verfolgt konsequent die Vision einer serviceorientierten IT-Organisation: „Service delivery is to always meet and exceed customer expectations. The focus is not only what we deliver but also on the way we deliver. Service delivery meets customer requirements in a way that they feel honoured and respected. We leave them contented and delighted after every transaction and give them confidence in our ability to continuously deliver world-class service".

Um diese Servicekultur zu verankern hat die 3M Deutschland GmbH ihre IT-Prozesse nach dem „Best-Practice" für serviceorientiertes IT-Management ITIL ausgerichtet. Dabei sollen die Kundenorientierung und Servicequalität gesteigert sowie die Services gleichzeitig effizient geliefert werden.

21.4.2 Prozesse

Die Prozesse für den Bereich „IT Service und Support" der 3M Deutschland GmbH sind nach dem ITIL-Bereich Service-Support ausgerichtet. Dementsprechend sind die Prinzipien des Service-Desks, des Incident-Managements, des Problem-Managements, des Change-Managements, des Release-Managements und des Configuration-Managements direkt umgesetzt. *Abbildung 21.4.* gibt Aufschluss über die organisatorischen Verantwortungsbereiche sowie die Aufteilung der Mitarbeiter für die einzelnen Aufgaben.

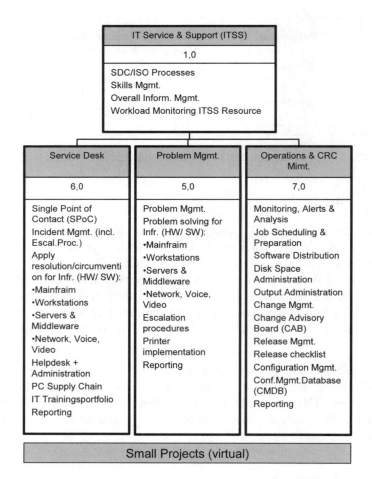

Abb. 21.4. IT-Service-und-Support-Organisation der 3M Deutschland GmbH

Dabei wurde durch das Skill-Management sichergestellt, dass das notwendige Know-how in optimaler Art und Weise über die Mitarbeiter verteilt ist. Rollierende Konzepte zur Abdeckung von Sonderzeiten (z. B. den Support von 06:00 bis 08:00 Uhr) können dadurch problemlos umgesetzt werden.

Die Beziehungen zwischen den einzelnen Service- und Support-Bereichen, inklusive der notwendigen Datenbanken, sind in *Abbildung 21.5.* dargestellt.

Je nach Priorität der Störungsmeldung bzw. der Serviceanfrage (es wurden insgesamt fünf verschiedene Prioritätsstufen festgelegt: „critical", „high", „medium", „low" und „informational") sind unterschiedliche Arbeitsabläufe definiert. Gemäß den Vorgaben des Service-Level-Managements, welche in Form von SLAs mit den Kunden vereinbart und festgehalten worden sind, wurden für die unterschiedlichen Prioritätsstufen auch unterschiedliche Servicegrade definiert. So sind z. B. Störungen der beiden höchsten Prioritätsstufen umgehend zu bearbeiten, während die Bearbeitung von Störungen der unteren Prioritätsstufen zunächst aufgeschoben werden kann. Für bestimmte Störungen bzw. Serviceanfragen ist eine detaillierte „To-Do-Liste" hinterlegt. So ist beispielsweise genau festgelegt, wann im Falle von Störungen, die mehrere User betreffen, ein Hinweis auf dem Telefonband des Service-Desks zu aktivieren ist oder die betroffenen User über den Status der Störungsbearbeitung zu informieren sind. *Abbildung 21.6.* zeigt die konkreten Schritte der Bearbeitung einer kritischen Störung.

21.4.3 Systeme

Im Bereich Incident- und Problem-Management wird derzeit das Tool ARS Helpdesk von Remedy in Verbindung mit Lotus Notes-Applikationen verwendet. Die für das Incident- und Problem-Management notwendigen Wissensdatenbanken wurden auch mit Lotus Notes erstellt. Geplant ist ein globaler Umstieg auf eine professionellere Lösung der Firma iPrimus. Im Bereich Change-Management wird mittlerweile in Deutschland die ARS Change-Management-Lösung eingesetzt. Eine strukturierte, zentrale Konfigurationsdatenbank liegt derzeit noch nicht vor, soll aber auch mittels Remedy ARS abgebildet werden (Asset Management Tool Box von Remedy ARS).

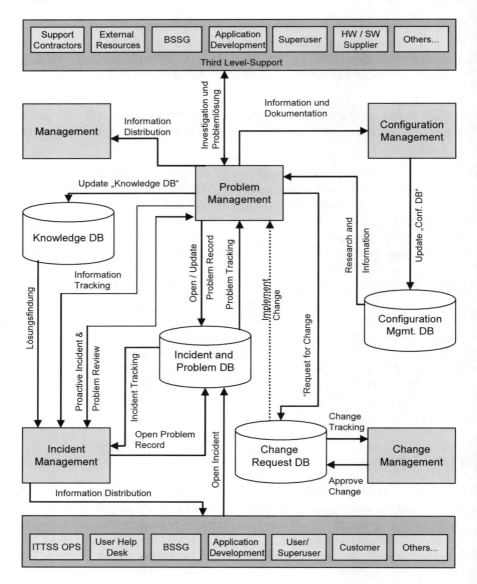

Abb. 21.5. Prozesslandschaft im Bereich IT Service und Support der 3M Deutschland GmbH

Neue Lösung der 3M Deutschland GmbH

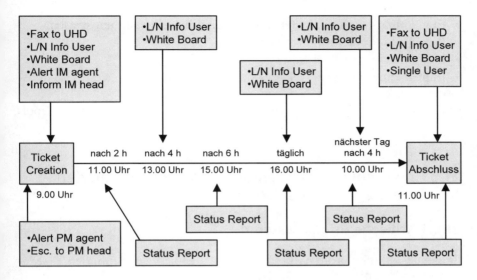

Abb. 21.6. Chronologie der Bearbeitung einer kritischen Störungsmeldung

21.4.4 Geplante Weiterentwicklung

Zur Bewertung der eigenen IT-Prozesse wird im Bereich „IT Service und Support" der 3M Deutschland GmbH das Angebot des itSMF UK genutzt, welche auf ihrer Webseite ein Online-Self-Assessment-Tool anbieten. Mit Hilfe dessen kann der Reifegrad der eigenen ITIL-Bereiche mit den Reifegraden anderer IT-Organisationen verglichen werden. Dabei wird der Reifegrad daran gemessen, inwiefern die in der ITIL beschriebenen „Best-Practices" in der entsprechenden Organisation umgesetzt wurden oder nicht. Anhand der Auswertung können dann bestehende Schwachstellen identifiziert und entsprechende Maßnahmen veranlasst werden, die das Erreichen einer höheren Reifegradstufe ermöglichen. Dabei wurden im Falle der 3M Deutschland GmbH folgende Punkte zur Optimierung und Weiterentwicklung identifiziert:

- Etablierung von Kundenumfragen,
- Aktualisierte, regelmäßige Statusmeldungen der Störungsbearbeitung an den Benutzer (abhängig von der ermittelten Priorität, aber definierte Zyklen),
- ARS-Helpdesk Tool-Box von Remedy als globale Lösung (Integration und Vereinheitlichung der unterstützenden Systemlandschaft),
- Knowledge-Datenbank für bekannte Fehler, Probleme, Workarounds etc. (global),

- Etablierung von Kennzahlensystemen und Berichterstattungswesen,
- Proaktives Problem-Management,
- Implementierung einer Softwarebibliothek,
- Implementierung von Release-Management und einer Konfigurationsdatenbank,
- Integration der Support-Prozesse mit Service-Level-Management (toolbasiert).

21.5 Erkenntnisse im Rahmen der serviceorientierten IT-Management-Initiative

21.5.1 Kritische Erfolgsfaktoren

Folgende Faktoren waren für den Erfolg der serviceorientierten IT-Management-Initiative der 3M Deutschland GmbH ausschlaggebend:

- **Buy-in-Phase:** Mit Hilfe der Buy-in-Phase konnten sowohl Mitarbeiter als auch Führungskräfte von dem ITIL-Konzept überzeugt und deren Unterstützung bei der Umsetzung erlangt werden. Ohne Projektsponsoren auf der Führungsebene sind derartige Projekte zum Scheitern verurteilt.
- **„Just DO-its":** Um schnelle Erfolge zu erzielen und damit die Akzeptanz für die ITIL-Prinzipien innerhalb der Organisation zu steigern, sollte zunächst weniger Aufwand in detaillierte Prozessbeschreibungen gesteckt werden, sondern so schnell wie möglich erste Maßnahmen umgesetzt werden.
- **Nutzen für die Mitarbeiter aufzeigen:** Sowohl die Akzeptanz als auch das Verständnis der Mitarbeiter gegenüber den „neuen" Prozessen war zunächst gering. Aus diesem Grund wurden der persönliche Nutzen und die Vorteile, welche durch die Umsetzung der ITIL-Prozesse für die Mitarbeiter selbst einhergehen, verdeutlicht. So überzeugten Argumente wie die zusätzliche Übernahme von Verantwortung, zunehmende Flexibilität und die Schaffung eindeutiger Verantwortlichkeiten.
- **Kommunikation:** Um innerhalb der Organisation Akzeptanz und Respekt für die Arbeit des Support-Bereiches zu schaffen, wurden aktive Kommunikationsmaßnahmen durchgeführt, wie z. B. die Veröffentlichung von Berichten in der hausinternen Zeitschrift.
- **Motivation:** Berichte über Erfolge bzw. herausragende Leistungen der Mitarbeiter werden alle zwei Monate erstellt, wodurch ein motivationssteigernder Effekt erzielt wird. Aber auch Belohnungen werden für

Extraarbeiten gewährt. Zudem wird die zunehmende Übernahme von Verantwortung auf der operativen Ebene des Service-Desks innerhalb der Organisation aktiv kommuniziert, so dass der Respekt vor den Support-Mitarbeitern steigt.
- **Messbarkeit:** Die Meilensteine sollten realistisch und relativ zeitnah formuliert werden, um ein „Entgleisen" des Projektes zu vermeiden. Zudem sollten die gesetzten Ziele operationalisiert werden, so dass deren Erreichen gemessen und bestätigt werden kann. Der Fortschritt sollte entsprechend den gesetzten Zielen nachgewiesen und berichtet werden.

21.5.2 Vor- und Nachteile der Ausrichtung an ITIL

Der „IT Service und Support"-Bereich der 3M Deutschland GmbH hat auf die Erstellung eines Geschäftsmodells für die Umsetzung der serviceorientierten IT-Management-Initiative verzichtet. Aus diesem Grund werden die Vor- und Nachteile zum größten Teil auf qualitativer Ebene geschildert.

Folgende Vorteile bietet die Ausrichtung an ITIL für die 3M Deutschland GmbH:

- **Personaleinsparung:** Vor Einführung der ITIL-Prinzipien verfügte der Support-Bereich über 25 Mitarbeiter. Trotz steigender Komplexität der Anwendungslandschaften und der Betreuung zusätzlicher IT-Services bzw. 500 zusätzlicher Anwender konnte die Mitarbeiterzahl auf 19 reduziert werden.
- **Verkürzung der Durchlaufzeit:** Die durchschnittliche Durchlaufzeit von Störungen bzw. Serviceanfragen betrug vor Beginn der Transitionsphase im Jahr 2001 ca. 15 Minuten, während die aktuelle Durchlaufzeit nur noch 10 Minuten beträgt.
- **Gestiegene Kunden- und Managementzufriedenheit:** Obwohl derzeit noch keine offiziellen Kundenumfragen durchgeführt wurden, konnte über Mund-zu-Mund-Propaganda erstes Feedback zur Supportqualität nach Ausrichtung an ITIL eingeholt werden. Sowohl die Rückmeldungen der Anwender als auch der Geschäftsleitung sind sehr positiv zu bewerten.
- **Mitarbeiterzufriedenheit:** Mehrere Faktoren führen zur Steigerung der Mitarbeiterzufriedenheit:
  - Verbesserung der Kommunikation zwischen IT-Organisation und Benutzer,
  - Verbesserung der Kommunikation innerhalb IT,

- Erhöhung der Flexibilität und Anpassungsfähigkeit der Ablauforganisation,
- Mehr Spielraum für IT-Mitarbeiter durch Rotationsmöglichkeiten,
- Absicherung der IT-Mitarbeiter durch klare Verfahrensanweisungen,
- Höhere Verantwortlichkeiten/Eigenständigkeit für IT-Mitarbeiter durch eigenständige Betreuung von Funktionsbereichen, wie z. B. TIVOLI, Netzwerk, Monitoring, ARS/Remedy etc.,
- Mehr Anerkennung (Benutzer, Kunden, Management, Kollegen),
- Bessere Teamarbeit innerhalb des „IT Service und Support"-Bereiches sowie zu anderen Teams durch Priorisierung von Support- vs. Projektarbeit.

- **Optimierte IT-Prozesse:** Die Ausrichtung an dem „Best-Practice"-ITIL stellt sicher, dass die neuen Prozesse qualitativ abgesichert sind und Ineffizienzen vermieden werden. Durch die Standardisierung und die bereichsübergreifende Vereinheitlichung der IT-Prozesse kann Transparenz geschaffen werden, wodurch eine weitere Optimierung und Verfeinerung der Prozesse ermöglicht wird.

Den genannten Vorteilen stehen folgende Nachteile gegenüber:

- **Bürokratie:** Durch die starre Definition von Arbeitsabläufen und deren Unterstützung durch Tools wird eine hohe Erwartungshaltung geschaffen. Die Mitarbeiter können das Gefühl bekommen, sämtliche Prozesse im Bereich Support würden dadurch mehr oder weniger automatisiert. Fehlendes, eigenständiges Denken und starre Vorgehensweise nach den im Tool vorgegebenen Abläufen können die Folge sein. Die Initiierung notwendiger Maßnahmen für kritische Sonderfälle wird dadurch versäumt und Eigeninitiative verhindert.
- **Aufwand zur Einführung:** Der Aufwand, der bei der Einführung der ITIL-Prinzipien entsteht, darf nicht unterschätzt werden. 14-Stunden-Tage waren in der Einführungsphase für einige Mitarbeiter und die Führungskräfte das normale Pensum.

22 Fallstudie über die Ausrichtung der Stadt Köln an dem Best-Practice „IT-Infrastructure-Library" (ITIL)[6]

22.1 Die Stadt Köln

Die Stadt Köln mit 1.020.030 Einwohnern im Jahr 2003 verfügt über ca. 50 dezentrale Dienststellen. Hierunter fallen Sozialämter, Kfz-Zulassung, Wahlamt, Schulen, Feuerwehr, Marktamt, um nur einige zu nennen. Die Stadt Köln beschäftigt 19.387 Mitarbeiter und verfügt über ein Haushaltsbudget von 3.186.100.000 € (Stand 2003).

Der IT-Bereich betreut mit 190 Mitarbeitern im Jahre 2003 8.200 standardisierte PC-Arbeitsplätze und hat ein Budget von 22.300.000 €. *Tabelle 22.1.* zeigt die Daten der Stadt Köln im Jahr 2003.

	Stadt Köln
Branche	Öffentlicher Sektor
Struktur	50 Dienststellen
Homepage	http://www.stadt-koeln.de/index.html
Haushaltsbudget	3.186.100.000 €
Einwohner	1.020.030
Mitarbeiter	19.387
	IT-Bereich
Mitarbeiter	190
Umsatz	22.300.000 €
PCs	8.200

Tabelle 22.1. Übersicht über die Stadt Köln (Stand 2003)

---

[6] Die Fallstudie wurde in Zusammenarbeit mit Klaus Märzhäuser, Amt für Informationsverarbeitung bei der Stadt Köln erstellt.

Aufgrund der schlechten wirtschaftlichen Situation in Deutschland und des hohen Haushaltsdefizites wird auch das Haushaltsbudget der Stadt Köln eingeschränkt. Diese Kürzungen wirken sich auch auf das zur Verfügung stehende IT-Budget aus, wodurch der Handlungszwang im Bereich der IT maßgeblich entstanden ist.

22.2 Ausgangssituation vor der ITIL-Initiative im Jahre 1998

Abbildung 22.1. zeigt die Ausgangssituation der IT der Stadt Köln übersichtsartig auf den drei Ebenen Strategie, Prozesse und Systeme.

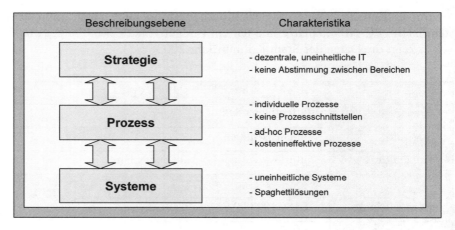

Abb. 22.1. Kurzübersicht der Ausgangssituation der Stadt Köln

22.2.1 IT-Strategie der Stadt Köln

Eine dienststellenübergreifende IT-Strategie war vor dem Jahr 1998 nicht vorhanden. Es existierten lediglich grobe Vorgaben für die einzelnen Dienststellen, inwiefern bezüglich Beschaffung und Handhabung von Informationstechnologie vorzugehen sei. Entsprechend verwalteten die Kölner Dienststellen ihre Ressourcen unabhängig voneinander, und Bereiche wie Netzwerke, Betrieb und Anwendungsbetreuung waren nicht aufeinander abgestimmt.

22.2.2 IT-Prozesse der Stadt Köln

Entsprechend der nicht vorhandenen IT-Strategie waren auch die IT-Prozesse nicht einheitlich definiert und deswegen sehr unterschiedlich gestaltet. Während bei einigen Dienststellen Prozesshandbücher existierten, waren die Prozesse in anderen Dienststellen durch Ad-hoc- Mentalität geprägt.

Dabei fehlte die Koordination zwischen den Dienststellen. Zwar gab es zentrale Ansprechpartner zur Koordination, um eine komplett heterogene Welt der Technologien zu verhindern, aber ein interner Dienstleister und eine damit einhergehende Gesamtkoordination der Dienststellen untereinander existierte nicht. Etwaige Synergien blieben dadurch unberücksichtigt. Aufgrund kaum vorhandener Restriktionen hinsichtlich IT-Investitionen spielte Effizienz ohnehin nur eine untergeordnete Rolle. Bei der Beschaffung von IT-Lösungen wurden Kostenaspekte regelmäßig vernachlässigt. Aufgrund der Autonomität wurden Hardware, Software und Netze je nach Bedarf und Belieben beschafft.

22.2.3 IT-Systeme der Stadt Köln

Auch die Systemlandschaft war sehr heterogen gestaltet. Entsprechend der IT-Prozesse entstanden zu deren Unterstützung in einigen Dienststellen aufwändige Systemlandschaften, während in anderen Dienststellen bis auf standardmäßige Tabellenkalkulationsprogramme keinerlei Tools verwendet wurden.

22.2.4 Leidensdruck

Aufgrund der autonomen und wenig restriktiven Handhabung des Themas Informationstechnologie ist innerhalb der einzelnen Dienststellen ein Wildwuchs an IT-Systemen entstanden. Synergien wurden nicht ausgenutzt und der effiziente Einsatz von Ressourcen wurde nicht überwacht. Im Zuge der beschlossenen Haushaltskürzungen der Stadt Köln konnte man sich solche Verhältnisse in der IT nicht mehr erlauben.

22.3 Transformationsprojekt

22.3.1 Ziele des Projektes

Aufgrund des Kostendrucks sollte eine neue Verwaltungsstruktur umgesetzt werden. Aufgabe war es, ein zentrales Amt für Informationsverarbeitung einzurichten, welches als interner IT-Dienstleister für die anderen Dienststellen fungieren sollte. Dementsprechend sollten die dezentralen IT-Ressourcen konsolidiert und zentral verwaltet werden. Folgende Zielsetzungen wurden mit der neuen Verwaltungsstruktur verfolgt:

- Kostensenkung,
- Bürgerservice,
- Mitarbeitergerechtigkeit,
- Steigerung von Effektivität und Effizienz,
- Einführung Controlling (Steuerung über messbare qualitative und quantitative Zielsetzungen),
- Klarheit bezüglich der Verantwortlichkeiten,
- Motivation und Kreativität.

Diese Ziele sollten neben der Zentralisierung mit Hilfe von standardisierten, vordefinierten und effizienten IT-Prozessen erreicht werden. Die vielen eigenständigen Systemlandschaften sollten durch einheitliche Lösungen ersetzt werden, und die Beziehungen zwischen den einzelnen Bereichen sollten mit Hilfe einer prozessorientierten Organisation hergestellt und berücksichtigt werden. Bei der Gestaltung der neuen Lösung sollte man sich an dem „Best-Practice"-ITIL orientieren, damit die Kundenorientierung und die Kosteneffektivität der neuen Prozesse gewährleistet sind. Die Entwicklung standardisierter, ITIL-konformer IT-Prozesse wurde für sämtliche IT-Bereiche angestrebt. Zur Integration der funktionalen und der prozessualen Sicht sollte eine Matrixorganisation, entsprechend der in *Abbildung 22.2.* gezeigten Form, gebildet werden.

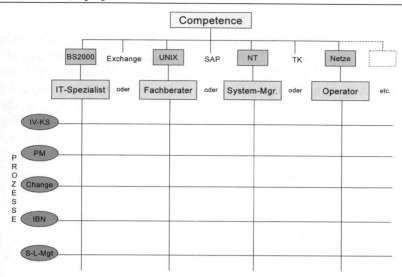

Abb. 22.2. Prozessorientierte Matrixorganisation der Stadt Köln

22.3.2 Durchführung des Projektes

Zur Gestaltung der Prozesse nach ITIL war es zunächst notwendig, ITIL-Know-how in das Unternehmen zu bringen. Hierzu wurde über eine Ausschreibung Hewlett Packard als Partner gewonnen. Anschließend entschied man sich, angelehnt an ITIL, 14 neue Prozesse zu definieren und diese schrittweise umzusetzen. Nach Durchführung von Informationsveranstaltungen zum Gesamtprojekt wurden Prozessverantwortliche bestimmt, welche die Umsetzung und Verantwortung über den jeweiligen Prozess übernehmen sollten. Im Anschluss folgten prozessspezifische Informationsveranstaltungen und mehrere Treffen der Prozessverantwortlichen. Nach einer Ist-Analyse wurden von den Prozessverantwortlichen die neuen Prozesse in Zusammenarbeit mit HP definiert. Anschließend war es Aufgabe der Prozessverantwortlichen, die neu definierten Abläufe den entsprechenden Mitarbeitern zu kommunizieren und diese zur Umsetzung und Beachtung der Prozessabläufe zu bewegen. Hierzu wurden Intensivschulungen durchgeführt. Im Zusammenhang mit der Prozesseinführung wurden die unterstützenden Tools ausgewählt und beschafft.

1999 wurde zunächst mit der Umsetzung des IV-Kundenservice (Incident-Management) begonnen. Kurz darauf folgten das Problem-Management, das Change-Management und der nicht im ITIL verankerte Prozess der Inbetriebnahme. Parallel dazu wurde in einem längerfristigen Projekt das Configuration-Management umgesetzt, wobei aktuell noch Konfigurationselemente ergänzt werden und somit die Einführung noch nicht vollständig abgeschlossen ist. Im Jahre 2000 wurden dann die Prozesse IT-Strategie, Kundenberatung/Vertrieb, Serviceplanung, Kostenmanagement und Beschaffung umgesetzt. Der Prozess Release-Management wurde im Jahr 2003 eingeführt und umgesetzt. In Bearbeitung und Planung sind die Prozesse Kapazitäts- und Verfügbarkeitsmanagement sowie die Optimierung des Betriebes und die prozessorientierte Umsetzung des Themas Sicherheit.

22.4 Neue Lösung

Abbildung 22.3. zeigt die neue Lösung der Stadt Köln übersichtsartig auf den drei Ebenen Strategie, Prozesse und Systeme.

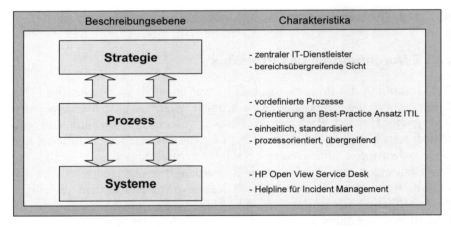

Abb. 22.3. Kurzübersicht über die neue Lösung der Stadt Köln

22.4.1 Strategie

Der IT-Bereich fungiert als zentraler IT-Dienstleister mit dem Ziel die einzelnen Dienststellen auf optimale Art und Weise, d. h. kundenorientiert und kostenoptimiert, zu unterstützen. Dabei sind eine bereichsübergreifende Sicht und einheitliche, effiziente Prozesse umgesetzt.

22.4.2 Prozesse

Die Stadt Köln hat 14 neue Prozesse geplant, welche in *Abbildung 22.4.* übersichtsartig dargestellt sind.

Im Folgenden werden die bei der Stadt Köln bereits umgesetzten „neuen" Prozesse beschrieben. Dabei handelt es sich um die Prozesse:

- IV-Kundenservice,
- Problem-Management,
- Change-Management,
- Inbetriebnahme,
- Configuration-Management.

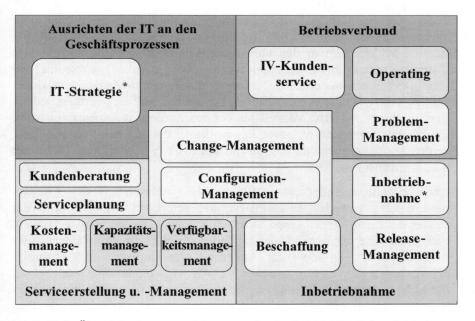

Abb. 22.4. Übersicht der „neuen" Prozesse der Stadt Köln (*= keine Orientierung an ITIL)

- IT-Strategie,
- Kundenberatung und Vertrieb,
- Serviceplanung,
- Release-Management,
- Kostenmanagement,
- Beschaffung.

Im Rahmen des IV-Kundenservice wurde ein Single-Point-of-Contact eingerichtet. Bei Einführung von neuen Arbeitsplätzen werden Kugelschreiber, auf denen die Telefonnummer der zentralen Service-Hotline gedruckt ist, verteilt. Dadurch wird erreicht, dass den Kunden die Präsenz des zentralen Service-Desks bewusst ist. Nach Eingang von Anfragen oder Störungsmeldungen werden diese analysiert und – je nach Art der Meldung (Incident) – entweder an den Vor-Ort-Service oder an den zuständigen zentralen IT-Bereich weitergeleitet. Entsprechend der ITIL-Dokumentation folgen Aktivitäten wie Klassifizierung, Priorisierung, Analyse der Störung, Bereitstellung einer Umgehungslösung, Schließen der Störung und Kommunikation mit dem User.

Die offenen Störungen werden durch den Problem-Manager auf Fehlerursachen hin untersucht und analysiert. Nach Identifikation von Problemen ist der Problem-Manager für die Ursachenanalyse und Erarbeitung einer Lösung zuständig. Dabei erhält der Prozessverantwortliche Unterstützung von den Mitarbeitern in den entsprechenden IT-Bereichen. Konnte eine Lösung für das Problem gefunden werden, wird ein Änderungsantrag zur Lösung des Problems erstellt. Derzeit ist das Problem-Management durch reaktive Aktivitäten gekennzeichnet. In Zukunft soll der Prozess jedoch verstärkt durch proaktive Aktivitäten ergänzt werden. Wenn beispielsweise bekannt ist, dass nach ca. zwei Jahren die Lüftungen der PCs versagen, werden als Konsequenz daraus die Lüftungen zwei Monate vor Ablauf der zwei Jahre ausgewechselt.

Die erstellten Änderungsanträge werden im Rahmen des Change-Managements zunächst kategorisiert und priorisiert. Entsprechend der zugeteilten Priorität existieren unterschiedliche Genehmigungsverfahren. Wirkt sich eine geplante Änderung lediglich auf den Arbeitsplatz eines Mitarbeiters aus, so kann die Änderung ohne aufwändige Genehmigungsverfahren durchgeführt werden. Bei Auswirkung auf eine Vielzahl der städtischen Dienststellen müssen die Änderungen durch das Genehmigungsgremium, bestehend aus Kundenvertretern, IT-Bereichs- und -Prozessverantwortlichen, genehmigt werden. Der Change-Manager ist für die Planung der Änderung zuständig und verteilt entsprechende Aufgabenpakete zur Umsetzung der Änderung.

Der Inbetriebnahme-Koordinator erhält die Aufgabenpakete des Change-Managers. Dabei wird ein Arbeitsauftrag erstellt, aus welchem die durchzuführenden Arbeitsschritte inklusive der notwendigen Dokumentationen, die Zuständigkeiten usw. hervorgehen. Im Rahmen einer formalen Prüfung erfolgt der Abgleich mit dem bestehenden Servicekatalog unter Berücksichtigung von Standards und Normen. Anschließend erfolgen die

Neue Lösung

Entwicklung von Lösungsalternativen, die Auswahl und ein Funktionstest. Nach der Einführungsplanung wird dafür gesorgt, dass die benötigten Ressourcen bereitstehen und ein Prototyp aufgebaut wird. Es folgen Abnahme, Integrationstest und Produktivsetzung.

Als Basis für die anderen Prozesse dient das Configuration-Management, in dem Informationen über Komponenten der IT-Infrastruktur und deren Beziehungen untereinander gespeichert und verwaltet werden. Dabei werden im Falle der Stadt Köln Netzwerke, Server, PCs und die Organisationsstruktur berücksichtigt. Eine direkte Schnittstelle zum IV-Kundenservice ist derzeit noch nicht umgesetzt, jedoch geplant, damit die Auswirkungen von Störungen in Echtzeit bestimmt und entsprechende Maßnahmen schneller getroffen werden können. Auch Finanzinformation, wie Leasing- und Garantieinformationen sowie Abschreibungen sind in der Konfigurationsdatenbank hinterlegt. Als weitere Zusatzfunktionalität ist die Integration eines Lizenzmanagements geplant.

Ziel des Prozesses IT-Strategie ist die Ausrichtung der IT an den Geschäftsprozessen. Dazu müssen die geschäftlichen Anforderungen verstanden und eine entsprechende, optimale IT-Strategie definiert werden. Auslöser für neue strategische Impulse kann zum einen das Geschäft – also z. B. ein Beschluss im Stadtrat mit strategischen Auswirkungen auf die IT – oder aber die IT selbst sein. Nach der Prüfung der technischen Realisierbarkeit folgt die Aufbereitung der strategischen Idee, auf deren Basis dann ein Geschäftsmodell erstellt wird. Nach der internen Abstimmung findet abschließend die Nachbearbeitung statt.

Neben den genannten Aufgaben nimmt der Prozessverantwortliche „IT-Strategie" an Treffen des Genehmigungsgremiums teil, um die strategischen Auswirkungen von größeren Änderungen abschätzen zu können.

Der Prozess Kundenberatung und Vertrieb stellt die Schnittstelle zum Kunden dar, indem Kundenanfragen entgegengenommen und bearbeitet werden. Dabei kann zwischen Standard- und Individualanfragen unterschieden werden. Standardmäßig sind solche Anfragen, bei denen ein vordefiniertes Produkt aus dem in *Abbildung 22.5.* angegebenen Produktkatalog bestellt wird.

> **Standardservices der Stadt Köln**
>
> - Großrechner CPU-Zeit; Großrechner Massenspeicher; EDV-Drucke,
> - Leistungspaket Basispauschale (CAN, Operating, Systemzugang, Inventarisierung, Systemsicherheit inklusive Virenschutz, Softwarepaketierung, Softwareverteilung, Betrieb E-Ablage, Datensicherung, drucken im Netz, interne E-Mail, externer E-Mail-Zugang, Intranet, IV-Kundenservice),
> - Zusatzpakete IV-Basiskonzept (Neuinstallation von Basisrechnern, Rollout, externe E-Fax, zusätzliche öffentliche Ordner, Internetnutzung, erweiterte E-Ablage),
> - Online-Teleservice,
> - Leistungspaket Online-Telearbeitsplatz inklusive Support,
> - IuK-Pauschalen (Nicht Standard-PC oder Drucker),
> - Telekommunikationsleistungen,
> - Leistungspaket SAP R/3-Systembereitstellung (Info-User, Standard-User, Power-User),
> - Leistungspaket INKA,
> - Optische Archivierung/DMS,
> - Zusätzliche Serviceleitungen,
> - Beratungsleistungen/Inbetriebnahmen,
> - Datenbankanwendungen (Oracle, Informix, MS SQL-Server),
> - Testcenter/Testkapazitäten,
> - Arbeitsplatztypen (Köln PC, Tele-Arbeitsplatz, T-Desk).

Abb. 22.5. Serviceportfolio der standardmäßigen IT-Services der Stadt Köln

Individualanfragen haben meist die Entwicklung neuer Services zur Folge. Sowohl Standard- als auch Individualanfragen werden im Rahmen des Change-Managements koordiniert und verwaltet. Dabei leitet der Change-Manager standardmäßige Anfragen an den Inbetriebnahmekoordinator weiter, während Anfragen nach neuen Services in Form von Projekten dem Verantwortungsbereich der Serviceplanung übergeben werden.

Im Rahmen der Serviceplanung werden neue Services geplant und umgesetzt. Während der Planung werden in Abhängigkeit von der nachgefragten Menge die benötigten Ressourcen in Abstimmung mit der Beschaffung bestimmt und die Kosten im Rahmen des Kostenmanagements kalkuliert. Anschließend werden Machbarkeitsstudien durchgeführt, zusammen mit dem Kunden eine Alternative ausgewählt und Funktionstests durchgeführt.

Auch das Release-Management wurde zuletzt bei der Stadt Köln entsprechend den im ITIL-Framework gegebenen Aktivitäten und Hinweisen gestaltet und umgesetzt.

22.4.3 Systeme

Die beschriebenen Prozesse werden größtenteils mit HP Open View Service Desk unterstützt. Eine Ausnahme bildet der Bereich IV-Kundenservice, bei welchem aus unterschiedlichen Gründen, darunter insbesondere niedrige Kosten, 1999 die Lösung Helpline eingeführt wurde und noch heute Bestand hat. Diese soll jedoch in naher Zukunft durch HP Open View Service Desk ersetzt werden.

22.4.4 Geplante Weiterentwicklungen

Derzeit sind nur elf der geplanten 14 „neuen" Prozesse eingeführt. Zukünftig soll der Prozess Kapazitätsmanagement eingeführt werden. Daraufhin soll die ITIL-konforme Gestaltung des Verfügbarkeitsmanagement, der Prozess Sicherheit und Betrieb folgen. Aber auch die bereits umgesetzten Prozesse werden kontinuierlich verbessert und ergänzt, wie in obigen Prozessbeschreibungen nachzulesen ist. Dabei sollen auch die Erfahrungen der Mitarbeiter einfließen.

22.5 Erkenntnisse

Die Stadt Köln hat nun seit vier Jahren Erfahrungen mit serviceorientiertem IT-Management gesammelt. Folgende Erkenntnisse wurden dabei gewonnen.

22.5.1 Kritische Erfolgsfaktoren

Im folgenden Abschnitt sollen auf Basis der Erfahrungen die Faktoren beschrieben werden, die im Falle der Stadt Köln für den Erfolg einer solchen Restrukturierung verantwortlich sind.

- **Erwartungsmanagement:** Bei Ankündigung der Restrukturierung ist die Erwartungshaltung sehr hoch und der Aufwand für die Umsetzung wird unterschätzt. Die Folge sind Enttäuschungen im späteren Projektverlauf. Die Motivation der Projektbeteiligten sinkt, und die Mitarbeiter konzentrieren sich wieder verstärkt auf das Tagesgeschäft, anstatt das Projekt voranzutreiben. Durch ein konsequentes Erwartungsmanagement können solche Probleme vermieden werden. Die zu erwartenden Ziele und der zu erwartende Aufwand müssen im Voraus klar kommuniziert werden. Um zusätzliche Motivation zu erzeugen, sollten die erreichten Erfolge aufgezeigt werden.
- **Projektplanung und -ablauf:** In den ersten Projektphasen wurden die Prozessschritte sehr detailliert geplant und es wurde viel Zeit und Aufwand für die Definition und Beschreibung der Prozesseigenschaften verwendet. Die Umsetzung wurde dabei zunächst vernachlässigt. Verzögerungen und Verlust der anfänglichen Euphorie waren die Folge. In späteren Projektphasen wurde deshalb auf eine detaillierte Planung verzichtet und früh mit der Umsetzung der neuen Prozesse begonnen. Dabei begnügte man sich mit einer groben Definition und Beschreibung der Prozesseigenschaften mit dem Bewusstsein, dass in späteren Perioden eine kontinuierliche Weiterentwicklung und Verbesserung der umgesetzten Prozesse erfolgen muss.
- **Projektteam und Matrixorganisation:** Bei der Auswahl der Prozessverantwortlichen sollten die Positionen der Mitarbeiter in der Unternehmenshierarchie nur eine untergeordnete Rolle spielen. Die Prozessverantwortlichen der „neuen", serviceorientierten IT-Management-Prozesse haben faktisch keine Weisungsbefugnis. Dennoch sind Anweisungen z. B. des Change-Managers von dem Inbetriebnahme-Koordinator zu befolgen. Der Druck muss hierbei von der Bereichsleitung ausgehen. Die Bewertung der Mitarbeiter und damit z. B. die Möglichkeit einer Beförderung können an die Einhaltung der definierten Prozessabläufe gekoppelt sein.
- **Configuration-Management:** Die Identifizierung der Konfigurationselemente hat sich als ein sehr aufwändiges Unterfangen herausgestellt. Es wurden insgesamt 48 unterschiedliche Datenquellen mit relevanten Daten identifiziert. Zunächst wurden diese Daten in die Konfigurationsdatenbank importiert, wobei sich dieser Schritt als wenig zielführend erwiesen hat, da zu viele irrelevante Konfigurationselemente importiert wurden und die Beziehungen zwischen den einzelnen Komponenten nicht abgebildet waren. Daraus entstand ein Dimensionierungsproblem. Die wirklich benötigten Komponenteninformationen mussten neu def-

iniert werden und dementsprechend die Konfigurationsdatenbank mit Daten gefüllt werden.
- **Schulungen – Schaffung von Akzeptanz und Verständnis:** Bei Projektbeginn war die Unsicherheit bei den Mitarbeitern groß. Die neuen Prozesse wirkten kompliziert und die Mitarbeiter fühlten sich überfordert. Hinzu kam die Angst vor Arbeitskontrollen und der Einschränkung der Entscheidungsbefugnis. Die Folge war fehlende Akzeptanz für die ITIL-Initiative.

Aufgrund dessen führten die Projektleiter im Jahr 2002 eine umfassende Schulungsinitiative durch. Zunächst wurden einzelne Workshops mit Schlüsselmitarbeitern durchgeführt um zu erfahren, wo genau die Probleme liegen und wie man diese optimalerweise lösen kann. Dazu wurden detaillierte Tabellen mit den einzelnen Prozessschritten erstellt. Auf Basis dieser Tabellen wurden reale Fälle konstruiert, nach welchen die einzelnen Prozessschritte abgearbeitet werden konnten. Wichtig hierbei war, dass auch Mitarbeiter mit negativer Haltung dem Projekt gegenüber in die Workshops integriert wurden. Anschließend wurden dann eineinhalbtägige Schulungen mit ca. fünf bis sieben Mitarbeitern durchgeführt, bei denen am eingeführten System die konstruierten Fälle nachvollzogen wurden.

Insgesamt wurden im Jahr 2002 140 Mitarbeiter geschult. Auffrischungsschulungen sollen folgen. Dabei werden Optimierungs-vorschläge der Mitarbeiter berücksichtigt. Die Projektleiter stehen rund um die Uhr als Ansprechpartner für Probleme zur Verfügung. Seitdem ist das Verständnis für die Prozesse und die Akzeptanz der Mitarbeiter stark gestiegen. Optimalerweise sollte man bei Einführung von ITIL-Prozessen frühzeitig ein umfassendes Schulungskonzept erstellen und durchführen. Wichtig hierbei ist, dass auf interne Schulungsressourcen zurückgegriffen wird, da nur interne Mitarbeiter die Probleme der Kollegen verstehen und auf diese in geeigneter Art und Weise eingehen können.

22.5.2 Kosten und Nutzen

Abbildung 22.6. gibt Hinweise auf die Entwicklung des Kosten-Nutzen-Verhältnisses in den letzten vier Jahren. (Für die Kosten pro Arbeitsplatz wird aufgrund eines sehr spezifischen Berechnungsverfahrens auf die Angabe von konkreten Werten verzichtet und nur die Entwicklung aufgezeigt.)

Der starke Anstieg der Userzahl von 3.000 (1999) auf 8.241 (2003) ist darauf zurückzuführen, dass die verschiedenen Dienststellen der Stadt Köln nach und nach auf den zentralen IT-Dienstleister zurückgreifen und die IT von diesem beziehen. Dabei blieb die Gesamt-Userzahl der Stadt Köln relativ konstant. Für das Amt für Informationsverarbeitung hat sich der Betreuungsaufwand in den letzten vier Jahren jedoch verdoppelt. Die Störungsanzahl plus die Anzahl der Serviceanfragen ist bis zum Jahr 2002 trotz Einführung der ITIL-Prozesse relativ kontinuierlich von 46.500 auf 72.000 (Meldungen pro Jahr) gestiegen, während die Kosten pro Arbeitsplatz bis 2002 relativ konstant geblieben sind. 2002 ist die Störungsanzahl plus die Anzahl der Serviceanfragen das erste Mal um ca. 7 % auf 67.000 (Meldungen pro Jahr) gesunken, bei einem Anstieg der Userzahl um ca. 6 % und gleichzeitiger Senkung der Kosten pro Arbeitsplatz um knapp 30 %. Die Ursachen für diese positive Entwicklung werden von der Stadt Köln im Wesentlichen der Restrukturierung gemäß ITIL zugesprochen, da während den letzten Jahren kein Technologiewechsel oder ähnliche Maßnahmen vorgenommen wurden, die eine derartige Entwicklung begründen könnten.

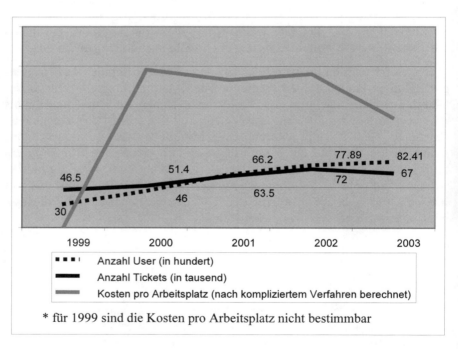

Abb. 22.6. Entwicklung des Service-Supports bei der Stadt Köln seit 1999

Es fällt auf, dass der Nutzen der „neuen" Prozesse erst 2002 zum Tragen kam, obwohl schon 1999 begonnen wurde, diese umzusetzen. Dieser Umstand kann durch die Schulungen, die 2002 in großem Umfang durchgeführt wurden, erklärt werden. Erst nach Durchführung der Schulungen wurden die Prozesse von den Mitarbeitern richtig verstanden, deren Sinn erkannt und entsprechend der Beschreibung gelebt. Hieran ist die Bedeutung der menschlichen Faktoren in einem derartigen Projekt zu erkennen. Der Erfolg der Umsetzung einer ITIL-konformen IT-Organisation hängt entscheidend von der Akzeptanz und dem Verständnis der Mitarbeiter ab, die diese Prozesse Tag für Tag ausführen und „leben" müssen. Daher sollte ausreichend Zeit und Aufwand für Schulungen, Workshops, Trainings etc. eingeplant und verwendet werden.

Folgende Prozessvorteile sind im Falle der Stadt Köln für die positive Entwicklung des Kosten-Nutzen-Verhältnisses verantwortlich:

Aus Sicht der IT-Organisation sind dies bessere Ressourcenplanung,
- Vermeidung von Medienbrüchen,
- Informationsquellen zur Ermittlung von Kennzahlen,
- Transparenz sowie
- aktuelle Verfügbarkeit von Berichtsdaten.

Aus Sicht der Kunden sind dies

- Kostenersparnis durch Synergien,
- gesicherte Umsetzung durch standardisierte Abläufe,
- höhere Qualität der bereit gestellten Dienstleistungen durch Integration aller Betriebsbereiche und Prozesse sowie
- Transparenz.

Teil F:
Bewertung und Fazit

23 Bewertung des serviceorientierten IT-Managements nach ITIL auf Basis der Fallstudien

Im folgenden Abschnitt sollen die Erkenntnisse, die aus den Fallstudien gewonnen wurden, kumuliert und dadurch allgemeine Aussagen zu Vor- und Nachteilen der Umsetzung eines serviceorientierten IT-Managements nach ITIL abgeleitet werden. Zudem werden die wesentlichen Faktoren, die für eine erfolgreiche Einführung maßgeblich sind, zusammengefasst.

Im Falle jedes der in *Kapitel 4* vorgestellten Unternehmen überwiegen die positiven Effekte der ITIL-Einführung gegenüber den negativen Effekten. Generell können einer ITIL-Einführung demnach positive Netto-Auswirkungen zugesprochen werden.

In keiner der vorgestellten Fallstudien wurde ein „Business-Case" für die Durchführung der ITIL-Projekte erstellt. Wesentliche Gründe für den Verzicht waren die Langfristigkeit der ITIL-Initiativen, die parallele Umsetzung anderer IT-relevanter Projekte und damit einhergehende Schwierigkeiten der Bestimmung des Nettonutzens sowie das Fehlen eines Rechtfertigungsgrundes für die Einführung von ITIL. Letzterer Aspekt wird durch die bereits starke Verbreitung der ITIL begründet, so dass die Einführung derselbigen eines „State-of-the-Art" gleichkommt. Die Errechnung des Nettonutzens einer Ausrichtung am „State-of-the-Art" wäre in den meisten Fällen unwirtschaftlich. Grund hierfür ist der nicht zu unterschätzende Aufwand der Kosten-Nutzen-Bestimmung.

Die positiven Effekte werden durch folgende Faktoren erzielt (Auflistung in Rangfolge der genannten Vorteile beginnend mit dem wichtigsten):

- Kunden-/Serviceorientierung bzw. Qualität der gelieferten IT-Leistung,
- Effizienz durch Standardisierung und Prozessoptimierung,
- Transparenz, Überwachung, Vergleichbarkeit und Dokumentation der IT-Prozesse.

Einstimmiger Tenor der Fallstudien ist eine mit der ITIL-Einführung einhergehende Erhöhung der **Kunden- bzw. Serviceorientierung**. Zum einen können durch die ITIL-konformen Service-Support-Prozesse Störungen, Fehler und Probleme schneller behoben bzw. Serviceanfragen, wie z. B. die Einrichtung eines neuen Passwortes, zügiger bearbeitet werden. Zum anderen können durch die institutionalisierte Proaktivität, die mit den ITIL-Prinzipien einhergeht, Fehler, Störungen und Probleme vermieden werden. Zuverlässigere IT-Services und eine damit einhergehende Kunden- bzw. Anwenderzufriedenheit sind die Folge. Durch Einführung von SLAs und einem entsprechenden kundenorientierten Überwachungs- und Berichterstattungswesen kann die Subjektivität der Kunden-Lieferanten-Schnittstelle weitestgehend eliminiert werden und die Verhandlungen auf Basis objektiver Qualitäts- und Leistungsparameter geführt werden. Die häufig durch IT-Ausfälle entstehende Emotionalität der IT-Anwender wird durch die Definition und Messung objektiver und vergleichbarer Leistungskriterien relativiert. Die wahrgenommene Qualität der gelieferten IT-Services steigt durch diesen Effekt.

Nicht nur die Qualität der erbrachten Leistungen steigt im Zuge von I-TIL-Transformationsprojekten, sondern auch die **Effizienz** der Leistungserstellung, wie die Erfahrungen der vorgestellten Unternehmen zeigen. Dieser Effekt wird erzielt durch Standardisierungsbemühungen und Prozessoptimierung. Standardisierung der orts- und bereichsübergreifenden IT-Prozesse erlaubt die gesamthafte Ausrichtung an den „Best-Practices". So laufen beispielsweise die Prozesse in dem Supportzentrum in China genau gleich ab wie im Supportzentrum in den USA. Dadurch wird eine Vergleichbarkeit gewährleistet, durch welche Ineffizienzen an spezifischen Standorten schnell aufgedeckt werden können. Des Weiteren können Prozessoptimierungen beispielsweise durch Zentralisierung dezentraler Servicestandorte erzielt werden. Der Koordinationsaufwand für standortübergreifende Störungen kann dadurch beispielsweise drastisch gesenkt werden. Eine Unterstützung der ITIL-Prozeduren durch Tools steigert die Effizienz der Prozessabläufe zusätzlich.

Durch Ausrichtung der IT-Bereiche nach ITIL konnte in den betrachteten Unternehmen zusätzliche **Transparenz** bezüglich der IT-Prozesse und der IT-Leistungen gewonnen werden. Durch konkrete Definition und Überwachung der zu liefernden IT-Leistungen, inklusive der entsprechenden Qualitätsparameter, herrscht zwischen Kunde und IT-Dienstleister Klarheit über die konkrete servicespezifische Ausgestaltung der Leistungsbeziehung. Emotionalen, subjektiven Eindrücken kann dadurch vorgebeugt werden. Auch die Transparenz der IT-Leistungserstellung wird für den IT-Dienstleister durch Einführung von Prozessdokumentationen erhöht. Konkrete Kennzahlen geben in regelmäßigen Berichten bedarfsgerecht Auskunft über Prozessdurchlaufzeiten, qualitative Mängel, Erstlösungsquoten usw. Durch zeitlichen und standortspezifischen Vergleich solcher Kennzahlen werden Schwachstellen und Ineffizienzen transparent.

Durch Einführung eines serviceorientierten IT-Managements nach ITIL können also die Kunden- bzw. Serviceorientierung, die Effizenz der Leistungserstellung und die Transparenz bezüglich der IT-Prozesse und der IT-Leistungen erhöht werden.

Im Rahmen der Einführung eines serviceorientierten IT-Managements entstand in den betrachteten Fällen sowohl für die Durchführung des Transformationsprojektes als auch für den laufenden Betrieb der neuen Prozeduren **zusätzlicher Aufwand**. Dabei wurden für die Projektdurchführung folgende Aufwandarten betont:

- Der Aufwand für Projektplanung und -koordination darf nicht unterschätzt werden, da zumeist mehrere Bereiche bzw. Standorte restrukturiert werden und deren Prozesse (z. B. im Rahmen des Change-Managements) aufeinander abgestimmt werden sollen.
- Der Aufwand für Systementwicklung und Customizing der Tools, ohne welche in den betrachteten Fällen eine derartige Gestaltung der neuen Prozeduren nicht möglich war, ist hoch.
- Der Aufwand für Personalbeschaffung und -entwicklung ist hoch, da in den betrachteten Fällen eine Kulturveränderung durchgeführt wurde und die Akzeptanz bzw. das Verständnis für die neuen Prozesse des serviceorientierten IT-Managements vor Beginn der Transformationsprojekte fehlte. Intensive, flächendeckende Schulungen mussten daher durchgeführt werden bzw. neues Personal beschafft werden.
- Der Aufwand für Projektmarketing darf ebenfalls nicht unterschätzt werden, da in den betrachteten Unternehmen ein beträchtlicher Kommunikationsbedarf vorhanden war, sowohl auf Managementebene als auch bei den Mitarbeitern. Es wurden neben den Schulungen aufwändige und umfassende Marketingkampagnen durchgeführt, die zum Ziel hatten, Akzeptanz für das serviceorientierte IT-Management zu generieren.
- Der Aufwand für Qualitätssicherung und Beratung entsteht im Wesentlichen, um die Qualität der neuen Prozessdokumentationen (z. B. für die Prozesse des Incident-Managements oder des Capacity-Managements) zu gewährleisten.

Als laufende Aufwandsarten für das serviceorientierte IT-Management sind folgende in den vorgestellten Fallstudien in den Vordergrund gestellt worden:

- Zum einen entsteht teilweise zusätzlicher Aufwand bei der Durchführung der neuen Prozesse. So müssen beispielsweise im Rahmen des Change-Managements für die Erstellung einer Änderung gewisse Angaben (wie z. B. betroffene Anwender, IT-Komponenten etc.) gemacht werden, ohne welche eine Erstellung der Änderung per Default nicht möglich ist. Solche Angaben erhöhen die Effizienz und die Qualität des Folgeprozesses, erzeugen aber einen zeitlichen Zusatzaufwand bei der Erstellung der Änderung.
- Zusätzlicher Aufwand ist auch für die kontinuierliche Überwachung der Prozesskennzahlen und Leistungsparameter (SLAs, interne und externe Absicherungsverträge etc.) einzuplanen.
- Zudem entsteht weiterer Aufwand zum Betrieb der benötigten Infrastruktur. Prozesse wie das Incident-Management, Problem-Management oder Change-Management werden durch integrierte Tools unterstützt, welche zusätzliche Infrastrukturkapazitäten beanspruchen.

Als ein weiterer genereller Nachteil der ITIL-Prinzipien wurde vielfach die **Bürokratie** bzw. die fehlende Individualität erwähnt. Durch die mit dem serviceorientierten IT-Management einhergehende Standardisierung der IT-Prozesse werden z. B. auch die Supportprozesse mit Hilfe eines Single-Point-of-Contact und einem zentralen Service-Desk vereinheitlicht und persönliche Kontakte zwischen Kunden und Mitarbeitern im Supportbereich („Hey-Joe"-Prinzip) werden nicht mehr unterstützt. Ein temporäres Sinken der Kundenzufriedenheit kann die Folge sein. Zudem können mit Bürokratie immer auch Ineffizienzen verbunden sein, so dass generell die Aussage getroffen werden kann, dass mit sinkender Größe des IT-Bereiches der durch die Standardisierung und Etablierung proaktiver Aufgaben einhergehende Nutzen des serviceorientierten IT-Managements sinkt. Diese Tatsache kann anschaulich am Beispiel des Change-Managements verdeutlicht werden. Bei kleineren IT-Organisationen mit ungefähr fünf bis zehn Mitarbeitern ist es kaum sinnvoll, für Infrastrukturänderungen ein ITIL-konformes Change-Management inklusive Erstellung von Änderungsanträgen, Änderungskommitee und vordefinierten Eskalationsverfahren zu etablieren. Eine „Just-Do-It"-Methode wäre in solchen Fällen gegebenenfalls effizienter und effektiver. Demnach sollten die ITIL-Prinzipien, entsprechend den Unternehmensanforderungen, angepasst werden und selektiv umgesetzt werden.

In allen betrachteten Unternehmen überwiegen die Vorteile des serviceorientierten IT-Managements gegenüber den Nachteilen bzw. der Nutzen des serviceorientierten IT-Managements überwiegt gegenüber dem entstehenden Aufwand. Durch Beachtung wichtiger Faktoren können die Projekte zur Umsetzung des serviceorientierten IT-Managements effizienter und effektiver gestaltet werden und damit der Nutzenvorteil solcher Initiativen weiter erhöht werden. Dabei soll eine Zusammenfassung der wichtigsten in den Fallstudien genannten Erfolgsfaktoren helfen.

In den vorgestellten Fallstudien war die größte Herausforderung bei der Umsetzung und Etablierung von serviceorientiertem IT-Management die fehlende Akzeptanz und das fehlende Verständnis für die Notwendigkeit, „neue" Prozesse einzuführen. Die Mitarbeiter waren überzeugt, gute Arbeit zu leisten und missinterpretierten daher die neuen Initiativen als persönlichen Affront gegen ihre Arbeit. Nur mit der Unterstützung der Mitarbeiter und dem Verständnis für die serviceorientierten Prozesse kann eine derartige Initiative jedoch zum Erfolg führen. Daher war es letztlich erfolgsentscheidend, inwiefern sich akzeptanzstiftende Maßnahmen auf die Mitarbeiter auswirken würden. Folgende Maßnahmen erwiesen sich bei den betrachteten Unternehmen dabei als wirksam:

- Aufzeigen kurzfristiger Erfolge (Quick Wins) und dadurch des Nutzens des serviceorientierten IT-Managements (messbare Projektziele anstreben),
- Kontinuierliche Verbesserung anstreben, um die Nachhaltigkeit des Erfolges zu gewährleisten,
- Marketingkampagnen (Buy-in-Phase, Erwartungsmanagement, Nutzung interner Publikationsmedien, Roadshows, Workshops, Seminare etc.) zur Schaffung von Akzeptanz und Verständnis,
- Unterstützung durch die Geschäftsleitung einholen, um Druck ausüben zu können,
- Flächendeckende Schulungen durchführen und Skill-Management betreiben,
- Bildung virtueller Projektteams, um die „neuen" Prozesse nicht losgelöst von den operativen Tätigkeiten zu entwickeln und eine gleichzeitige Integration der Serviceorientierung in bestehende Bereiche zu erzielen.

24 Fazit und Ausblick

Die generellen Nutzenvorteile des serviceorientierten IT-Managements sind offensichtlich und können in der unternehmerischen Praxis beobachtet werden, wie im letzten Abschnitt anhand der zusammengefassten Erkenntnisse aus den Fallstudien gezeigt wurde. Eine Steigerung der Kunden- bzw. Serviceorientierung, der Effizienz und der Transparenz bezüglich der IT-Prozesse und der IT-Leistungen kann durch ein serviceorientiertes IT-Management erreicht werden.

In der unternehmerischen Praxis wird für die Umsetzung eines serviceorientierten IT-Managements der Standard ITIL verwendet. In diesem sind die beiden Aufgabenbereiche des serviceorientierten IT-Managements, der Bereich Service-Delivery und der Bereich Service-Support, beschrieben. Obwohl die ITIL bereits umfassende Konzepte, Methoden und Hinweise für das serviceorientierte IT-Management liefert, besteht nach wie vor Bedarf für Weiterentwicklung:

- Erweiterung des serviceorientierten IT-Managements auf der strategischen Ebene,
- Möglichkeiten der organisatorischen Verankerung,
- Unternehmensspezifische Szenarien,
- Möglichkeiten der technischen Umsetzung.

Die in der ITIL berücksichtigten Bereiche des serviceorientierten IT-Managements konzentrieren sich im Wesentlichen auf die taktisch-operativen Tätigkeiten der Serviceplanung, der Serviceentwicklung und des Servicebetriebes. Unternehmen, die sich ausschließlich nach der ITIL ausrichten, vernachlässigen dabei ihre **strategischen Prozesse des IT-Managements**. So bleiben beispielsweise strategische Fragen des Portfolio-Managements unbeantwortet. Wie sollen IT-Dienstleister ihr Angebotsportfolio an den Bedürfnissen des Marktes ausrichten und wie kann das Angebotsportfolio gesteuert werden? Wie ergänzen sich Service-, Projekt- und Applikationslandschaften und wie sind die Beziehungen zwischen diesen? Das serviceorientierte IT-Management nach ITIL konzentriert sich auf eine servicespezifische Betrachtung. Serviceübergreifende Konzepte, Methoden und „Best-Practices" müssen noch entwickelt werden. Auch strategische Fragen des Lieferanten-, Entwicklungs- und Produktionsmanagements werden beim serviceorientierten IT-Management nach ITIL vernachlässigt. Darunter fallen beispielsweise „Make-or-Buy"-Entscheidungen oder Sourcing-Konzepte. Auch Fragen der IT-Governance werden in der ITIL nicht diskutiert und in die serviceorientierte Gedankenwelt einbezogen. Welche Auswirkungen haben Kontraktionszwänge, langfristige, vertragliche Regelungen etc. auf die IT-Services und deren qualitative Wahrnehmung beim Kunden? Zudem bleiben Standardisierungsfragen, beispielsweise im Rahmen der Anwendungs- und Infrastrukturarchitektur, offen. Welche Auswirkungen hat eine zunehmende Standardisierung auf die Flexibilität und die Qualität der angebotenen IT-Dienstleistungen? Die ITIL kann wertvollen Input für die planerischen und steuernden Bereiche des Entwicklungs-, Produktions-, Kunden- und Lieferanten-Managements liefern. Für das strategische Lieferanten- und Portfolio-Management sowie für die strategischen Bereiche des Entwicklungs-, Produktions- und Kunden-Managements liefert die ITIL hingegen nur wenige, sehr allgemeine Hinweise.

Problematisch erweist sich die **organisatorische Verankerung** des serviceorientierten IT-Managements. Wie können die neuen Aufgaben in den bestehenden Organisationsstrukturen verankert werden? Wie können die Prinzipien des serviceorientierten IT-Managements einer typischen Aufbauorganisation im IT-Bereich zugeordnet werden? Sind Aufgabenbereiche des Service-Delivery beispielsweise bereichsübergreifend wahr zu nehmen oder konzentrieren sich die Zuständigkeiten auf einzelne funktionale Säulen? Hierzu sind keinerlei „Best-Practices" bekannt. Referenzüberlegungen wären für Projektmanager, die mit der Ausrichtung nach ITIL beauftragt sind, hilfreich. Zudem sind auch auf Prozessebene die Beziehungen nicht eindeutig geklärt. Wie sieht beispielsweise die konkrete Schnittstelle zwischen Aufgabenbereichen des Service-Delivery und des Application-Managements aus? Inwiefern werden Erkenntnisse aus dem IT-Betrieb in den Prozess der IT-Entwicklung integriert? Welche konkreten Informationen liefert das Change-Management im Rahmen der Entwicklung einer neuen Anwendung bzw. der Weiterentwicklung einer bestehenden Anwendung? Solche Fragestellungen werden zwar in der ITIL angesprochen, jedoch nicht hinreichend konkretisiert. Dies führt zu Unsicherheiten und Missverständnissen bei der Gestaltung der serviceorientierten Prozesse. Eine Konkretisierung des serviceorientierten IT-Managements ist in Zukunft anzustreben.

Den „Best-Practices" für serviceorientiertes IT-Management fehlt bislang der **unternehmensspezifische Empfehlungscharakter**. In der ITIL wird beispielsweise weder auf Größenunterschiede noch auf Branchenspezifitäten eingegangen. Einige Aufgabenbereiche, Methoden und Konzepte sind beispielsweise nur ab einer bestimmten Größe der IT-Organisation wirklich sinnvoll. Leider gibt es bislang keine Richt- oder Erfahrungswerte, die Unternehmen im Rahmen der Selektion für sie relevanter Prinzipien des serviceorientierten IT-Managements unterstützen könnten. Auch branchenspezifische Anforderungen an IT-Services sind bisher nicht bekannt. So besitzt ein ausgereiftes Verfügbarkeitsmanagement für IT-Dienstleister, deren IT-Services geschäftskritische Kundenprozesse unterstützen (z. B. bei Finanzprozessen an der Börse oder IT-Dienstleistungen für den Flugverkehr), einen anderen Stellenwert als für IT-Abteilungen, die mit ihren IT-Services lediglich unkritische Supportprozesse beim Kunden unterstützen (wie z. B. Personal- oder Controlling-Prozesse in der Stahlindustrie o. Ä.). Entsprechende Empfehlungen und Hinweise würden der unternehmerischen Praxis helfen, die für die spezifischen Anforderungen relevanten Teilbereiche des serviceorientierten IT-Managements herauszufiltern.

Viele für das serviceorientierte IT-Management relevante Konzepte und Methoden sind aufgrund der **fehlenden technischen Möglichkeiten** derzeit noch nicht in einer wirtschaftlichen Art und Weise umsetzbar. Es ist derzeit beispielsweise noch nicht wirtschaftlich, die IT-Services entsprechend der vom Kunden tatsächlich abgenommenen Menge in Rechnung zu stellen. Idealer wäre, für jeden Nutzer pro Monat eine Rechnung über die Gesamt-Megabytezahl der versendeten E-Mails zu erstellen. Verursachungsgerecht würde jeder Kunde nur für die tatsächlich in Anspruch genommenen IT-Leistungen zahlen. Ein Problem im Bereich des Configuration-Managements ist z. B. die Granularität der zu verwaltenden Konfigurationskomponenten. Soll jeder Arbeitsplatz als eine IT-Komponente verwaltet werden oder ist es sinnvoll, sowohl die Eingabegeräte als auch Ausgabegeräte, Prozessoren etc. als einzelne IT-Komponente zu verwalten. Bei komplexen IT-Landschaften sind schnell nicht mehr verwaltbare Größendimensionen erreicht. Ein weiteres Problem ist die verursachungsgerechte Zuordnung der Ressourceninanspruchnahme auf die IT-Services bei verteilten Systemen. Hierbei sind beispielsweise Normierungsprobleme für CPU-Leistungen technische Barrieren. Ein Financial-Management, im Rahmen dessen die Ressourcen verursachungsgerecht den IT-Leistungen zugeordnet werden können, ist demnach bislang nur in Mainframe-Umgebungen umsetzbar. Serviceorientiertes IT-Management bedarf zur weiteren Entwicklung demnach auch noch technischer Innovationen.

Obwohl die Prinzipien des serviceorientierten IT-Managements zum großen Teil nicht neu sind (ITIL wurde bereits Mitte der 80er-Jahre entwickelt), erfährt sowohl das Gedankengut als auch die Konkretisierung (z. B. durch die in *Kapitel 2* vorgestellten Initiativen) des serviceorientierten IT-Managements derzeit eine enorme Aufmerksamkeit und Relevanz. Die Integration der ITIL-Prinzipien in die ISO 9000-Standards durch die 2006 erwartete Aufnahme des BS 15000 wird für die Nachhaltigkeit des Themas sorgen und der Aufmerksamkeit auf das serviceorientierte IT-Management einen neuen Nährboden bereiten. Zusätzlich fördern regulatorische Anforderungen, die z. B. mit dem Sarbanes-Oxley-Act (SOA) an Unternehmen auferlegt werden, die an amerikanischen Börsen gelistet sind, das Qualitätsbewusstsein in der IT. Auch hierdurch werden insbesondere die Führungsetagen auf Konzepte wie das serviceorientierte IT-Management aufmerksam und forcieren derartige Initiativen in ihren Unternehmen.

Technische Enabler, wie z. B. serviceorientierte Architekturen oder Web-Services, unterstützen dabei den generellen Trend der Serviceorientierung in der IT. So entstehen derzeit Plattformen wie ASPERADO (www.asperado.com), die in beliebiger Granularität IT-Leistungen auf Basis von objektiven Leistungs- und Qualitätsparametern vermitteln.

Praxisgerechte IT-Lösungen für Unternehmen

Prozessmanagement
Ein Leitfaden zur prozessorientierten Organisationsgestaltung
J. Becker, M. Kugeler, M. Rosemann (Hrsg.)

5., überarb. u. erw. Aufl. 2005. XXX, 665 S. 170 Abb. Geb.
ISBN 3-540-23493-4 ▶ € 74,95 | sFr 124,00

SAP Business Information Warehouse
Mehrdimensionale Datenmodellierung
M. Hahne

2005. X, 218 S. 120 Abb. Geb.
ISBN 3-540-22015-1 ▶ € 39,95 | sFr 68,00

Business Integration mit SAP-Lösungen
Potenziale, Geschäftsprozesse, Organisation und Einführung
A. Hufgard, H. Hecht, W. Walz, F. Hennermann, G. Brosch, S. Mehlich, C. Bätz

2005. XVIII, 317 S. 77 Abb. (SAP Kompetent) Geb.
ISBN 3-540-21350-3 ▶ € 44,95 | sFr 76,50

Corporate Performance Management
ARIS in der Praxis
A.-W. Scheer, W. Jost, H. Heß, A. Kronz (Hrsg.)

2005. XI, 277 S. 145 Abb. Geb.
ISBN 3-540-25007-7 ▶ € 44,95 | sFr 76,50

Von Prozessmodellen zu lauffähigen Anwendungen
ARIS in der Praxis
A.-W. Scheer, W. Jost, K. Wagner (Hrsg.)

2005. VIII, 247 S. 93 Abb. Geb.
SBN 3-540-23457-8 ▶ € 44,95 | sFr 76,50

Integriertes Informationsmanagement
Strategien und Lösungen für das Management von IT-Dienstleistungen
R. Zarnekow, W. Brenner, U. Pilgram

2005. VIII, 168 S. 84 Abb. (Business Engineering) Geb.
ISBN 3-540-23303-2 ▶ € 34,95 | sFr 59,50

Bei Fragen oder Bestellung wenden Sie sich bitte an ▶ Springer Distribution Center, Haberstr. 7, 69126 Heidelberg ▶ **Telefon:** (06221) 345– 0 ▶ **Fax:** (06221) 345–4229 ▶ **Email:** SDC-bookorder@springer-sbm.com
▶ Die €-Preise für Bücher sind gültig in Deutschland und enthalten 7% MwSt. Preisänderungen und Irrtümer vorbehalten.

Printing: Krips bv, Meppel
Binding: Stürtz, Würzburg